高琛 主编

躬耕励耘
播种未来

Work Hard with Seeding and Sow
A Bright Future

辽宁人民出版社

图书在版编目（CIP）数据

躬耕励耘　播种未来 / 高琛主编 . —沈阳：辽宁人民出版社，2019.8
ISBN 978-7-205-09738-7

Ⅰ . ①躬… Ⅱ . ①高… Ⅲ . ①中学教育—研究
Ⅳ . ①G63

中国版本图书馆CIP数据核字（2019）第182044号

出版发行：辽宁人民出版社
　　　　　地址：沈阳市和平区十一纬路25号　邮编：110003
　　　　　电话：024-23284321（邮　购）　024-23284324（发行部）
　　　　　传真：024-23284191（发行部）　024-23284304（办公室）
　　　　　http://www.lnpph.com.cn
印　　刷：辽宁新华印务有限公司
幅面尺寸：170mm×240mm
印　　张：31.75
字　　数：430千字
出版时间：2019年8月第1版
印刷时间：2019年8月第1次印刷
责任编辑：高　丹
装帧设计：丁末末
责任校对：高　辉
书　　号：ISBN 978-7-205-09738-7

定　　价：168.00元

编委会

主　　编　高　琛
副 主 编　贾志强
执行主编　贾志强　王铁红
编　　委　（按姓氏笔画为序）

序
PREFACE

———

一路行走　一路成长

2006年9月5日，东北育才教育集团暨东北育才双语学校落成典礼在际山枕水、钟灵毓秀的双语学校新校址举行。这是东北育才双语学校发展史上具有里程碑意义的大事，标志着学校走上了独立发展的道路。作为东北育才教育集团中规模最大的校区，从2005年首届51名教师、600余名学生借用其他校区教室发展到目前拥有400余名教职员工、120个教学班、5000余名学生，办学范围涵盖小学、初中、高中，在沈阳市乃至辽宁省享有相当高办学声誉的全日制寄宿制学校，东北育才双语学校走过了14年的历程。

14年来，我们始终秉承"办人民满意教育，为每个学生的未来奠基"的教育理想，坚持"以学生的全面和谐发展为本，追求学生的特色培养"的教育理念，以优才教育为旗帜，以育才文化为统领。从孵化、成长到壮大、形成独立品牌，从传统的课程建设到开放的课程建设，从以"教"为主的课堂到以"学"为主的课堂，从经验型教师队伍到创新型教师队伍，在追求卓越的路上，育才双语人从未止步。我们始终致力于让学生自然生长、自主发展、自我实现，希望孩子们能够在这里遇见更好的自己。14年来，东北育才双语学校在继承中创新，在创新中发展，已经成为让老百姓认可的优质学校。这样的成绩得益于东北育才教育集团在办学理念、管理模式、育才文化品牌效应的辐射作用，也得益于我们自身对"创新与发展"的执着追求。

我们始终努力匹配学校的办学基因，全面落实国家课程要求，不断丰富完善自身的课程建设。在思考—整合—实践—拓展—创新中，三个学部逐步建构了既有育才品质又有双语特质的课程体系：小学部形成了360度全课程体系，为学生提供了丰富的必修与选修课程，课程的全面性与多样性得以凸显，学生的核心素养得以落实；初中部形成了多元化课程体系，坚持从每个学生的立场和未来发展需求出发，"授人以渔"助学生在实践与探究中获得用之不竭的持续发展之力；高中部形成了全面而有个性的发展性课程体系，形成了国家课程打牢基础、校本课程培养特长、活动课程提升能力的总体课程理念。我们将国本课程校本化，校本课程特色化，以正确的课程观、教学观和师生互动观，突出学生的主体性，保证学校的教育质量，突出学校的办学特色，进而以特色形成优势，以优势推动发展，以发展提升品位。努力实现让小学部的儿童茁壮成长、全面发展，初中部的少年和谐成长、持续发展，高中部的青年个性成长、卓越发展。

我们紧紧围绕"立德树人"的核心理念建构了小、初、高相衔接的一以贯之的育人体系。我们注重培养学生的家国情怀，把志存高远作为重要追求，通过传承红色育才基因将社会主义核心价值观植入人心，将立德树人根本任务贯穿于教育教学全过程。我们注重回归人本、回归生活，实现全员育人、实践育人和文化育人，坚持将学会生活作为学会学习的前提，把学生的幸福成长作为根本旨归。我们引导学生坚定文化自信，努力为每个孩子打上深深的中华文化底色。在凝练学生发展核心素养的过程中，以培养全面发展的人为目标指向，不断创新新时代传承中华优秀传统文化的理念、形式与方法，着力创建书香校园，孕育人文精神。我们努力使育才双语学校的学生，既知晓中国的过去和现在，关注中国的未来，也能在此基础上了解世界的现状与变化，关心世界的发展。

近年来，我们确立了以学生发展为中心，以培养学生创新精神和实践能力为重点，以转变教师角色、转变教学方式和转变学习方式为手段的常态课堂改进目标，在核心素养的引领下，逐步构建出适合学生自主发展的新课堂：小学部提出富有小学特色的"生动、主动、互动"三动课堂，创设丰富多彩的学科活动，让每个儿童尝试成功；初中部提出关注学生主体的体验课堂，尊重个性，顺应自然禀赋，让每个少年体验成功；高中部注重学生在课堂上的主体地位，逐渐形成了"一体两翼"的学生活动体系，让每个青年收获成功。

我们注重突出内涵式发展，在小学和中学阶段创设了各种类型的社团，不仅为学生造就了一个充满选择的校园，也使得学生的综合素养、个性特长得以不断提升，并在各类活动及竞赛中崭露头角。小学的合唱团、交响管乐团、舞蹈团分别获得东北三省合唱比赛、省中小学管乐比赛、市舞蹈比赛的金奖；篮球队、足球队代表学校参加市、区比赛，取得骄人成绩。中学依托学生社团，连续多年开展各类活动超过数百次，形成了学军、学农、读书节、英语文化节、汉文化节、校园艺术节、戏剧节、双语好声音、爱心书市等系列化活动。学生社团活动已经成为校园文化建设的主要载体，为学生自主成长提供了多元化的发展平台。

我们立足时代发展，以开放的视角，努力改变课堂教学形式，探索微课、编程、翻转课堂、乐高机器人、电机制造、网络平台的充分利用等"互联网+"时代背景下的高效课堂。我们有步骤、循序渐进地优化外语课程设置，实行中外教师合作授课，并通过外语角、英语文化节等多样的外语活动营造良好的外语文化氛围，将外语学习融入生活，培养学生国际公民素养。我们积极搭建开放多元平台，推动师生跨文化的沟通与交流，积极与多所国际名校建立友好合作关系，先后与新西兰格兰依登中学、澳大利亚埃森姆学院、美国盟诺中学建立姊妹学校关系，并成功与两校实现了师生的互访交流。每年寒暑假期间，学校都会组织师生赴美国、日本、澳大利亚、新西兰、韩国等国游学，使学生在多元文化的交融中成长为国际化的优秀人才。

14年，育才双语人虔诚地耕耘，执着地浇灌，而今都酝酿成如诗如画的辉煌。学生参加国内高考已呈现出明显的优势，并凭借优秀的综合素质得以可持续发展。出国留学的学生考取的学校层次不断提升，大量毕业生进入世界名校深造。在国内高考中，八届毕业生高考成绩突出，2015届毕业生姜孜元以642分的成绩考入北京大学。2017届高考，理科一本率达到了94%，实现了新的突破，毕业生付钰被香港大学以全额奖学金录取。2018届理科最高分达到670分，参加高考的239人中，共有116人突破600分，毕业生李宛泽被香港大学建筑学院录取，内地仅此一人。高中部成立以来，一批学生被北京大学、北京人民大学、上海交通大学等国内重点高校录取，并在学术成绩和社会工作等方面表现优异。先后有两名学生被新加坡南洋理工大学以全额奖学金录取；每年都有十几名学生被美国、加拿大、澳大利亚等世界名校录取，并受到广泛认可；共有30名学生被包括香港理工大学、香港浸会大学、台湾辅仁大学在内的港澳台高校录取。他们有的成为"学霸"，有的成为学生会和社团的领袖，有的成为科研达人。

优异的办学成果使育才双语学校获得了社会各界的认可，学校在沈阳市基础教育中的领先地位得以确立和巩固，并步入了良性的可持续发展轨道。学校先后被评为"沈阳市民办星级学校""沈阳市民办优秀学校""沈阳市民办教育副会长单位""全国中小学舞蹈教育传统校""全国青少年英语读写示范基地""全国青少年校园篮球特色学校""辽宁省双语教学实验先进学校""沈阳市中小学外语特色学校""沈阳市中小学中华优秀传统文化教育基地""沈阳基础教育下一代互联网应用示范校""沈阳市中小学书法研究基地""沈阳市课改研究基地学校"。

14年艰苦创业辛勤耕耘，14年励精图治追求卓越，14年风雨兼程弦歌不辍。值此东北育才学校70周年校庆之际，我们将努力传承历经考验的教育思想，执着于求索之路上的默默奉献，守望教育之于生活的幸福与美满，努力创建一所为孩子准备好未来的理想学校。

目录
CONTENTS

———

大爱不言 润物

第一部分

芳林新叶，润泽绵长

——课程建构

东北育才双语学校是生命幸福、青春洋溢、美美与共的精神家园，建校14年来，始终传递着诗意温馨、鲜活向上的生命力量。"做接地气、有温度的教育"是育才双语的执着追求。

课程是优才教育的支撑，是落实学生发展核心素养的重要途径，也是彰显育才双语办学品位的载体。多年来，学校始终把课程建设作为发展的第一要素，着眼于东北育才学校"为卓越人才打基础，追求学生个性发展"的育人目标，秉承"核心课程与特长课程相融合，拓展课程与隐性课程相补充"的课程理念，创设生态教育体验情境，立足本色，点亮特色，建立了"以提升素养为核心的德育课程，以激发兴趣为核心的特色课程，以挖掘潜能为核心的选修课程，以成长成才为核心的发展课程"的双语初中多元课程体系。在各类课程中唤醒学生个性潜能，启动学生自主发展的内驱力，培养创新意识、合作精神、本土情怀和国际视野，并以此作为学校的责任担当和价值追求。

东北育才学校课程结构

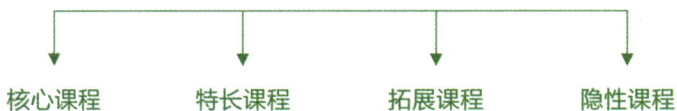

核心课程　　特长课程　　拓展课程　　隐性课程

核心课程：是学校课程中的基本部分。充分落实国家对基础教育课程的基本规范和要求，将国本课程与学生实际融合。

特长课程：是在基础课程的基础上，对学生某个或某几个方面的素质发展加以强化而形成专长，促进学校办学特色形成的校本课程。

拓展课程：着眼于学校"本土情怀，国际视野，拔尖创新"的培养目标，基于激发、培养和发展学生的爱好特长，开发学生的潜能，促进学生全面而有个性的发展的校本课程。该课程主要由以下几个模块组成：古典与传统继承，社交能力培养，创造潜能激发，学科巩固拓展，健康体魄锤炼，艺术修养提升，品位生活打造，职业生涯体验。

隐性课程：指学生在校园情境中获得的经验、价值观、理想、行为准则等意识形态的内容和文化影响，包括文化育人、环境育人和学生的生活习惯、学习品质。

育才双语在原有的国家课程、地方课程和校本课程三级课程基础上，经统筹、整合、拓展和创新，形成了以德育课程、特色课程、选修课程和生涯指导课程为框架的360度多元课程体系，构建并实施将核心素养与课程融合发展的"做强基础课程，做实拓展课程，做优特色课程"的课程改革实践，努力把学生培养成为具备人文底蕴、科学精神、学会学习、健康生活、责任担当和实践创新能力的全面发展而富有个性的人，实现育人模式由知识传授向培养学生核心素养转变。

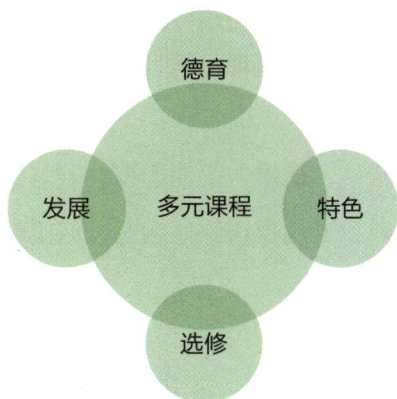

东北育才双语学校初中部课程结构

古希腊科学家阿基米德说："给我一个支点，我可以撬动地球。"启动了"核心素养特色化培育"项目，将"学习力、创造力、领导力、审美力、自治力"确立为学生的校本化核心素养，立足"学校文化浸润""课程体系完善""学教方式创新""生涯教育提升"这四大路径，引领和组织各学科组，在各自学科领域和工作岗位上，开展更为具体、深入和富有成效的研究实践。我们的期望是给有特长、有爱好、有需求、有潜力的学生提供丰富的课程资源，培育家国情怀，传承中华优秀传统文化，促进学生全面而有个性的发展，利用我们的特色化课程体系的支点让每一位学生从中获益、成长、成才，最终使他们成为各行各业的领军人物。

一、务本生道，修文明德——以提升素养为核心的德育课程

德育课程秉承"德智体美、各育生发、整体培育、和谐发展"的育人理念，提出了智德共生的育人目标：爱己，爱人，爱世界；乐学，乐思，乐成长。力求在成长关键期，培养每一名学生关注身心、关注生活、关注自然、关注社会，促使每个学生的习惯、能力、素质、人格圆融共进、和谐发展。育才双语德育特色课程建设满足学生体验学习的需要，引导学生形成积极主动的人生态度，树立正确的价值观；满足学生发展的个性需求，满足基于国际视野的多样化发展的需求。纵向上根据学生不同阶段的身心特点和认知水平，由浅入深，有序衔接；横向上关涉学校、家庭、社会等学生生活的三个维度。在实施途径方面，形成课内课外融通、线上线下联动的立体化课程运行模式。

（一）于磨砺间成长，在自律中自由——国防教育实践课程

为了全面贯彻党的教育方针，落实《国防教育法》，根据东北育才教育集团人才培养的长远战略目标，东北育才双语初中每年8月下旬定期组织开展为期六天的初一新生国防教育实践课程。实践课程通过军事技能训练、生活起居自理、熟悉校园环境、学习校规校纪等情境，让学生不断探究，大胆尝试，鼓励学生克服困难，增强学生的团队意识、主人翁意识，提高学生解

决问题的能力，成为实践课程的落脚点。

在实践中，教官和班主任老师们不仅鼓励和培养学生们吃苦耐劳的精神和坚韧不拔的意志品质，同时也在不断地引导和强调团队协作和集体意识对一个优秀集体的重要性。在关注学生情感态度的同时也在不断地培养学生们自立自强的人生态度。

开展国防教育，不仅使同学们学到军事知识和军事技能，树立报

军训成果汇报演出

军训教官示范

效祖国的理想，更能够学习军人作风，增强纪律观念。在六天的国防教育实践过程中，同学们展现了育才学子顽强拼搏的育才精神和双语学子自信自强的双语风采。

（二）聚焦班会课，践行大德育——主题德育活动课程

陶行知先生曾说："以情动人，以行带人，以智教人，以德育人。"一切的育人活动都是以德行的自觉提升与行为的积极改善为最终目标和归属。双语初中从建校之初，即将学生的德育作为一切教育工作的根本和保障，扎实有效地推进开展。

角色转变、形式革新——见证成长

从最初传统的主题班会——学生是"演员"，老师是"导演"，演员按照剧本去"演"，从中获取经验与收获，到现在的主题德育活动课——教师通过微现象，导入微话题，学生进行微体验，深入参与思辨，收获智慧，传递微能量。学生与教师的角色都在转变，教师是学生的精神引领与思维架构者，学生是活动的体验和参与者，两者合作互助，共同成长。

2018年5月市教育局潘主任到我校为全体教师进行了主题德育活动课的培训讲座；同年6月我校苏航老师作为初中部优秀班主任代表，参加了市级

教师培训

主题德育活动培训

德育活动课竞赛，课程受到了评委组的一致认可与好评。苏航老师特地将自己参赛的体会、学习的经验与全体班主任做以详细的交流分享。两位老师一致认为：主题德育活动课须依照两个原则开展：

班主任为主导：班主任必须全程参与主题德育活动课的设计，并进行适时总结和提炼，以保证活动课的方向和效果，否则很容易让活动课沦为"放羊"。

全体学生为主体：学生是活动课的主角，在活动课的实际操作中，一定要让尽

可能多的学生参与进来。尽管班主任要发挥主导作用，但参与过多又会把活动课变成"一言堂"，把握好度很重要。

主题德育活动课是融通课堂教育与成长历程的手段和桥梁，只有遵循"近、小、实、亲"的活动课程原则，才能选择出最契合学生成长实际的主题，才能与学生内心形成共鸣，从而达成德育课程的实效。

双语人不断地从内容角度上调整，过程方法上创新，形式途径上拓展，以达到更好的教育效果，从而实现德育目标。

自命主题、精准出击——初次探索

2018年6月，初中部学生发展指导处组织开展的主题德育活动课评比活动，首次采用自选主题的形式。班主任老师是班级学生的大家长，是最了解班级学生情况的人，所以自选主题能使活动课目标精准，针对性实效性更强。刘畅、陈硕、李倩茹、姜立新、宋坤、赵丽芳、陶珊珊老师参加了此次评比。七位参评教师分别结合本班学生特点，选取了"搏""讲规矩，守纪律""明确目标""学会倾听""情绪管理""畅游书海，品读书香""青春期"等几个主题进行了活动课展示。课程中教师们设计了丰富的体验活动，引导学生在体验中认知，在认知中感悟，在感悟中思考并成长。

其中姜立新、李倩茹、陶珊珊老师为代表，进行了活动课展示后的交流与反思。

姜立新老师在交流总结中提道，活动课需要更多地关注学生的反应与学生青春期特点、学生性格特点的联系，这样才能让学生在安全、尊重、放松的状态中更好地参与活动，同时注意把握活动节奏，张弛有度。

李倩茹老师在交流中说道，在活动的实际操作过程中，会出现一些突发状况，这就要求教师及时地给予正确的引导，比如：班级发言的某男同学，为了表现对某学科老师的喜爱，称呼上不够礼貌，当这一情况出现时，李老师没有忽略，而是及时地纠正，起到了很好的正向引导作用。

陶珊珊老师的交流着眼于对学生青春期的全新解读，这也是她选择的教育角度。她说："青春期若只盯着叛逆，你的青春期就只有叛逆；青春期若只盯着早恋，你的青春期就只有早恋；而如果我们能将眼光放远一些，眼界开阔一些，把关注点放在孩子世界观、人生观、价值观的培养上，那我们的教育角度就会有所不同，所选取的教育事例就会有新的侧重点，孩子对青春期的理解也会更开阔。所以这节课我从成长入手，换个角度来看待青春，把重点放在成长上，引导学生从成长的角度看待自己、解决生活中的问题。"

展示评比、观摩反思——再次提升

2018 年 11 月，双语初中学生发展指导处再次以"育人为本，德育为先"的理念在初二学年开展主题德育活动课评比活动。旨在通过主题德育活动课让学生在德育活动中有真切的体验、思考和实践，使学校的德育工作再上新台阶。同时提升班主任工作技能和方法，达到相互学习、相互切磋、共同提高的目的。

芦迪、黄敬妃、张媛媛、刘新伟、黄鹤、任莹老师参加了本学期主题德育活动课评比活动。六位参评教师分别结合本班学生特点，选取了六个不同的角度和主题进行了活动课展示，六堂课带给我们六种不同感受。

最有温度的课——黄鹤老师的《赞扬，文字的力量》。黄鹤老师用极富磁性的声音循循启发，慢慢等待，把生成和思考的机会留给了孩子，四个温暖的环节——朋友圈点赞、比心、情景剧、师赞，不仅展示了老师的完美实力，而且用"赞扬"这个暖意的行为敲开了孩子的心门。

最有深度的课——任莹老师的《与心灵对话》。任莹老师结合心理学专业知识，课程设计最具逻辑与思辨性。先晓之以理（问卷、心理学案例），后动之以情（小熊视频），再导之以行（一分钟自我挑战），环环紧扣，层层递进，使得一切说理与教育都自然而然，顺理成章。

最有精度的课——张媛媛老师的《专注是金》。这节课的素材选择最贴

主题德育活动

近学生，最能体现德育课"选材要准，用材要细"的原则，她从学生存在的问题中寻找鲜活而真实的素材，选取邻班素材，用身边事教身边人，给学生带来了自我反思，太震撼了！无异于醍醐灌顶。学生从思考到行动，秒懂！

最有态度的课——黄敬妃《你有多自律，就有多优秀》。黄老师是第一位出场而年纪又最长的老师。可是我们看到了黄老师的青春正能量，她始终如一的阳光笑脸，让学生整节课都轻松愉快，如沐春风，达自然感染与教化之效。黄老师精炼、精彩的语言，准确而富有情感的表达，真正让德育课由"走形"到"走心"。

最有力度的课——刘新伟老师的《诚实做人，踏实学习》。整堂课中刘老师都带着非常饱满的情绪，她发自内心地对学生充满关爱，对他们的错误表示遗憾，对他们的醒悟欣喜无限。学生对老师是最善于"察其言，观其色，悟其心"的，学生的状态特别好。

最有梯度的课——芦迪老师的《生命成长，责任担当》。这节德育活动课主题的选取，既有"原点"（也就是学生的现实生活），又有"远点"（就是诗和远方）。分别从自我、集体、社会的角度设计成三层梯度，老师有板有眼，字正腔圆，有焦点，有高潮，朴素而热烈，体现了芦老师一贯的风格。

经验交流、心得分享——总结精进

通过评比、观摩、学习诸位老师的课审视我们自己的课，"如何上一堂高质量的主题德育活动课"是我们班主任一直在探索的课题，正所谓"只在此山中，云深不知处"。世界上没有完美的一堂课，只有不断精进的一堂课。每一次的交流分享都会为老师们从活动课程的视野洞开新思路。任何时候，只有善于总结经验，善于不断学习，我们的德育才能真正走向专业化。

聚焦微课程，践行大德育——高位引领

总而言之，主题德育活动课是一门综合实践活动类校本德育课程，是在班主任的指导下，班级成员共同参与的具有明确的教育目的、灵活的教育时间、严谨的内容设计的系列主题教育活动。它以班级活动为主要载体，以主题会议等为主要形式，是师生间、生生间以及学校、家庭、社区间多方参与互动的教育过程。（摘自齐学红《班会课的设计与实施》）

聚焦于求学经历中的微小话题，让切入点无限接近生活本来的样子，才能使学生作为参与者，心有波澜，才能达成以小见大、见微知著的效果。校长曾在德育主题研讨会上强调："主题德育活动课开展的原则最重要的是'真'。要上真的德育活动课，不流于形式，不走过场。要让学生在德育活动中有真切的体验、引发真实的思考、真正地解决问题。"融通课堂教育与成长历程，达成德育课程的实效。

相信在学校领导的引领下，在全体班主任教师的学习和探索中，双语初中主题德育活动课会越走越好，学生们在课程的陪伴中也会越来越有情趣、有情怀、有成长。

（三）行动践行标准，正义传递力量——值周实践特色课程

校园值周实践活动是学校在长期教育实践中不断探索、创新而形成的一种独特的、稳定发展的校园特色实践活动，它既是校园文化的沉淀，也是办学理念的升华。值周实践给学生构建锻炼自我、展示自我、相互学习的平台，让学生在体验成长的过程中，体验角色转变，感受爱的传递，更是让每位学生都有机会参与校园管理，大大激发了学生的主人翁意识和责任担当意识，使学生真正成为校园的主人。就是因为对标准和制度的熟练掌握，学生的自我教育意识才会更强，对学校的管理才会更加理解和支持。

当放手让学生去承担责任的时候，他们经历的是一种心智的历练！短短一周的值周工作，使学生在值周中反思，在反思中成长，学会了换位思考，学会了自律和示范，给了每一位学生一个锻炼自我、展示自我的机会。

通过值周实践让每位学生都有机会参与校园管理，为学生提供磨砺人生的环境和条件，培养学生坚忍不拔的意志和艰苦奋斗的精神。

通过值周实践的切身体验，促进思想觉悟的转化和行为习惯的养成，并在值周实践的锻炼中逐步树立科学的世界观、人生观、价值观，大大激发了学生的主人翁意识和责任担当意识，使学生真正成为校园的主人，切实做到了"事事有人管，人人有事管，人人有人管，人人能管人"。全校上下初步形成了学生自主管理、各班良性竞争的喜人局面。

附：双语初中值周班管理制度

校园值周实践活动是学校在长期教育实践中不断探索、创新而形成的一种独特的、稳定发展的校园特色实践活动，它既是校园文化的沉淀，也是办学理念的升华。值周生作为双语校园最亮丽的风景线，不仅要自我约束，严格遵守校规校纪，还要时刻以身作则，树立榜样，传递正能量，引领和带动

更多的人走入优秀行列。工作积极认真，态度端正，要有较强的团队配合和集体荣誉感，为双语校园的管理和建设奉献你的一份力量。

1. 校服统一、干净、整洁，校服拉链统一拉到顶端，帽衫不许外露。

2. 胸卡统一佩戴左胸；绶带整洁，统一佩戴于右肩，胸牌统一戴在左胸胸卡下面。

3. 上下岗期间2人或2人以上要保持成列，安静有序；不许说笑、打闹、大声喧哗、聚堆、靠墙、坐着或做有损值周生形象的事。

4. 提前2分钟上岗，延后2分钟撤岗，不许漏岗、迟到、早退。

5. 值周生熟记岗位职责及岗位安排，值周前找上一个值周班级和自己位置相对应的值周生沟通、交流，进行岗位实习，提高工作效率及自己的工作能力。

6. 上岗期间工作认真，不做与值周无关的事。时间观念强，保证学习、值周两不误。

7. 值周生如果带头或怂恿或利用职责方便帮助他人违反校规校纪（打架、骂人、订外卖、带电子产品、吸烟、喝酒、私自离校、逃课、随地乱扔垃圾、扰乱公共秩序等），一经查实，处分决定要比普通学生多升一级。

8. 如果发现值周生在值周过程中徇私舞弊、欺软怕硬、违反公平公正原则等行为，对当事人将全校点名批评，取消本班校优秀值周班评比资格以及取消本班期末学年评优资格。

9. 值周生见到老师主动鞠躬问好，尊重师长，见到有困难或需要帮助的老师或同学要主动帮忙。

10. 值周班班级卫生要有专人负责，保证在值周期间班级卫生或物品摆放和平时一样。

11. 值周总结材料及检查反馈资料要及时上交教育处，以保证及时存档、备份。

12. 见到垃圾主动捡起，做到值周生路过的地方就是没有垃圾的地方。

13. 每天第一节课下课值周长及所有区域负责人准时到教育处开值周例会，不允许迟到或早退。

14. 值周班班主任每天抽时间对一天的值周工作进行总结和反馈，以保证值周工作的有序进行。

15. 班主任和副班主任利用课间分区域进行查岗、指导和帮助。

16. 值周结束需要上交教育处的材料包括：值周管理反馈、寝室反馈、电子版值周感言、扣分单整理、跑操负责人总结材料、食堂不文明就餐统计、室外分担区负责人总结、学年负责人总结用表、层长用表和体活课检查反馈。

17. 每学期评选一次校优秀值周班，荣获校优秀值周班的班级在本学期期末量化积分加20分，以资鼓励。

学生值周

学生值周

学生值周实践

值周实践成长瞬间

（四）连廊"画"德育，润物细无声——墙壁连廊文化建设

1. "话"说连廊文化

哲人说，对学生真正有价值的东西，是其周围的环境，校园文化对学生的成长有着极其重要的影响。健康向上、丰富多彩的校园文化能够塑造学生健全的人格，会使学生的精神世界更加充实。而连廊文化作为校园文化建设的重要组成部分，其作用及影响是不可忽视的。连廊空间的存在不仅具有交通连接、整合环境、容纳公共活动、调节气候之功能，在人文精神上还具有改善心理状态、陶冶审美情趣、休闲的功能。随着校园功能空间的复杂化以及空间组合的多样化，连廊空间作为功能转换的载体，便是校园文化建设中的重要节点。因为连廊调节的不仅仅是建筑的使用功能，还可能成为调节一所学校文化建设的重要空间。

因此，我校以"提升校园文化品位，弘扬祖国传统文化"为理念，以营造"良好育人氛围，打造书香校园"为目标，全力将校园连廊装点成为陶冶学生情操的文化长廊。

2."画"说连廊文化

（1）提高校园文化品位，营造良好育人氛围

自开展文化长廊建设至今，我校连廊发生了惊人的变化，学生们精心培育的绿植和绘制的书画作品使空荡荡的走廊变得生机勃勃，充满了浓郁的文化气息。不仅图文并茂而且积极响应了最新教育主题思想，使整个连廊既有丰富的内涵，又充满和谐愉快的基调，在达到了装点、烘托、美化走廊环境的同时，更是较好地营造了书香氛围。值得欣慰的是，文化长廊成果吸引了师生驻足品评，得到了师生的高度评价。

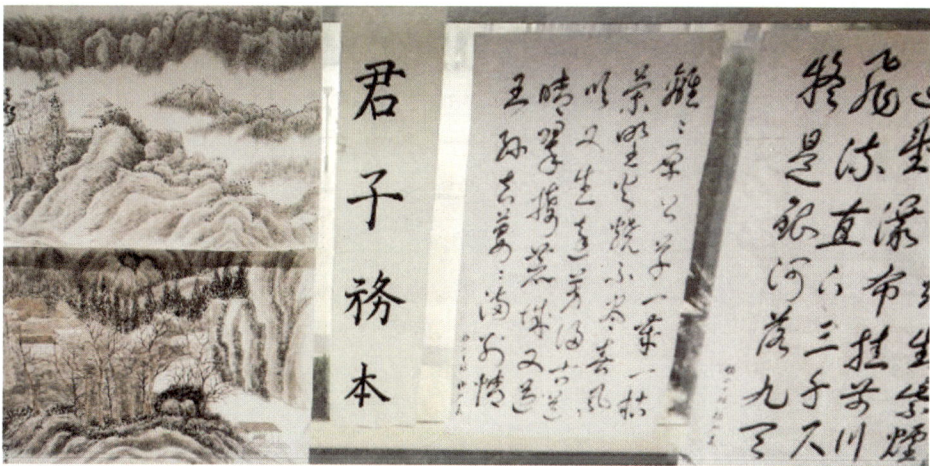

文化长廊字画展

（2）主题绘画为主，花卉绿植为辅，打造别具一格的文化连廊

连廊文化建设构思巧妙，形式新颖。以"主题绘画为主，花卉绿植为辅"的形式开展，以班级为单位，用书法、绘画、公益广告等方式诠释主题。在各班班主任的高度重视、组织策划以及学生们的精心设计布置下，连

廊文化建设达到了良好的效果。设计作品紧扣宣传主题，内容丰富，具有创意。手绘设计作品，主题突出，书画精美，构思巧妙。电脑设计作品，色彩搭配和谐，图案文字寓意深刻，艺术感染力强，同学们更是在活动中发挥了丰富的想象力和独有的创造力。对于"知美，懂美"有了更深的理解和感悟。不仅如此，各种花卉绿植齐聚现场，可谓"凡所应有，无所不有"，书法绘画与花卉绿植搭配和谐，给人耳目一新的感觉，为我们的书香文化节增加了一道亮丽的风景线。

主题文化长廊展

（3）连廊"画"德育，润物细无声

文化连廊建设主题切合当前教育理念，主题丰富且贴近学生实际需求，以"画"诠释主题，赏"画"的同时润物无声地达到德育目的。同学们在"礼仪诚敬孝"主题中感受中华民族的传统美德，在"二十四节气"主题中感受中华民族的传统节气文化，在"世界之旅"主题中感受到世界各地的风俗。在"追寻总理足迹，传承伟人精神"主题中，同学们利用原创文章、诗词、绘画、插图、艺术字等方式来描绘周总理的一生，缅怀周总理的同时学习总理不忘初心、矢志不渝的精神和风范，励志要继承总理"为中华之崛起而读书"的遗志，他们表示通过不懈努力把老一辈革命家孜孜以求的美好理想变成现实。学生们在"诗教天下，词育英才"主题文化连廊中分享诗词之美，感受诗词之趣，感受中国诗词的无限魅力。"飞花令"比赛更让他们爱上诗词，爱上传统文化。

二十四节气长廊展

（4）开展文化长廊评比活动，以评促改，以评促进

为了促进文化连廊建设，搭建一个彼此交流的平台，学生发展指导处根据各班级展示情况分别针对学年开展了文化连廊评比活动。为求公平合理，公正透明，教育处精心拟定了合理的评比细则及标准，组织了由教育处成员、学年组长、教师代表及学年学生代表组成的评委组，采取交叉互评的形式进行评比。通过此次活动，学年之间、班级之间相互交流，弥补不足，促使我校文化连廊建设活动越办越好。

（5）让"走心"连廊文化真正走入学生心里

"画"出来的连廊文化成为校园文化的生动载体，使不同的主题内容达到不同的教育效果，或引导学生感受艺术之美、生活之美，或引导学生学会做人，善行实践，将爱国主义教育、民族教育、理想信念教育、品行教育融入其中，为学生营造了良好的读书氛围，让"走心"连廊文化真正走入学生心里，使德育与美育达到相辅相成的作用。

3. 科学规划，建设特色校园连廊文化

科学规划，精心打造的集"艺术连廊、诗意连廊、德育连廊"为一体的特色文化连廊已成为东北育才双语学校的一道亮丽风景。学生们徜徉在文化连廊，感受着诗意校园，体味着万物之美、文化之美、艺术之美，不仅了解了中国传统文化，增强了民族文化自信，还在参与活动中且行且思，连廊说"画"育人的功能得以有效发挥，并以其潜在的感染力和感召力，引领学生奋发向上，创造美好生活，促进学生身心的和谐发展。优秀连廊文化正在成为一种润物无声的精神力量……

（五）亲师信道，双语有约——家长讲堂

孩子的成长，是一个漫长而又短暂的过程。在这个过程中，每个孩子、每个家庭、每个教师甚至学校都会经历成长的欢欣与烦恼，都会体验抚养、教育孩子的困惑和矛盾。家长面对孩子的某些做法、言行无法理解，百感交集却不知所措，面对孩子学习上的问题，想要加以指导却不知从何下手，面对孩子的青春期，不知如何沟通相处……

双语初中部"亲师信道，双语有约"家长学校因此而生。我校郝婷老师特别为家长学校设计了标识。标识以中国印为创作灵感，代表着东北育才双语学校承载着文化之地，中国印上刻着"双语有约"四个字，代表着为了孩子的成长我们与家长朋友相约在双语校园。中国印下方用书法书写了"亲师信

道"四个字，真心地期望家长朋友们亲其师、信其道，以达到家校相结合，给予孩子更好的教育。

孩子的成长，是做家长的每天必然的牵挂。孩子的教育里面，蕴含了太多的学问，蕴藏着太多的奥秘。家长课堂传播科学

教育专家，指点迷津

家教知识，交流有效家教经验，启迪正确家教习惯，形成家校共育合力，帮助寄宿制学生家长答疑解惑、消除焦虑、共育成长。我们的家长学校已经走过了六个春秋，成功举办了20余场讲座，效果良好，获得了家长朋友们的认可和欢迎。

2017年3月，我们有幸请到了辽宁省青少年心理健康中心的刘长辉主任，以"中学生的心理健康与促进"为主题，为我校家长作了一场有关青少年心理健康的讲座。刘主任通过一个个生动例子，以青春期的厌学、逆反、早恋、焦虑、抑郁等五个方面为切入点展开，指导家长如何做智慧型家长，如何认识、理解、尊重孩子，如何适当应对以上五个方面的问题，帮孩子顺利度过青春期，解决家长面临的诸多困惑。刘主任的教育理念、方法得到与会家长的高度认可和一致好评。

育才名师，对症下药

育才名师众多，个个身怀绝技。每位教师不同的教育理念、教育风格、教育手段、小妙招总会给家长们以启迪，洞开亲子教育的思路，助家长搭建亲子沟通的桥梁。

在家长学校开课的第二期，我们有幸邀请到了我校骨干教师——张平老师。张老师1995年毕业于沈阳师范学院，后在华东师范大学教育科学院进修

学习，2011年获得教育硕士学位。张老师是语文教研组长、学科带头人，同时也做了20余年的班主任，所带班级每学期均被评为校优秀班级，并多次被评为区、市优秀班级。所带学生已遍布国内外名校，如哈佛、耶鲁、剑桥、牛津、北大、清华、港大……

　　讲座中张老师以一个青春期的学生家长的身份，同时也是一个青春期学生的孩子王身份出现。她早已熟稔青春期学生的心理，行为表征，并与诸多优秀的学生家长成为最亲密的朋友，经常交流经验。讲座中张老师通过多名优秀毕业生的事例指导家长，怎样避免与孩子发生正面冲突，怎样与孩子成为朋友，怎样理解孩子的青春期萌动并正确引导……张老师提及的英语班毕业并考入哈佛大学的学生于东博，考入剑桥大学的学生王舒阳，考入牛津大学的学生曲典以及2007年、2010年以全额奖学金考入美国耶鲁大学的苏小恬、冯宇佳等学生事例，这些优秀的孩子和成功的家庭教育既是张老师的骄傲也是诸位家长们学习的榜样。张老师给出了八点建议，从早期入手，平稳心态，青春期逆反的疏导与调试就会在自然而然的状态下得到顺利的解决。

亲师信道，交流借鉴

　　作为主讲的老师还有很多，如：房淑东、闫占喜、黄莹莹、张冰冰、苏航、郑雪、王卓、陶珊珊、代丽宅等。

　　中国青年报社调查显示，68.8%的受访家长表示对孩子有很高期待，57.7%的受访家长坦言会羡慕别人家孩子优秀。当家长们在羡慕别人家的孩子如此优秀的时候，有没有想过，别人家的父母是怎样做家长的。于是我们请到了在校表现优异的学生家长，把他们的教育经验与其他家长分享。

2012级8班隋沐辰妈妈，以"和孩子一起成长"为主题分享了她的经验。她提道：孩子的性格品质，源自于家长的塑造。家长要认清自我，以身作则；降低期望值，家长要学会管理自己；无障碍的沟通，是教育孩子的最佳模式。家长们，请和你的孩子共同进步，一起成长。2013级14班韩雨霏的家长分享了他《坚定信心，成就梦想》的讲座，他的教育心得可以总结为四点：第一，做好榜样，当好表率；第二，宽严相济，把握尺度；第三，树立信心，振奋精神；第四，调整心态，正确面对。并且2012级8班隋沐辰的家长、2014级4班丁凡珂的家长也积极地参与到家长学校的活动中来。身边的榜样总是更有说服力和信服力，家长之间的交流更容易相互理解、产生共鸣。

名师指引 经验交流

教育从来就不是单向的，是和孩子共同前进的双轨制。"亲师信道，双语有约"家长学校活动未来将秉承良好的口碑继续为家长朋友提供帮助。我们愿意与您共同携手，为孩子搭建一座通往梦想的桥梁；我们愿家校共育，助您成为一位懂孩子的家长，成为孩子青春路上最好的引路人！

（六）呵护心灵成长，培养健全人格——以人文精神为价值导向的心理课程

当前，心理健康教育已经成为学校教育的重要组成部分之一。学校的心理素质教育，包括正常的智力水平、稳定乐观的情绪、正确的接纳自我、坚强的意志品质、完整健康的人格、承受挫折的能力、人际交往的能力和适应环境的能力。心理健康教育的宗旨在于开发潜能，促进心理机能发展，塑造人格，营造健康的心理环境。

东北育才双语学校自建校以来秉承着"以学生发展为本"的教育理念，高度重视学生的心理成长和心理健康教育课程。心理课程从课堂教学、团体心理训练、个体心理辅导三个主要方面开展，课程理念一方面以学生心理发展规律和特点为依托，有的放矢地开展教育实践活动，同时尤其重视学生差异化的现实心理需求的满足和发展，关注学生的精神成长，以人文精神为价值导向，立足于学生未来发展的视角，帮助学生走出心理困惑，激发潜能，培养健全人格。

话题式课堂，不让一个人掉队

毋庸置疑，常态化的心理课是心理教育课程的主阵地，也是学校心理健康教育效果的保障。中学的心理课，虽然在大多数人传统的观念中仍是"小科"，但在双语初中，却是始终得到学校高度关注和保障的重要课程。诚然，在当今的教育体制下，相对于语文、数学、英语等科目，部分学生对心理课的认识不够，重视程度要小得多，心理课学习动机最初阶段并不强烈。但是，在一所寄宿制学校，作为正值青春期、处于自我意识成熟完善关键期的中学生，客观上隐性的心理需求还是非常强烈的，心理课的内容对学生的成长和未来发展也是至关重要的。

因此，心理教研组在教学中始终严格要求，完善自我，踏实上好每一节课。心理课没有统一教材，没有统一考试，这在外人看来好像很轻松，很随

意，但事实上，在庞杂的心理学知识和广泛的生活现象中找到既让学生感兴趣，又符合学生发展需要的内容并不容易。所以，每节心理课的内容都会从学生的实际生活入手，像电视节目一样每期选择一个话题，如"人生水晶球""棉花糖的预测""我的穿越剧"等，认真构思每一个环节，仔细斟酌每一句话，围绕学习心理、人际交往、自我认识、生涯规划四个方面，按照螺旋式上升的原则安排课程内容。课堂模式上，以学生的心理体验和感悟为核心目标，区别于传统意义上学科化、知识化的倾向，心理课中老师所扮演的角色仅仅是40分钟课堂话题的提出者、启发者和引导者，而学生的见解、分享、讨论甚至是争论才是一节课的主体。在这样的课堂中，我们允许学生多元化的观点，鼓励学生表达真实的感受，接纳学生不同的认知水平，让学生在差异中做出比较和判断，在观察中学习，从而实现自身知、情、意、行的调整和完善。

比如，针对部分学生在生活、学习中缺乏目标意识的特点，张震宇老师设计了"游戏人生"一课。客观上，关于目标、理想等"老生常谈"的话

心理课体验式教学

题，学生往往不感兴趣，参与度低，如果硬性植入教师的观点、方法，效果只是差强人意。那么如何设计才能够激发学生的兴趣，让学生有所感悟，有所触动呢？

本节课前20分钟，教师只给每小组分发一叠纸，告诉学生这节课我们每组要用这叠纸玩一个游戏。要求大家利用这叠纸作为道具，自行选定游戏内容，组内人人参与，看看哪个组玩得最开心。起初学生们很兴奋，各组立刻热烈讨论，人人积极参与。但很快，问题产生了。虽然学生们平时好动、爱玩，喜欢在课堂上做游戏，但在老师没有任何游戏规则指导的情况下，大家很难在短时间内制定出比较完备的游戏规则，结果就是玩得并不开心，教室内的声音渐渐小了，情绪也落了下来，很多同学干脆停了下来。

正所谓"不愤不启，不悱不发"。本节课设计的这个环节就是让学生充分体会疑惑不解或是烦躁不安的情绪，越是感到无聊，没意思，越是有意义！这时，教师可以逐步引导学生讨论"为什么大家玩得不开心？""一个游戏要想玩得开心，最重要的因素是什么？"这些问题，从而循序渐进地引入

学生成果展

话题——"给人生制定自己的游戏规则"。如果说人生就是一场游戏，那么这场游戏是否有趣便取决于——规则。好的规则能让你玩得精彩，过得痛快，而没有规则或规则不合理，则注定使人无精打采，疲惫不堪。学生豁然开朗，恍然大悟！

事实证明，这样的课堂，学生的积极性都很高。多年来，几乎每个班、每节心理课，只要老师一走进课堂，学生们都会报以热烈的掌声。虽然学生们学业压力都很重，但几乎所有学生都能认真思考，积极参与。有时，在热烈的讨论中，即使下课铃声已响，学生还会主动申请"压堂"。心理课普遍受到学生和家长的欢迎和好评。

个体咨询，关照每个心灵的角落

课堂教学自然无法满足每一个学生的多样化的心理需求。因此，开展个体心理咨询辅导必然成为学生心理工作的重要组成部分。心理老师的职业特点和专业素养要求他们在课堂中要做到"一心二用"，在上课的同时，及时发现个别学生的情绪波动和问题也是心理教师的重要任务。课后根据班级和学生情况主动与班主任进行沟通交流，协助班主任全面、深入地了解学生的心理状态，对个别有需要的学生主动提供帮助是心理健康课程的隐性部分。学校心理咨询室每天都会有一位心理教师值班，为来访学生提供真诚耐心的咨询辅导，详细记录每个案例的情况，并对每次辅导后的变化、效果进行分析和总结，帮助学生解决生活适应、学习方法、人际交往、情绪调控、生涯规划等方面遇到的问题，其中，短期咨询

学生心理课作品

可能是一次、两次，长期咨询可能达一学期之久。绝大多数做过咨询辅导的学生都反馈他们的内心困惑得到了有效的解决。但实际上，由于心理咨询的时间有限，学生心理困惑和情绪波动的不确定性，每位老师都会在固定的咨询时间外，随时接受学生的咨询。所以只要学生有需要，老师都会及时安排咨询。除了在心理咨询室，操场边、环路上，校园里每一个角落你都会看到心理老师和学生谈心的身影。

此外，心理咨询室还通过公众号、心理讲座、心理信箱等形式，开展学生心理健康教育宣传活动，进行心理健康教育知识的宣传和普及，营造了良好的心理健康教育氛围，提高了全校师生对心理健康的认识，取得了良好的效果。

主题团训，在体验中成长

强调心理体验，在活动中体验，在实践中感悟，在感悟中成长，是心理健康教育相对独特的学科性质。由于人的心理机能的主观性特点，心理健康教育的目标，单纯依靠知识的灌输、认知的调整是难以完全实现的。每学期，心理组会根据学生当前需求、年龄特点和学校实际三个维度的变化有计划地开展主题团训活动。

学生团训实践活动

比如，初一年级针对寄宿制学校环境适应问题开展"我们都是一家人"的主题团训活动。通过"大风吹""乌鸦与乌龟""人体器官交朋友""校园寻宝"等活动，帮助学生尽快熟悉、适应校园环境，打破人际间隔阂，让学生感受到集体的力量和温暖；针对起始学年学生目标理想的设定，我们设计了《彩绘人生》团训方案，通过"火星人来了""宝石工匠""成功储蓄罐""闻鸡起舞"等活动帮助学生逐步了解自我，发现自己的兴趣，激发对未来的想象和积极生活的态度。

初二年级针对学生青春期异性交往，开展主题为"沟通无'限'"的异性人际交往团体训练，通过"镜中的我""双人排球赛""征兵总动员""寻找我的小天使"等活动，增进异性同学间的交流和理解，打破彼此的好奇，帮助学生学会有效沟通；针对学生积极健全自我意识的建立，我们开展主题为"我就是一道风景"的团训活动，通过"魅力四射""送你一朵赞美花""我的 AD""勇敢 say no"等活动，帮助学生认识自我、悦纳自己，发掘自己的潜能，树立积极的自我意识。

初三年级针对学习压力大和考前焦虑等问题开展"放飞心灵，从容冲刺"的考试焦虑情绪干预系列团训活动，通过"疯狂的复印机""风中劲草""中考，我来了！""信任坐"等活动，释放情绪，缓解压力，帮助学生清晰梳理当前问题，面对困难勇于挑战自我，同时激发同学间团队合作的意识，提高集体凝聚力。

学生心理工作是一项意义重大而深远的工作，学校心理健康教育既要有足够的耐心，又需要有探索的勇气，但更要有行动的决心，在行动中不断创新、完善。我们将进一步开拓思路、创新模式，以学生心理发展规律和学生心理需求为出发点，更好地为学生的心理发展提供支持和引导。

（七）衣食住行，立规成习——寄宿生活课程

近年来，寄宿制学校日益受到家长的欢迎，越来越多的学生走进了寄宿生活。寄宿制学校完善的硬、软件设施及其特有的优势条件对青少年成长富有良好的激励和促进作用。我校一直秉承着"办人民满意教育，为每个学生

的未来奠基"的教育思想，坚持"以学生的全面和谐发展为本，追求学生的特色培养"的教育理念，确定了"将学生培养为提高幅度大、进步速度快、可持续发展能力强的优秀国际化人才"的教育目标，为国家、为社会培养输送了一批批栋梁之材。

寄宿生活也是一门课程。在校园里，衣食住行看似平常的事情，其实是我们生活学习的根本。学校按照学生身体发育规律安排生活起居，孩子们在老师的悉心指导下自己洗漱、整理衣物、打扫卫生、合理膳食、安全出行等，从小就弱化了父母溺爱和对家庭的过分依赖，有利于培养孩子们良好的生活习惯，锻炼孩子们的自主管理能力，让孩子们变成生活小能手。正所谓"衣食住行皆学问，道在日常学习中"。

1. 衣着整洁、佩戴得体

学生的仪容仪表体现一个学校的教育水平，同时也是学校对学生管理以及校风建设的集中体现。正确引导和教育学生，规范学生仪容仪表，培养学生健康的审美情趣，养成良好的生活习惯和行为习惯，为学生健康快乐的学习生活打下坚实的基础。为此学校也相应制定了《双语初中仪容仪表规范》，对学生提出着装要求：首先，在校园内要按规定穿着当季校服、佩戴胸卡。校服要扣齐纽扣或拉齐拉链，不随意更改校服，帽衫不外露，不披衣散扣，不把上衣捆在腰间。胸卡佩戴在左胸前。参加升旗仪式或重要集体活动时校服统一、胸卡佩戴齐整。统一着装，这样有利于抵制相互攀比和穿着奇装异服的不良习惯，能够培养学生的团队意识，规范行为举止。其次，发型大方得体，不染发，不烫发，不留长发，不留怪发，要求：前额发下压不触及眉毛、两侧鬓角下压不盖耳、后发不触及衣领、头发不能过厚。不佩戴项链、耳环（针）、戒指、手链、手镯等饰物。不化妆、不涂脂抹粉，不文眉，不文身，不留长指甲，不染彩色甲。坐有坐相，站有站样，走路昂首挺胸，举止文雅，稳重端庄，落落大方，充分展现中学生朝气蓬勃的精神面貌。

2. 营养搭配，合理膳食

俗话说"民以食为天"，这句话道出了饮食的重要性。作为寄宿制学校，孩子们一日三餐都在学校食堂进行，为了保障孩子们的营养膳食、养成良好的就餐习惯，学校食堂管理员定期通过午检广播为学生们传授食物营养搭配的方法，并且通过假期实践活动——"试做一道菜"，让同学们亲身体验如何烹饪不失营养，同时也享受到烹饪带来的快乐。为了培养孩子们养成良好的就餐习惯，学校制定了"六个一体化"的相关规定，即："就餐顺序错时化""打饭窗口分散化""食堂座位固定化""文明就餐制度化""节约粮食风气化""合理膳食宣传化"，通过学校各项制度的贯彻落实，同学们的就餐习惯有了较大的转变。

另一方面，食品安全是金，学生健康是福。学生的健康成长关系到千千万万的家庭，学校食品安全也关系到广大青少年身体健康和生命安全，是全社会关注的焦点。学校也通过一系列的食品安全教育课程以及宣传板、开展主题班会等形式进行大力宣传，让同学们深刻体会到食品安全的重要性。

为了加强家长与学校之间的相互信任与支持，学校邀请了家长委员会、食堂主管领导和育才学校烹饪营养顾问以及我校学生会的学生干部代表来到学校行管中心会议室，进行了面对面的座谈和交流，座谈会中学校领导分别就学生在校的日常生

学生快乐午餐

活、饮食就餐等情况向家长代表们做了详细的汇报，与家长们共同商讨，会后大家参观了食堂的前厅后厨，了解了食品从采购到加工，最后到学生餐盘的全过程。家长们亲口品尝到了学校的饭菜，在就餐过程中，家长也不忘交流，为学校提出了许多宝贵意见。此次活动让家长代表们看到了我们的孩子在和谐、健康的校园环境中快乐地成长。

3. 作息有律、习惯有成

为了加强学校宿舍管理，实现学校管理有序化、科学化、规范化，促进和加强学校德育工作，加强学校精神文明建设，促进学生养成良好的作息习惯，创设安静、整洁、优美、舒适的育人环境，让学生住得称心，家长放心，学校特制定了《宿管人员管理职责》《晚查寝制度》《东北育才双语学校宿舍纪律扣分标准》以及《东北育才双语学校宿舍卫生扣分标准》等制度。通过行之有效的管理规定，努力提升宿管人员的管理能力，同时有利于提高孩子们的生活技能。

（1）常规管理精细化

在宿舍的管理中，坚持从学校的长远发展和学生的实际需要出发，制定严格的作息时间，从认真抓学生的一日常规养成教育做起，对学生每天实行"三个统一"，实行三级夜间查寝制度：即宿舍管理员、总值班领导、学年查寝教师三级检查，按学年分楼层建立住宿学生详细档案。"三级联动"查寝制度有效掌控学生住宿情况，发现问题及时逐级反馈，并且做好相应记录，严把出勤关和安全关。深化宿舍"三评比"制度，坚持做到每天一反馈、每周一小结、每月一总评，并且做到及时公布，及时反馈，及时整改。

（2）习惯养成规范化

从学生入校那一刻起，学校无时无刻不对学生进行安全、行为习惯、文明礼仪等养成教育。如回寝后的日常行为坚持抓好"六不许"，即：不许大声喧哗、打闹；不许做危险动作；不许串寝聊天；不许二人共床；不许携带危险品。物品摆放坚持做好"三点一线"，即：床下脸盆、拖鞋与床沿一条线；清洁工具摆放一条线；自备整理箱一条线。卫生方面坚持抓"六个净"，即：地面净、窗台净、箱柜净、门镜净、床铺净、工具净。

（3）评优制度系统化

学校对学生住宿还实行"明星床铺""优胜寝室"评比制度，每周一评比，期末计量化，大大激发了学生积极性，提高整体内务水平。

（4）安全保障体系化

"安全重于泰山"，这是全体住宿学生健康成长和快乐学习的前提和保障。学校对宿舍内安全隐患进行逐一排查，如晚回寝遇到学生生病、受伤等情况，立即联络校医及时诊断，严重者送至医院，并同时通知值班领导和班主任。学生发展指导处平时就注意加强对学生的安全教育和健康教育，每学期初都将开展宿舍消防演习、防震演习，加强疏散的训练，提高学生的安全意识和防范能力，为学生在校的学习生活提供更完善的保障。

宿管教师不仅对学生进行看管，而且也是学生们的良师益友。对学生分层指导，对低年级学生进行衣食住行等生活知识和技能的指导，使学生掌握基本自理技能，如会叠被子、穿衣服、生活用品摆放整齐，要求上铺学生上下床时面向扶梯上下，叠被子时背靠着

整洁干净的内务

墙壁叠等，杜绝安全隐患；对中年级学生进行良好的生活习惯养成指导和督促，如要求合理安排作息时间，注意卫生，加强锻炼；对高年级学生，主要进行自爱、自律及健康的人生观等方面的教育。正是有老师们孜孜不倦的督促与教育，学生们自理自立的能力才有了稳步的提高。

4. 关爱生命，安全出行

出行安全，不仅关系到自己的生命和安全，同时也是尊重他人生命的体现，是构筑和谐社会的重要因素。透过川流不息行驶的车辆，"关爱生命，安全出行"八个字显得更加突出。提到出行安全，很难不让人想到交通安全。在日常生活中，交通安全总是围绕在我们身边。行走时的一次走神，过马路时的一次侥幸，开车时的一次违章，仅仅是一次小小的疏忽，这一切都会使一个生命转瞬即逝。飞旋的车轮会无情地吞噬掉行人的生命。为了加大对广大同学安全出行意识的宣传力度，学校开学初、学期末都会让学生进行安全出行教育课程的学习，同时通过宣传板、班会、安全知识问答等多种形式，让安全意识深入人心。为了保证学生在校期间的安全出行，学校也相应出台了《常规管理制度》，即"走廊楼梯、紧靠右行"：教学楼内、安静有序，低声慢语、右侧通行，上下楼梯、不拥不抢、礼让右行、不跑不跳；出外活动、不追不跑：集体活动，全员参与，积极配合，紧张有序，规定区域，安全活动，不追不跑、不打不闹。

教育的根本目的在于启发学生的心智，增强他们的认知能力，在寄宿制学校中，培养学生习惯，尤其是良好的生活习惯，是我们教育工作的宗旨。我校正是秉承着这一原则，不断地创新管理方式，深入推进养成教育，培养学生自主生活的意识，提高学生的生活自理能力。冰冻三尺非一日之寒，这是一项长期而艰苦的工作，任重而道远，我们必将在以后的工作中，继续努力，砥砺前行。

二、以奇激趣，以趣激思，以思激创——以激发兴趣为核心的特色课程

除了核心课程体系外，为了能进一步体现学校的特色化育人目标，实现育才双语的育人使命，进一步为学生发展提供更为综合化、特色化的课程以满足学生的多样化、个性化需求，在专家的指引下，学校在确保核心课程（国家课程）的同时还创新性地开发出了围绕核心课程的特色课程系列。我们根据学科基础课程的模块化重组架构，进一步开发出与内容模块相对应的拓展性特色课程，这样的课程是对学科课程标准的深度解读，是一种综合前沿、实践、应用等知识与技能的培养过程，是一个注重培养学生合作与探究能力的更高层级的课程，这就是满足全体学生不同需求的以激发兴趣为核心的特色课程。

（一）文韵书香别有天——语文学科阅读与写作课程

腹有诗书气自华，最是书香能致远！中国的读书人向来把读书视为积累知识、增长学问的有效途径。读书的作用不仅在于拥有知识，还在于提升人的精神境界。尤其是常读书，日积月累就会使人脱离低级趣味，养成高雅、脱俗的气质，让自己的生活宁静致远，别有洞天。

语文课外阅读活动是语文学习的重要组成部分。它对于开阔学生视野、发展学生智力并形成学习能力有着极为重要的意义。课堂教学和教科书固然重要，但无论在时间上还是内容上传授的知识都是很有限的，它们的任务主要也只能是起示范和指导作用。知识的获得，能力的提高，很大程度上来自大量的、有效的课外阅读。

苏霍姆林斯基曾说："课外阅读，用形象的话来说，既是思考的大船借以航行的帆，也是鼓帆前进的风。"课外阅读，在学生面前展现了一个闻所

未闻、见所未见的奇妙世界。它指导学生认识人生，热爱生活；它召唤学生张开思考的风帆，在书海中遨游；它启迪学生俯仰古今，寻求信仰的力量、精神的支柱；它引导学生获取知识，发展个性，建立自己的知识结构。

随着部编新教材的全国落地，课外阅读更是凸显了举足轻重的地位。基于此，我校阅读与写作课程在不断探索中至臻完善。由片段到篇章，由篇章再到整本书，力求培养学生阅读经典的好习惯。总体思路是从课内到课外阅读，从语段篇章阅读到整本书阅读，再到阅读经典名著，主张多文本阅读，博览群书！

阅读与写作的教学其实是分不开的，阅读可以激发写作的兴趣，可以为写作提供方法指导，而写作则可以更好地体现学生平时的阅读积累与沉淀，二者互相促进，相辅相成。教师们在对学生进行阅读与写作训练时，必须是循序渐进的、阶段性的训练，最终力求学生在阅读能力和写作能力方面都有明显的提升。

阅读写作课程的教学目标是激发学生阅读兴趣，让学生喜欢读书，和书成为好朋友，让文学书籍成为学生的终身伴侣；通过引导学生诵读经典美文，积累优秀诗文，有了较丰富的生活积累之后，形成良好的语感；能初步理解、鉴赏文学作品，丰富精神世界，提高综合语文素养；让学生在积累知识的同时，提高写作能力尤其是文学鉴赏、随感、短评的写作；让学生顺利通过分流及中考的语文测试成为自然而然的事情。

阅读课程采用批注式阅读课、群文阅读课、主题阅读课、名著推荐课、阅读指导课、阅读欣赏课、阅读交流课、读书汇报课等多种课型进行阅读指导训练、激发学生阅读兴趣，提高阅读能力。

以李雪老师的《以形传神，以貌取人》小说阅读中的人物外貌描写主题阅读课为例。

课前准备：学生练笔，描写班级一位同学或者老师的外貌。

课程导入：（课上展示学生的习作）你写我猜。根据这两段外貌描写，我们来猜一猜他到底写的是咱班的哪位同学呢？（请创作的同学解读这段文字写了什么内容？主要抓住了人物怎样的外在特点？想要反映人物怎样的性格特点？）

环节1：回顾旧知（外貌描写）

环节2：分析文学作品中的人物外貌描写。（鲁迅笔下的典型人物形象杨二嫂、闰土、祥林嫂、孔乙己）

环节3：总结方法："画眼睛"，抓特征，系文本，上下看。

环节4：课堂阅读训练：小说《丑兵》《最暖心的故事》《偷父》

环节5：总结方法，完成板书：

巧方法　活运用

观外貌　品情感

环节6：（课堂总结）俄国作家果戈里曾说："外形是理解人物的钥匙。"通过生动的外貌描写，抓住能够凸显人物神韵的外在特征，有助于我们直达人物的精神世界，去理解一个真正的、有血有肉的完整的人。

课堂师生互动

　　这节主题阅读课，在教学中重难点很突出，即人物外貌描写的方法。阅读从鲁迅的经典语段到校本教材中的精彩篇章，由浅入深地带领学生分析探讨，同时体现了读写结合的教学理念。

　　七年级新教材非常注重写人叙事文体阅读及写作方法的指导，特别是培养学生由语句欣赏到片段阅读，再到篇章，甚至名著阅读的习惯和能力。如果学生在初一年级就能较细致地掌握好各种描写人物的方法，就会提升真正的语文鉴赏能力，那么对于将来的分流或者中考，在阅读和写作记叙文、散文、小说时，就会打下坚实的基础。从常见的各种正面描写方法到细节描写，再到侧面描写，最终到正侧面描写相结合的方法等。学生准确地掌握了这些方法，并且能够在自己的阅读写作实践中灵活运用，内化为一种语文的素养和能力，学生们一定会受益终身。

　　再以王艳艳老师的《横看成岭侧成峰》小说阅读中的人物侧面描写主题阅读课为例。

　　课前准备：学生收集阅读自己喜欢的一段经典的侧面描写语段。

　　课程导入："沉鱼落雁，闭月羞花"这几个字，几千年来让人们无限遐想女子的美貌。其实，汉乐府诗《陌上桑》中就有这样一位绝世美女秦罗敷。那么我们就来欣赏一下对她的一段经典描写。"行者见罗敷，下担捋髭须。少年见罗敷，脱帽著帩头。耕者忘其犁，锄者忘其锄。来归相怨怒，但坐观罗敷。"（汉代乐府诗《陌上桑》）

　　作者没有正面去描写罗敷的美貌，而是借助其他人的反应，从侧面来衬托罗敷的美貌，不仅富有浓厚的生活气息，更加给读者以无尽的想象。这样的人物描写方法，实际上就是侧面描写。

　　环节1：明确侧面描写的特点

　　环节2：朗读感受课前准备的有关侧面描写的精彩语段

环节3：结合小说经典阅读语段，小组合作探究侧面描写的方法及效果（《最后一课》《台阶》《红楼梦》《植树的牧羊人》《口技》）

环节4：常用的人物侧面描写方法总结

环境烘托

人物映衬

景物点染

环节5：（学以致用）阅读校本教材中凌鼎年的小说《酒酿王》，从正侧面描写相结合的角度，分析一下黄阿二是一个怎样的人。

环节6：（读写结合，小试牛刀）片段作文训练《教室里》，选取教室里你印象最深的一位老师或者同学，运用正侧面描写相结合的手法进行人物描写，力图表现人物的特点。

环节7：讲述"踏花归去马蹄香"的故事。

学生声情并茂朗读课文

这节主题阅读课更注重阅读语段的选择和学生的自主阅读体验。选取的阅读语段来自课内课外、古今中外小说中的经典语段，甚至篇章，想要传递给学生的信息是具有典型性和人文性。阅读本身先是个人思想的旅行，然后在与同学和老师的交流中，让自己的想法更明晰有目的，从而启发学生能够真正把侧面描写人物的精妙方法学以致用，读写结合，妙笔生花。

其实，每一节课都应该追求一种耐人回味的境界，教师或许更应该教给学生一种思维和表达能力，一种审美鉴赏与创造的能力。教师们真的应该着眼于学生们的成长历程，如果说在他们懵懂的初中时，语文带给他们的是一种阅读方法，那么在他们成熟的日子里语文或许就会让他们学会拥有一种生活态度。这就是所有语文老师毕生追求的一种语文情怀。语文教师都想成为有情怀的人，因为生活里除了现实，还有诗和远方。

学校阅读课程力求保证学生有时间读整本书，利用好每日的晨读和课前演讲、每周的阅读课以及课余时间读经典名著，如《朝花夕拾》《西游记》《骆驼祥子》《红星照耀中国》《论语》等。传授有效读书方法，指导学生学会阅读，教给学生读书方法，与学生一起读书，及时交流读书心得。在读书期间开展丰富多彩的活动，如优秀读后感评选、诗歌朗诵会、讲故事比赛等，以激发兴趣、巩固成果。

写作方面的课程，更注重课堂外延的建设。初一重点训练记叙文写作，初二重点训练议论文写作，初三二者综合训练。老师们指导学生在平时课内外阅读经典作品的基础上，对学生进行多角度的写作训练，每次训练都有所侧重，循序渐进，持之以恒。

首先，根据本单元的主题，学生进行课堂片段写作训练。如七上第一单元主题是"亲近自然，热爱生活"，就可以让学生进行四季美景的写景抒情片段练笔。甚至，我们在带领学生进行诗词赏析的时候，也可以让学生尝试着进行诗词创作，哪怕是一两句对偶，也可以燃起学生们创作的热情。

其次，指导学生进行经典摘抄，养成日积月累的好习惯。我们从学生入学的第一天就开始指导学生准备积累本，主题广泛，循序渐进，对他们日后的写作会很有帮助。

接着，每两周一次作文训练，精批精讲，注重作文升格。经常指导学生练笔，目的就是让学生充分重视，真正把语文写作看成是自己语文素养的集中体现。老师们还会把学生的优秀作文进行张贴、群分享，甚至印刷阅读，这样的过程，学生们会很受益，并且写作态度积极认真。

然后，鼓励学生参加校内外各种作文竞赛，调动学生阅读写作的积极性。比如全国中学生叶圣陶杯、语文报杯作文大赛等，学校也会自己组织校内的、学年组内的作文竞赛。

以下摘自《我心雀跃》学生作文竞赛1712班冯天远的作品：

品清蒸平鱼，不如说是品味人生。酸甜苦辣交织在一起，不显突兀，心中所想，必在舌尖呈现。吃鱼也像做鱼，要有技巧，不然便是无味人生。筷子在半空中落下，正好插在鱼肚中间，往下轻轻一滑，一块长方形的鱼肉就乖乖地滑落下来，最重要的是，要搅一口汤，给家中辈分最高的人吃。这才叫"一柱定乾坤"。

酒足饭饱，早已把难题忘在脑后，和爸爸妈妈到湖边闲游。入园前，还是灯红酒绿，入园后，只有一路橘黄。我望向湖心，一阵轻风过，带来阵阵蛙鸣。静谧中，突然感觉心跳动了一下，感到了最终的归宿。

晚上，我进入梦乡，梦回稻花香里，闲人说丰年，远处蛙声一片，声声入耳。我置身其中，想起了爸爸妈妈，心中顿时生出一阵暖流，心中雀跃，顿感天高云淡，终于悟到，归宿即吾乡！

这是一篇充满温情的记叙文，文采飞扬，情感细腻，打动人心！这样的方式，会让更多的写作高手大显身手，还会正向激发所有同学写作的热情，兴趣是最好的老师。

另外，力求在精品语文活动中，提升学生阅读写作的品位和素养。初一年级学校举办的精品活动是"荡漾诗韵，永耀芳华"语文经典诵读活动，学生们在诵读品味经典诗文的同时，潜移默化地受到了文学的熏染，很多学生跃跃欲试，激发了他们创作的渴望。之前还进行了钢笔字大赛，其实写好工整的汉字，是写作的第一步。初二年级开展"我是朗读者"的读书活动，从海选到预赛，再到决赛的过程，力图通过这样的活动，激发全体学生的阅读、朗读兴趣，让读书和朗读成为学生学习生活不可或缺的好习惯。以读促写，读写结合，提升学生的语文综合素养。

最后，阅读促写作，生活即语文。在课堂上跟学生一起欣赏的每一篇课文，学生课下阅读的每一部作品，其实都是写作的范本，都会给学生们以写作的灵感。学生在阅读经典名著时，不仅要和作者一起思考人生，还要学习名家们的遣词造句，笔法春秋，这无形中就会影响自己的写作实践。老师们会经常提醒学生平时细心观察，用心体悟生活，努力提升思想境界，生活即语文，要有一颗敏感而细腻的心，尝试坚持写日记或者周记，养成每日写作的好习惯。

阅读写作教学交流

总之，阅读与写作能力是语文的综合能力，也是语文教学的重点，需要老师注重点滴教学，注重日积月累，注重持之以恒，方可最终提升学生的语文核心素养。

新时期学生发展核心素养是学生应具备的，能够适应终身发展和社会发展需要的必备品格和关键能力。核心素养，可教可学，最初在家庭和学校中培养，随后在一生中不断完善。作为语文人，有责任让阅读写作课程，点燃学生们学习语文的热情，在师生共同的对话中，让语文课堂更加充满诗情画意的美，永远散发着沁人心脾的魅力！

(二) 拓展国际视野，培养世界情怀——西班牙语课程

提起西班牙，很多人会想到"黄金海岸""斗牛""弗拉门戈舞""足球""毕加索""高迪"……你知道吗，被我们称作"小语种"的西班牙语是全球21个国家和地区的官方语言，也是联合国六种工作语言之一。2017年，以西班牙语为母语的人口将近4.8亿，使用人口仅次于汉语，居世界第二位。2018年教育部已将西班牙语正式纳入高中课程。

作为沈阳市乃至东北地区首个开设西班牙语课程的中学，东北育才双语学校始终坚持"以学生全面和谐发展为本，追求学生特色培养"的教育理念，突出"国际化、信息化"的办学特色，努力将学生培养为提高幅度大、进步速度快、可持续发展能力强、具有本土情怀和国际视野的优秀人才。

1. 巧设活动，助力语言能力提升

中学西班牙语课程的设计以培养学生的语言能力、文化意识、思维品质和学习能力等学科核心素养为目标，其中语言能力是最为基础的部分。让学生在学好语言知识的基础上，借助语篇学习文化知识，发展思维品质，培养西班牙语理解和表达能力，开拓国际视野，从而形成和而不同、兼收并蓄的跨文化交际意识。为此，我们设计了大量的课堂活动夯实基础。从"双语好'颤音'"比赛开始，到"wakawaka模仿秀""拍7接龙"以及打字比赛等活动，同学们在竞赛中激发热情，在表演中精炼语言，在游戏中寻找乐趣，在

活动中收获自信。我们通过形式多样的活动，将枯燥的发音练习、重复性高的单词句型练习转换成"绕口令接龙"，随着同学们参与度的提高，课堂效果也越来越显著。学生们在学习日常交际的同时循序渐进地掌握语言的基本技能。

2. 因材施教，助力文化意识形成

教材是教学活动的主要媒介与载体。作为第二外语教材，既要培养学生的语言交际能力还要有利于培养学生的文化理解、文化认同和跨文化交际能力，使学生具有国际视野及双语和多元文化观。

我校于2007年开设西班牙语课程，当时教材资源很有限。我们在教材的使用上，根据学生的年龄、知识水平和接受能力等特点对教材的内容、结构和教学方法等方面进行适当的取舍和调整，创造性地使用教材。例如适当地调整教学顺序，调整教学内容，甚至替换教学内容或补充教学活动。

经过了几年的教学实践摸索，我们自己编写了《东北育才双语学校西班牙语校本课程》。该教材更贴近我校学生的教育教学活动，将语言运用到生活中。我们是寄宿制学校，在校本课程中，增设了寝室生活的场景。针对节日及学校的活动课程，我们精心设计了文化活动。如每年的4月23日，我们都会展开以世界读书日为主题的活动，跟学生们探讨塞万提斯，还会分角色演绎经典名作《堂吉诃德》的著名选段。每年的10月12日西班牙国庆日，我们都会回顾哥伦布传奇的一生，回到大航海时代，重温西班牙海上霸主的辉煌与衰败。学生们最喜欢的就是每年的12月31日前后的西班牙语课，因为大家都会带上葡萄，学着西班牙人跨年的习俗，敲钟吃葡萄，每个人嘴里都塞满了葡萄，都赶在钟声结束之前把葡萄吃光，有没吃完的，有忘了许愿的，大家在欢声笑语中迎接新的一年。

3. 形式多样，助力思维品质发展

多媒体对于第二语言的学习起到不可替代的作用。丰富的多媒体资源给学生展示了一个真实的、立体的西班牙。带领大家领略"圣家族大教堂"的奇伟，目睹"西班牙皇宫"的庄严，聆听"伯纳乌球场"的狂热；带领大家品味"烤乳猪"的酥脆，了解"西班牙火腿"的前世今生，走近"海鲜饭"的制作过程；带领大家感受"斗牛场"的惊险、"番茄大战"的淋漓。

以引导学生自主探究、培养学生对学习的兴趣和热情为宗旨，我们还开展了小组研究性学习。例如，以"西游记"为主线，让学生自主设计旅游路线。在准备过程中，学生们对西语国家的人文地理、风土人情有针对性的了解。如"私人定制"是"西游记"的升级版，除了要有相关西语文化常识外，还要能够掌握旅行中的场景，如预订机票、找宾馆、问路、就餐等内容，这是对语言的应用和对文化的理解的进一步提高。

面对有限的资源，我们充分开发利用。校图书馆的《China Hoy》杂志成为同学们强化西语的有效途径。此外，我们还分享给同学们网上的资源和影视作品，通过各种途径拓宽同学们获取知识的渠道，让同学们在文化的碰撞中，具有包容、明辨的思维。

4. 初见成效，助力学习能力提高

经过两年的西班牙语学习，学生们收获最大的莫过于对语言兴趣的开发和对自身学习能力认识的提高。颤音学习是全校西班牙语学习兴趣最浓的阶段，独特的发音有魅力也有难度，在练习的过程中，他们不断挑战自己，甚至回家带动全家人一起练习。有80%的同学经过练习能够准确地发出这个音，并且能够用颤音哼唱歌曲，甚至在校园里同学们用颤音打招呼，可见学习兴趣是最好的老师。

研究性学习小组不仅锻炼了孩子们分享与合作、自主学习的能力，也注重学科间的融合，为其他学科的学习奠定基础。

如果说西班牙语是一座桥梁，它不仅连接着两个不同的国家、不同的文化，它还连接着现在的你和那个极具潜力、有待开发的你。

（三）聚焦科技实践，提升学科素养——化学创新类课程

化学活动课程是以学生自主学习和直接体验为主要形式，以指导学生主要获得与化学学科有关的直接经验和即时信息，培养学生化学兴趣和化学特长为目标的一种课程，我校历来在理科学习过程中重视活动校本课程的开发，而在活动课程中"直接体验"是其中非常重要的课程含义之一，直接体验是一种基于学习者自身的活动体验、获得感性认识的学习形式，个体自身参与实践活动从而获得知识、技能、情感等。化学活动课能营造出一个无拘无束的自由天地，让学生的思维纵横千里，任意驰骋。著名教育家赞可夫说过："学生积极的情感、欢快的情绪，能使学生精神振奋，思维活跃，容易形成新的联想。而消极的情绪，则会抑制学生的智力活动。"化学活动课程是建立在自觉、自愿、自主基础之上，能为学生建立一个民主、平等、宽松和谐、敢想善想的学习氛围，从而激活学生积极主动学习的情感，产生出强烈的创新欲望，迸发出创造的火花。

在这种理念的指导下，为了活跃我校学生科技文化生活，推进"科学素养落地"，培养我校学生创新精神、动手动脑能力，在校园形成学科学、爱科学、用科学的良好氛围，全面提高学生的科学素养，初中部理化生教研组在学期初开展了为期两周的"体验科学、提升素养"主题科技节活动。

化学活动课程的内容与形式是紧密联系的，丰富多彩的内容要通过多种多样的形式体现出来，才能使化学活动课变得生动活泼、充满活力。为此我们在科技节活动中设计了两项主题活动：

1. 趣味化学科学实验展示

化学实验课程是化学活动课的主要内容和形式。"活动"是活动课程理论中的一个核心概念，对活动的理解直接关系到对活动课的深入认识。"活动"一词的英文形式为"activity"，来源于拉丁文"act"，基本含义为"doing"，即"做"的意思。所以，作为一门以实验为基础的学科，我们更重视"做"的活动。在科技节中，我们开设了三场以趣味实验为主的展示活动，在活动现场我们邀请了同学参与实验，现场体验理化生实验魅力。化学这门建立在实验基础上的学科，渗透在社会生活的各个方面，为了增加化学活动的趣味性，增强化学活动课的感染力和吸引力，我们选取了许多课内外的趣味小实验。

化学实验活动的趣味性要求我们化学组每位教师在最初选取实验时就要从"兴趣点"入手，去激发学生求知的欲望。这就要求我们组的每位教师在活动前精心设计实验，这样在活动现场才能充分调动孩子们的积极性，激发初一、初二尚未开设化学课的学生的学习动机，并且增强初三孩子对化学的持续学习动力，让他们在一个轻松愉快的活动现场中"做"有所得。学生好奇心强且喜欢动手操作，在老师的辅助下能进行独立实验，出现了"神奇"的实验现象后，我们又在课堂上深入挖掘每个实验背后蕴藏的奥妙并将它们以学生喜欢的形式长久地在教学中渗透到常态课堂中去。

在活动现场，我们看到了这样的一些场景——

化学组的吴老师带来了"玻璃仪器的烧制"。形形色色的玻璃化学仪器是怎么制成的呢？就让我们从最简单的玻璃弯管制作和胶头滴管的拉制开始吧。吴老师从实验室拿来各种规格的玻璃导管，将其在酒精喷灯上烧制成30度、60度、90度的弯导管，演示结束后学生们便兴致勃勃地前来尝试，3班的小巩同学尝试完不禁感叹道："看起来挺容易的，但是真的想形成想要的角度还不变形堵塞能通气真是太难了，得多试几次才能成功啊！"随后只见吴老师又在酒精喷灯上烧软了一个导管，两手力量恰到好处地一拉，断开后安上胶头就形成了两支胶头滴管！有学生说道："原来我们用的胶头滴管就是这么做的啊，太好玩了，这个也得好技术才能抻细啊！"随后的学生尝试，现场中时而有失败时的鬼脸出现，也有"我再试试"的语言鼓励，也有成功后的欢呼雀跃，好不热闹！

　　"哎？那不是佟老师吗？怎么了？着火了？""手绢烧着啦！快去看看！""这是咋回事？那么大的火这手绢咋安然无恙的呢?!"原来这是佟老师在带领大家做"烧不坏的手帕"实验，学生们两两一组用坩埚钳夹住手帕，熊熊的大火烧起来，大家直往后躲，但是小小的手帕却啥事儿没有，之后佟老师就带着大家耐心地分析其中原因。

学生体验化学实验

"烧不坏的手帕"实验

"吹火实验"

　　下一站曲老师带来的是"吹火实验"，只见她们组的同学戴着护目镜，拿着长导管，俨然一副疯狂博士的样子，石棉网上的小棉花静静地躺着，同学们用嘴通过长导管向棉花吹气，它居然烧起来了，火势还不小呢！"曲老师，快告诉我们这是怎么回事！棉花怎么一吹就烧起来了！"曲老师可不像别的老师一样，她才没直接告诉学生们呢，而是满脸骄傲和神秘地说："你们想知道啊，回去周末上网查查，下周我再揭晓谜底，怎么样？""查就查，我一定能搞明白，等着吧曲老师！"几位同学斩钉截铁地说。

再往前走走就是张老师和林老师的"泡泡两人组"啦！"参与的同学真多啊！太好看了，这不是'快乐大本营'里的科学实验吗？叫

"大象牙膏"实验

'大象牙膏'实验吧！对对对！"林老师穿着一件手绘的白大褂，面前摆着各种规格的仪器，只见她把家里的洗涤剂、处理伤口的双氧水和碘化钾催化剂混合。"天哪！这么多泡泡，真的就像大象的牙膏一样！"旁边的张老师更是有趣，她的五个高脚杯里正在吐着五彩斑斓的泡沫，就像彩色起泡酒一样。

2. 化学纪录片热播

各种题材的化学纪录片以其鲜明的色彩、丰富的场景、科学的手段、翔实的资料给学生以一种全新的感受，不但可以扩大他们的视野，而且可以带领学生观察到一些通常情况下难以观察到的化学现象（如宇宙化学现象、接触室的内部构造、物质的微观结构等），这对提高学生学习化学的兴趣、培养其学习的主动性大有好处。

所以我们选取了央视热播纪录片《我们需要化学》作为本次科技节的科技探索板块的内容。这部由上海教育电视台制作的纪录片刷爆了化学党的朋友圈！片子共分为6集，15分钟一集，短小精悍，分别以"化学的起源""化学与人类饮食""化学与材料科学""化学与生命科学"以及"展望未来化学"为主题，多位化学界的权威及中科院院士深入浅出地为观众呈现化学

的本源，以及我们生活中的化学本质。学生观看完纪录片，写下了下面的话：

"化学是我初二下学期才开始接触的一门学科，它宛若一片神秘的星云，重新激发了我对学习的兴趣，化学老师播放的纪录片我回到家又看了几遍，百看不厌，这部科普视频不同于其他，从衣食住行等与我们息息相关的方面阐述'我们需要化学'的重要性，同时讲解简单易懂，好多地方看到了都会不禁让我有'哦！这个地方课上讲过！'的感叹，这也是化学融入生活的一种体现。我开始学会用一种新的眼光看待并客观地解释世界，在化学课堂上吸引我的是摆在实验桌上的一瓶瓶试剂，是化学，第一次将生活中无形的物质化为了有形的学识。"

在影片中追溯化学的历史，这样的发现、探索之志趣，从西方的拉瓦锡开始，自东方的火药发明以来，用着不同的烟火，启蒙着一个个时代。从影片中我了解到化学给了我们一个具体的、物化的世界，将万物生命中的"灵气"和"戾气"分离给我们看，以元素周期表的形式严谨又不失规律地表现出来。很庆幸前人的坚持不懈，发现了化学这门科学，才得以让我们更深入地了解和认识客观世界。

活动过后我们认为反思整个化学活动课程是不可缺少的。每一个活动的开展，不是活动结束了任务也完成了，不能只是为了活动而活动，那样真正的活动效果是无法得到体现的。化学活动课程实施能否达到教育目的，学生是最为关键的要素。

其一，化学活动课程的性质决定了学生是实施化学活动课程的主体，他不仅仅参加活动，而且在活动的准备和执行过程中都体现出主体性。可以说，没有学生的活动就不称其为活动课程，学生积极主动地投入是化学活动课程实施得以顺利进行的第一保证，这一点在这次的科技节中得到了很好的体现，学生自己参与活动并沉浸其中获得快乐。

其二，学生是反映化学活动的过程与结果的一面镜子，要知道化学活动课程的实施效果，必须借助学生反馈信息，我们从他们真挚的话语中，从他们写的观后感中不难看出在这次活动中同学们是真的有了各自的收获，在不同的方面获得了满足，如果能将这种兴趣转化成后续学习的动力，并且一定程度地提升他们的科学素养，才是每年科技活动课程的终极目的。

（四）认知实践成长，邂逅创新科技——物理创新课程

21世纪什么最珍贵？人才。什么样的人才最珍贵？创新型人才。之所以得出这样的结论是因为创新是一个民族进步的灵魂，是一个国家兴旺发达的不竭动力。习近平总书记强调："创新是引领发展的第一动力，是国家综合国力和核心竞争力的最关键因素，重大科技创新成果是国之重器、国之利器，必须牢牢掌握在自己手上，必须依靠自力更生、自主创新。创新型人才是时代的弄潮儿，是带领时代进步的先锋力量。"

教育是人才的供给养分源，培养创新型人才势在必行。传统的人才培养模式越来越难以适应经济社会发展的需求，为此，我校以"认知实践成长，邂逅创新科技"为主题，开展一系列的课程和活动，旨在构建以学生为中心，注重学生综合素质培养，强调学生创新能力、实践能力的创新型人才培养新模式。

感受科技魅力，科技改变未来

世界史也是一部发明史。火药的发明改变了世界版图，电灯的发明改变了夜晚，汽车的发明改变了空间距离，微信、支付宝等的发明改变了人们产生交集的方式，改变了一切，让摩尔定律也变成了一个社会定律。

在未来，科技不再是改变者，是不断加速者。它会体现在每一寸土地上，把每一个智慧单元凝聚，将资源、资本、服务都变成动能。这一切的一切都要学生去仔细感受、体会。

科技无处不在，我们现在用的台灯，按下开关就会发出明亮的灯光，这是科技；把电视打开，一下就能看见花花绿绿的画面，这是科技；把食物放在电冰箱里，就会起到很好的保鲜作用，延长蔬菜的生命，这是科技；神舟五号升天，天宫二号成功发射……这都是科技在改变着未来。

为此在活动之初，我们以海报的形式，把一些前沿科技和在科技中有重大建树的科学家展览出来，范围包括理化生三个学科。学生在观看展板的同时，能够感受到科技就在我们身边，科技改变生活。进而，激发学生对科技的兴趣，从而能够投身到科技中来。

聚焦科技实践，提升学科素养

"科学素养落地"是我们在活动中的重头戏。在科学学科核心素养的四个要素中，科学探究是一个过程，是一种学习方式和科学研究的方式，是一种学习科学观念、发展科学思维、形成科学态度和责任的手段和途径，同时，也是一种综合的能力。科学观念、科学思维、科学态度与负责任是通过科学学习而形成的核心素养。为此，物理组和生物组教师全员参与，以选修课为平台，培养学生的科学素养。例如，物理选修课上，通过教师的讲解、培训以及指导，使学生有自己的想法和创意。在此过程中，教师全程参与学生的制作发明。生物选修课上，教师以肥皂制作来激发学生对生活中的科技的兴趣。

在此过程中，学生参与度很高。在科技制作中，学生在遇到问题时，小组成员之间合作交流与指导教师共同研讨最佳方案。例如在火箭的制作中，为了让火箭上升得更高，火药的填充必须要有一定的数量，并不是多多益善。这就要求到严格的计算，涉及火箭自重、空气阻力、火箭的配重等，在此期间学生的动手能力、探究能力均有所发展和提高。

从表面上看，是在促进学生对科技的认知与探索，其更深层的含义不如说是在建立一个丰富的、开放的环境，持续地为富有创造性的参与者提供更多的选择。

激发学生热情，创新引领未来

学生是创新的主体，创新能力潜伏于每个学生之中。只有在适宜的环境和条件下，创新才被激活，从而释放出来，学生创新能力的培养必须确立学生的主体地位，让学生的活力自由发展，必须给学生创造一个和谐、自由、充满活力的氛围，使学生人人有独创性的积极参与的全过程，鼓励学生积极主动参与进来。为此，我们为学生量身打造了科技展活动。

在活动中，教师们演示精彩的实验，介绍其原理和应用。例如如何用一张 A4 纸承载更大的重量，重物增加时，同学们都屏住呼吸，生怕影响实验，而当承受不住重物掉下来时，会发出遗憾的喊声。饮水鸟演示中，学生对饮水鸟为什么能自动饮水产生了极大的兴趣，纷纷围观让教师解释其原理。生物展示区中，学生们对种子的发芽、生物肥皂的现场制作极为感兴趣，而且生物科组结合仿生技术和STEM教育观点，设置了新奇有趣的主题为"我与爬宠有个约会"区域。现场引来了同学驻足观看，孩子们深入地了解到了爬宠与人类的关系。

另外我们还呈现了趣味盎然的科技展示活动。学生在教师指导下制作的小制作小发明也走进了展区，如全息影像展示、意念控制无人机展示等，让学生们在游戏中了解有趣的物理学原理。

本次的科技活动最突出的特点是以实践活动为主要的教育方式，提倡学生自己动手动脑，通过各种实践活动，让他们接触大自然和当代较新的科学知识，使学生将学习的知识转化为技能。我们要充分利用科技活动时间，让他们结合自己所喜爱的科技活动项目，制作各种科技模型，鼓励他们大胆想象，让他们根据自己身边的事物，搞发明创造，制造出各种符合科学原理、有创新特点并有使用价值的作品。

学生创新能力的培养，不仅仅是激发起兴趣就可以的，还要持之以恒、不断探索，要有不达目的不罢休的坚毅品质。在探索过程中，一定会遇到这样或那样的困难，要想方设法克服困难，要有心理承受力。要随时准备应付各种挫折和失败，人正是由失败和教训使自己不断聪明的，对于失败，我们应当理智地总结经验教训，把挫折磨难看作是磨练意志、锻炼能力的好机会，在困难与阻力面前要有一股敢拼敢斗的勇气，从而战胜自己的畏难情绪。

科技节活动之后，一些平时调皮的学生对科技创作特别感兴趣，纷纷表达对下次科技节的期待，他们也一定要做出自己的作品并展示出来。对这样的学生我们要引领他们，同时我们还要善于发现并利用他们爱好发明这一闪光点，将他们的作品介绍给同学，号召同学们学习他这种敢于创新的精神，让他们去感受成功的乐趣，并鼓励他们："你的科技作品做得这么棒！老师相信你，只要你把这种刻苦钻研的精神用到学习上，你的学习成绩一定会提高的，下次老师就看你的成绩！"

总之，通过科技节，学生在学习上更能严格要求自己，他们敢于大胆提问，大胆实践，大胆创新，并战胜自我。特别是通过科技活动，学生的语言表达能力增强了，他们对身边的万事万物都有较浓的兴趣，从而激发了他们强烈的进取心和求知欲。

（五）"聚焦学科核心素养"英语社团活动的规划与实施

1. 英语社团的建立与学科教育目标及学科核心素养

（1）英语学科教育目标

英语课程标准中关于英语课程的界定：《义务教育英语课程标准（2011年版）》"义务教育阶段的英语课程具有工具性和人文性双重性质。就工具性而言，英语课程承担着培养学生基本英语素养和发展学生思维能力的任务，即学生通过英语课程掌握基本的英语语言知识，发展基本的英语听、说、读、写技能，初步形成用英语与他人交流的能力，进一步促进思维的发展，为今后继续学习英语和用英语学习其他相关科学文化知识奠定基础。"强调学习过程，重视语言学习的实践性和应用性。

（2）英语学科核心素养

2014年3月，教育部发布了《关于全面深化课程改革落实立德树人根本任务的意见》，提出了"核心素养"这一重要概念，要求将研制与构建学生核心素养体系作为推进课程改革深化发展的关键环节。我们理解英语学科核心素养的内涵及其构成要素，基于核心素养的英语课程理念，就是从英语的工具性和英语学科的人文性这两个角度来设置英语课程的目的与目标，即语言能力、文化品格、思维品质和学习能力四个方面。

（3）英语社团目标

基于发展学生核心素养的价值取向，以及国家对于英语学科的课程标准要求，结合我校教育教学实践，我们确定东北育才双语学校初中部英语社团的建立目标为：从学生们喜闻乐见的形式入手，着力培养学生喜爱英语、善于交流、长于表达，培养学生国际理解能力，使其具有跨文化意识和思辨能力，为学生未来参与知识创新和科技创新储备能力。

2. 英语社团活动方案设计与实施

（1）四叶草英语社团的诞生与发展

现今社会，国家与国家之间的交流频繁，家长们的意识也有了巨大的转变，特别重视孩子们的英语学习，很多孩子从学龄前就开始学习英语，我校作为一所优秀的学校，学生的英语水平明显高于平均水平。另外，结合我校的办学特色，英语社团的建立就显得尤为重要了。在这样的背景之下，2009年四叶草英语社团在初中部建立，秉持着以"学生发展为本"的理念，注重培养学生的创新意识和实践能力，让每个同学都参与进来，用活动激发学生英语学习兴趣，营造良好英语学习氛围，争取人人善听、能说、会写，努力

四叶草社团Logo

体现知识、技能、智力和能力的统一，全面发展与个性发展的统一。英语社团的名字和Logo也是第一次会议时由学生们独立构想和设计出来的：四叶草Clover，代表着信心、幸运与希望，小小的四叶草伴随着双语学子年复一年，于英语的海洋中遨游，也成为他们青春岁月的见证。

英语社团的骨干领导成员均从各班级英语爱好者中选出，本身具有较强的英语水平和领导能力者优先。社团向下辐射到每个班级，每班英语课代表即为英语俱乐部的核心成员，社团定期召开会议，开展与英语相关的系列活动。在所有的活动中，规模最大、最成熟、影响面最大的当数英语文化节。这项校级活动，我们坚持了10年，不断推陈出新，不断完善这项大型活动。东北育才双语学校英语文化节，已经成为东北育才双语学校的一张名片，受到学生们的喜爱，也成为家长们和社会了解学校的一个窗口。东北育才双语学校英语文化节，于每年3月开始，每次活动历时4个月，全校范围内开展一系列英语的相关活动，最终，各项活动的优胜者汇聚一堂，呈现出一台精彩的汇报演出。

英语社团给了学生们展示自我的自信与舞台，让他们最精彩的年华得以尽情地绽放。通过四叶草社团的不懈努力，双语学校学生们的英语学习热情空前高涨，也

火焰社团Logo

为他们的高中英语学习打下坚实的基础，四叶草社团的成员几乎都成为高中部英语活动的中坚力量。岁月更迭，我们的四叶草英语社团也是与时俱进地发展，2015 年英语四叶草社团进行了升级，变更为四叶草 Clover 英语社团（双语高中部）和火焰 Flame 英语社团（双语初中部）。升级之后的英语社团，分层更加细致，也更加符合不同年龄段学生的需求。

（2）英语文化节系列活动内容：

内容与形式	英语学科素养培养目标	实践途径
英语歌唱比赛 Voice of NEYCBC	英语语言能力的培养：感受英文歌曲的魅力，初步感知英语，准确发音	从演唱中实践英语
英语戏剧比赛 Drama Performance	英语文化品格的培养：感受英文的文学魅力，深入理解英语，地道表达，借助表演创意表达	从表演中实践英语
英语诗朗诵、演讲比赛 Public Speech	英语思维品质：知识迁移，借助肢体语言创意表达，促进思辨思维的发展	从表达中实践英语
英语拼写比赛 Spelling Bee	英语学习能力的培养：拓展词汇，促进理解	从拼写中实践英语
英语课文背诵大赛 Fun Reciting	英语语言能力和学习能力的培养：夯实基础，流利背诵，形成语感，尝试表达	从背诵中实践英语
英语配音 We love Dubbing	英语语言能力和文化品格的培养，感受地道英语表达的魅力，准确发音，形成语感，实际应用	从模仿中实践英语

（3）英语文化节基本流程：

● 宣传活动：主创团队经过前期会议，确定本次活动的主题和活动方案

① 制作关于英语文化节的宣传片，并投放到学校的公共资源上，利用学校午检时间统一观看；

（通过宣传片，展示英语文化节内容，突出英语文化节重要性。）

② 在教学楼、食堂内张贴宣传海报、板报；

（交代活动细则，简单明了的展示使活动目的显而易见，有助于全员参与。）

③ 团委学生会广播宣传。

（及时宣传）

● 英文歌唱比赛：经典品牌活动——"双语好声音"全员参加，自愿报名

● 英语戏剧比赛：经典品牌活动——"演出我色彩"以班级为单位进行比赛

● 英语诗朗诵、演讲比赛：班级内部初赛，年级统一复赛，最终校级决赛

● 英语课文背诵比赛：经典品牌活动——流利背诵课文，让学生们爱上英语课文学习

● 英文单词大赛：Spelling Bee分年级进行年级初赛、班级对抗赛，最终校级决赛

● 英文书写比赛：全员参加，班级初选，年级复选，最终全校进行最终决选

● 英语电影配音：经典品牌活动——"双语趣配音"，以班级为单位进行比赛

● 闭幕式：活动总结，英语文化节优秀节目汇报演出

开场舞《舞动青春》

学生们配音《疯狂动物城》

经典剧目《灰姑娘》

双语好声音三甲选手同台演唱

演讲冠军的模仿讲演

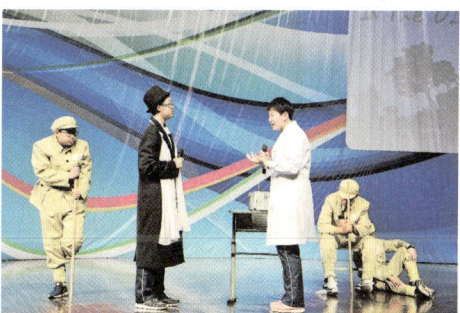

学生自创课本剧《买药》

3. 英语文化节Calendar

Year	Theme
1. 2009	We Can Fly
2. 2010	My Life Is A Free Loop
3. 2011	You Are The One
4. 2012	We Belong together
5. 2013	Teenage Dream
6. 2014	The World Is Ours
7. 2015	Just The Way You Are
8. 2016	Youth
9. 2017	The Melody of English
10. 2018	Our Stage, Our World

三、求真向善，聚力挖潜——以挖掘潜能为核心的选修课程

"让学生学会选择"是新课程改革的重要目标。为促进学生多元化发展，切实培养学生的实践能力和创造精神，学校形成了根植于发展核心素养的科学、和谐、可持续发展理念，在以常规课程为主线的同时，学校还开设了面向全体师生的综合拓展选修课，学生可以通过这个平台选择自己喜欢的课程内容、授课形式、授课教师，从而构建一种在教师指导下，学生自主选择、自我管理、自我锻炼和学习的课程模式。

把课程的选择权交给学生，学生在选择中体味生活、规划人生，实现了特色课程学科化，特色课程兴趣化。我们力图在最基本的知识领域为学生提供多学科交叉综合的精品课程，让学生广泛涉猎不同的学科领域，拓宽知识基础，让学生了解不同领域的前沿动态以及主要研究方法，从而为能力和经

验各异的学生提供日后长远学习和发展所必需的方法和眼界。

1. 习跆拳之道，悟人生大道——跆拳道课程

跆拳道课程是一门"健美、育心、启智、知礼"的运动类课程。跆拳道被称为"行动哲学"和"正人之道"，以"礼义廉耻、忍耐克己、百折不屈"的精神为根本，通过身体的训练来修炼心灵。本课程针对青春期中学生的内向、焦虑、急躁、易怒等各种负面情绪而设置，通过踢腿、上格、下截、拉伸等动作增强学生体力和柔韧性，发展空间知觉，发展形体感知能力。活动时的师生互敬、学生之间的相互礼让等，让学生更好地理解"礼"的内涵。

跆拳道训练

2. 淡墨痕中别有花——水墨丹青国画课程

水墨丹青国画课程是以写意花鸟画为切入点，通过古法临摹、对景写生和主观创作三个阶段，引导学生发现写意画的魅力，并且掌握一定的写意笔墨技法的绘画艺术课程。通过本课程的学习，体会中国传统文化的独特魅力，培养学生对中国优秀传统文化的认同感和传承意识，培育民族精神。中国画具有鲜明的民族特色和悠久的历史，是举世瞩目的珍贵文化遗产。它的高度不单是艺术技巧的高度，更是修养的高度、人格的高度、民族精神的高度，是"技道合一"的艺术表现达到神化的高度。国画在古代无确定名称，一般称之为丹青，工具和材料有毛笔、墨、国画颜料、宣纸、绢等，题材可分人物、山水、花鸟等，技法可分工笔和写意。同时，写意花鸟画学习是意识与情感的高度融合；借景抒情，托物言志，在似与不似之间书写胸中意

趣，以此缓解压力、陶冶情操，对提升学生人文底蕴及综合素养有着深远意义。

3. 魔法般的蜕变——魔法英语

魔法英语将学生们带入到一个纯正的英文世界中。第一阶段课程通过选材符合学生年龄层段的经典英文小说，例如《Magic Finger》进行品读，渐入角色朗读，从而进入角色扮演的合作式学习中。第二阶段课程引入国际经典英文电影赏析，例如《Maleficent》进行角色配音，最终进入舞台剧的表演中，为我校一年一度举办的戏剧节储备人才，积攒力

英语电影配音

量定会在舞台上绽放光彩。课程旨在释放学生的天性，绽放自我，激发各种潜能，发展创造力和想象力。在原声电影和原版小说的示范下，老师给予语言发音及表演技巧的指导，学生参与合作式分工，找到最合适自己的任务，比如：剧本的改写和再创作、角色的体验和再塑造等。通过学习和表演建立自信心与同理心，拓展国际视野，加强英文听说素养。在体验中学习英文，认知世界与自我，从而感受英文语言的魅力和神奇！还原语言学习的本质，让他们发生魔法式的蜕变，成为自己人生的主角！

4. 科学之美，源于生活——生物探究课程

生物探究课程是一门以初中生物学知识为基础，以生活中常见的实验素材为依托，通过大量生物小实验来培养学生动脑动手能力的科学实验类课程。通过无土栽培、指纹探案等小实验来带领学生了解前沿科学知识；通过

自制酸牛奶、DIY手工皂等生活小实验，让学生保持持久的科学探索的兴趣。最终养成假设、验证、观察、分析、计算、概括、表达等科学探究能力，提高生物学科科学素养。

化学实验操作

5. 心随舞动 绚烂花开——舞蹈特色选修课

舞蹈是肢体的语言，更是有形的音乐，它也是素质教育中不可或缺的一种表现手段。舞蹈教学是最需要直观的一门学科，而舞蹈基础教学有严格的训练要求，因此教师会根据教学目标要求，结合学生的能力水平特点，采用面对面示范，直接面授与学生练习相结合，让学生直观感受动作的表现方法。教学中教师会让学生多观察、多动脑、多练习，对学生多鼓励、多引导、多帮助，激发学生学习舞蹈的热情和信心，对于不同接受能力的学生，

舞蹈选修课

对其要求也应有所不同。对学习领悟慢的学生教师及时地给予帮助、肯定和鼓励。最终通过舞蹈选修课的训练，让学生掌握比较广泛的舞蹈知识并兼备音乐与舞蹈的艺术表现力，培养对舞蹈的兴趣，并在校内外组织的艺术活动中有非常好的表现和体验。

6. 携梦想起飞　创快乐同行——创意DIY

创新中国的理想实现需要每一个中国人为之付出努力，少年强则中国强，少年创新则中国创新。以培养高素质人才为主旨的东北育才双语学校初中部开设了《创意DIY》选修课，为培养新时代下的创新少年贡献着教育者的力量。每周四的选修课堂深深吸引着每一位参与者，主要目标是设计可自行发射的火箭，为了完成这个任务，孩子们总是早早来到教室，一边探讨着上节课的成果，一边好奇着本节课老师会布置什么新任务来帮助他们完成火箭制作。

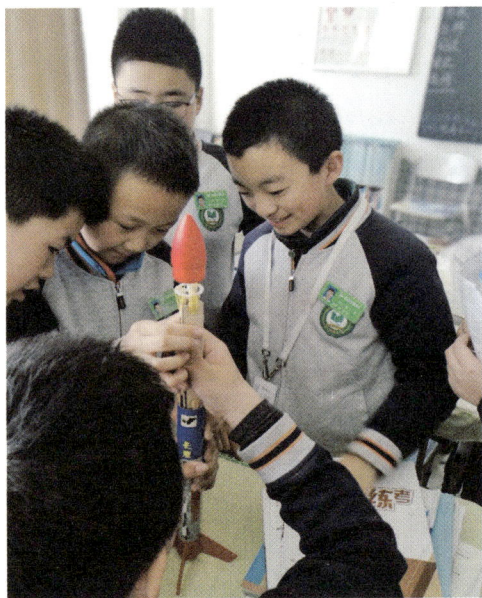

创意DIY

创意的延伸课堂，学会基本操作后，教师大胆地引用未学习的课程来启发学生寻找最优问题解决法，并大胆地向学生传授新知识，掀起课堂的高潮。学生深深被创意课程的魅力所吸引。短短的几个实验就能实现如此神奇的效果，让还没接触物理课程的学生毫无障碍地"摘到桃子"，享受到成功的喜悦，体验到物理课程的学习并非单纯的操练。课堂上孩子们总是能够充分发挥出他们的想象力和创造力，他们会为自己亲手设计的图纸得到认同而欢呼雀跃，也会为问题迟迟得不到解决而苦恼，每一堂课都是孩子们放飞自我的最佳空间，每一堂课也是老师与孩子通力合作创造梦想的最佳舞台，当他们自己设计的火箭成功发射到200多米的高空时，他们深深地感受到有付出就有收获，努力了终究会成功！

7. 精思巧构 创作生活之美——微视频剪辑

为了满足学生创作个性化视频作品的需求，我校开设了微视频的剪辑与制作课程。在剪辑视频的过程中，提高学生的信息技术应用能力，使学生了解整个视频剪辑制作流程，并掌握视频剪辑的基本方法和制作手段，培养学生的观察和分析力，培养学生对数字媒体语言的艺术分析力。

在本课程中，学生使用Camtasia Studio软件学习影片剪辑的基础知识。从制作简易电子相册开始，进而制作了校园风光片、电影片段剪辑等多种影片。在学习电子相册的制作过程中，逐渐介绍音乐的使用技巧、转场效果的添加方法、字幕的添加方法、镜头长度的调整方法等。在制作影片的过程中，学习影片剪辑和制作的各种技巧。在教学过程中，教师根据学生的知识掌握情况进行有针对性的指导，提出启发性的问题，并且开放网络资源方便学生进行个性化学习与个性化作品的创作，激发学习热情，也帮助学生将学校学习到的知识应用于生活。学生在亲自动手制作视频的过程中，了解掌握视频的制作流程及剪辑的基本方法。

学生的作品以作业的形式上传至东北育才双语学校慕课平台，教师会为学生的作品评分并给出反馈意见，帮助学生更好地学习。另外课堂中也会展示学生的优秀作品，激发学习兴趣，培养学生创作的主动性和自信心。

8. 欢乐"羽"你同伴 羽球点亮双语 ——羽毛球选修课特色课程

羽毛球选修课程是一项灵活、快速、多变的隔网对击性项目。动作易掌握，器材简便，充满乐趣，深受学生的喜爱。羽毛球运动能有效发展灵活性、协调性、力量、耐力等身体素质，对培养勇敢、顽强、沉着、果断等意志品质具有良好的作用。

本课程以羽毛球运动中的发球、击球、移动步法、裁判法以及基本理论知识为主要教材。通过教学使学生掌握较为系统的羽毛球基本技术、技能和理论知识，培养对羽毛球运动的兴趣和爱好，并以此为锻炼身体的手段，为终身体育奠定基础。

9. 放飞思维——数学思维训练课程

　　数学思维训练课是一门通过一些特殊方式和平台，激发学生进行高深思考进而培养新思维品质的课。现代教育观点认为，数学是思维活动过程。孔子说："学而不思则罔，思而不学则殆。"在学习中想法引起了学生思维活跃，增加了学生分析问题的基本方法，这样有利于培养学生的正确思维方式。为了让学生善于思考，选择了学生喜欢的方式和经典的数学发展过程出现的问题及其解决的过程，数学思维训练的校本课题选择了两个方面去培养和提高学生的数学思维：一方面用数独游戏和简单的数论，以数学游戏为形式，找准数学思维能力培养的突破口，培养学生的数学思维品质是培养和发展数学能力的关键。在教学过程中用了不同的培养手段；一方面考虑了训练学生的运算速度，另一方面寻找了数学史上一些关键问题的突破（比如无理

数学思维训练

数的发现）呈献给学生或者让他们用所学知识去自己解决一些数学经典问题（比如兔子数列问题），提高了所掌握的数学知识的抽象程度。从而使得学生掌握的知识越本质、抽象程度越高，其适应的范围就越广泛，检索的速度也就越快。为培养学生的思维灵活性，应当增强教学的变化性。也为学生提供思维的广泛联想空间，使学生在面临问题时能够从多种角度进行考虑，并迅速地建立起自己的思路，真正做到"举一反三"。通过这些智力游戏和数学经典问题的解决让学生善于思维、乐于思考，从而提高了思维能力。

10. 学习经典 传承文化——国学精粹选修课

针对学生特点以及兴趣，我们设计并采用了"理论精粹+国学体验"的教学模式。理论课教学以儒家思想为核心，以国学与人生为主线，致力于向学生传达国学的魅力与先贤的智慧，针对学生在学习、生活等方面遇到的实际问题给予"国学"的解答，使学生不仅获得知识和综合素质的提高，更获得心灵的滋养。实践课教学大体通过如下途径完成：途径一，教师为学生传授讲解各类国学经典内容，如中国古代诗词。途径二，在课堂中开展各类国学实践活动如诗词竞赛活动等。途径三，由学生自我理解自我消化教师所讲述的内容，举一反三，为同学们讲述诗词的那些故事。学生通过参加活动完成实践课学时，这一模式充分地调动了学生的积极性和主动性，但对教学管理提出了较高的要求。

11. 世界那么大 我想去看看——旅游地理课程

旅游地理是一门介绍世界各个国家和地区的自然地理和人文地理概况的课程。本课程的开设初衷是想让学生了解旅游地理学及其发展动态，随着人民生活水平的不断提高，假期会有很多学生跟随家长外出旅游，学习本门课程可以让学生为出行做好规划，并从地理的角度去了解每一个地方。以小组合作的形式完成一份完整的旅游攻略，群策群力，并期待着在假期和家人一起参照这份旅游攻略来一次有独特意义的旅行。本课程以生本研讨为主，尊重学生的创造性，指导学生，促使每一个学生生动活泼地发展，教师、学生共同成长，培养有独特个性、有完善人格、有创新精神、敢于标新立异的人才。

12. 磨砺自强　乒出自我——乒乓球选修课

乒乓球运动作为我国的国球，是一项深受广大群众尤其是大中小学生喜爱的运动，它具有很强的竞技性、趣味性、知识性和观赏性。

学生经常参加该项目锻炼，不仅能有效缓解眼肌疲劳，预防近视，增强大脑皮层的灵活性和反应能力，提高速度、耐力、灵敏、肌肉爆发力、肢体协调能力，而且能培养学生独立思考、独立解决困难的能力。该选修课旨在通过体验式学习氛围，实行小组互助、以赛代练的教学模式，激发学生学习的积极性，提高学生体育锻炼的兴趣，为终身体育打下良好基础。

13. 究天人之际　通古今之变——品评历史人物选修课

本课程以培养学生的思辨能力为目标，抓住历史学科核心素养，全面发挥历史学科的立德育人功能。课程内容以古今中外的伟大历史人物的生平事迹、功过得失为支点，重视原始文献记载的重要性，重视培养学生对基本史籍的阅读和思考能力。立足于此课程，为常态历史教学提供有效的知识补充，并帮助学生挖掘历史学习的潜能，了解人性，启迪智慧。本课程在教学实践中将思辨能力的训练主要分为四个维度，即设身处地、揣摩通透、体贴入微、洞见表里。

14. 强健体魄——篮球兴趣选修课

篮球运动在促进学生运动技能、身心发展，心理健康等方面具有重要的价值。本课程主要包括理论知识、基本技术、基本战术、身体素质练习等方面。旨在培养学生的篮球爱好和兴趣，指导学生利用课外时间加强锻炼，掌握篮球的基本技能。在艰苦而充满期待的训练中，师生共同经历了起初的困难和挫折，也品尝了成功的快乐和喜悦，意志和毅力得到磨炼，培养了一批又一批有健康意识、篮球技艺高超、将自己的情思与篮球交融的优秀学生。

15. 尽享足球乐趣　体验足球文化——足球兴趣选修课

为了响应习近平主席提出的"足球进校园"号召，双语初中部近几年均开设了足球兴趣选修课，使有着足球特长和梦想的热血少年能够走向操场，走进球场，走到阳光下，积极参加足球训练，丰富校园文化生活。我校精选大学时曾就读于足球训练专业的体育教师任教，通过丰富多彩的课程内容，让学生掌握了运球、传接球、射门的正确技术，在有针对性的专业训练下学生们的身体素质、协调性、观察判断、临场反应、团队协作等能力显著提高。固定的理论学习时间里为孩子们系统介绍足球比赛规则以及比赛中常用的技战术套路，并且通过观看高水平比赛录像来汲取他人之长，加快自身成长。在一年的课程里，磨练了绝大多数同学的意志，在增强体质之外又提升了与人交往和团队协作的能力，使同学们成为更加全能、自信、阳光的育才学子。同时，通过本门课程已挖掘出多名足球天赋出众的学生充实到校足球队中，代表我校在各类省市级中学生足球比赛中争得荣誉。

16. 放飞精彩　唱响未来——声乐选修课

声乐是以人的声带为主，配合口腔、舌头、鼻腔作用于气息，发出的悦耳的、连续性、有节奏的声音。而合唱，则是声乐表演中最高级的形式。通过本课程的学习使学生掌握声乐合唱的专业知识与技能，学会理解与感受音乐，能准确地表现音乐的内容和风格，培养学生的演唱能力、合唱技能、歌唱能力。在声乐教学中，不能只一味地求进度，要使学生树立正确的呼吸审美意识。同时，要时刻注重培养和建立学生对乐感和形象审美的能力。

17. 情理与法理的博弈——拍案说法选修课

拍案说法是双语初中部在"尊重个性发展，提升综合素养"的课程理念下开设的一门培养学生思辨能力和法治理念的选修课，是情理与法理的博弈课程。本课程以《青少年法治教育大纲》为理论依据，为贯彻落实党的十八大和十八届四中全会精神，即"法治教育纳入国民教育体系，从青少年抓起，在中小学设立法治知识课堂"的要求。根据中学生现阶段心理生理的发展状况和需要，结合初中政治教学中对学生思想道德素质的培养要求，力求探索多元化的法治培养方式，丰富学生的法治素养。教师将贴近学生生活的案例带入课堂，以观看视频、案例分析、辩论会、模拟法庭等多种形式展开教学。该课旨在建立良好的法理教学环境，为学生营造极具思辨式的学习氛围，注重培养学生的是非观、法治观、价值观，提升思辨能力与道德素养。

情与法的思考

18. 追求真知　开拓创新——物理学发现史选修课

《物理学发现史》主要以物理学的发展历程为线索，探究物理学理论形成的原因，展示物理学家们在追求真知、理解世界的过程中展现出的人格魅力的自然科学类课程。通过课程，学生们能够在初步认识物理的过程中，树立正确的自然观、世界观，形成物理的逻辑思维方式，培养勇于探索、开拓创新的科学精神。在课程进行中，形成了《力的认知过程》《决战量子之巅——哥本哈根学派与爱因斯坦的巅峰对决》等学生课题成果。物理的世界就像一望无际的大海，物理学史就像一座由无数先辈共同努力建造的跨海大桥，充满好奇心的孩子们奔跑在大桥上，逐渐长大，投入到这座桥的建设中，锲而不舍、开拓进取，终将到达真知的彼岸。

决战量子之巅——哥本哈根学派与爱因斯坦的巅峰对决

19. 一花一世界——插花艺术选修课

插花艺术是一门鲜活的审美课程，通过培养学生对花卉之美的认识，学习插花的技巧，最终将自然之美转化为艺术之美。整个课程自始至终与美相伴，让学生在学生时代就能够接触美，创造美，享受美。本课程以实践操作为主，学生用2—3节课学习插花艺术的基本理论知识，然后以小组为单位开始制作花型。从基础的花型开始实践操作，从三主枝构图的东方式花型，到传统的西方式插花，再到现代化的花型，一切旨在培养和展示学生自主创作的才华，感受美的能力。

插花选修课

20. 身边的心理学

我校坚持"立德树人"的教育理念，重视学生心理健康，关注学生全面发展。本课程通过学习了解自我、了解他人、了解环境等心理学知识，还让学生能正确地认识自己，解开隐秘的心结，提前防御青春期可能出现的心理问题，探索直面压力与危机的策略，不再对心理疾病抱有偏见，学会在不同情境中伸展、调和、统整生命经验、丰润自我，为健康成长铺平道路。

我们坚信，学校是自由生长的地方；我们坚信，教育可以像呼吸一样自然；我们坚信，每一个孩子都是灵动的天使；我们坚信，让心灵诗意栖居是教育的最美姿态；我们坚信，激扬生命、舒展灵性是教育的神圣使命。祝愿我们的学生健康快乐、自由生长，绽放出个性灿烂的生命！

四、知行合一，学导融合，多元实践——以成长成才为核心的发展课程

教育应该舒展人的心灵，润泽人的生命。我们倡导"舒展生命的教育"，不断减轻学生沉重的课业负担，要让孩子们过得幸福愉快，有时间和空间做一些自己喜欢的事，研究一些自己喜欢的学问，身体健康而美好并保持精力充沛，眼睛炯炯有神，使每一个学生的个性都得到充分的发展，成为最好的自己。生涯规划贯穿于一个人纵横交织的生涯发展框架中，关系到个体一生当中的教育、职业选择和未来发展，对人生的每个阶段都会有不同程度的影响。教育贵在成全，不仅要成全高分，更要成全高素质，成全一个个美好的人。我们注重"以人为本""尊重个性""促进共同基础上的差异发展"的教育理念，使每一个生命得以舒展，每一个生命的天性充分发挥，充分发展，让他成为最好的自己。教育绝非单纯的文化传递，教育之为教育，正是在于它是一种人格心灵的"唤醒"，这是教育的核心所在。我们始终在探索通过最合适的方法来教育学生，让学生从中体验快乐成长，让敢于创新

和核心素质培养成为习惯。

（一）"走出去"与"请进来"社会实践课程

耳闻之不如目见之，目见之不如足践之。

社会实践作为课堂学习的延伸和补充，没有固定的模式可循，也无前车之辙可鉴，而正是这种不拘一格、无章可循的丰富和变化，往往可以为学生带来无可限量的收益。孩子们在观察、聆听、体验中获取知识，解决问题。

我校坚持"以人为本、德育为先"的教育理念，全面推进素质教育，开发推进社会实践课程，让学生接触自然，了解社会，拓宽视野，丰富知识，提高社会实践潜力和综合素质，培养学生兴趣爱好，丰富学生的课余生活，使学生在社会实践中树立社会职责感，促进学生全面发展。

东北育才双语学校针对社会实践课题，经过十几年的课程构建、实施办法、效果评价等方面的探索，如今的社会实践课程体系趋于成熟并且根据初一初二不同年级学生年龄及其心理特点，分别开设"走出去"与"请进来"社会实践特色课程。让学生切切实实地走到社会这个大课堂中，学习书本上学不到的东西，在锻炼中长才干，在实践中出真知。

1. "走出去"开拓学生视野

"走出去"社会实践活动主要包括爱国主义教育基地学习活动、综合实践基地体验活动、生物科技学习基地体验活动、走进大自然活动等。学校充分发挥学生参与社会实践的主观能动性，构筑全员参与、全面系统的社会实践平台，实现社会实践活动的常态化、机制化。在这一过程中，知识成为发现、理解和解决问题的工具，并催生新的理念。这些沉甸甸的收获必将充盈并激励着学生们在未来的学习生活中不断前行……

学生全员参与，以班级为单位，班主任及其科任老师的带领下，足迹踏遍了沈阳市内各个活动地点，广泛涉猎了社会生产生活的各行各业。

（1）在实践中追寻历史古迹

参观古生物博物馆，了解第一只鸟飞起的地方和第一朵花开放的地方；在"九·一八"历史博物馆陈列的那些东北土地上白山黑水的雕塑面前深思历史；驻足沈阳市周恩来少年读书旧址纪念馆，领略周恩来总理严以律己、宽以待人的崇高人格，感怀总理"为中华之崛起而读书"铮铮誓言中所积聚的悲愤与坚定；省博物馆里，琳琅满目的文物向同学们展示了辽宁五千年来的历史文明的精华；规划馆中，实体模型、图版、多媒体影像及电子查询等多种技术手段让学生感受到沈阳历史沧桑变化，了解沈阳城乡建设的成就，憧憬未来发展的规划蓝图。

学生"走出去"社会实践

（2）在实践中探究现代科学

人体科学展览馆里，丰富的实物标本、形象生动的画面和翔实的内容讲解，向学生普及和传播了生命科学知识和科学思想；访农业大学、谷源彩色农业园，学生们第一次欣喜地知晓了树莓、蓝莓等小浆果植物的生长历程，

感受农业新科技；参观中航
工业集团航空博览园，感叹
祖国航空航天事业蓬勃的发
展，民族自豪感油然而生；
省图书馆、足球博物馆、东
北大学、沈阳师范大学……
每一次走出校园都有不同的
新鲜事物等待孩子们去探索。

学生体验科技力量

（3）在实践中见证名流企业的发展

参观被誉为"中国歼击机的摇篮"的沈阳飞机工业集团有限公司。同学
们了解到中国航空发展的历程。从第一架歼击机飞上蓝天发展到现代高空高
速歼击机，为保卫祖国领空和国防现代化建设做出的重大贡献而骄傲。参观
可口可乐生产厂，同学们不仅了解公司厂部规模和公司发展史并参观了生产
饮料的机器设备及厂房，了解饮料从原材料至成品的生产过程，感受到民营
企业生产技术也在迅猛发展。参观蒙牛乳业沈阳分公司的同学们更是被现代
化科技的力量所折服。参观后学生们发表自己的感言："我们一定好好学习
知识，也许将来我们中一些同学会开发出更好的产品，造福社会，服务人
民，从而提升自己的价值。"

走出校园，走入社会，收获的是在书本中所学不到的知识，不仅开阔了
视野，增长了知识，锻炼了能力，这些沉甸甸的收获更充盈并激励着学生们
在未来的学习生活中不断前行……

例如：

"邀您来串门"——双语初中学生到沈阳广播电视台

"邀您来串门——沈视新闻体验游活动" 东北育才双语学校（初中部）

初一年级的孩子们受到邀请，大家走进沈阳广播电视台，一起去了解台前幕后的工作人员是怎样工作的。

在《沈阳新闻》主播张锰和《真相30分》主播竹青的带领下，同学们对新闻节目的后期制作和播出进行了全方位的参观。孩子们活泼好学，一路上问了很多问题。

在96196新闻热线的记者办公桌前，同学们看到记者们在繁忙地接听观众打来的热线，同时，桌上还有电话响个不停。竹青告诉孩子们，观众的线索都要在这里汇总，之后分发到各个节目组去采访跟进。

在编辑区域，同学们看到了新闻频道各档节目的编辑们忙碌地工作着，看到一档节目的播出需要这么多人的辛勤付出，同学们很感慨。

看完了节目的制作，轮到节目的播出了。在400演播间，两位主播向大家介绍了节目录制中虚拟技术的运用、提词器的原理和使用等，大伙听得都十分认真，生怕漏掉任何一个环节。

在参观的过程中，《沈阳新闻》的主播英娜在录制节目，同学们也走进演播间，感受节目录制的紧张过程，并和主播们合影。

还有同学问："电视台是怎样得到的收视率？"主播竹青说："收视率是有专业的公司负责调查的，调查公司会在观众家里装一个专门用来调查收视的仪器，电视打开后仪器就会向调查公司发送信号，这样他们就可以知道该用户所收看的频道。但并不是每一个观众家里都安装这种仪器的。仪器的安装综合了观众的年龄分布、学业分布和职业分布等因素，随机抽取用户进行安装。而这些样板户数据，只有调查公司独立掌握，以防止收视率造假。"

最后，大家还来到新闻频道的会议室。在这里，同学们纷纷展示了自己的才艺，也得到了主播们的肯定与指导。

主播张锰还亲自示范，即兴为大家朗诵了唐代诗人王翰的《凉州词》。

一个多小时的时间，同学们在沈阳广播电视台进行了一次社会实践。临走时，有的同学说以后也想做主持人、做记者，为观众写出真实的好新闻。

"艰辛知人生，实践长才干。"通过开展丰富多彩的社会实践活动，使学生逐步了解了社会，开阔了视野，激发了兴趣，增长了才干，并在社会实践活动中认清了自己的位置，发现了自己的不足，对自身价值能够进行客观评价。这在无形中使学生对自己有一个正确的定位，增强了努力学习的信心和毅力。

2. "请进来"充盈学生心灵

"两耳不闻窗外事，一心只读圣贤书"只是古代读书人的美好意愿，它已经不符合现代中学生的追求。如今的中学生身在校园，心却更加开阔，他们希望自己尽可能早地接触社会，更早地融入丰富多彩的生活。时下，"请进来"活动正逐渐壮大，成为校园里一道亮丽的风景。

"请进来"社会实践活动便是双语初中部为初一学生量身打造的一种新颖高效、内容丰富的实践方式。怎样做指纹的痕迹检验？雷达是如何运用于国防事业的？健康常识——你会洗手吗？青春

学生"请进来"社会实践

期冲动怎样克制？你知道航天功勋奖章吗？……这些话题深深地吸引着每一位同学。职业生涯规划、青春期知识大揭秘、沉迷网络游戏的危害、银行理财与真假钞辨别、急救常识普及、新材料与人类文明……那些见所未见闻所未闻的事物、技术、领域，带给孩子们深深的震撼。或许这些新鲜而神秘的知识中，某一点就触发了孩子们的灵感和求知欲，为他们未知的职业生涯点亮了一盏灯。

例如：

女飞"飞进"学校，带孩子认识"飞行世界"

3月18日，南航北方分公司飞行部团委组织飞行员走进东北育才双语学校，为我校学生上了一堂生动有趣的航空安全教育课。

经过前期的精心准备，来自飞行部二分部的飞行员焦旭采用PPT的形式，为学生们介绍了飞行员这个神秘而又特殊的职业，随后又通过图片、视频、公式为同学们讲解了飞机的由来、飞机的种类、飞行原理等相关知识。同学们都产生了浓厚的兴趣，不时地提问，和我们的飞行员交流。听过了专业的飞行知识后，帅气靓丽的女飞行员王芳用通俗易懂的话语和生动形象的图片，给孩子讲解了乘坐飞机的安全知识及注意事项，并讲述了自己是如何实现飞行员这个梦想的，鼓励同学们要为了自己的梦想努力，好好学习，打牢基础，才能离自己的梦想更近。课堂上气氛活跃，

飞行员职业体验

有奖问答更是激发了孩子们的学习热情，争先恐后地举起小手与飞行员互动。大飞机是怎么飞起来的？驾驶舱里能坐几个人？一个个天真有趣的问题，我们的飞行员都耐心地回答。一个小时的时间，飞行员与学生们已经建立了深厚的友谊。同学们围坐在飞行员身边，有的继续问问题，有的向飞行员要电话、加微信，有的要拍照，他们已经把我们的飞行员当成了自己的偶像、学习的动力。"以后我也要当一名飞行员，也要像哥哥姐姐一样驾驶飞

机。"孩子们冲着我们帅气的飞行员说道。

"航空安全课堂"教育活动让更多的孩子们了解航空安全，了解飞行员这一职业，为他们的成长和生涯发展奠定了基础。希望有更多的生涯发展课堂"飞"入校园，"飞"入学生心间。

"请进来"社会实践活动让学生们在校园里就能关注社会，体验社会角色，热爱生活，关注生活问题，学会健康愉悦地、自由而负责任地、智慧而有创意地生活，为学生课余生活的有益补充，开辟出有自己特色的社会实践的新途径。

学校把社会作为实践的场所，让我们的学生参与社会，在"走出去"与"请进来"的社会实践课程中有所启示，意识到社会实践活动对于现在的中学生的重要性：一是锻炼学生的实践能力，这也是这个活动开展的初衷；二是增加学生与外界的交流，使得学生不再死读书，读死书，而是在实践中发现真理的所在；三是让学生们学会感受社会，体验社会，真正参与到社会实践中去，让学生自觉地去发现生活中的美好，去感受更广阔的人生，帮助学生树立正确的人生观、价值观，培养了学生的竞争意识和开拓进取的精神。

(二) 小社团，大趣味——多彩社团活动课程

学生社团往往是学习道路上一个可以栖息的地方。爱好相近、兴趣相投，融洽关系、拉近距离，放飞思绪、激发灵感，畅所欲言、探究创新……这个小小的驿站，似乎无所不能。学生们在这里一定可以找到属于自己的小天地，一定有机会实现自己的小创意，一定能够感受到小小成就带来的满足，一定会尽情享受生活的趣味。

双语初中部每一届团委学生会都会组建不同的社团，以丰富学生的课余生活。

手部极限运动社

手部极限运动是通过手部、手指、手掌和手臂驾驭各种物品以达到高难度高观赏性的表演。手部极限运动包括：飞叠杯、转笔、魔方、手指滑板、悠悠球、魔板、花式硬币、点钞等多种趣味运动。社团成员之间开展PK赛和技巧展示，互相切磋。二阶魔方、三阶魔方、金字塔魔方、镜面魔方、速度飞叠杯，丰富的种类，眼花缭乱的手法，惊人的复原速度……每一次的活动都让孩子们惊呼时间过得好快，意犹未尽。

创意DIY社团

想你所想，尽你所能，只有想不到，没有做不到！中国传统手工剪纸——剪刀在纸张上，任意取舍，自然挥洒，在有限的纸张中幻化无限的创造力，一幅幅生动、缤纷的作品由此而生；"怀袖雅物"扇面绘画——闲花

Crazy in skip社团

野草、梅兰竹菊、蝴蝶小虫、苍林骏马……小小的一面折扇中，画出无尽的意境，让普通的怀袖之物，在开合间更添一分雅韵墨香；感恩节手指画、编织中国结、手工香皂制作、布艺扎染……每一次的尝试，都会带来满满的新鲜感。Do it yourself! Do your best!

为跳绳爱好者打造的一个表现和锻炼的舞台。跳绳运动简单易行，花样繁多，是一种耗时少、耗能大的有氧运动。单摇、双摇——耐力与速度的比拼；单摇编花、双摇编花、交错绳——灵活性和难度

Yco领域动漫社团

的挑战。挥动的是手中的跳绳，悦动的是青春的梦想！

喜欢动漫却没有同道中人，爱画动漫却没有用武之地，那么来Yco领域社团，在这里可以结识到许许多多爱好动漫的同学，大家一起看动漫、聊动漫、读动漫，感受不一样的二次元，在丰富的活动中，体验二三次元的碰撞。

四季文学社

韵字书成，带谁来和，字落有情，翰墨微漾，闲暇时间，修身自持。春来杏花微雨纤纤书成，夏至艳阳烈烈享成消暑，秋来枫叶悠悠自是妙趣，冬来玉雪依依笔落悠然。

器乐社

用不同的乐器，打造同一个梦想；用不同的个性，展示同一首曲目。一个充满音符的社团，一个充满欢乐的社团。

弄影舞台剧社团

起舞弄清影，把酒问青天。当课本中的《钦差大臣》被搬上舞台，当《暗恋桃花源》的经典被再次演绎，当罗密欧与朱丽叶重新碰撞，将会有什么精彩发生？用一颗超级热爱表演的心，将影和形紧密结合。

神族篮球社

激情与热血的碰撞，汗水与欢笑的集合，爱篮球，爱青春！

还有Talk俱乐部、火柴人社团、Pingpang Club、舞林大汇……所以千万别小瞧孩子们自己的小团队，那是他们用来调适和滋养自我的空间——小社团也有大趣味，给我一片天地，还你一番精彩！

（三）"迈好青春第一步"——成长主题活动课程

14岁，是对懵懂幼稚的告别，是成长历练的基石；14岁，是与成熟稳健的相约，是人生规划的启航！

14岁是一个特殊的年龄，告别孩提时代，迈入青春大门，这是少年迈向青年的重要时期。这个年龄阶段在儿童心理学上称之为少年期，它在个体心

迈好青春第一步

理发展史上是一个从童年期向青年期过渡的时期。初二学生正处在成长重要的转折期与过渡期，迈好青春第一步尤为关键，为此，东北育才双语学校依据德育工作规划，结合初二学生心理年龄特点，给学生一个14岁的成长礼。通过成长礼让学生懂得感恩，共同见证成长的时光，体验成长的快乐，明确爱与责任。

1. 见证成长的时光，体验成长的快乐——关键词"成长"

成长相册，见证成长。学生的学习生活中，在属于他们的特有时间点上，留下他们成长的足迹，留下深刻印象和美好的回忆。通过观看学生成长相册，共同感知童年时光的幸福与美好，感知悄然逝去的成长时光。

2. 告别童年时代，迈入青春大门——关键词"仪式教育"

德育处把每个成人礼作为教育的一个重要环节，认真对待，精心策划，周密安排，努力使仪式教育成为学生精神发展、思想发展的燃料，唤醒每个学生对生命、人生的体悟，让学生精神得到洗礼，心灵得到净化，思想受到启发。我校注重"仪式教育"，并根据学生发展需要，结合活动主题，设计系列的仪式活动来构成学生成长阶梯。通过仪式感来引导、感化、完善学生的教育方式让教育更有实效性。

● 感恩于心——退队仪式

学生最后一次唱响少先队队歌，伴着队歌最后一次佩戴红领巾。最后将属于自己童年回忆的红领巾珍藏在收藏盒中，意味着挥别童年，迈向青春。

成长礼

● 责任于行——入团宣誓

遇见更好的自己，由少先队员成长为共青团员，新一批团员光荣地宣誓入团。教师代表为新入团的共青团员佩戴团徽。全体团员齐唱《中国共青团团歌》，团员代表发表"青春规划"。这一刻学生们正式地迈向青春第一步，这一刻彰显了学生们更高的追求和坚定的志向。

● 成长祝福——生日仪式

设计的"惊喜环节"，为所有初二年级当月过生日的同学共同庆生，在全体师生的共同见证下，齐唱生日歌，共同吹灭蜡烛，切下蛋糕，共同祝福属于自己的14岁青春。

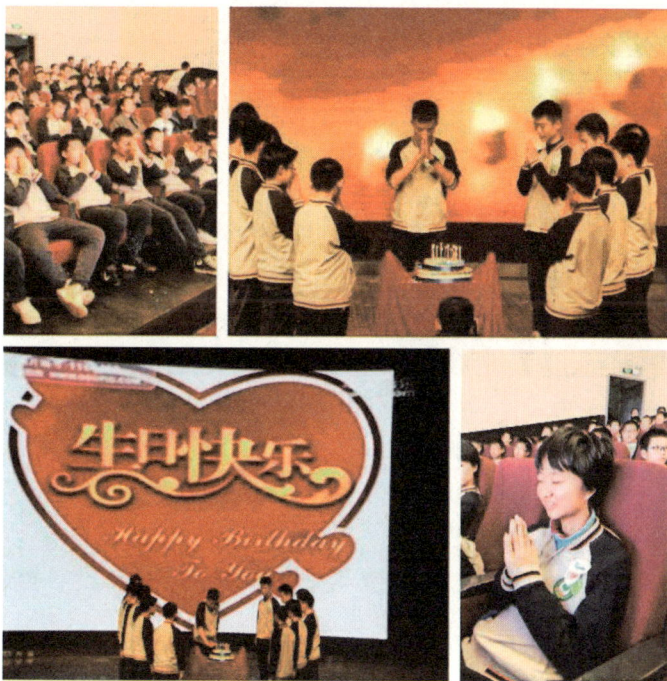

14岁成长礼

3. 成长之路，学会感恩——关键词"感恩教育"

中学生处于个人道德养成的重要阶段，感恩教育对学生树立正确的人生观起到不可忽视的作用。我校注重"感恩教育"，在"14岁，迈好青春第一步"活动中设定了感恩环节，以此让学生认知父母的养育之恩、老师的培育之恩、他人的关爱之恩。引导学生拥有一颗感恩的心，懂得去关心帮助他人，懂得孝敬父母，尊敬师长，懂得勤奋学习，回报社会。

● 家长与孩子 诗朗诵

成长路上，家长为其保驾护航，难忘父母的声音，它是受伤的安慰，是失败的鼓励，是成长的动力。

家长和孩子同台朗诵

附："14岁，迈好青春第一步"成长礼家长与孩子发言稿

家长A：大家好，我是初二×班××的妈妈。很荣幸跟大家在校园里一起欢度你们如花般的14岁成年礼。今天是个值得铭记的日子。孩子，你14岁了，是绽放的美丽时刻；14岁，是梦想发芽的季节。我，用骄傲的目光注视着你，原来那个小不点似乎忽然之间成长为一个大姑娘了。我还记得你上学的第一天，小小的身体背着大大的书包，走进校园。

学生B：那时的自己渴望着成长，一心要走远，只想着向前。

A：你肩上的担子越来越沉，你可知挑灯夜读时，我在门外徘徊的身影，想进去给你送点水，想看看你学得如何，想关心一下你何时就寝。然而，我只是经过，却没有打扰你，长大的你有时突然而来的小脾气，会让我感觉陌生，感觉无所适从。

B：也许我早已习惯了坚忍，少年心事总觉得无人能够明白。

A：孩子，你可知道，女子本弱，为母则刚，即便有再大的压力，面对着我期盼了一周的你，我永远都是眼含笑意。

B：妈妈，你怎会明白，14岁的我沉甸甸的书包里有着青春的迷茫与困惑，还有你可能不会满意的成绩。我真的很感谢你，在我灰暗的时刻让我不要自暴自弃。

A：成年不仅是一个结尾，更是一个全新的开始，带上你的回忆，脚下的路正在悄然分支。无论你选择了哪一条，我都给你最大的支持，你不仅是我生命的延续，更是我对未来的全部期许。

B：你让我懂得了责任，更明白了担当，或许青春期的我有点不可理喻，但是，我仍然有着一颗跟原来一样的爱你的心，我爱你，妈妈。从仰望爱到平视，从青丝爱到你白发，你养我长大，我定会陪你到老。

A：孩子，我曾经悄悄地期待你快快长大，可是当你长大了，我也就要老去了。我想叮嘱14岁的你，不要在应该拼搏的年纪图安稳，在应当安稳的年岁想起了拼搏，未来是属于你们年轻人的，不要辜负这个世界。

B：妈妈，我答应你，不会辜负你的期待。相信我，已经14岁的我，有能力为自己的未来打拼。

A：亲爱的宝贝，我相信你，你会在14岁的花一样的年纪里绽放。我也要好好地工作，好好地锻炼身体，期待着跟你一起度过生命中每一个重要的时刻。

（1）教师与学生的诗朗诵

成长路上，老师为其保驾护航；懵懂无知时，他们引领你认知大千世界；迷茫退缩时，他们就是你前行的助力。

附："14岁，迈好青春第一步"成长礼师生朗诵稿

老师1：亲爱的同学们，在这个特殊的时刻，请允许我代表初二年组老师们向你们表示最诚挚的祝贺！希望通过庄严的"成长礼"，激励同学们在青春的沃土上挥洒无愧无悔的汗水，全权为自己负责，在每个青春的十字路

口，做出无悔一生的选择。立足于青年的位置，脚踏实地地做好每一件平凡的小事，集腋成裘，成就青春之伟大。放眼未来，为自己、为民族、为祖国，设计出一张最唯美的蓝图。

学生1：今天的"成长礼"让我们感受到青春的力量。14岁，是那样的令人神往。花一般的年纪，洋溢着活力与朝气，散发着独具青春气息的魅力，拥有着五彩缤纷的年轻梦想。乘着飞驰的时间列车，我们不知不觉间迈入了青春的行列，顷刻间，一个声音在回荡：你，长大了，成长了…… 感谢一路陪伴我们的家长、引领我们的育才双语的老师们！

老师2：同学们，今天的"成长礼"是你们从懵懂少年迈入有志青年的起点，是你们从幼稚走向成熟的开端，是你们青春美好岁月展开前的瞬间，是你们人生中一个不可替代的节点。是在告诉你们：你们长大了！我希望同学们从今天开始，树立自己的理想，明确自己的目标，并努力朝着目标奋斗。用辛勤的行动，架起通向成功彼岸的桥梁！

学生2：14岁，是青春的第一步，是从少年迈向青年的转折点。我们正在用行动证明青春的绚烂，我们朝气蓬勃，青春洋溢，意气风发，跃跃欲行……这一切，让我们骄傲，让我们自豪，因为我们正处在人生最灿烂的青春时期，正拥有着飞扬而美好的时光！让我们在跨进青春大门的这一刻，一起来诠释青春，祝福青春，向青春致敬！

老师3：是的，我们每个人一生都不会停止成长，也希望你不要在任何时候停止自己的成长！做个有方向的人，明白自己的人生走向，有自己的核心追求。一生都朝着这个方向走，让自己不断成长！育才双语用书声琅琅的教室、绿草如茵的操场、饭香扑鼻的食堂、典藏云集的图书馆引领大家在这里共舞，张扬青春！在这里，你们将不随波逐流，不人云亦云，在热闹纷繁的世界里以自己特有的定力逆袭成长！

学生3：在这里，我们遇见了恩师，遇见了同窗，因为这遇见，我们将

"选择你爱的，爱你选择的"作为自己的青春信仰；因为这遇见，育才双语"给了我们最好的，最好的给了我们"！没有青春亏待的我们，只有我们辜负的青春。青春恰似我们手中的铅笔，看起来很长，可是不知不觉中就嫌短了，但我相信，那些偷偷溜走的时光，必将使我们的脸庞变得更加坚毅，使我们的理想显得更加丰盈！

老师4：同学们，青春的画卷还需要打上责任的底色，一个人的存在，如果只是为了个人和家庭，是狭隘的和渺小的；能够为社会为人类造福，才是伟大的崇高的。这样的生命，才是高贵的。你们要关注时政，关注社会，为真理呼吁，为正义呐喊。现在的你们，要孝敬父母，恪守公德，好好学习，树立自尊、自立、自强的良好形象；希望你们是学校里的好学生，培养终身学习的能力和创新意识，以知识与智慧在未来社会立足。希望你们做一名持续奔跑的少年！

学生4：14岁意味着开始担当，一个从小没有责任感的孩子，将来也不会对家庭、亲人、朋友负责，更不会负责任地对待工作，回报社会。人的一生承担着无数的责任，对于应该承担的责任在任何时候都不能去逃避，面对自己选择的责任，面对与生俱来的责任，我们要勇敢面对。育才双语教会了我们担当，面对学习，面对校规校纪，面对同学情谊，让我们用自己的担当见证我们的逐步成长！

老师5：我们也是从14岁走过来的，深知青春岁月有太多梦想：想在蓝天飞翔，任凭风儿吹；想在海底游览，任凭鱼儿畅游；想去天空遨游，任凭流星飞逝……但是，在步入青春的时候，同学们，这份担当和责任，是对你们自己的责任，是对亲人朋友的责任，是对班级学校的责任，是对国家和社会的责任。这个时候，你们应该用自己的言行告诉大家："我，真的长大了。"

学生5：每个人都是一棵树。我们也许不是最美丽的，但我们可以最可爱；我们也许不是最聪明的，但我们可以最勤奋；我们也许不会最富有，但我们可以最充实；我们也许不会最顺利，但我们可以最乐观。敢于担当，乐于担当，我们在成长！

老师6：同学们，成长的路上请保持一颗善良心，有同情与善良之心的孩子守道德、知荣辱，懂得感恩，不仅锦上添花，还会雪中送炭，达到"赠人玫瑰，手有余香"的境界。不一定每一个人都能成为科学家，但每一个人都可以成为一个善良的人——给别人带去快乐，因而自己也快乐。生活中的一个个小幸运，让我们的人生充满着快乐和希望。常怀感恩之心，坚持播撒善良和温暖，我们就会收获更多的幸运。

学生6：善良是一朵盛开的花，美丽而芬芳；善良是一首动人的乐曲，美妙而动听；善良是一杯加温过的热水，透明而温暖。我们的青春一定是痛并快乐的！面对生活，我们要微笑着说："太好了！"面对困难，我们要敢于说："我能行！"与人相处，我们要主动说："你有困难吗？我来帮助你！"让快乐与温暖加倍传播，扩大发散！

老师7：青春是人生最美的季节，也是认真学习的关键时刻。关于学习老师有太多的话要说给你们！一份信心，一份努力，一份成功；十分信心，十分努力，十分成功。希望同学们养成良好的习惯，积累丰富的知识，取得更好的成绩，练就过硬的本领！同时，要对自己身体负责，珍爱生命，锻炼强健的体魄，珍惜气势磅礴的学校的晨跑、出操，点燃青春之火，迈好青春第一步！

学生7：学习不只是一种兴趣，更是一种责任，是我们应该做而且必须做好的事情。同时学习必定会有负担。没有苦的、累的过程，就不会有进步和提升。我们一定不负老师叮咛，把自己的喜悦、悲伤都化作前进的助力和动力，不断克服困难，把自己的理想变为势不可当的动力！感激育才双语给予我们学习和爱的土壤！

老师8：同学们！你们是父母生命的延续，是家庭的希望，更是祖国未来的接班人。只有珍惜美好的青春年华，才能换来无怨无悔的青春！引用习近平总书记的一段话，与各位共勉："人的一生只有一次青春。现在，青春是用来奋斗的；将来，青春是用来回忆的。只有进行了激情奋斗的青春，只有进行了顽强拼搏的青春，只有为人民做出了奉献的青春，才会留下充实、温暖、持久、无悔的青春回忆。"

学生8：老师教育我们，我们的社会就是"我为人人，人人为我"。先有国，再有家；先有他人，再有自己。"成长礼"洗礼后的我们，一定更加坚定地以自己的能力服务于社会、服务于他人的理念，常怀报效祖国豪情，同时在这个过程中收获我们人生的乐趣。

老师9：感恩是一种处世哲学，也是生活中的大智慧。要学会感恩，感谢生活给你的赠予。感恩是一份美好感情，是一种健康心态，是一种良知，是一种动力。人有了感恩之情，生命就会得到滋润，并时时闪烁着纯净的光芒。永怀感恩之心，常表感激之情，感恩生活给予你的一切美好，时时拥有阳光心态，不抱怨，不气馁。如果你也能感恩你所遇到的失意，人生就会充实而快乐。

学生9：我们感恩学校，感恩老师对我们的谆谆教导和深深关怀，感恩周围每一个关心我们的亲人和朋友，感谢你们在成长的路上给我们鼓励和支持！即将开始青春之旅的远航，我们相信，我们的父母，我们的老师，在一如既往地关注着我们！你们辛苦了！我们永远爱你们！

老师10：面对压力，面对青春期的烦恼，老师想与你们分享以下经验：同学们要善于正确认识自我和评价自我，自我鼓励，用积极的心态面对压力，培养自信心。初二的你们要努力发展自主学习能力，迅速适应高效、高压的学习态势并全面发展自己。学习的压力来源很多，很多同学因此体会不到学习本身带来的乐趣，这时强大的心智、和老师探讨、找同学排遣都是解决学习压力的好办法。看到你们脸上、额头上长出的青春痘，我不禁感慨，你们的青春我们也在感受，你们的青春多么的肆意盎然！

学生10：我们正积极拥抱所有的知识并汲取各方营养。我们相信：改变不了过去，但我们可以改变现在；我们不能预知明天，但可以把握今天；我们不能左右天气，但你可以改变心情；我们不能选择容貌，但可以展现笑容；换一副"眼镜"看世界，我们就会少些忧愁与烦恼，多些开心和快乐！

老师11：青春是活跃的年纪，愿你们真正学会沟通合作、学会与人分享快乐。人生真正的成功其实在于能够施己所长、益人益世、有所奉献、无愧于心，生活得快乐而充实。心中要多些阳光，黑暗的角落就会自动隐去。环顾你的左右，今天和你一起参加这个"成长礼"的同学将会是你一生的财富！"做最好的自己"，不断地超越自己！"做最好的自己"，到达最好程度！

学生11：共同成长的同学们会是我们今生结识最久、了解最深、情谊最浓的朋友。在我们未来的航程中，同学、朋友，可能会比父母陪伴我们的时间更多，他们的鼓励以及安慰会更给力、更贴心。所以，我们要学会多交朋友、交好朋友，人生也才会因此变得更丰富，更有力量。14岁，让我们破茧成蝶！14岁，让我们熔铸成剑！14岁，让我们育才初二学子星光闪烁！

老师12：同学们，无论你欢乐还是流泪，任何时候你回头，父母就在你身后，老师就在你身边，微笑着看着你。不要害怕失败，不要担心跌倒，父母师长关切的目光将伴你一路前行。珍惜父母，珍惜老师，珍惜同学，珍惜你身边的每一个人、每一寸阳光、每一个欢笑，并珍惜你的青春年华！

学生12：14岁的我们，更加能读懂父母的关爱之情、老师的教导之情、同学间的友谊之情。父母的每一次拥抱、问候、表扬与责备，我们能够深刻体会到关爱之情；老师们每一堂课上的精心讲解、批阅、总结、答疑，我们能够深切感受到老师的拳拳爱心；我们的班会、午检、科普等各项活动，老师密密麻麻的备课笔记与记事本，我们能够体会老师的辛苦与操劳；同学之间的互帮互助，我们能够体会得到兄弟姐妹般的情谊。美丽整洁的校园、教学楼，干净卫生的寝室，我们能够感受到育才双语老师们的辛劳。请老师、家长们放心，我们会用青春的激情与汗水，展现育才学子的风采，不负你们的期望！

合（学生）：让我们铭记"成长礼"，东北育才双语全体初二的学生们将不负"芳华"，为中华之崛起而读书！

合（老师）：让我们铭记"成长礼"，东北育才双语全体老师将为青春激昂的你们保驾护航！

4. 十四而志，青春宣誓——关键词"责任教育"

● 佩戴青春纪念章，向青春庄严宣誓

十四而至，十四而志。在这重要的时刻，同学们以青春的名义，许下了铮铮誓言。初二学生会主席带领全体同学"青春宣誓"，通过青春宣誓明确

青春誓言

作为中学生的责任与担当。

● 领导祝福，青春寄语

校长为14岁的少年们献上"青春寄语"， 他对同学们阐述了青春的意义、青春的责任，并鼓励同学们要珍惜青春、积淀底蕴、学会生活、肩负责任、践行中学生核心素养。

5. 14岁成长礼，成长有意义——关键词"时效性"

我校成长礼仪式教育具有教育实效性，学校德育处把成长礼作为教育的一个重要环节，认真对待，精心策划，周密安排，努力通过成长礼让学生精神得到洗礼，心灵得到净化，思想受到启发。我们在活动中不断完善，成效斐然。现在，"14岁，迈好青春第一步"成长礼已成为家长和孩子的期盼。

● 让成长礼成为学生终身值得回味的记忆。

仪式的氛围是学生人生的重要体验，"14岁，迈好青春第一步"成长礼深深地留在学生的脑海中。孩子都用"温暖感动，热血沸腾"来形容自己的感受，增强了学生的自豪感和责任心，一种平时不容易调动的崇高情感被激发出来。

● 成长礼邀请家长共同参与，促进和谐，共同成长。

孩子的成长经历是美好的，在这美好的成长时光里，我们也努力给家长获得这份美好的机会。成长礼，我校都邀请家长参与进来，为家长和孩子提供交流的平台，创造共同成长的机会。家长和孩子在活动中共同经历一次深刻的情感交流，感受一次别样的心灵洗礼，从而增进了相互的交流，在活动中体验到感动和感悟。这样既有利于孩子身心的健康成长，更有利于激发孩子的潜能，同时也促进了父母自身素质得到不断的提高和完善。

● 成长礼的"洗礼"，成长更有意义

迈好青春第一步才能迈好人生第一步。学生通过成长礼的洗礼，懂得了珍惜，珍惜这美好的生活、学习环境，珍惜这个好的时代；也懂得了感恩，感恩身边默默付出的父母、老师；还明确了责任与担当，励志成为一个有理想、有道德、有文化、有纪律的中学生。

（四）阳光体育，卓尔不凡——体育运动类课程

体育如花绽放快乐校园，青春似火燃烧亮丽人生。秉承着我校"全面发展，特色培养"的育人理念，为促进学生的全面发展，学校一直致力于体育学科校本课程的开发建设工作，保证学生体育锻炼的时间、空间和质量，开展形式多样的体育运动，充分发挥体育在提高学生身体素质，培养意志品质、团队协作精神、社会交往能力，促进成熟积极心理发展以及提高气质和形体美等方面的重要作用。

在学校教育中，体育活动课程是其重要的组成部分，着重于学生运动技巧和能力的提高、身体素质的增强以及体育素养的培养，有利于良好心理品质的形成。

在育才的校园里，大大小小的体育活动课程数不胜数，从年组到学部，从学部到校内，从个人展示到团队协作，充实着学生的课余文化生活。经常

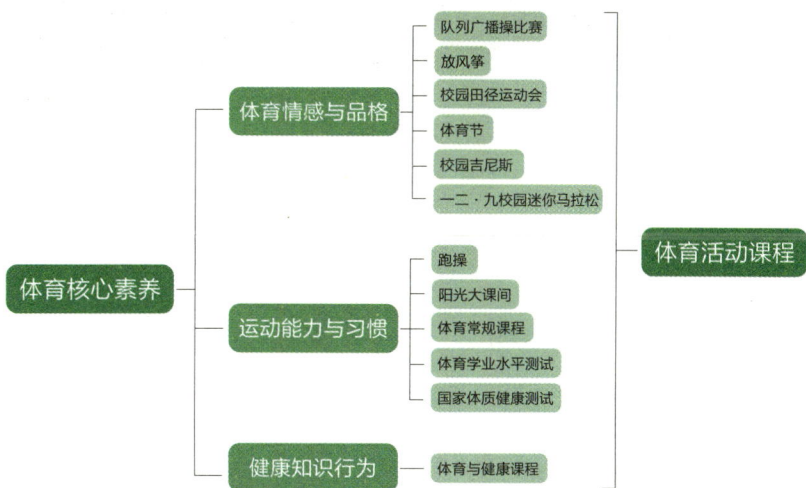

参与体育活动，不仅可以提高力量、速度、灵敏、耐力、柔韧等身体素质，而且还可以培养人的意志力、自制力、责任感及勇敢顽强、机智果断、坚韧不拔、勇于克服困难、团结协作、密切配合、集体荣誉感、遵守纪律等思想品德。

队列广播操比赛

校园吉尼斯

纪念一二·九——校园迷你马拉松

初中部平板支撑冠军——1707班刘鹤童

有一种品质叫精益求精，有一种精神叫永不放弃，有一种魅力叫超越自我，有一群育才人，他们卓尔不凡！

（五）"感怀母校，师恩难忘"——毕业生感恩活动

感恩意识离不开感恩教育。"施恩勿念，受恩勿忘"是为人的基本处世情怀。初三年级面临毕业、升学、离别，正是开展感恩教育的有利时机。让学生在收获知识的同时拥有完整的人生体悟，才能促进学生人格完善、和谐

发展。因为人格所具备的一切特质是人生幸福和快乐的根本。而道德教育最重要的功能和价值就是——陶冶心性、塑造健康人格。

双语初中部从2011年12月首次开展"感怀母校，师恩难忘"主题活动，到2019年已经是第8个年头了。让感恩教育伴随学生成长的脚步不断升华，将感恩活动精进成为生命成长课程是我们始终的努力方向。

人格的完善提升，不靠说教，靠的是活动的历练、文化的滋养、环境的熏陶，潜移默化，润物无声，育人于无形。而我们能做的，就是创造适当的条件、设计适合的活动、给予适时的指导。

我们的感恩活动不是传统的歌舞、鲜花、掌声搭建的舞台，而是以学生为主体的情感表达经历。

学生们用诗歌记录在双语生活的点点滴滴，表达对母校的怀念，对恩师的敬意。学生与老师共同撰写并朗诵的散文诗《我们一同走过》，引起了在座师生的强烈共鸣，很多学生都流下了眼泪。

感恩活动

（教师：亲爱的孩子们，今天我又站在你们面前，像从前的许多次一样。在许多次的午检，在许多次的课堂，我们这样面对面，我看着你们亮晶晶的眼，你们看着我带着美好笑容的脸。生1：亲爱的老师，今天您又站在我的面前，依旧优雅，依旧美丽，像从前的许多次一样。昨晚我久久不能入眠，脑海中闪过一张张画面。老师，这两年半，真是给您添了太多的麻烦……）

学生们用自己冠名的一个个奖项，演绎出一段段文字，来表达对老师的衷心感谢，感谢两年多的时光里，一路相伴的每一位老师。那些情真意切的感激之词，让在场的每一位师生动容；那些风趣幽默又极富创意的奖项名称，将老师的特点描绘得淋漓尽致，展现了学生心目中一个又一个魅力教师的形象。

师生同台朗诵

学生们还将寓意明灯的"阳光罐"送给每一位获奖教师。学生从活动中体验感恩，从知、情、意、行多方面的体悟中完成了感恩的自我教育，懂得了回报给予自己爱和帮助的人，懂得了回报校园、回报生活。

一篇文章《给孩子一百种经历》中这样写道："我听见了就忘记了；我看见了就记住了；我经历了就理解了。"可见人的精神层面的成长并不主要依靠教师的教授，而是在有价值的生活经历中得到体验逐步成长完善的。我们很多人，成年之后，在学校里学习了什么，基本上都忘记了，老师课上都讲过什么几乎也没有印象了。但是，印象深刻的，对我们人生有一定影响的，往往就是老师领着我们参加了什么活动：军训、运动会、合唱节，或者是参观了什么地方，获得了哪些奖项等。因此，作为教育者的我们，只需要适时地创设适宜的氛围，提供适合的活动机会，引导孩子们在活动中完成自我体验和自我教育。

为学生创设一种氛围，给予一份经历，进行一番体验，促成一种成长。这个做法与美国人本主义心理学家罗杰斯的理念不谋而合。可以说最好的教育就是——为学生设计他们需要的经历。

双语初中部多年的坚持已初见成效，毕业生表现得彬彬有礼、宽容有度，感怀于心、落实于行，愿他们的经历能丰满他们的智慧，助力他们的成长，滋养他们的德行。毕竟未来的人生旅途中，只有德行能让一个人无往不胜！

心之所向，素履以往。办学十四载，育才双语愈坚持，愈坚定，扎根传统，融通中外，立足时代，面向未来；育才双语愈发展，愈创新，着眼于学生的全面发展，培养善良智慧的现代君子、担当重任的时代新人，培养学生的生命力、学习力、创新力。教育发展，任重而道远，育才双语已整装待发，为孩子的幸福人生当好引路人、奠基人！

第二部分

课径虽迩，不行不至

——课堂巡礼

2000多年前，阳光从茂盛挺拔的桧树叶间洒落满地，一众或瘦削嶙峋，或壮硕粗犷的弟子们正襟危坐在杏坛前，规矩地听着夫子在杏坛之上，弦歌讲学。景日和暖，清风习习，和着弦歌，弟子们听夫子讲"仁"，听夫子论"礼"，茅塞顿开伴随着更清明的天地，文明就此源起、传承。

70多年前，豆大的雨点极速地打在铁皮屋顶上嘈杂作响，老先生洪亮的声音已经被雨打风吹声掩盖，学生们在风雨声中吃力地分辨着先生的声音，笔耕不辍却又力不从心。老先生看了看天，索性放下书卷，在黑板上写下遒劲的几个大字"静坐听雨"。学生端坐、冥想，涟涟雨滴见证了文明的守护、生长。

课堂的魅力就在于此，不拘泥于何时何地，三人行路，百人盛堂，三言两语，鸿篇导论，在眉头的"锁""展"之间，一颗颗稚幼的空洞心灵便逐渐充满、丰盈，化作对于天地万物更深邃的解读，化为对百年历程更高远的求索。

有形的课堂，是进行教学活动的教室，是育人的渠道，是学习的场所。东北育才双语学校自建立至今14年来，对于有形课堂进行了无限探索和创新，实践了高效课堂、研讨课堂、自主开放课堂、翻转课堂、体验式课堂等多种教学模式。从教学的容量、课堂时间的密度、学生的参与程度、教师的授课体验、授课新方法的开发等多维度综合考虑，不断研磨，固本求新，根据不同的学情进行考量，坚持把最适合学生的课堂展示给他们。魅力的课堂赖于教者独特的匠心和学者精彩的生成共筑。教者将精巧的智慧镶嵌于分秒，构思着40分钟里的起承转合。每一次精心的备演都是对烂熟于心的知识点滴的再创造。在这场师生共鸣的盛宴中，教者导演着丝弦，预设着起和，辅之不断填充的音符，力求将每一节课演绎成空前绝后的绝美交响。

无形的课堂，涵盖于一切学习的过程，不拘泥于一节40分钟的课，不拘泥于一天八个小时的安排，不拘泥于一间教室、一座学堂、一方校园。我们放眼天地，耳闻也好，目睹也罢，都是自然的恩赐，都是向万物学习的过程。经过匠心独运的设计和安排，我们一呼一吸，一张一弛，都在精妙的构思中成长。

教师经常把学校比喻成圆心，而每一组家庭则都是一个点，他们围绕着圆心形成一个大圆。像满载着青春的车轮，像刻写着成长的钟表，像一颗颗日益清亮明澈的瞳。三年里，老师成了学生的家长，家长亦成为孩子的老师。在孩子们成长的阶段里，学校与家庭的教育比重相持、作用相当，树人、立业、成才。就如那一张张温暖的反馈单，那一篇篇沁人的周记，更如学校专门开设的家长课程，见证了家校合力润泽的一棵棵苗壮的苗，这里也是家长的课堂。

每一只小小的雏鹰都有一对翅膀，成长的每一天里，原本光滑的肉翅上的柔弱的绒毛都在逐渐进化成坚硬的羽翼：一只翅膀是知识，随着对于万物的深究，进化成自己强大的内心；一只翅膀是见识，随着对世界的思考，进化成自己明澈的视野。"越早认识世界的人，会更早认识自己"，教师越发佩服译者对"越"和"更"两个单词的精准把握，细细推敲，深深惊叹。现在早已不是关上房门诵读书本的时代，涤荡的网路和大千世界更需要孩子们更早地看自己、看世界、看生命，进而尊重自己、尊重世界、尊重生命。 就如双语学校为学生们精心布置的选修课程、"请进来""走出去"活动、班会和道德讲堂等，读书声与欢笑声交响，这才是青春华美的乐章，这里也是成长的课堂。

也曾在40多双渴望的小眼睛的焦点中不知所措，也曾苦思着如何化繁为简地架构好求知的桥，甚至也曾迈出过下课铃响前落荒而逃的脚步。随着学校阶段的培养，前辈细心的指导，自身不懈的修炼，在适应着教师这份社会角色的过程中教师没有走弯路，一节又一节的课程设计，一场又一场的备课教研，助教师由上完课进步到上好课，助教师由把握分秒进步到把握情绪，助教师由解决难题进步到预知难点，曾经艳羡着弦歌讲学的夫子，曾经艳羡着教学相长的理想共鸣，而今随着成长，随着教师"一桶水"的逐渐充盈，也愈发有着斟给弟子们那"一杯杯水"的自信。作为放飞希望的教师，便在这一方杏坛中成长，校园不仅成就了弟子，自然也进步了教者，这里也是教师的课堂。

　　东北育才双语学校十四载春秋的课堂的建设，凝结于教的匠心和智慧，关注于学的成长与开掘，在自成体系的同时，也时时吸收和扩充。就如下文中一堂堂精彩的构思，一篇篇肺腑的炽文，一页页感怀与反思都记录了这14年坚实的脚步。

一、自耕耘地，百花齐放——学科课堂建设

　　魅力的课堂赖于教者独特的匠心和学者精彩的生成共筑。

　　教者将精巧的智慧镶嵌于分秒，构思着40分钟里的起承转合。

　　每一次精心的备演都是对烂熟于心的知识点滴的再创造。

　　在这场师生共鸣的盛宴中，

　　教者导演着丝弦，

　　预设着起和，

　　辅之不断填充的音符，

　　力求将每一节课演绎成空前绝后的绝美交响。

"忘我""神迷"的课堂

积极沉浸体验式化学课堂

　　从教近十年，今年所教的三个平行班里都有一个情况——体育课后紧接着就是化学课！每次化学刚上课，学生都汗流浃背地走进教室，气喘吁吁地

大口大口喝着水，而且还有些同学仍在讨论刚才的体育课那个球应该怎么"挡拆"，怎么"过人"，刚才就应该"拉到三分线外远投"，看着他们那种意犹未尽的感觉，我突然间觉得，如果学生真的能够全身心地投入在课堂氛围里，真正地从这种课堂体验中获得快乐，那么他们自然就会被教学内容吸引进入一种沉浸的状态中，而化学本身就是一门非常有趣的学科，尤其是化学实验，也有很多有趣的意想不到的实验现象，要是能再进一步调动学生的积极性，带他们获得更多生动具体的体验，激发他们更加丰富的情感活动，是不是化学课也会变得更加有吸引力？如果我能像学生在体育课上一样，营造人人能行动的良好环境，产生沉浸的体验，这样的化学教学就会让更多的学生感兴趣，有益于更多学生的素养发展。

为了提升教学质量与效果，课余时间我经常自主学习各个学科优秀的学术论文，当我读到一篇《沉浸式教学在语文教学中的应用》论文时，便深深被吸引了。通读与理解之后，我便想，能不能在我的化学课堂上尝试一下，虽然学生都处在分流备战的紧张备考阶段，但是真的如果能够潜移默化地用沉浸式教学模式影响学生，对他们也是一种福利，在备考阶段仍能感受到学习的快乐，我觉得这是有价值的事情，于是我开始着手查阅沉浸式教学模式的一些资料。

沉浸体验指的是个人全心全意在他们正在做的事情上的一种心理状态。高水平的投入程度指的是"沉浸体验"或者是整体感觉处于"巅峰状态"。积极沉浸体验式教学，最重要的是情境的营造。心理学认为，情境对人有直接的刺激作用，有一定的生物学意义和社会学意义的具体环境，学习和认知基本上是情境性的行为。教学情境是一种特殊的环境，是教学的具体情景的认知、逻辑、情感、行为和社会发展等方面的背景的综合体。好的教学情境将有利于学生对所学内容进行意义建构，能更好地培养学生学习的兴趣，培养学生的个性，促进学生主体的发展，促进学生获得沉浸体验。化学教学也应该充分重视教学中的行为设计、认知环境的营造等因素，注重沉浸式环境氛围的营造，促进学习交互作用的产生。不同的学生有着不同的智力优势，每个人的智慧类型不同，他们的思考方式、学习需要、学习优势、学习风格也不一样，表现为认知方式与思维策略的不同，以及认知水平和学习能力的差异。沉浸式教学要尽可能考虑调动学生的多种智能，让具有不同智力优势的学生都能感受到学习的快乐并能产生良好表现。

结合到我们教育教学中，即是要构建教学情景，使学生处于沉浸体验式的教学中并积极互动，感受到学习的快乐。在亲历的生活场景中总结出化学知识，既达到教学知识点讲授的目的，同时也让学生将知识点与实际生活有机结合，印象更加深刻。

直接设计一节课似乎在刚开始阶段步子迈得有些大，于是我就在平时教学的过程中小步伐地渗透一些沉浸式教学的理念，例如：微观世界的分子、原子，内容抽象，历来学生难以接收、难以理解。拿分子的特性来说，几乎是历届分流必考内容。沪教版教材对于该部分知识的介绍是静态的，难以引起学生的动态思维，我便采取将生活中的实物搬到教学课堂的方法，让他们亲自体验。上课之前我偷偷走到后门位置将我的香水喷洒在后门上，之后若无其事地走到前门进去上课。我问他们什么这么香，为什么离得老远就能用鼻子闻到呢。我又问，咱妈炒菜的香味可以从厨房传到你的卧室，你闻到后便知道今天吃的是炒菜还是炖羊肉。这些事情你们的生活中经历过无数次，为什么呢？学生很容易就在课堂的亲历和以往的亲历中总结出原来分子是在不断地运动。

生活中随处可见化学的影子，关键看学生自己是否能善于发现，这就需要我身先士卒，首先做一个发现者。教师只有在课堂内外增加学生化学生活化的体验，这样化学才能真正走入学生的内心世界。

创设真实有效的学习情景，在启迪他们的思维、激发他们积极的学习情感、提升学生强烈的求知欲方面，具有良好的驱动和引导作用。 在直升年级讲《物质的量浓度》这一节内容时，我提前布置任务让学生收集家里所有的各种溶液的包装盒。在未开课之前，学生之间的讨论就多了起来，同学之间纷纷展示了自己拿来的包装盒，有可乐、酒、葡萄糖注射液、汇源果汁……我和他们互相交流这些包装盒上都是如何表示浓度的，并结合今天所学内容谈谈自己的观点。学生在观察、交流中发现：生活中，除了溶质质量分数外，还有许多表示溶液组成的方法，学生会为自己的发现而感到兴奋。

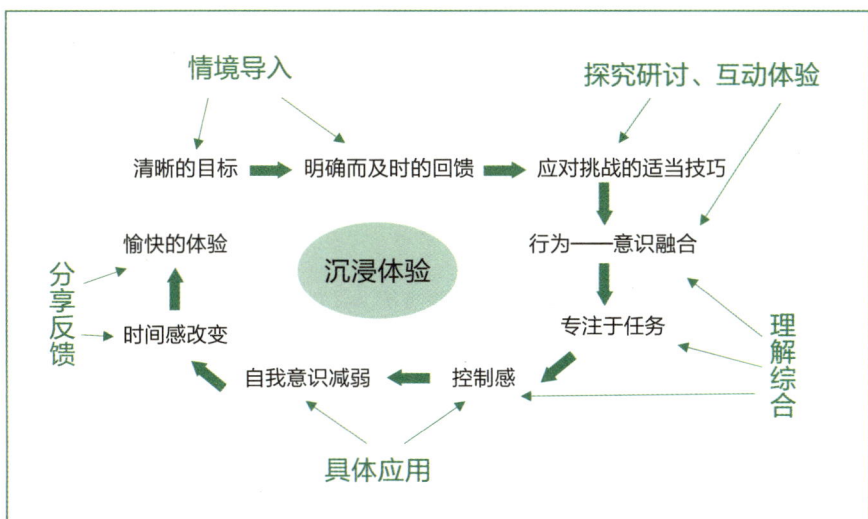

《物质在水中的分散》实验

在初步尝试了很多教学片段后我开始步子迈得大了，在2015年的沈阳市优质课评比中，我尝试用沉浸式教学模式上了一节《物质在水中的分散》的化学课、在东北育才双语学校初中化学教研组群策群力、房淑东主任亲临指导的基础上，用实验室清洗白大褂的情境入手带领学生以实验为依托进行有效探究，课上重视学生的科学思维训练，按照"情景导入、探究研讨、互动体验、理解综合、具体应用、分享反馈"的顺序完成每个环节的探究活动，整节课我用情境"问题链"贯穿：

1. 在实验室清洗白大褂，水的作用是什么？

2. 白大褂上沾有的五种污渍能否都用水洗掉？（氯化钠、氯化铁、蔗糖、植物油、酚酞）

3. 通过实验观察白大褂上能用水洗掉的污渍和不能用水洗掉的污渍在水中形成的分散体系有何区别？（宏观角度：溶液、悬浊液、乳浊液概念的形成过程，为本节课的重点之一）

4. 你能结合以前第三章的知识从微观角度对5支试管中被分散的物质存在形式做以分析吗？

5. 在清洗的过程中你可以采用什么方法加速溶解？结合生活常识分析还有别的方法吗？

6. 白大褂上不能用水洗掉的污渍（植物油、酚酞）应该用什么洗去呢？（选择不同溶剂形成溶液洗去污渍）

7. 白大褂上的植物油污除了能形成溶液洗去外还能用什么方法洗去？（乳化）

8. 用汽油和用乳化剂洗去白大褂上的油污本质上的区别是什么？

整节课课堂气氛热烈，上课的学生来自沈阳市铁西区青乐围棋学校，学生课堂参与度非常高，听课的同行老师非常欣赏这种模式，在公开课后纷纷与我探讨这种沉浸式教学模式更多的应用，而后这节课还被推送到了省优质课评比活动中，最终获得了市优课一等奖、省优课二等奖，这也是对我所进行的教学模式变革探索的一种鼓励。

在阶段性的尝试和研究后，我对这种教学模式也进行了总结与思考：好奇是孩子们的天性，如果我能善加引导，由此就能自然地将学生带入沉浸体验中。有趣、神奇的化学实验正好是能引起学生好奇的适宜前提，化学实验教学是化学课程教学中最容易带来沉浸体验的。我在教学工作中如果能有效提升学生的沉浸体验，也能使我轻松地教，学生愉快地学，收到事半功倍的效果。

在我的沉浸式教学实施过程中最难的就是控制任务的难度水平。我在安排教学任务时需要设计恰当的阶梯，这对我来说真的是非常大的业务上的挑战。我需要尽量根据学生的能力水平分层次实施教学，所以努力了解学生的技能水平，找到他们的"最近发展区"，带着他们感受到"跳一跳，够到桃"的快乐成功体验才是终极目标。我还需要再努力做好积极的评价和即时反馈。在我的教学活动中，需要锤炼积极的激励性语言、神态、行动等对学生的行为提供即时反馈。这样他们才能真正享受过程，获得成就感来回味学习的过程。

现在，每次在课堂上我渗透了积极沉浸教学的"小妙招"后，学生都会绘声绘色地在下课过程中讨论回味，嬉笑玩乐间对我教学的评价也颇高，学生喜欢真正投入这个学科才是硬道理。喜欢就会付出努力，而这种努力是发自内心的内驱力，有了这股力量，就不愁素养的提升，因为从古至今在学科领域有所建树的大家都是"忘我""神迷"的，做一件事情达到忘我的程度是获得成功的必要前提。在日后的教学工作中，我还将继续挖掘更多的课堂片段和课例，在这个过程中我也是积极沉浸在教学方法的揣摩中不亦乐乎。

给学生留有一些"余地"

生声入耳，百家争鸣——自主开放式课堂

学生齐读，体会该段离别场面描写渲染了什么气氛？（从哪里看出来的，进行具体分析）其中的音乐描写有什么作用？

学生1：我觉得渲染了一种凄凉的氛围，从"风萧萧兮易水寒，壮士一去兮不复还"可以看出，因为他就是去赴死的，都要死了，自然是悲凉的。

学生2：我从"于是荆轲遂就车而去，终已不顾"，看出荆轲挺身而出、不怕牺牲、义无反顾、视死如归的勇气与魄力，渲染的应该是壮烈的气氛。

学生3：我从"为变徵之声，复为慷慨羽声"这两个描写声音的地方，感受到一种悲凉、激愤的气氛，因为这两种声音的声调就是这样的。

学生4：我从"皆白衣冠以送之"感受到了一种伤感、凄凉的氛围，因为穿白衣、戴白帽是只有在有人去世的时候才会那样穿，这是从外貌描写的角度来刻画的。

学生5：荆轲的死是必然的，刺秦王必定会是以悲剧来收场。

学生6：我从"士皆垂泪涕泣，士皆瞋目，发尽上指冠"的神态描写，感受到凄凉悲怆的氛围，这里还运用到了夸张的修辞手法，写出了人物精神受到感染后的精神状态，他们都团结一致，全都在为荆轲加油鼓劲。

学生7："风萧萧兮易水寒"。

学生8：生离死别的悲凉。

学生9：视死如归的壮烈情怀。

这是我一次在上《荆轲刺秦王》时的一段实录，这节课我尝试着只问了一个问题，没想到学生确实思路开阔，发言此起彼伏，一个难处理的语段在热烈的发言中完成了升华。课后我思索，这样上课有何不可呢？给学生留有一些"余地"，他会给你大大的惊喜。

传统的语文教学是一个封闭式的教学系统：教学模式停留在教师讲、学生听，教师照本宣科、学生死记硬背上，教学信息主要从教师单向流向学生，教学场所局限于教室和校园。这种教学方式，极大地扼杀了学生的创造潜能。语文教学要克服这些弊端，就要在现代教学理念指导下，建立开放式的教学系统，实现语文教学过程全方位地开放，拓展学生的创造时空，给予学生创造的机会，培养他们的创造能力。

（一）"开放地读"

传统读书教育是成功的。童年之时饱学于身者，数不胜数。从近代之交的学者身上，还能看到这一点。陈寅恪先生是一个非常有代表性的童年饱学者。陈家重视对子孙的教育，不但开设家塾，而且还办学堂。倡导新文化运动的鲁迅，亦受惠于传统的读书教育，孩童之年在学识上也已有了很好的积累。鲁迅7岁入私塾读书，《百家姓》《神童诗》等书即在此时期读的。一个人读书怎么样，关键在读书习惯、读书能力和读书情趣的培养。孩童时期是一个人开发心智、引导情趣、培养习惯和技能的最佳年龄段，若能在这一年龄阶段培养出良好的读书习惯，锻炼出一定的读书技能，这将会影响其终生。传统读书教育的成功，就在于此。

首先，应放开对读什么的限制。书籍可读，报纸可读，杂志亦可读；经典名著要读，通俗作品也可读。应鼓励学生多看各种各样的读物，不要限制他们。虽然教学大纲有推荐书目，虽然建议同学们应多读经典名著，但也绝不要反对他们去读其他书。学生们能读经典当然最好不过，但大众文学绝对也有其可取之处。如果学生们喜欢休闲文学，也不应该简单粗暴地一概否定。其实，中学生由于知识所限，让他们从简单的文学作品入手，更易于激发他们对学习语文的兴趣。如果学生们读的是报纸杂志，那就更应该予以鼓励，这对认知社会、了解科学、贴近生活、追求时尚都不无裨益。一味地强调经典阅读，并不利于培养学生综合素质。

其次，课堂上也应开放读。古人云："书读百遍，其义自见"，可见朗读在语文教学中有着举足轻重的作用。它能发展学生的思维，激发学生的热情，培养学生的语感，提高学生的语言表达能力，是一项重要的语文基本功。许多语文课上，老师们都不约而同地反反复复抓朗读训练，通过朗读加深理解，感悟文章的思想，提高学生理解、运用语言的能力，使学生能独具慧眼地发现文本的内在价值。

如我上《背影》一课时，文中的感情基调是什么？找出描写背影的句子仔细品读，体会作者的情感。文中有四处描写我的眼泪，每次流泪我都想到了什么？学生带着体会再读这几段话，再通过对比朗读，使学生更能体会朱自清的复杂心情，许多学生在读时都带着眼泪，进而理解深深的父子之情。印象最深的是在课堂上，我请一个成绩比较差的学生站起来朗读这几句描写，这个学生本来就有自卑心理、胆小怕事，所以，她的第一次朗读可想而知。于是，我就对她的朗读做指导，让她再试一次，可第二次她还是没读好，我反复鼓励，直到第五次，这个学生终于读准了课文，把握住了情感……课后我思考，这五次朗读按我们的常规理念得浪费多少时间，教学任务何时才能完成？虽然我没有完成已定的教学计划，但是我觉得这是一堂成功的课，它成功于学生体会出朱自清的情感变化，成功于对学生的耐心与认可，更成功于课堂的开放。

因此要让学生充分地读，在读中整体感知，在读中有所感悟，在读中培养语感，在读中受到情感的熏陶，如叶老所说："多读作品，多训练语感，必将驾驭文字。"

（二）"开放地思"

《大学》有言："静而后能安，安而后能虑，虑而后能得。"诸葛亮在《诫子书》中说："静以修身，俭以养德，非淡泊无以明志，非宁静无以致远。夫学须静也，才须学也。"语文教学不仅需要小组合作探究，更需要学生深思静悟。语文课堂教学中的深思静悟是适应语文学科特点的一种学习方式，是学生内化知识、提升语文能力的必经之路，学生在静悟中深思，在深思后静悟，能够更深入地对话文本、对话自己、对话生活，从而更深入地体味语文，亲近语文，热爱语文。因此，可以在语文教学的起始阶段就启发学生深思静悟，激发学生学习兴趣，也可以在教学的高潮阶段引领学生深思静悟，达到深层次的思考，理解和把握文本的深刻含义的目的，更可以在教学尾声阶段引领学生深思静悟，让学生沉淀文化知识，有助于学生提升语文素养。

一次在讲《关雎》这首诗歌时，在进行了充分的朗读和铺垫之后，我对学生提出了一个问题——文中的男子看见漂亮的女子就展开各种手段主动追求，他这样做是不是很好色呢？此问题一出，真是石破天惊，我能感觉到学生对我问的这个问题难以接受。但也正是这样的问题，才深深吸引着学生去思索。当时课堂气氛尤为热烈，学生立刻分成了两派。但是就是在你一言我一语中，理越辩越明，最后学生得出结论，诗歌中的男子的情感是真挚的，手段是光明的，目的是纯洁的。最后我总结了四个字"乐而不淫"。一堂课，一个问题，学生在开放地思索中学有所得。

学生学习理解语文知识，需要深入思考，静静品味，才能感悟语文之魅力；学生深入理解文本，需要独立思考，联想想象，才能感悟文本之魅力；学生提升语文应用能力，更需要静静地揣摩，反复斟酌，才能领悟语文的灵动与丰富。

（三）"开放地说"

鉴赏是语文能力的综合体现，其可烛照学生理解、想象、表达、积累等问题。在实际学习中，学生往往对鉴赏苦不堪言。听课似津津有味，下笔却只字难行。于是，凡涉鉴赏一类的主观性练习学生常留空白，或道不知从何答起，或云反正要错不写反而省时。久之，鉴赏便成了学生心中难以抹去的阴影。鉴，乃鉴别，意在运用所学对所读文章好坏、高下、风格、精妙、技巧等做出分辨；赏，乃欣赏，即在鉴别的基础上融合个人的经历、体悟、情感、态度等以实现个性化的主观认识。因此，可以说鉴赏是阅读的根本，是实现阅读价值的重要手段。一节课时间有限，对于作品文本的挖掘也不必面面俱到，可以把鉴赏的内容、鉴赏的技巧进行灵活的分割，以达到深层次地理解作品的目的。

如在《茅屋为秋风所破歌》中我们可以体悟的是杜甫的忧国忧民的情怀，也可以体味歌行体古诗的格调与韵律，还可以品味杜诗"沉郁顿挫"的风格……在《邹忌讽齐王纳谏》中我们感叹的是古人说话的睿智，我们了解的是国君的开明，我们辨别的是《战国策》的真伪……在《答司马谏议书》中我们敬佩的是先贤的思辨，我们仰慕的是改革家的魄力，我们学习的是书信体议论文的行文简洁、结构严谨、没有枝蔓的特点……在《关雎》中我们沉醉于优美的音韵，我们渴望真挚的情感，我们敬佩男子的执着……

什么样的主题可拿来说呢？只要是学生感兴趣的话题，都可以用作主题。我反对过去总是谈大事、不屑议小事的做法；我也不赞同现在部分人，拘泥于琐事、不谈大局的做法。事不必分大小，只要学生自己感到有话可说就行。学生们又该说些什么内容呢？随便他们。只要围绕主题展开，应允许他们充分放开。只要"言之有物、言之有理、言之有据"，角度越广，观念越新，看法越多则越好。教师切忌为说话定下基调，这会妨碍学生思路的开阔。要允许学生各抒己见、畅所欲言，这样学生的思维才能开阔。

（四）"开放地写"

新的语文课程标准把写作要求提高到了一个新的层面，更加突出了遣词造句、谋篇布局和情感表达的要求。语文教学中进行美育，如果仅仅限于感受美、认识美、鉴赏美那是远远不够的，还必须积极引导学生创造美，才能完成新课标中提出的教学目标。初中语文写作是考查学生综合运用语文的能力，同时也考查学生的观察能力、联想能力以及灵活运用所学知识进行表达的能力。写作一直是语文学习中的重点，也是学生学习的难点。可以采用小作文、片段作文、仿写等形式，把较大的知识目标进行分割，既不给学生较大的压力，也能很好地完成教学任务。以写作议论文为例，可以把一篇作文分割为如何解读材料、如何设立中心论点、如何设立分论点、如何举例、如何补充论述性的话语、如何引用材料、如何收尾等小模块进行逐一的训练，进而收到较好的效果。下面欣赏两段学生的佳作：

站在纵横的阡陌上回望，寻找秦时皎洁的明月，汉时桥边的荷风，却在灯火阑珊时的蓦然回眸，你一直在那个叫家的地方待我一起看细水长流；站在梦想的岔路口眺望，寻找高山的云巅、大海的尽头，却在路遥马亡时的幡然回首，你一直以爱的名义不曾远走。记忆在时光的路上反复吟咏，任凭春花秋月淡去，似水年华东流，永远不变的是我最近的你，你最近的爱。

——《最近的爱》

坚守本心的人拥有赤胆忠心，万箭穿胸志不移。屈原正道直行，自沉汨罗，一篇《离骚》震撼天地，万古流芳；司马迁不忘初心，秉笔直书，一部《史记》彪炳史坛，成为绝唱；林则徐宁折不辱，虎门销烟，一炬烈焰照耀神州，惊破敌胆；张志新甘为玉碎，反抗强权，一腔热血洒刑场，染红真理。古往今来，多少仁人志士坚守本心，忠贞为国，在真理的道路上逆风而行，"举世皆浊我独清，众人皆醉我独醒"。

宠辱不惊，闲看庭前花开花落；去留无意，漫随天外云卷云舒。人活于世，不求追名逐利，但求随心生活。坚守心灵的净土，方能在人生之路上走出自己的精彩。

——《坚守本心，活出精彩》

开放式的语文课堂教学展现的是学生学得轻松和灵活，教师教得有广度和深度。但"开放"并不等于"放开"，它要求教师心中首先要有明确的教学目标，其次就是以学生为中心设计好教案、学案，最后根据课堂实际情况灵活变通，充分调动学生思考的积极性，从而培养其思维能力和创新精神。实践证明，开放式课堂教学，能激发学生的学习动机，变消极为主动，变被教育者为主体，使学生学会学习、学会协作、学会创造，是一种好的课堂教学模式。

做知识点的"导演"

横切纵贯，自由组合——校本课程课堂

十七八岁时，我以为，考上了大学，找一份工作之后便可以简单地生活。但直到真正地工作了两年以后，我慢慢地开始感觉到：这样的生活并不是我喜欢的，我开始想办法，我要努力改变我的生活方式。先考个研究生开拓一下视野，增长一下见识，于是工作三年后的我有了一边工作、一边准备考研的计划，没有目标的日子过得总是索然无味，一旦有了目标，我开始感觉到了生活的充实与满足，利用零散的时间复习英语，整块的时间则用来研究专业课，每一科考试科目都需要慢慢重新拾起，边工作边学习，可以利用的时间少得可怜，于是我养成了晚上睡前喝咖啡的习惯，这样我可以坚持学习到凌晨2点左右，做自己想做的事情，一点不觉得辛苦，反而让我感觉到前所未有的充实与快乐。

终于，我如愿以偿考研成功。用三年的时间给自己充电，重新选择自己要走的路，在很多人的眼中，育才是一个很变态的学校，但我义无反顾地选择签约育才，因为，安逸不适合我，我不要做教书匠，我要成为一名研究型的教师。

从教十余载，我在教学实践中不断积累，在积累中不断成长，在成长中不断蜕变，育才文化也在慢慢改变着我。终于，来到育才工作的13年后，我可以自豪地说我已经真正地理解了育才人的精神。

工作中，我发现来到育才学习的孩子都非常优秀，不仅思维敏捷而且刻苦努力，领悟力也同样非常的出色，而在市面上真的没有哪一本参考资料能完全适合我们的学生。因此，在准备每一节课的过程中，我都查阅大量的资料，每一次收集、整理后，再仔细地进行挑选、改编，甚至原创一些题目，以适应我的学生们不断发展的需要。要给学生一杯水，我必须有一桶水。

完成教学工作之余，我也在思考：为什么我们不自己编写一本校本作业呢？

1. 群策群力，利于发展。大家合作后的结果一定会使得我们的《物理学科校内作业本》的知识点和题型的覆盖率更广，重难点问题的处理更有效，会使学生们学习效率大大提高，视野更加广阔，思考空间更大。

2. 不断更新，与时俱进。我们编写作业本必须进行更多的研究和学习，这对我们整体教学水平的提升大有裨益。我们还可以在每一年使用过程中不断整改，慢慢发现它的缺点和不足，使其更加完善，使双语学校的物理学科的课程品质始终保持较高的水平。

3. 分享成果，节约资源。我每一天都在做这样的工作，同事们也一直在做一些同样的工作，这样真的很浪费资源，如果大家能够分工合作，每个人负责一部分，一定会节省大量的时间和精力。老师们可以有精力和时间进行更多的教学研究和思考。

4. 统一作业，共同成长。物理校内作业本先行，摸索出一套行之有效的作业本编制方法，积累经验，不仅可以帮助年轻人快速成长，而且可以促进学科间的共同提高，最大限度提高双语学校的办学品质。

我把想法与校领导和同事们进行了交流，大家一致认为这个事情太好了，一举多得。

说干就干，于是我开始策划：

第一步，首先要确定《特理学科校内作业本》编写体例，我和同事们利用集体备课时间经过几番研究、讨论后确定了编写的体例：按章节顺序编写以方便使用，每一章节都包含四部分：课堂精粹、习题精练、小专题和章末测试。"课堂精粹"部分主要梳理重难点以及特殊为育才的学生拓展的知识点。"习题精练"则主要解决本节知识点所涉及的典型题型训练，按难易程度从前到后设置题目。而"小专题"则是对特别难懂的部分章节进行集中强化训练，"章末测试"对全章内容进行综合测评。这样既能保证作业本使用的广泛性，也能兼顾学生的差异。

第二步，给同事们具体分工。每人负责二到三章，按照统一的模板编写初稿，一周后上交。编写时遵循以下原则：1. 结合自己的课堂实践精选典型题和针对练习共20道，最后两道题进行拓展提高。2. 避免偏、繁、难、怪的题目出现。3. 保证题目质量的前提下，尽量使用新题，鼓励原创。4. 每一题都要有配套答案，根据学生实际情况设置详细解析。

了解育才的人都知道，老师们平时的工作量都非常大，我们只能利用休息时间加班加点进行编写，长时间使用电脑，一位年龄稍长的同事不得不戴上了花镜，久坐使得腰椎本来就不太好的我患上了腰脱。有一次我出完题刚好是凌晨2点半，看到有个同事刚好在群里发了个消息，原来大家都没睡呢，孩子小的只能把孩子哄睡了之后再开始编写稿件。大家从没向我诉过苦，如期把稿件交上来了，真心地感谢同事们的支持与配合，你们辛苦了！向爱岗敬业、不断追求卓越的育才人致敬！

第三步，稿件的修改。初稿上来后，我开始进行梳理、初审，不合适的题目要进行调整，难易程度要整体一致，价值不大的题目要进行更换。二审、三审就这样穿插在我们的课间和值班中。然后再反复地讨论、整改，历时10个月时间，终于，凝聚了我们心血和汗水的《物理学科校内作业本》与大家见面了。

功夫不负有心人，2016年9月，首次投入使用的《物理学科校内作业本》获得了同学们的认可和好评，老师们也觉得用起来特别方便，领导和同事们都夸赞我们制作的精良。2018年督导组的领导来到双语校区视察，对我们的校本作业给予了高度的评价。

在使用过程中，我们也发现一些小瑕疵，比如个别章节题量偏大，答案有个别的错误，排版印刷也有不尽如人意之处。2019年是我们的《物理学科校内作业本》正式投入使用的第三个年头了，我们在改版时对使用过程中发现的问题进行修改、增补、完善。水平有限，难免存在不足之处，欢迎同行们批评指正。我们积极地整改、更新使它越来越符合育才学生们的需要，成为物理老师们的得力助手，成为育才独具特色的校本资源。我们的《物理学科校本作业本》将在2019年正式出版，为东北育才校庆70周年献礼。

放弃自己，是变老的开始；坚持自己，是生命的真谛！往后余生，不甘寂寞的我依然会保持向上的姿态。

今天，我来听你讲课

角色互换，教学相长——翻转课堂

苏霍姆林斯基说："如果你想让教师的劳动能够给教师带来乐趣，使天天上课不至于变成一种单调乏味的义务，那你就应当引导每一位教师走上从事教学研究这条幸福的道路上来。"我想我们双语学校的教师们正是慢慢行走在幸福的教育研究的道路上，并从中享受到了无穷的快乐和充实。

这些年"翻转课堂"理论盛行，2015年5月初，学校也开展了"翻转课堂"示范课活动，给了我一个尝试的机会。

什么是翻转课堂？翻转的目的是什么？如何做到翻转课堂？翻转课堂在我们的教学中能实现吗？这些问题一直困扰着我。

通过学校的讲座以及自己在网上查找资料学习以后，才对此有了大概的了解。简单地说，翻转课堂就是课前学生自学教师录制的教学微视频，课中进行练习巩固、解决疑难问题或拓展探究的一种教学方式。所谓"翻转"就是把"老师白天在教室上课，学生晚上回家做作业"的教学结构翻转过来，变为"学生晚上回家后通过教师的教学微视频学习新知识，白天在教室完成对知识的吸收与掌握"。

翻转课堂与传统课堂结构的比较：

传统课堂：学习知识在课堂，内化知识在课外；

翻转课堂：学习知识在课外，内化知识在课堂。

接受了翻转课堂理念与方法之后，我再次陷入了深深的思考：双语学校是寄宿制学校，学生只有周末才能回家，平时上网和去图书馆查阅资料都不太方便，因此我的课堂既要吸收国外翻转课堂的经验，又要与我校的实际情况相结合，"洋为中用"打造更理想的课堂模式。

就语文课而言，我希望用一种最省力、最简便的方法去翻转。古人云："大道至简"，讲的就是越简单的东西往往越有生命力的道理。

"纸上得来终觉浅，绝知此事要躬行"，经过慎重筛选，我最终选取的课文是《河中石兽》，这是一篇文言文，对于七年级的学生而言，文言文既是学习的重点也是难点，许多同学对此不感兴趣或是有畏难情绪，因此特别希望通过这次尝试可以让学生们提高文言文的学习兴趣，进而爱上中国的传统文化。

我告诉孩子们，下周二的语文课我们要进行一次角色转换，你们来当一次老师，而我要坐在下面当一回学生。听到这个消息，孩子们顿时议论纷纷，有的眉开眼笑跃跃欲试，有的眉头紧锁陷入沉思，有的全神贯注听我的介绍……有五位同学更是毛遂自荐要当老师，其他同学也非常好奇、兴致高涨。接着，我下发了精心编制的导学案，并提出要求：稍后播放微课的时候同学们要认真观看，然后找到自己最感兴趣的专题进行自由分组，刚才自荐的五个小老师担任组长。教室里静悄悄的，同学们聚精会神地看着大屏幕上播放的微课，从纪晓岚的介绍到四种寻找石兽的方法分析，再到古人的科学探究精神。微课播放完成之后，同学们立即开始了自由分组行动。课下组长和组员充分讨论，最终确定了小组的研究专题：

第一组：拨云去雾见真人

纪昀，清代学者，文学家。人们熟知的纪晓岚究竟是什么样的人？

第二组：精挑细选总结言

找出本文在字、词、语句、语法等方面和现代文的不同，如古今异义、一词多义、状语后置等。

第三组：全面细致了解事

河中石兽会去哪儿？

第四组：格物致知探究理

河中石兽究竟去哪儿啦？可据理臆断欤？

第五组：推陈出新改写文

本文是清代人所写的文言，已经很接近现代文，请把本文改写成其他形式的故事。

明确了分组以及任务之后，同学们利用周末时间自行查阅相关资料，由组长进行汇总，制作成PPT。有的家长发微信给我，说孩子周末一大早就起床，要求到省图书馆去看书，直到快闭馆了才舍得出来，并且记了厚厚的笔记和摘抄。周一午休和晚休的时候，也经常看到几个组员在一起讨论的身影。兴趣果然是最好的老师，望着他们兴奋而紧张的面容，我给予他们最大的鼓励与支持，真的很期待他们的精彩展示。

5月21日，一个平常又不平常的周二第三节，预铃刚刚响过，同学们早早地回到了座位上，目光灼灼地等待着。伴随着热烈的掌声，第一组的组长张熙晗首先登上讲台进行汇报，"电视剧《铁齿铜牙纪晓岚》想必大家都看过。那么大家对纪晓岚的了解又有多少呢？"

纪昀，字晓岚，一字春帆，晚号石云，道号观弈道人。历雍正、乾隆、嘉庆三朝，享年八十二岁。因其"敏而好学可为文，授之以政无不达"，故卒后谥号文达，乡里世称文达公。

电视剧《铁齿铜牙纪晓岚》把纪晓岚描绘成一名聪明机智的才子。这就使我们不禁产生疑问：历史上的纪晓岚真的是这样的吗？张熙晗就纪晓岚娓娓道来，俨然一副老师范儿。

据史书上记载，纪晓岚"貌寝短视"。

所谓"寝"，就是相貌丑陋；所谓"短视"，就是近视眼。不仅肥胖，还患有轻度口吃。而且纪晓岚生活极度奢侈浪费，不食米饭与青菜，只吃肉。

不得不说，第一小组的同学汇报收集的资料，对作者全面了解，纪晓岚才华横溢，但并非影视剧中那样英俊潇洒、伶牙俐齿。小小年纪，就能正确评价历史人物实属难得。

第二小组由学霸组成，组长于储侨说："在品读课文中，你是否发现文言文在字、词、语句、语法等方面和现代文略有不同？由我们组归纳总结一下，看看对以后学习其他文言文有什么规律可以借鉴学习。"

1. 古今异义词：阅、盖、物理、固、是

2. 一词多义：为、之

3. 状语后置：当求之于上流、山门圮于河等

4. 无量词：一寺、二石兽、数小舟等

我在心里给她们组点了个赞，不愧是学霸，知识点总结得全面而准确。

第三小组：郑良宇问道："课文中讲了四种寻找河中石兽的方法，当然结果是不一样的，你知道为什么吗？"台下的同学们迅速进入讨论状态。接下来"师"生互动频繁，课堂气氛活跃，掌声、笑声交替不断。

第四小组组长是吴雨衡，我们班物理最好的男孩儿，他思维缜密，提出问题：文中只有老河兵找到了河中石兽，你觉得他的说法完全正确吗？然后给出结论：河中石兽溯流逆上还需众多条件，并且不可据理臆断之事多矣。没错，对待科学，就要有这种敢于质疑的精神和格物致知的思想。

第五小组：本文是清代人所写的文言，你能展示下你的文学才华，把本文改写成其他形式的故事吗？许多同学对课文进行了改写，分别改成"古体诗"和"秦汉时期的古文"两种形式，展示小组成员改写的文章。

【改写一】河中石兽

沧州寺南临河干，山门石兽俱沉焉。

十余载过僧筹建，欲求石兽于水间。

原处觅之竟不得，沿舟曳耙寻未果。

学者帐中闻笑罢，石兽岂能埶木柿。

安为暴涨携去哉，必沉于水湮沙中。

河翁听之亦笑耳，河中失石求于上。

石坚沙浮水反激，石下迎水故上矣。

求石果于数里外，世事亦可妄断欤？

【改写二】河中石兽

一寺沧州南，此寺临河干。山门圮于河，兽沉十余载。今僧求石兽，其踪无可寻。僧不知其缘，棹舟下游行。苦寻十余里，终不见其迹。设馆授徒者，闻之嘲尔愚。此非彼木柿，岂为携之去。石坚而沙浮，愈深且愈深。安

121

能处下游，若此沿河求，不亦颠理乎？学者此言毕，皆服为确论。忽闻一人语，求之应上游。却看闻者谁，娓娓道其故。沙浮而石坚，石力啮坎穴。愈激且愈深，石必倒穴中。如是假水力，遂溯逆流上。众如河兵言，终寻于上游。然则天下事，怎可臆断焉。

40分钟的课程很快就结束了，同学们意犹未尽，全情投入，我也听得津津有味，并感叹于孩子们的才华和用心。

"百花齐放春满园"，无论是哪一种教学方法，都不是要完全替代其他的教学方法，而是要满足学生多样化的学习需求。作为教师的我们要讲究各种教育教学策略，灵活运用各种教学方式，提高教学实效。这节翻转课算是一次尝试吧，为了让学生成为课堂的主角，成为学习的主人，我也时常把讲台让出来，使之成为学生们展示自我的舞台，让学生感受到"我的学习我做主"。

最后用一句话与大家共勉："展望未来，希望无限。路虽远，行则必至；事虽难，做则必成。"

我的课可以"暂停""重播"？

互联现意，家校延伸——微课模式课堂

也许是教学年限的增长，也许是教学经验的日益丰富，俨然已经成为"师傅"的我在讲课时游刃有余，处理知识问题也是得心应手，心态上就发生了微妙的变化，认为自己不再是那个需要天天学习、天天做题的新教师了，变得有些不求上进，认为自己只要做好教学工作就可以了。

偶然的一次与朋友闲聊，我说起了自己目前的状态，心里还有些沾沾自喜。作为挚友，他的话可以说丝毫没有留情。他说："最容易出现问题的就是我们这种教师，有经验了、会讲课了就有些自以为是。不去学习新理念新

方法，安于现状导致跟不上时代的潮流。并且正是我们处理问题时经验丰富，新教师在向我们学习时反而起到反向的榜样作用，可以说贻害无穷。"

他说得很深刻，也点醒了身在局中而不自知的我。我庆幸自己有这样一个朋友，能够在我沉迷于自己一点点小成绩时，当头棒喝，让我重新拾起做徒弟时的心态和状态。每天学习，每天做题，每天反思，追求着让自己进步的每一个机会。

在一次教研组例会中，主任说我电脑水平还行，问我有没有意向做一些关于微课课题的研究。乍一听，什么是微课，怎么做，怎么用，一头雾水，但同时也带有一丝兴奋的感觉，也许这就是我突破自身"瓶颈"的一次机会。会后，带着困惑，带着兴奋，开始查阅关于微课的有关文献。

在网上，关于微课的介绍有很多，可以说是百花齐放，而且随着各种微课制作软件的开发和应用，一线教师制作微课的便利条件越来越多，微课技术逐渐普遍，微课资源在国家的推广下逐步完善，应用也越来越丰富。但随着应用的逐渐深入，一些问题也逐渐显现出来，主要集中在以下几个方面：首先对微课的认识不足，只单纯地认为微课就是课堂实录的剪辑，比较狭义，正是这种认知，体现在微课的形式上千篇一律，基本上都以课堂的翻录为主，其他形式凤毛麟角。

其次使用微课大都是为了赶潮流。没有深入地去了解哪种知识点适用微课哪种不适用，为什么要使用微课以及不明白微课要解决的矛盾是什么。所以在微课的录制和使用上比较懵懂，充满了不确定性。正是这种不确定性使得微课在使用上流于形式上的创新，在教学上并没有带来什么改变，对学生也没有起到预想的作用。

这是一个很好的切入点，但同时一盆冷水也泼了下来。"您真的要做微课方面的研究吗？这可是最难的一个课题了。"同事规劝道。我认真地回答："是真的，好多年轻人都不选这个内容，原因是对于课堂的重难点把握还是不清，不清楚微课的设置内容，正好我有经验，电脑也不错，起个抛砖引玉的作用吧。"

　　于是，我的微课制作之路开始了。也许是对于自己的电脑技术过于高估的缘故，在实际的操作当中，遇到了各种各样的难题。例如，《二力平衡》的微课中，我想向学生介绍二力平衡在生活中的应用。为了增强趣味性，我选取了《钢铁侠》中男主角在地下室里身穿金属铠甲练习飞行的视频。影片中的声音与教学无关，所以我把声音抹掉了，想加一些旁白，但就在这出现了问题。我使用的是绘声绘影制作软件，在加旁白的时候发现，旁白想表达的内容和视频怎样调节都不同步，无奈之下，只能是把自己的旁白时间在设置时人为拉长。经过一番调制之后，终于同步了，可结果不是如我所想，就像我们在使用录音机慢放一样，音调极其怪异。这个微课给学生展示的话，一定会引起学生哄堂大笑，反而冲淡了学习的主题。

　　也许有人会说，多说几句话就可以了。但这很难，我是一个纯粹的理科人，能用一句话表达出来的内容，决不用两句话来说。积习难改啊！看到我在辛苦地调试录制，同事实在是忍不住了，劝我说："还是多加几句话吧，你浪费这么多时间，得不偿失。"兼听则明，我听从了同事的劝告，重新设置旁白内容，添加了不少的话，再次把声音和视频合成时，效果很好，我很满意。于是就把它放在了班级的智能黑板中，让学生在午检时抽出五分钟观看，学生的积极性很快就被调动起来，不但很好地了解了二力平衡的特点，还把作用力与反作用力的区别进行了研究，对知识的理解更加详尽、透彻。课后，学生在反馈中提道，这种穿插很有意思，学起来很有趣，而且一点也不累。

　　随着微课制作手法的日益熟练，我个人的微课资源也逐渐丰富起来，给学生展示的也越来越多，现在在我的微课文件夹中，分门别类的大概有上百件之多。但新问题也随之出现了，怎样有效地利用微课，而不是简单地课上展示，成了我的新课题。在实际教学中发现，由于微课教学与传统教学方法有各自的优势和不足，因此，需要将两者有机地结合起来，取长补短，这样既能克服微课信息量少的不足，又将传统教学益于师生增强感情、活跃课堂氛围的优势发挥得恰到好处。怎样找准这个点，怎么结合，怎样构架微课体系，成了新的问题。日思夜想，不得其解。也许是日有所思，偶有所得，在一次听评化学课时，听到了甲烷的结构，正四面体使我眼前一亮，这不正是我所追求的微课体系吗？

课堂教学是甲烷中的碳原子，预习型微课、难点破冰、复习巩固、心得交流四个部分正好是四个氢原子。于是，构建微课体系，巧用微课成了我的新课题。

所以在实际的操作当中，我把微课设置为预习型微课、难点破冰、复习巩固、心得交流几个部分。预习型微课兼顾趣味性和概括性，主要以激发学生兴趣为主，例如在前面所提到《二力平衡》中的钢铁侠的场景，使学生对知识点有个初步的认知；难点破冰上一般以单刀直入的方式解决学生在课堂上容易迷惑的问题，例如在《二力平衡》实验中的细节和注意事项等，旨在调节学生的差异性；复习巩固主要以习题为主，把我精心选择的典型例题详加讲解，心得交流体会则在每个微课下设置留言区，学生在其中讨论自己的难点，通过讨论，学生可以自行解决问题，教师也可以参与进来，解答学生讨论还没有处理的问题，这种多平台、多形式的微课系统使得课堂得以延续，而且很具有时效性。

除此之外，我还意识到，由于教师的教学任务繁重，制作一个良好的微课其实并不简单，从构思到拍摄到整合费时良久，当然做一个好的微课这也是必须的，但不可否认的是等教师有了灵感创设出微课以后可能已经迟了，这种微课缺乏时效性。并且，教师在设计微课上考虑的是所有学生，但是学生不同，困惑点也就不同，存在共性，存在差异，教师的通性微课就显得有些捉襟见肘了，教师可以在自行制作的基础上，也可以收集各方微课资源，进行有效的整合，在实践当中我就是把超级课堂和赛学霸初中物理整合到微课中来，学生根据困惑点自行选择微课来学习，这种形式在学生中反响较好。所以教师也可以做一个资源的有效整合者。

这种微课模型在教学实践当中效果极其显著，学生可以随时暂停，也可以随时回放，使得学生在知识习得上变得轻松起来。从学生的反馈中发现，当在家做题不会时，可以随时听取该类典型题，使得学习效率大大提升。

当然，在微课的制作、微课体系的构建之中，我也是收获满满，不但丰富了自己的教学经历，还使得自己成为一个爱钻研、善于钻研的人，使得自己在成为研究型教师之路上前进了一大步。

我的课可以"暂停""重播"？

互联现意，家校延伸——微课模式课堂

在我上高二之前，英语学习很成问题，其实不是我不努力，而是我的英语零基础，我出生的地方是一个偏僻的小山村，整个小学阶段都没有学习过英语，导致我上了初中很难跟上老师的节奏，根本听不懂老师在讲什么，当时最大的梦想是有一支录音笔，能把老师在课堂上讲过的内容录制下来，这样就能在课后慢慢地去回味一下课堂内容。工作之后，很幸运在育才园里遇到了很多每天都有新奇想法的同事，他们会利用各种新奇的软件去辅助自己的教学，我所了解的就有"几何画板""geogebra几何""geogebra图形计算器"……

可不可以运用学生的碎片化的时间去给学生讲一讲特别好玩儿的数学小趣事？但是学生的时间又太紧张了，总不能耽误课堂时间去讲小故事吧！怎么办？录制视频吧，没有专业的场地和设备。于是在家中的书房里，一个手机支架，一个手机，一块白板……就这样我的第一节微课开始录制了，录制

的内容是关于有理数的历史小趣事，顺带把课堂上讲过的有理数的概念融入进去。录制完成之后交代课代表在晚自习之前的休息时间进行播放，因为不想去占用学生正常的自习时间，令我始料未及的是学生对于这种小视频非常感兴趣，因为不同于老师平时讲课，他们可以很自由地很放松地去听我讲的内容，效果非常的好。这也是让我对录制微课一直保持很高热情的原因之一。又过了大概半年的时间，全国兴起了微课，微课是需要大量的开放性的课程，我也尝试着把我录制的微课放到了网上，让偏远地区的孩子也能享受到好一些的教育资源，就算是我为教育事业尽了绵薄之力吧！两年过去了，得益于科技的发展，之前的录制微课的方式，手机、手机支架、黑板的模式退出了历史舞台，这个时候在 windows 平台下的录屏软件 "camtasia studio" 进入了我的视野，从网上下载下来之后便不知疲惫地去研究，但是在 windows 平台下录制的微课仅仅局限于用单纯地利用 PPT 去给学生讲一些东西，很单调，关键效率很低，时间一长，我想学生对这种方式肯定不会买账，促使我从网站上去找各种能够录制微课的软件，并且尝试去剪辑出 "大片" 一样的效果，最终决定在剪辑时用 "绘声绘影"。

刚开始录制的微课总有各种问题，比如图像和声音要分开录制再合成，这就会导致图像和声音不匹配，在和同事的交流中知道了要拉宽音域，录制的声音从青年男性变成了 "老大爷"，而且语速极其不舒服，引来了学生的哄堂大笑，不但没有达到我的预期反而耽误了学生的时间，有一些沮丧。为了图像和声音不分离我发现了一个好地方——车库，为什么会在地下车库呢？因为这个时候车库比较安静。2013 年，学生在学习全等三角形的时候遇到了一个非常重要的模型——手拉手模型，这节课是学生最头疼的图形的旋转，对学生数学思维能力的提升非常重要，如果是用传统的课堂去讲，一节课 40 分钟讲不完，而且无法生动形象地去演示，当时就想到把 iphone 手机和 mac 电脑结合在一起去录制。iPhone 手机可以借助 "geogebra 几何" 去动态地模拟"手拉手模型"中三角形转动过程，让学生去观察其中的各种数量关系，而mac电脑能够借助"quikplayer"捕获手机中的内容，而且还可以利用电脑中的"PowerPoint"去演示相关的习题，但是录制完我自己看了一下和网上的一些网络课程并没有太多的区别。怎么做才能保证既能发挥出微课的优势，又有传统课堂那样一种现场交流的感觉呢？后来通过上网查找相关资料发现还可通过摄像头把我自己也录制进去，这样在不演示而要进行单纯讲解的时候就可以让学生有现场的感觉，回到家也可以随时随地地"上课"，后来借助于微软的平板surface pro4可以一边手写一边录制微课，这样更有"上课"的感觉，录制的微课假期传在家长的群里，学生提前学习，还可以从繁杂的补课中抽身出来，可以给学生和家长真正地减负，从开学检测情况来看，学生的成绩得到了显著的提升。

两年后我教了初三，在一模考试中，最后的压轴题如果要通过传统的方式去讲解会浪费掉好学生的时间，而一般学生听一遍完全有可能听不明白，第一节课讲完其他题恰好剩余这个题，如果第二天讲一道题一节课还讲不完，必将影响课程的进度，讲完了也一定会有上面的情况出现，好学生白白浪费一节课的时间没有任何提升，水平稍微欠缺的一些孩子还不会。解决这种矛盾恰好是微课的优势，这个时候录制一节微课是一件很容易的事情了，因为相关的流程和操作非常熟练，打开电脑和"geogebra"一边讲解，一边画图，一边演示，关键地方放慢语速，就这样五分钟便搞定了一道题，学生晚饭后晚休期间在我教的两个班级进行循环播放，这样我花了五分钟便可以让两个班不会的同学都清楚这个问题，会的孩子愿意听的就听，不愿意听还可以做其他的事情，不会占用宝贵的课堂时间。后来我还和同事共享资源，然后使得全年级的教学时间优化，孩子的学习效果优化。当然在课堂上也可以合理地使用一段微课去解决一些小问题，比如讲解有理数，教材上给出的概念是整数和分数的统称，这对于育才的孩子来说那就过于简单了，我会借助网上的一些微课（不一定要自己录制的）去对有理数的来龙去脉进行短暂的介绍，这样让数学学科也有一些人文情怀，其实如果学生理解了数学的本质，我想这个学生不会畏惧数学。

我把自己定义为一个年轻老师，而且是一个年轻男教师，对新事物天生就有好奇心，更幸运的是在育才能够做自己喜欢的事情，每天做做题，找小朋友聊一聊学习，录制一些有用的微课，对于我来说是满足的。作为老师合理地利用微课也很重要，我经常在反思自己，我们不得不承认学生的差异性，疑难问题最好还是课堂上面对面地去引导，微课是课堂的一个延伸，使课堂多样化，不局限于40分钟的课堂，也能有效地解决差异性问题。但是微课不是万能的，比如不同的学生对于一个问题中的困惑点不一样，怎么解决？这些必须通过传统课堂去处理。老师们平时的教学任务繁重，而真正要录制一节好的微课是需要时间的，从前期的设计微课，再到后期的渲染是一个长时间的过程，而花5分钟录制的微课只能算是一个简单的补充，所以平时在假期对一些重点的问题，比如二次函数中的典型几何问题的解决策略，提前录制出来在开学之初就能使用，这样对于课堂的预习非常有益，还可以利用网络收集多个平台的微课进行整合分类去满足各个不同需求的学生。而对于微课的分类在网站上也特别多，但是微课的分类要以实用为主，比如在我的电脑里微课就有预习型微课、课后知识延伸型微课、课外知识延伸型微课（比如针对学有余力的学生的竞赛课程）、重难点回顾型微课、对学生的多样化需求有针对性的处理。

在整个育才初中数学体系构建之下，微课需要一个与之匹配的体系，这方面在学校的帮助下初见成效，在构建自己的微课体系中也需要配合自己的讲义和题库进行有机地整合，我在这个过程中也有满满的成就感。

二、授之以渔，共同成长——家长课堂建设

我经常把学校比喻成圆心，

而每一组家庭则都是一个点，

他们围绕着圆心形成一个大圆。

像满载着青春的车轮，

像刻写着成长的钟表，

像一颗颗日益清亮明澈的瞳。

三年里，

老师成了学生的家长，

家长亦成为孩子的老师。

在孩子们成长的阶段里，

学校与家庭的教育比重相持、作用相当，

树人、立业、成才。

就如下文中那一张张温暖的反馈单，

那一篇篇沁人的周记，

见证了家校合力润泽的一棵棵茁壮的苗。

和孩子一同成长

亲师信道，同约亲师——家长教育大讲堂

学校和家庭是教育学生的两大基本阵地。没有家庭教育的学校教育和没有学校教育的家庭教育都不可能完成培养人这一极其细致和复杂的任务。只有形成家庭、学校真正意义上的教育合力，实现学校、家庭在教育理念、教育思想和教育手段等方面的一致，才能真正促进学生的健康成长。作为始终

奋战在德育工作第一线的我，每次和家长面对面地坐在一起，为孩子的成长促膝长谈时，心底都会有一种莫名的温暖和幸福，因为我能够感觉到育才家长对孩子成长的关注和重视，对学校教育教学管理的理解和支持。

2016年9月30日，"十一"长假前离校日的下午，我和所有2016级的新生家长共聚一室，开展了以"和孩子一同成长"为主题的家校交流活动。和平日里每学期雷打不动的两次家长会不同，这一次的家校沟通涉及面更广，针对性更强，责任更为重大，意义也非同凡响。

之所以把"成长"作为交流的主题，主要有如下几个原因：

一是对新初一的孩子而言，他们正面临着人生道路上的两个过渡：一是由小学生到初中生的过渡：在小学六年是最大的孩子，而到了初中成为最小的孩子了，学习方面的难度也在加深加难；二是由走读生向住校生的转变，由原来的在家，衣来伸手、饭来张口到今天每一件事情都要自理、自立。这些转变对孩子来讲是一种挑战，更是一种成长。

二是对于家长而言，有担心，有顾虑。一是生活方面：家长一直担心孩子会不会适应住校生活，在学校能不能吃饱啊，睡好啊，冻着没啊。种种担心就化成了行动，于是就出现了军训时操场外墙"长枪短炮"的壮观画面，出现了家长不论白天、黑夜，路途有多遥远随时都会来学校的场景，出现了孩子每天飞奔回寝室只为给妈妈打一个电话的景象。在孩子慢慢适应了学校的节奏之后，家长的另一个担心又悄然而至，家长的重心逐渐转移到孩子的学习上：孩子能不能跟上学习节奏？会不会听课？会不会自习？成绩落后怎么办……其实成绩过后你还会担心，青春期的逆反、周末沉迷电脑游戏、卡通漫画、孩子的早恋问题等，其实孩子成长的每一个环节对于家长而言都是一个挑战，也是成长。

三是对于教新初一的老师而言，也是一个成长。"70后""80后"后的我们面临的是"00后"的孩子，时代给予他们的信息非常丰富，"00后"的孩子思维活跃，想象力丰富，个性更加鲜明，这对老师也提出了更高的要求和挑战，对老师而言也要与时俱进，不断成长。

教育从来就不是单向的，是和孩子共同前进的双轨制。我们只有不放弃成长，才能追赶上孩子的脚步，才有资格和他永远做朋友。

（一）成长之教师的幸福

从教至今，我教过的孩子都经历了从走读到住校、由小学到初中，由不适应到完全适应这一过程，他们的家长也都经历了初一时的担心，到无悔无怨地付出，到和孩子之间产生矛盾，到化解矛盾最后成人成材的艰辛过程。我也遇到了很多爱学习、会教育的家长，很多懂事明理的孩子，让我收获着一份份感动。

一年半，在人生中不占多少，然而，它却让我们从陌生人成为可以交心的朋友，成为可以一起在球场上挥洒汗水的队友，成为可以在最后一节下课铃响后笑着流泪、紧紧拥抱的师生。这一年半的点点滴滴，运动会的斜风冷雨，班会中悉心的指导，寝室犯错后对我们说的掏心的话……我回忆了很多，直到这周日返校，我做梦般看到了你的背影，而你面前的却不是曾经的我们。我的心颤了一下，我望着他们，大脑中除了空白只剩下一丝妒嫉。他们可以任性，可以调皮，甚至可以拥有接下来三年的你，可我已成为一名高中生。没有人会像你一样包容我们的任性，我们的脾气。我怀念与你一起的无忧无虑没心没肺，在你的保护下肆意驰骋，也不怕撞得头破血流。怀念与你一起走过的年少轻狂、幸福时光。也许你我以后不会再有过多的交集，但我永远是你的学生。可能写作一动真情，条理就有些不明，但我想我说出了我心底的声音……

—— 2009级7班学生周子凡

其实，像这样温暖的文字还有许多许多。一届又一届，一年又一年，从初一到初三，逐渐体会到教育原来是一种陪伴。我们陪伴孩子开始他们的初中生活，陪伴他们成长，陪伴他们经受人生路上某一阶段的喜怒哀乐，陪伴他们的点点滴滴，直到他们离开……短短三年时间，这些孩子身上的共同点是都有着良好的学习习惯、奋发向上的劲头，当然背后还有家长强大的支撑，这一切都成全并且成就了孩子。

我也越来越深刻地感觉到，教育不是完美无缺，它的价值也不在一时一事，或许教育只是一种引领和唤醒，一种让学生能够自我认知和自我提升的引领和唤醒，甚至有时仅仅是一种关注和陪伴，一种让孩子能够自我反省和自我实现的关注和陪伴。

（二）成长之教育孩子亦是栽培自己

现在大多数的家长对孩子的教育都会感到忧虑，我也是这样。由于爱人在育才的小学工作，我经常就会听到身边的朋友和同事说：你俩还愁啥，一个在小学，一个在初中。每次听到这些话时我都会特别紧张，甚至是恐慌。因为我不知道孩子在未来会有哪些经历，而凭自己现有的能力是否能够给他正确的引导。在教育子女方面，我和许多家长一样，始终缺少自信，时而手足无措。我也越发地感觉到孩子的教育，根本不在学校，而在父母。确实，现在的父母几乎和孩子绑定在一起，共进退，同悲喜。孩子被老师夸奖了，这一天就非常愉悦；孩子考试考砸了，心情顿时灰暗下来。如此一来，孩子就会变成人生最大的"创可贴"。选择与孩子一起成长，意味着我们要重新审视自己，要面对人生的问题，去寻求答案，去完善自我。当我们感到困顿、力不从心的时刻，可以多多跟老师交流，她见过的孩子要多得多，她的教育手段要多得多。还可以读一些通俗心理学方面的书籍，也可以向身边的同事、过来人讨教讨教经验。这个过程，会有煎熬，也会有迷茫和焦虑，但只要我们坚持思考，终究会找到解决的途径。慢慢，我们会发现，每个问题解决之后，我们的人生就变得更通透，更顺畅，不会再被同一块石头绊倒。其实每个困境背后，都隐藏着一份人生的礼物。就像《让孩子心悦诚服》一书中说过的那样：

"我现在才理解'孩子是天使'这句话，如果不是养育他遇到困难，我不会去探索，不会深刻反思自己的成长历程和思维模式。现在，我的生命在走向开阔，这是孩子带来的改变。"

（三）成长之家庭教育不可替代

家庭教育是人生重要的教育经历，在某些方面，甚至要比学校教育更重要，学校教育是群体教育，老师很难会有足够的时间针对每一名学生去设定个体教育。而家庭教育则完全是个性化教育，决定了孩子的品格、个性、素质和习惯。孩子永远不能由着性子去长，他需要不断地被"修理"。换言之，就是作为家长，要左手橡皮右手彩笔，在抹掉天生性格遗传所带来的不足的同时，要在纸上描绘出未来的瑰丽！可是，怎么擦怎么画，才能恰到好处呢？我们是否可以从如下几点入手呢？

1. 家长要清醒地认知自我。

2. 去劣存优，反复强化。

3. 以身作则，率先垂范。

我们跟孩子在一起的时候，最重要的是要对他们进行心情教育、性情教育，塑造他们健康快乐的个性、积极向上的态度、宽阔的胸怀以及坚韧不拔的精神。如果把孩子的人格、个性、态度、精神、习惯、心理、能力、处世、技能培养好，即使在班里是最后一名，我也不认为这个孩子会没出息。我们大学毕业不就为了找一份好工作吗？但是找到好工作并不是完成人生的全部，有了终身可以依赖的技能才是比较完善的人。

自己教过的印象很深的两个孩子，也是良好家庭教育的范本。

张雨田，2013级07班的学生。家教非常好，父母亲都是公务员。家长在疼爱孩子的同时，重视对孩子的责任意识的培养——对自己的行为负责、对自己的学习负责。家长也始终陪伴其左右，监督，检查，可以说是亦亲亦友。在她的朋友圈里多数都是和家长一起出游的图片，其乐融融，温馨感动。胡旭强，2009级06班的学生，是一个贫困生，家里每个月靠低保生活。父亲生病卧床，他的母亲承担起了照顾他的责任。可能是家庭的原因胡旭强比同龄人更加的成熟，初一入学时英语百词竞赛只得6分，最后以高出浑南高中录取分数线3分的成绩考入了浑南高中，高考考入了同济大学的汽车学院，2019年刚刚考取了清华大学的硕博连读。

当然，也有一些让人心痛惋惜的孩子，2016级06班小A，单亲家庭，孩子初二的时候就自己生活，周五自己回家，周日自己返校，带手机，寝室讲话。我给家长打电话，是舅舅的电话，说也不在沈阳，沟通不顺畅。孩子犯错误不能和家长沟通，我就得和他沟通，他的观点是"老师你给我停寝吧"，可停寝对这样的孩子根本不起作用，只会让其更加的散漫。后来孩子妈妈在分流前一个月回沈，回来之后就和孩子吵了一架，最后一个月没来上学，家长没办法了给我打电话，好不容易给劝回来，上了一周课后又不来了，再次产生退学的想法。

几个实例加以比较，不难发现，家庭教育非常重要，家长对孩子的影响是无声无息的，孩子不可能一下变好，也不可能一下变差，所以家长要关注孩子的点滴变化，时刻给予正确的引导。

关于教育孩子的原则：

　　要求孩子一定不要做自己知道是错的事：闯红灯，踩草坪，乱丢垃圾，在公共场所大声喧哗……这些事孩子都知道是错的。孩子犯了这些小错，我们一定不能以为孩子年龄小而原谅，要表现出很在意的样子，有必要给予严厉的批评，以表示父母重视的程度。

　　要求孩子认真做自己知道应该做的事：让座，写作业，尊老爱幼，对人要有礼貌，借东西要还，饭前要洗手，书写要工整……孩子都知道应该做到这些事，做到了应该表扬，坚持做了要好好夸奖。告诉孩子，坚持做这些小事是很不容易的，能一辈子做到这些小事，是一个了不起的好人。

　　要求孩子做好自己承诺的事：我们做大人的一定要孩子保证前仔细想想，自己的承诺能不能做到，不要轻易承诺。一旦做了承诺，就必须做好。例如孩子说明天一定早起，第二天，家长无论如何也要让他按时起床。他答应只看20分钟电视，我们决不让他看21分钟。说话算数，一万个承诺不如一个行动，一旦行动就必须做好。

　　决不迁就孩子不合理的要求：现在的孩子见识多，常常会提出一些不合理的要求。例如看到别的孩子有电脑，就要求爸爸妈妈买电脑；看到广告中有新鲜的玩意儿，就要尝尝鲜。这一类要求，我们一定不答应。不论孩子怎么闹，都不退让。

　　另外还有更重要的一点，父母的心平气和是孩子成长的最大养分。

　　结合军训至今我了解到的一些情况，咱们一起来看看我们是否足够心平气和。

　　1. 独立生活：军训时前两天想家，一个小男孩攥着妈妈的衣角不让离开，妈妈声嘶力竭地怒吼——你坚持一宿，明天我接你。

　　2. 处理同学关系：两个孩子因为一支笔吵了起来，打电话告诉了家长，家长马上就兴师问罪，甚至要和另一方的家长当面对峙，殊不知孩子已经又在一起玩得不亦乐乎了。

3. 学习难题：听到孩子给家长打电话说周练没考好，求安慰，没想到越说越哭，最后干脆把电话挂断了。我问他，他说妈妈狠狠地批评他——别人都能学好，你怎么不行？

4. 师生关系：老师起初可能比较严格，孩子回家后的表述有一些夸张，我们家长马上替孩子鸣不平，不认同老师。

所有的这些做法，其实都不够心平气和。我赞同家长对孩子要高标准严要求，我也一样，对孩子有着很高的期望。但这种期盼，一定要放在心里，要暗中较劲。就像放风筝，影响风筝飞得高与远的因素太多，一定要控制好手中的线，你才不能失去风筝。这根线，就是家长的情绪。还是那句话，如果管理不好自己，也管理不好孩子。身为家长，即便是内心如何波涛翻滚，表面上也要风平浪静。孩子需要的是你的耐心、方法、坚持不懈的努力，而不是抱怨、斥责、无原则的放弃。好比在一个单位工作，如果你是领导，你得对你的团队充满信心，得鼓励得赏识，才能领导得下去；如果你是普通员工，你也要和周围的同事和谐共处，有始有终地完成领导交办的任务。那么在家里面为什么不拿出同样的耐心爱心对待自己的孩子呢？你不怕孩子开除你？不怕孩子撂挑子？……所以说，越是亲近的人，越要付出无限的耐心和爱，因为值得。

（四）成长之亲其师，信其道

咱们家长学校的主题是"亲师信道双语有约"。亲师信道的意思就是学生只有和老师亲近了，才会信任老师，相信老师所说的，接受老师的教育，要想让学生信任老师，其中家长起到了非常重要的作用，家长无意间的一句话可能把老师平时对孩子的教育前功尽弃。所以，每次我开家长会的时候，我都会和家长讲："第一，无论我对也好，错也好，但是在孩子面前你一定得说我好。"如果你信任我，有任何问题一定要及时和我沟通，不要光听孩子的一面之词，要和我了解或核实事情的真相，因为我们每个人当犯错误时都会朝着自己有利的方向去说，何况孩子。我跟家长讲的第二个问题就是：无论你多忙，当我给你打电话让你来学校时尽量要第一时间出现，因为我不会轻易地打电话让你来学校，来学校一定是孩子确实有问题。在我带过的班级，让我最欣慰的地方就是没有孩子和我顶嘴，很听我的话，因为家长在背后都说我好，孩子从心理上也接受我，平时的教育少了很多的阻碍和负能量。

所以，在我们平时和孩子班主任沟通的时候，希望各位家长能和班主任形成一条统一战线，在教育孩子时多配合老师、配合学校的工作，配合得越好，孩子可能教育得就越好。

新初一家长可能不会和老师沟通，不知道该说些什么。下面就讲几点如何与老师沟通：

1. 了解老师的性格后再沟通：急性子，慢性子？就事论事，言简意赅。
2. 沟通时要尊重老师：简单客气，直奔主题。
3. 老师不是圣人，难免会犯一些小的错误。
4. 当孩子和你讲一些事情时一定要及时和老师核实，避免误会。
5. 不要问这样的问题：怎样提高成绩，如何提高孩子的英语学习兴趣，要具体事件，具体分析。

也请家长能够将心比心，正向思考问题，解决问题。如果出现如下情景，不妨这样想：

当孩子与孩子之间发生矛盾时：老师会给学生当法官，及时有效地处理问题。

当孩子一周没给你打电话时：他很适应，没有消息就是好消息。

当孩子给你讲 3 天没吃上饭时：他可能为了避免排队的麻烦而吃了 12 个面包。

当孩子完不成作业受到老师批评时：老师是在帮助你督促孩子的学习。

当孩子带手机等违禁品被老师处罚时：那是老师在敲响警钟，让孩子引以为戒。

当孩子不穿校服时：他开始希望通过个性的打扮来吸引异性的目光。

当孩子在寝室、教室讲话时：要知道成绩的下滑是从纪律的涣散开始。

当孩子说作业多时：他是不是充分地利用时间，自习课的学习效率足够高吗？

当老师给你打电话让你来学校时：那不是习难，而是为了你的孩子，恳请你的配合。

当来学校门卫不让你进时：为什么不让你进？为了孩子安全。

（五）成长之起步的关注点

孩子刚刚步入双语校园一个月的时间，我们应该把关注点放在哪呢？这些年的工作经验或学校管理经验告诉我们，学校把关注点放在学生的习惯养成上，我们可能在前两个月甚至整个初一上学期都把重心放在习惯养成上，因为初中阶段是孩子习惯养成的关键时期，习惯好成绩早晚都会好，可能是初中、高中，也可能是大学，但总有一天孩子会非常优秀。那么孩子的习惯养成就要从生活中的点滴做起：

关注孩子的书包：课外书、带手机等电子产品。

关注孩子的穿着、打扮：精力有限，关注美了，学习的时间就少了。

关注孩子的寝室表现：好的纪律是成绩的保证，好的睡眠是学习的保证。

关注孩子在校的卷子笔记：整理情况，试题书写，改错，家长的重视很重要。

关注孩子的周末作业：监督陪伴，放下手里的一切工作陪孩子。

关注孩子的反馈单：每周认真书写，认真阅读信息，认真写反馈。

关注孩子成绩下滑：不分原因地责怪，还是根本不关注？

关注孩子回家和你谈论的话题：反复提某一同学的名字，关注明星或是组合。

不难发现，新时代孩子的教育，拼得更多的是父母的处世态度和人生感悟，而教育的方法和技巧，也只是孩子成才途中的冰山一角。成长意味着冒险，也伴随着苦痛，但最终是绽放，它本身就是一个破茧成蝶的过程。世间每一朵美丽的花，都开在最艰辛的枝头……

做学习型的家长，教幸福的孩子

亲师信道，同约亲师——家长教育大讲堂

2013年12月，那是一个初冬。我刚刚结束产假回来的第一学期，接到任务后，我便开始思考课堂的主题。这期讲座，让我有机会静下心来，总结我在班主任生活中对"如何做家长"的理解和见解，我把它当作一次自我教育和学习的过程。为了能把这次讲座做得成功，我也联系了已经在高中或大学的我的学生以及他们的父母，和我一起回顾教育孩子的心得。这么做的目的，首先是想让各位今天的聆听有所触动，其次如何做家长，也是我这位新妈妈正在积极探索的内容。工作在育才的这些年，结识了优秀的孩子，他们的背后有着优秀的家长，而再优秀的孩子，成长过程中也会出现波动，在家校的合作下，孩子升入了理想的高中和大学，回眸走过的育才生活，我和这些家长成为朋友。和这些家长坐下来，切磋教育，更是让我受益匪浅。

我把讲座的主题定为"做学习型的家长，教幸福的孩子"。做家长不容易，我们所有人都希望自己的孩子幸福，而面对孩子成长中各个阶段出现的不同问题，家长们有时措手不及，有时焦躁不安，有些时候甚至无能为力，力不从心。尤其在育才园里，优秀的孩子太多，有数学突出的孩子，有英语超强的孩子，有写作能力超群的孩子……到底我们应该如何做，才能教育出优秀而幸福的孩子？我想从学会了解孩子、学会放任的监管、学会平静和道歉、学会与孩子沟通、学会正确与老师沟通五个方面与大家交流，想和大家一起做个学习型的家长。

（一）学会了解孩子

准备这期讲座的过程中，我制作了一份调查问卷，重点在初二学生中进行不记名的调查。下发问卷200份，在各班主任的配合下，有效回收200份。有这样几个问题想和大家公布：

你在家里感到最烦心的事是什么？

87%的学生选项为：父母的唠叨。

你觉得阻止你和父母沟通的最大障碍是什么？

57%的学生选项为：父母不理解我。31%的选项为：强烈的独立意识。12%的学生选项为：学习压力大。

我只拿这两个选择题和大家切磋。孩子升入初中，迎来了自己的住校生活，每周回家的两天，你能了解孩子多少？一个月，孩子回家四次，忙忙碌碌，你有没有静心发现你的孩子变化了多少？进入到青春期之后，你是否真的了解孩子？你是否能走入孩子的内心世界中？你能否正视孩子成长中所出现的问题？你的叨唠是否还是孩子小时候温暖的叮咛？

时代变了，孩子们成长在21世纪的环境里，这些"00后"的精灵们有着比我们活跃的思维，有着我们小时候无法与之对比的视野。不要把孩子想简单了，孩子一个漠视的微笑，孩子一次撒娇，都是一种信号，这一切都强迫我们去学习，通过学习去做一个聪明的家长。阻止我们不了解孩子的东西有两样，一个是代沟，一个是忙碌紧张的生活节奏。代沟是客观存在的，我们可以通过学习去缩短。如何在紧张的生活节奏里，很好地走入孩子的内心，了解家庭中这个大宝贝，是孩子幸福与不幸福的关键。下面是我从问卷中聆听到的孩子们的心声，在此与大家分享：

　　我的父母，他们管得太多了，我挺烦的。

　　我觉得父母太霸道了，他们说："我是你妈，你就得听我的。"这话也叫讲理吗？

　　成天老叫人学习，我觉得他们除了学习，好像什么也不关心。

　　他们给我的压力太大了，而且还总是对我大喊大叫。

　　他们对我不信任，从来也看不到我的进步，就知道打击我。

　　我每次跟父母争吵完，心里都挺后悔的，不过我已经长大了，很多事情他们不需要管。

　　他们老是偷看我的日记、偷听我的电话，还随便打我，真受不了……

　　我们做班主任的，了解每个孩子是我们的必修课。了解孩子的个性才能因材施教，抓住孩子的特点，实现教育目的。与孩子之间心灵的沟通是我每次接班时最为关注的。而对于父母，你总认为你了解孩子，一把屎一把尿地把他带大，但稍不注意，就与孩子成了陌生人。有秘密不像小时候那样拉着妈妈的手告诉你，长大了，不是那个躲在被子里和你藏猫猫的孩子了，需要我们用智慧去了解孩子，熟悉孩子的成长印记。在这里给大家推荐北京大学出版的《了解你的孩子》这本书，我在闲暇之余也正在品读。

　　曾经教过的一个男孩，父母都是做红酒生意多年，家里经济实力强。父母奔波挣钱就是为了将来儿子有一个好的未来，希望孩子将来能够子承父业，把父辈的生意做大做强。可是每逢家人聚会，爸爸拿出进口的干红，全家庆贺节日的时候，儿子总是不说话，悄悄跑开，几次这样的举动引起了妈妈的关注，妈妈责怪他不懂事：叔叔们都来家里聚会，怎么扫兴呢？就你这样将来走进社会怎么交朋友，这么孤僻怎么经商？儿子也不顶撞，就是无言地面对。爸爸一般会给儿子讲讲红酒的品位，是身份的象征等，儿子总是不搭言。直到我接班后，有一周的周记里，男孩写了一段话，他说：

为什么大人都喜欢教育人，我讨厌死大人醉醺醺的嘴脸。周六家里来了一堆人，孙大大、刘叔，还有好几个我根本不认识的阿姨。我一直躲在房间里，不愿意出去。我讨厌酒，什么样的酒我都讨厌，因为是酒，让我爸每天后半夜回家，醉得找不到拖鞋；是酒，让我6岁时因为偷看一会儿电视，被爸爸打了一顿。爸爸第二天早上都不记得当时对我说过什么；还是因为酒，爸爸听不见电话响，让奶奶心脏病发作，差点出人命。我恨死酒了，老爸竟然给我讲红酒是品位的象征，胡扯。没有酒，哪来的酒驾？这是我的秘密，但我不会对爸爸妈妈说出来，因为毕竟是"酒"，养活了我们全家，爸爸靠它满足全家人的经济来源，尤其是爷爷奶奶的身体需要常年住院医治。我爸也不容易！

看完周记我第一时间约了孩子的爸爸，当我和孩子的爸爸坐在安静的办公室里，品读孩子周记的时候，爸爸伤心地哭了，他说："黄老师，我真的不了解孩子，这些年，我总认为他孤僻不合群，把我愁坏了，甚至想看心理医生。原来孩子的心里藏着这么多事……"

家长们再忙都是为了孩子。如果因为忙而失去了解孩子的时间，哪怕与孩子生活在一个房子里，心里的距离还是很大。隔着一扇门，谁也看不见谁，我们所做的一切都是茫然的。学会了解自己的孩子，是家长的第一课。

（二）学会"放任"地监管

当班主任的这些年，每接一个班级，我第一次家长会，都会秘密地给每个家长一张字条，让他们悄悄地写上自己的家庭特征和教育培养理念。我会为每个人保密。因为育才双语是个住宿制学校，学校承担着一部分家长的监护作用。把孩子送来育才，一部分是为了让孩子上浑南高中，上双语高中，觉得学区的初中不理想，有的因为家庭的特殊原因没时间和精力照顾孩子。还有一部分人跟着风就来了，自己也不知道为啥，考上了，就来了。而对于我们班主任来说，必须了解孩子的家庭，有些教育才能有的放矢，才能更好地帮您教育孩子，孩子的性格、习惯、思维方式都和家庭有着直接原因。走过班主任的7年历程，发现自己在变老的同时，周围的家长变得年轻啦。可能是年龄差越来越小吧。时代在进步，教育理念在进步。越来越多的家长相信孩子，放任式的家庭教育越来越多。孩子能不能把握住育才这个平台，成就美好的未来，在于我们做父母的能否在放任和监管间平衡好。

曾经的班级里，有一名女孩。父母都是沈阳知名医院的医生。日本留学回来，博士后。有着高学历的父母把女儿送进育才双语的校园。可是由于医生经常加班手术，所以没时间管孩子，结果这个孩子在我们班成绩总是最差的，顶撞父母，不听话。接班后，我与这个女孩交心地谈了一次。我说："孩子，你的父母很辛苦，每天值晚班，没有假期。除了工作，还要去大学里边做讲座，带实习的医生，遇到医患纠纷，父母都焦头烂额。你怎么能顶撞父母呢？"孩子哭着说，"老师你看到的是他们的表面。他们把我撇在家里不管，出国学习。我小学的每次家长会，要么是姑姑去，要么奶奶去，要么是小姨去。我吃着百家饭，他们却成天给我讲他们是如何不容易，难道他们学习好，就一定要求我学习好。每天把我送进补习班，就再也看不见人影。

成天给我讲过去的成功历史，我最烦了。"

还有一个女孩，暑假在补习班用手机玩漂流瓶，交了校外的男朋友，家长浑然不知，偷偷地跑出去约会。好在班里的同学有正义感，在假期的时候给我打电话。我联系家长一起行动了起来，但是转化的过程也是充满艰辛的。

以上这些学生的经历，我们可以对号入座，有多少人为了工作把孩子撇给了家人？有多少人经常拿自己的辉煌历史试图去影响孩子，却适得其反？有多少人周末假期把孩子放在补习班，不知孩子在干什么？这种放任导致的就是孩子在青春期走错路，走错方向。其实我们大人习惯把青春期和叛逆期放在一起，好像青春期一定会叛逆。今天我们把叛逆剖析来看，就是长期放任，习惯已形成，酿成苦果，家长想用教育的手段去补救，再去监管，孩子不接受，就是这样叛逆形成了。"放任教育"如果是充满智慧的或许能收获成功。

班主任工作很忙，教学任务重，管理着四五十个学生，或者更多，分到每个孩子的关注度可能只有2%~2.5%，而每个家庭至少有两个家人100%的关注孩子，2%与200%之间存在着巨大的差异，每个家长都要求班主任对其孩子倾100%的关注是不现实的，这也是对其他孩子的不公平。然而，有些家长则认为，孩子交给学校了，就应当由学校管理，好像与他们没有关系了。我经常约见一些家长，来到办公室后常说的几句话就是，"孩子上中学了，他们学的知识，我们也不懂"，"孩子五天在学校，周末两天在家，所以老师还得你来管啊"，"孩子能力就这样，我们做家长的就是尽力就好。""孩子就这样"，以这个为借口，推卸家长的责任。学校是孩子学习课本知识的主要场所，家庭是教会子女如何做人的根本阵地，学校的德育只能雪中送炭，难以锦上添花，幸福的学生家庭教育的作用远大于学校教育。孩子之间差别的产生，在很大的程度上，就在于他们从学校回到家中之间这段看似短暂的时间里。

2007级的孙同学，我习惯称呼他大鹏，母亲没有多少文化，从农村出来，摆水果摊儿为生，但每周都要检查儿子的作业。当儿子上中学后，她仍然坚持这样做。开始的时候，上中学的儿子有些不愿意，他对母亲说："你又不懂，检查什么啊？"这时，这位母亲便会理直气壮地说："我是不懂你们做的题，但你的作业写得认不认真，本子上老师批的是'√'还是'×'，我还是看得懂的。"

这样她上中学的儿子乖乖地把本子拿出来，给母亲检查。孩子要分流了，母亲也不知道周末孩子在补习班学得咋样，担心但不懂。怎么办？这个母亲就悄悄地在孩子的本子上写"大鹏会有展翅高飞那一天！"还有，"儿子，当你在补课班想玩的时候，请记住爸妈正在烈日下在水果摊卖水果"等这样的语言，让儿子在自由的空间里，获得了自我约束。现在大鹏以优秀的成绩考入了长安大学。上了大学的他，没有名牌，没有电脑，没有了妈妈的悄悄话，但依然勤俭求学，假期帮着妈妈卖水果。

虽然这是一位没有多少文化的母亲，但对上中学的儿子的学习实现了有效的监督，于是，她的儿子身心都得到健康的发展，她没有24小时跟着孩子，而是让儿子在放任的空间里对他进行智慧的监管，没有花言巧语，质朴的语言渗透进孩子的内心。相信大鹏真的有展翅飞翔那一天！

2010级2班的刘同学，一个阳光热情的女孩。她的父母的教育方式让我很是敬佩，尤其在放任和监管上做得很到位。每逢假期，爸妈和大家一样，准备给她报各种补习班，但孩子的抵触情绪很大，不报补习班又担心孩子新学期知识跟不上。于是父母研究制订了这样的计划：让女儿去沈阳大学图书馆，尽情地看三天的书。之后从图书馆把下学期的教材都借到手。第四天到第七天，要自己从网上下课件，对应教材的章节一一整理完毕。一周过后，就要对照课件完成新教材的学习。开学前，妈妈会出题考试检测。如果通不过，那么下个假期就进补课班。

事实上，这个孩子从来没有进过补习班，阳光健康，学习成绩优秀。父母的做法，既给了孩子独立的空间，让孩子在愉悦自主的空间里找到了自我的价值，又让孩子充分利用假期完成下学期学习内容，调动了孩子的积极性，杜绝了叛逆情绪的滋生。这种在"放任"下的监管就充满了智慧，值得我们学习。

（三）学会平静和道歉

在我下发的问卷中，让学生对父母提建议，好多孩子写到希望父母变得平静，希望父母不要太强势，希望父母学会道歉。

孩子的这些话引起了我的很多思考。在座的父母们，在面对孩子起伏的成绩，面对孩子突如其来的各种状况，你是否暴跳如雷，是否吃不好睡不好？质问孩子，你在学校干啥了？我们挣钱这么辛苦，你怎么一点都不争气？你看看别人家的孩子，谁谁和你一起考进育才双语，现在年级排名比你高200名，你这样只能参加中考了？我花那么多钱给你补课，你都学啥了？等等，一句句冲动刺耳的话，在孩子的心底变成了叛逆和仇恨。没有不理解父母的孩子，都是我们大人在用自己的冲动和无知在毁灭这些善良的心灵。面对孩子不理想的成绩，要学会平静，其实我们做班主任的和你一样着急。每次大考后，我看到孩子的成绩单，心里和你一样，也想去质问孩子，你这个月干啥了？但一位有经验的班主任，不会选择这样的批评。通常我会无言地冷却，让孩子在每次大考后的总结班会上尽情地抒发心底的想法。因为大考后，孩子的心底都会自主地有一种反思和目标。可能你的孩子没有考出令你满意的成绩，回家还满不在乎。于是你很生气，但其实我凭多年的班主任经验告诉你，你看到的不是孩子的内心。没有不在乎的孩子，只是孩子在用一种幼稚的洒脱在掩饰心底的压力。这个时候再去批评，无济于事。没有孩子会因为你嗓门大就害怕你，即使你大喊大叫那一刻，孩子呆住了，那也是孩子不想理会你的冲动。你在孩子心底的形象顿时减了一半分。考试的目的就是为了检测，而更多的是让孩子在反思中学会前进，看到希望，找到未来的目标。这样的方法孩子容易接受，比你暴躁地质问有效果多了。孩子们在育才的求学生活，每天面对舍务、教室的各种制度，学会了适应，我们当家长的，又能否适应自己的家长角色。你的心理承受能力有的时候还不如孩子。我刚当班主任时，年轻，情绪化，每天面对扣分单，自己火急火燎，赶紧找到当事人，一顿批评教育，自己的血压也随着扣分的多少而波动，每天的心情被扣分单左右着。就有孩子给我写字条说："Miss黄，你要学会平静啊。谁谁谁，他不是故意的，眼操时他低头捡点东西。以后他肯定不会扣分啦，你今天动那么大的火，嗓子都哑了，我们很心疼。这不符合我们心中亲妈的形象哦。爱你的格格，小贺"。看着孩子的字迹，我的心底暖暖的，同时也很后悔。

　　走过七年班主任生涯的我，面对扣分单，面对学生突如其来的各种错误，我学会了平静，而这种平静带给我的是更好的结果。我现在带的班级是初二七班，刚刚接手100天。刚接班时，有一次一个男寝舍务扣分了，熄灯以后说话，面对5分的扣分单，我平静如水，悄悄地观察着扣分学生的一举一动。当所有学生等待我破门而入的时候，我的午检教育主题却是"小七班，大作为"，鼓励孩子们为七班做贡献。我的冷静换来的是这个扣分的孩子主动地带着检讨找到我承认错误，并用最真挚的语言做了保证，泪如雨下。看到一个1米7的大男孩站在我的面前惭愧地哭泣，我和当妈妈的心情一样，有点心疼。但教育孩子就是这样，要学会担当。我选择把第二天的午检交给他，让他主持。结果大男孩第二天走上讲台客观地分析着男寝纪律上的种种问题，并组织大家签名保证。为了七班的大作为，改掉初一时自己的坏毛病。这个孩子在当周的周记里写道："黄老师不一般啊，面对扣分单，没有踢门而入，破口大骂，而是平静地等待我们自首。这种做法太可怕了，那一天，我都不敢看她的眼睛。她上数学课提问我，喊我名字的时候，我总感觉心里怪怪的。而承认完错误那一刻，我释然了。我用担当弥补了我给七班带来的麻烦。下次不会犯事了。"作为老师、家长，平静地面对孩子成长中出现的问题十分重要，当然这不意味着放任和纵容，要让孩子从心理上真正地认识到错误。

当然不仅仅是孩子的错误要积极改正，面对自己的过错，作为成年人的我们也要学会道歉。刚接班第一周，班级因为体活课没有人锁门，被扣分了，我没有责怪谁。当天的午检，我举起扣分单，向孩子们深深地鞠躬道歉，我告诉孩子们，是黄老师失职，没有在最短的时间里把常规业务叮嘱到位。是黄老师给七班扣分了，黄老师给你们道歉。这种道歉换来的是原来班级负责锁门的金雨辰同学主动站起来了，他向全班认错："因为着急上体活忘记了。这个责任不在黄老师，她刚来班级，根本不知道谁负责锁门。这个责任我来负。"这个午检在互相包容的氛围里结束。这种道歉让我很快地融入到新班级中，同时接班三个月里，班级再也没有因为锁门这种事扣过分。

所以，我想如果每个家长都能心平气和地面对孩子成长中的问题，学会向孩子道歉，我相信不会存在"叛逆期"这个词语，不会有家庭生活中那么多不和谐的音符。

其实我们与孩子的感情就像是一笔存款和取款的过程。

感情存款：

1. 向孩子说："对不起！"

2. 经常表扬他们。

3. 尽可能多地相信他们。

4. 原谅他们所犯的错。

5. 时常拥抱他们。

6. 每天对孩子说："我爱你!"

7. 给孩子们写"感谢字条"和"爱的字条"。

8. 说话时尽量用温和的语气。

9. 用夸张的语气表扬他们。

10. 一起做游戏。

11. 倾听他们的心声。

12. 尽量多花些时间和他们在一起。

13. 在一些特别的日子里带他们外出。

感情取款:

1. 唠叨不休。

2. 轻视孩子。

3. 讽刺孩子。

4. 贬低或挖苦。

5. 盲目批评。

6. 冲孩子大喊大叫。

7. 从不说"对不起"。

8. 总是和配偶吵架。

9. 对他人说孩子的坏话。

10. 总是沉默。

11. 历数他们的不是。

12. 粗鲁、暴躁。

愿各位从今天起都能为孩子的幸福储蓄，多存款，少取款，为孩子的未来铺路。

（四）学会用不同方式与孩子沟通

口头交流

口头交流是主要沟通方式。父母与孩子交谈时，言语要温和慈爱，多用关切商量的语气，切忌居高临下地训导、审问。要善于引导孩子倾诉，哪怕孩子的说法明显是错误的，也不要马上打断和批驳，一定要让他把话说完。无论孩子说什么，父母都要对孩子的话很在意。孩子得到父母的尊重和鼓励，才愿意说出自己心里的感受。要知道，离家出走甚至寻短见等过激行为，看似是一时的冲动，实际上是孩子长久积压的情绪得不到安慰、支持和宣泄而导致的结果。

有个孩子，对一个问题一直就想不通：为什么他的同桌想考第一，一下子就考第一；而他想考第一，却考了全班第21名？

回家后他问妈妈："我和他一样听老师的话，一样地认真做作业，可是，为什么我总比他落后？"如果你是那位母亲，你会如何回答孩子的问题呢？

第一种回答是：人的智力确实有三六九等，考第一的人，脑子就是比一般人灵。咱没那脑子，当然考不了第一。尽力就行。

第二种回答：你太贪玩了，你在学习上还不太勤奋。和别人比起来你还不够努力。

第一种回答方式孩子也许会就此认为自己是个愚笨的人。

第二种回答方式也许会否定孩子的努力，打消孩子的积极性。

那应该怎么回答？以下给大家提供一种较好的处理办法：

带他去看了一次大海，和孩子坐在沙滩上，指着前面那些在海边争食的鸟对孩子说："你看，当海浪打来的时候，小灰雀总能迅速地起飞，它们拍两三下翅膀就升上了天空，而海鸥则显得非常笨拙，它们从沙滩上飞向天空总要很长时间，然而，真正能飞越横跨大洋的还是海鸥。"让孩子自己去领悟其中的道理，对于初中的孩子，他自然会明白。

这种交流既增强了母子感情，又达到了教育目的。

书信交流

用书信与孩子沟通，更易于表达感情，显得更为慎重。书信还可长久保存，孩子可以随时翻看。好的书信，不仅可以使孩子在当时受到教育，对孩子日后的发展也会起到意想不到的效果。

2007年上半年，中国最火的父亲无疑是"人才魔术师"蔡笑晚。这位66岁的温州瑞安乡村老医生，培养了六个高学历、事业有成的儿女：三个博士，一个硕士，两个刚考上博士。他总能第一时间知道孩子的问题。因为从他们出生起就注重和他们交流。从孩子们到外面上学到读完书，他给孩子们写的信不下600多封，几乎每个学期都有10封以上的信。他在接受采访时说："每个孩子，我都给他们建立了成长档案，我还给每个孩子记日记，对于他们的点点滴滴我都很清楚。"

体态交流

有一种语言叫体态语，就是用姿势、动作、表情等传输出来的信息。很多场合，这种无声的沟通远比有声的语言更有效。父母的一个手势、一个眼神、一个表情所蕴含的内容，都会随时传递给孩子，孩子能从父母的神态中读出家长的赞同与反对、高兴或恼怒。

2008级13班的一个男孩，他的父亲每个周末都会抽出时间与儿子打篮球。孩子一周的情绪和压力在与父亲的篮球对抗赛中，很好地得到释放。每周父子俩大汗淋漓地走出篮球馆，父亲都会像朋友一样搂着儿子的肩膀骄傲地竖起大拇指。后来这个男孩子直升了浑南高中。我问这位爸爸是咋把孩子培养这么优秀的，爸爸笑着说："多想招，少说话。用身体和眼神沟通。"

我感触很大。在座的好些家长是爸爸，你有没有发挥父亲这种豁达的性格特征？给大家一个等式，希望大家对照并回去反思自己差在哪一项：

热茶一杯+真诚一份+耐心六两+技巧一钱+理解一斤=沟通无限

（五）学会与老师沟通，家校合作

育才双语拥有着一支负责任的班主任队伍。您能把孩子送到我们育才双语的校园，送到这片依山傍水、清新幽雅的绿地，是我们的骄傲。我们班主任的电话24小时开机；我们的QQ24小时在线；我们的手机电话簿里从接班第一天起，就有班里所有孩子家长的联系方式；我们的电话簿第一位不是家人，而是看自习的老师和舍务老师的电话，生怕您的孩子在晚上有急事需要联系您；我们背得最熟的就是男女寝室楼的电话和南北门的电话，因为我们每天都要接待家长进校园，都要和舍务老师沟通您的孩子昨晚的表现，是否按时睡觉，熄灯后是否说话，是否保证休息和学习……出于对孩子的负责，这些都是我们沟通的方式。所以，作为家长，配合老师的工作是必须的。当班主任这么多年，遇见了各种性格的家长。

几天前，我在办公室里遇到一位家长，不是我班的，我也不知道叫什么名字。一个女孩，因为上英语课表现不好，英语老师批评了她，并把这件事情告诉了班主任。班主任很负责，打电话通知孩子妈妈，说孩子对老师不尊重，而且之前还出现过多次顶撞舍务老师的状况。中午妈妈来到办公室，班主任把事情的经过给她讲，请求她配合教育孩子。这个时候，孩子在门外哭得很伤心。妈妈从办公室出来了，面对孩子，说："宝贝，没事的，妈妈来了，一切就没事了，别和她一般见识，她们都不正常。擦擦眼泪，给妈妈笑一个。我女儿最漂亮了……"于是这个女孩擦擦眼泪，冲着办公室的窗户做了个鬼脸，蹦蹦跳跳地出去上体活玩去了。

看到这一幕，我摇摇头，有点绝望和无奈。这是一个正常的妈妈，看到女儿的眼泪，她心疼。但同时，这个妈妈也是不正常的。从长远看，她会毁掉这个女儿，因为这个女孩课堂公开顶撞老师多次，不止一科。公主气很浓，全班同学都要忍让她，稍有不顺心，就摔门，摔书，大声哭喊，全班就要去哄。在寝室和舍务老师大骂出口，班主任和家长反映状况，也是无济于事。家长告诉孩子，舍务老师没文化，素质低。在座的有好多女儿的妈妈，我们能保护孩子多久？我们能让孩子公主气多久？等她走入社会那一天，你老去的那一天，她怎么办？所以在座的各位，我们的工作很忙，只要是我们给大家反映的孩子问题，请您重视。孩子舍务扣分时，一定要配合班主任的教育，因为你是一个孩子的家长，班主任是50个孩子的大家长。在集体中，没有小事，任何一件小事乘以50都会放大好多。

2007级10班，是我从东北师大毕业带的第一个班。廖浩声同学今年参加高考，获得双语高中理科状元。浩声现就读于南开大学数学系。现在每逢假期回沈阳，都会到我家，和我分享他精彩的大学生活。浩声的妈妈齐云在儿子的身上倾注了很多心血。我清晰地记得初一刚开学第二周，浩声寝室说话了，当时涉及四个男孩子。我打电话通知四位家长到校。当晚，四位家长全部到校配合教育孩子。我和四位家长还有全寝室的学生在活动室开会，把晚上的情况明确之后，浩声妈妈勇敢地站起来，面对大家说："黄老师，四个孩子中，浩声表现最差，说话的影响力最大。我会代表孩子向10班的每个孩子道歉，向各位家长和黄老师道歉。刚开学，给老师添麻烦了，我把儿子带回家教育。"第二天早上，早自习刚开始时，浩声妈妈带着儿子写好的保证和自己写的道歉信出现在教室的讲台上。母子声情并茂地讲述着反思过程。我作为刚毕业的新班主任，被深深地震撼了。从那以后，浩声直到分流离开10班，也没有在寝室上犯过一次错误。"十一"假期，浩声从南开放假回沈阳，去我家我们还在谈这件事。

我们的孩子或许都在寝室上犯过纪律问题，作为家长，你是怎么配合老师的呢？值得我们反思。我们有没有浩声妈妈的那份勇气和执着，有没有浩声妈妈那份责任和担当？如果没有，或许我们的孩子就不能像浩声一样，正确地走过青春期，走向成功的人生。

班里有个女孩小新。这个女孩在分流冲刺的关键时刻，和隔壁班的一个男孩走得很近，周末在一个补习班。在分流的压力之下，互相劝慰，互相鼓励。两人周末在补课班时，有的家长就告诉小新的妈妈说："我家孩子说你家女儿和某男生好像处朋友了，天天一起吃午饭。"于是这个妈妈回到家，直言不讳地问小新有没有和他一起吃饭，小新很诚实地回答了。于是这个妈妈暴跳如雷，大声呵斥："你疯了？还有20天要分流了，你还有闲心扯淡？"这个女孩气得也大声和妈妈顶撞："一起说话就是处对象啊？你更年期啊？"母女俩争吵了整整一个周末，互相怄气，小新妈妈气得哭了，孩子关上门不吃不喝。

周末的反馈单起到了作用，小新妈妈利用反馈单把这件事大概向我描述了一下，并用短信发给了我。我立即发现了问题严重性，周一我忙完早会升国旗，忙完班主任例会，就赶紧找到小新，我俩像朋友一样，手拉手，走在足球场的雪地上，一起留下脚印，就静静地走着，不去说什么，聊一些妈妈的过去，比如：妈妈爸爸怎么认识的？妈妈小时候经常带你去哪玩啊？你喜欢吃妈妈做给你的什么呀？等等。说着说着，小新哭了，小脸哭得红肿，向我诉说着她的委屈。她从踏上班车那一刻，看到妈妈红肿的双眼就明白了自己周末的过分。我抓住机会，教育她，就我们俩，她开诚布公地给我讲述她和那个男孩之间青涩朦胧的友谊。当天晚上我让小新写了一封信，我用短信的形式发给了妈妈：

妈妈！昨晚我哭得好难过，眼泪像断了线的珍珠，滴滴答答止不住，枕套湿了一大片。我想了许多，想我自以为是的委屈与愤怒，想您永不放弃的关爱与期望。在回想的过程中，似乎可以多了解您一些，自觉心与您又近些，体会您的辛苦与悲欢。

以前的我，常埋怨您对我近几年的"苛虐"的期望，有一阵子我拒绝和您沟通，怒不可遏地顶撞您，我看到豆大的泪珠从您的脸颊滂沱而下。

妈妈！您哭的时候我的心也一样在滴血，我真的不是故意的，我只是希望您可以把期望化为适度关怀，而不是成为肩上的重担，只是想让您知道，我也需要被尊重。如果您能以缓和的态度慢慢引导，相信我会更努力地把事情做好，但昨晚您暴跳如雷，我也愤怒反击，我知道自己伤了最亲爱之人。

思绪突然回溯到小时候，那时自己是多病痛的孩子，三天两头地生病就医，需要更多的照顾和关爱。记得一次我曾天真地问道："妈妈，您每天重复地煮饭、烧菜、洗衣服、提醒我吃药，难道不觉无聊吗？要是我，一定会疯的！"当时，您只笑而不答，我心中觉得很困惑，外面的世界五彩缤纷，您为什么要守着家，每天重复操作同样的事情。现在终于明白了，如果没有您的牺牲，我们回到家就没有温热的饭菜、干净的衣服、舒适的生活空间及充分的休息时间。是您默默地付出，使我能够在您的爱中学习，逐渐拥有丰富的人生。

妈妈！您一定原谅我了。尽管嘴里不说，但是透过您为我准备的丰盛的饭菜我可以体会到。您曾说过："孩子是心上的一块肉，气是会气的，可是就是不死心呀！"母子之爱是永不绝望，对不对？我和那个男孩没什么，我已经和老师谈过了。我承认我对他有好感，但更多的是崇拜。我喜欢他做物理题时睿智的样子，我们一起吃午饭都是在互相鼓励上浑南。妈妈请你相信我，我已经和老师保证，以后不在一起吃饭了，我会和其他同学一起，放心吧！

记得有人说过：上帝唯恐自己爱意无法普及庇荫每个人，所以创造了母爱。突然间我深刻地体会到您的辛苦，更明白为什么我问了傻问题，您笑而不语背后的深意。

妈妈，我现在只想对您说句悄悄话："妈妈，我永远爱您！永远……分流，浑南必须的。"

20天后的分流考试中，小新以全班第四、年级第60名的成绩公费直升浑南高中。

今天回头看这件事的成功之处，就在于家长和老师的配合。反馈单起到了很好的沟通作用。育才的班主任很忙，但我们每周都会把制作反馈当作一件头等大事。希望各位家长能够充分利用反馈单的沟通方式，尊重班主任的工作，积极地关注每周的反馈单，积极地面对老师指出的孩子的问题。其实我们和您一样，渴望您的孩子优秀，教育的目的就是让您的孩子更优秀，因为教育孩子，把矛头指向老师和学校的家长太不明智了。家校合作，才有你孩子幸福的未来。

做家长，没有彩排。所以我们每个人都需要学习。做个学习型的家长，教育出幸福的孩子，是现代家长必须面对的课题。我休产假的半年里，一直在钻研一些家庭教育的真谛，不断地阅读和反思，让我明白了好多，和大家共勉：

1. 父母不要在孩子面前吵架
2. 听听孩子的心里话，让孩子有倾诉机会
3. 棒打孩子不是教育的正确方式
4. 父母不能失信于孩子
5. 考试成绩不是评价孩子的唯一标准
6. 小心孩子患上人格障碍
7. 注意隔代教养的问题

为孩子构建一个"乐活族"的家庭：

一个中心：以健康为中心

两个基本点：潇洒一点，糊涂一点

三个忘记：忘记过去，忘记年龄，忘记过去的成功史

四个拥有：拥有一个完整的家

拥有一个知心伴侣

拥有一些钱财

拥有一批知心朋友

提倡"三生"主义：生命、生活、生态

最后，我想和大家分享两位优秀家长的教育心得：

廖浩声，2007级10班学生。毕业于东北育才双语高中，现就读于南开大学数学系。浩声妈妈说，人生的很多道理，不是每个人都懂。每个人的自身

条件不一样，想法也千差万别。我只能说，人的一生，一直都是在路上。只是路上的风景各不相同，重要的是，每一次的感悟和收获。做最坏的打算，向最好的方向去努力。不仅看重结果，更重要的是体验努力过程中的快乐。

张钧超、张钧越孪生姐妹。2012级2班学生。分流考试中均公费直升浑南高中。超越妈妈说，两个女儿在别人看来，一模一样，但实际上性格差距很大。两个孩子，普通家庭，压力很大。我一直坚持让孩子学会珍惜时间，把走路时间都利用起来，去三年幼儿园的路上背了很多诗歌，这个习惯现在还在受益。学速读速记。让两个女儿互相鼓励支撑，注意力集中。现在两个女儿在浑南也很适应。越儿在浑南排年组60，超儿能排100左右。我和超越爸爸很幸福，我们从辽阳把孩子送到沈阳，育才双语让我们收获了很多，做家长，我们学习着，摸索着，幸福着……

愿这些优秀的家长带给您启迪，让我们一起做学习型的家长，教幸福的孩子！

用90张纸架起一座桥

字字灼义，周周致导——家校反馈单

2015年7月的一天早上，我遇见了这样一群孩子，热情、阳光、早慧，他们就是育才双语初中部2015级1班的全体同学们。也许是刚做妈妈的缘故，看到他们明明稚嫩却故作老成、明明新奇却故作镇定的样子，我真是喜欢得很，心里暗暗窃喜，又一群可爱的宝贝要和我共度未来三年时光啦！真好！

用心培育他们的第一件事就是要打造好家长、孩子和学校的铁三角关系。作为一个学生五天和家长"失联"、两天和家长"腻歪"的特色学校，每周一张的反馈单就成为一只小信鸽传递着"五天"与"两天"之间的故事，它叫"心桥"。它的页眉写道：为了越来越好，我们一起努力！

（一）好的开始是成功的一半

还记得小"心桥"第一次任务中的一句话：

责任心是迈向成功的起点，好习惯是快乐成长的阶梯。

第一次与家长沟通我更多的是肯定艰苦军训时一班孩子们坚持不懈、决不掉队的意志品质。一个对自己的选择负责到底的孩子、一个敢于担当的孩子才能成就自己的未来。为了更好地实现学校、老师和家长的配合，在第一次的反馈中我给家长们提几点养成好习惯的小建议：

如周末返校一定要提醒孩子带好所需物品，不要出现"孩子刚到校，家长就尾随而至"的状况；除了每周的伙食费以外，家长不要给孩子带太多的零用钱。请家长代为督促，那就是孩子要保管好个人财物，电话卡、饭卡、钱包等物品要随身携带，不放在寝室、书桌、储物抽屉等地方，以免造成丢失，导致不必要的分心，影响学习！

正确的导向和明确的目标会收到事半功倍的效果，为了让孩子们尽快适应学校生活，我在反馈中送给学生们一段话：

第一次离开家长怀抱的你们，不得不独自去完成很多事情，有许多不如意和不适应，但是我没有听到一个人抱怨，看到的都是你们努力适应新的环境的情景，独立生活学习的情景，我知道你们很辛苦，但我想你们也应该从中得到了许多快乐。集体生活不比自家，希望同学们能够克服困难，相信自己是最棒的。老师希望你们能够不断地超越自己，注重知识上点滴的积累，养成好的学习习惯和生活习惯。习惯的养成就是磨砺意志的过程，大家要坚持住。做一个吃好饭、睡好觉、交好友、学好习的"四"好新人。

真诚地希望我们的班级在初中的第一学期做到以下几点：

第一，树立一个信心：我能行。每个人都有存在的理由，都有自己独特的价值，世界上没有相同的两片树叶，要做最好的自己。

第二，创立一种学风：认真、勤奋、刻苦、求实。

第三，建立一个目标：志存高远，并为之努力奋斗。

第四，培养一种习惯：自觉。"习惯决定一切。"

第五，创设一种环境：安全，文明，有序。让我们的班级和校园更加美丽和谐。

就这样大家带着这个共同的奋斗目标跟跄又坚定地走到了期末。他们说我们班叫"凝心阁"。圣诞节的晚上，一个小男孩在一班的黑板上写道：一班很美丽，我们超爱她；一班很happy，只因你我他；一班很幸福，团结靠大家！

（二）精神的引领，德育的高地

学生们周周都会写一份反馈单的回执给我。第一个学期的最后一次反馈回执，一个女孩这样写道：

中华民族自古以来就是一个讲究美德、推崇品德教育和个人修养的民族。只有具备中华民族美德的少年才能有坚定的信念、执着的追求和刻苦求学的毅力。从儿时起，中华民族"厚德载物、道济天下"的广阔胸襟、"天下兴亡，匹夫有责"的爱国情操、"富贵不能淫，贫贱不能移，威武不能屈"的浩然正气、"自强不息，艰苦奋斗"的昂扬锐气，一直激励我成为一个自立、自信、自强的少年。

时间如流水，转眼迈入育才双语初中已经快一学期了，在这四个月中，我一直以德、智、体、美、劳全面发展的标准来要求自己。开学时，我曾经说过这样一句话：从开学到分流的两年半就像早晚跑操的两圈半，能不能跑取决于你想不想跑。现在，站在这里，我觉得应该有所改动，既然大家的目标都很明确，那么，这句话就应该这样说：能不能跑得快取决于你有没有认真对待，有没有坚定的信念，有没有顽强的毅力。而这一切的根源是我们有没有正确的学习态度和人生目标，也就是说我们有没有一个青少年应该具备的美德。

当我很快适应了双语寄宿式生活节奏后，才真正体会到了它快节奏所带来的好处与自豪感。当我早上六点十五分甚至更早就踏出宿舍楼，当我在太阳的光亮还没有完全散发出来时就已坐在教室里，当我为同学讲解问题时看到他们满意的笑脸，当我带领寝室取得量化排名优秀，当我带领班级同学们接受育才双语一次次学习和生活的考验，当周练成绩一次次名列前茅，当我取得美国数学大联盟杯赛辽宁省一等奖，当我以半决赛小组第一名的成绩向沈阳市英语大赛总决赛迈进，当我在运动会中奔跑在学校的跑道上为班级争光时，当我躺在宿舍床上，利用睡前时间计划着明天的学习时，我的心头无数次涌起自豪感。

我爱我的班级，我爱我的学校。这些做法和行动全部源于育才的教育理念，这也是育才双语学校给予我们大家的。如果你具备了思想基础，也就是美德，你就会体会到，就会做得到。文明美德就如一泓清泉不断荡涤我的心灵，让我抵御陋习，崇尚美好，让我的求学路、成长路更健康更快乐，让我的人生更完美，让我能有无穷的力量从普通到优秀乃至于卓越。我要成为育才的美德少年，为班级、为学校争光。就像我们的反馈单的页眉写的那样：为了越来越好，我们一起努力！

看到这一份回执，我很激动，我给这位同学的回执里写道："孩子，首先非常感谢你对育才双语学校教育教学工作的肯定，从你的字里行间，我们看到的不仅是一个严于律己的人，更是一个引领班级向上、可以成为大家榜样的正能量种子。和你分享一句话：好的种子是自己培养自己！希望你能够带动起越来越多的正能量、好种子在一班生根发芽！

我把她的回执作为一期反馈的素材分享给班级的家长和学生们，大家很受触动，我还在反馈单的后面追问："道德约束君子，法制惩治小人！"老师一直引导大家做个自强、自信、自制的君子。在集体当中我们做人的最低标准是不给别人添麻烦，不给集体抹黑。那问问自己：你在寝室怎么样？你在课堂听讲如何？你在努力学习为集体增光吗？你在活动中表现积极吗？你爱这个班级吗？你为她做过哪些贡献？你让她失望过吗？你能在今后为她做点什么吗？

正是这样优秀榜样的引领，潜移默化的教育，同学们开始深刻地自省，并从真正意义上理解什么是一个集体。

（三）爱要大声说出来

又一个新的学期开始了。我把自己对孩子们的喜爱毫不吝啬地在反馈单中表达出来：在过去的一个学期里，我们用班级公约来约束言行，积极向上，追求卓越，用自己的努力铸就了班级的辉煌。军训优秀，纪律、卫生、学风广受好评……留给2015年一个骄傲自豪的背影。

亲爱的同学们，当上课的铃声清脆地响起，当崭新的课本一页页翻开，当琅琅的读书声响遍校园，这一切的一切都告诉我们，新的学习生活又开始了。在这里，老师要大声地说：初一一班的同学们，老师喜欢你们。喜欢你们对待生活的热情，喜欢你们对待学习的执着和认真，喜欢你们活泼的身影，喜欢你们爽朗的笑声，喜欢你们一切的一切…… 在我心里，你们都是一只只展翅高飞的雄鹰，只要愿意，就会翱翔在湛蓝的天空，把握自己的未来……

爱的力量是强大的，就如那冬日里温暖的阳光。孩子们体会到班主任对他们的喜爱，他们也付出爱，爱师长，爱同学。教师是山，学生是水，只有绿水青山，方能风景如画。

（四）心灵的鸡汤，冬日的暖阳

时间总是在不经意间悄然走过，孩子们一天天长大必然会遇到很多成长的烦恼。适时地在反馈中放些"鸡汤"也是必要的 。在初二刚刚到来的时候，我在反馈单中送给孩子们"三盏灯"，孩子们一直用以照亮前行的路。在这里和大家分享。

第一盏灯：志存高远。人的一生中，你求上，有可能居中；你求中，则有可能居下；而你若求下，则必定不入流。所以在人生起步的时候，立志必须高远。要学雄鹰展翅飞，不效燕雀安于栖。只有这样，才能激发你生命的潜能，步步为营，逐渐走向辉煌。

第二盏灯：把握当下。昨日如流水，一去不回头，对过去空流泪、徒伤悲，不但于事无补，反而会消沉了意志，浪费了精力。而不可即的明日，太空洞缥缈，不可捉摸。正确的方法就是关注现在，把握当下。只有这样，你才能有所作为，不负此生。

第三盏灯：永不气馁。人的一生中，有许多无法预料的苦难悲伤，就宛如层层乌云，铺天盖地压来。如果就表面看来，它们十分强大，势不可当，但这一切并不可怕。而最可怕的是人的颓靡不振。这正是许多人失败的真正原因。一个人的一生中，无论你从事何种职业，面对何种际遇，只要你永不气馁，就一定会有成功的那一天。

"唯有埋头，才能出头。"种子如不经过在坚硬的泥土中挣扎奋斗的过程，它将永远只是一粒干瘪的种子，而永远不能发芽生长成一株大树。 在奋斗的路上，不仅需要意志更需要方法。反馈单也是学习并分享优秀方法的园地。我们的反馈单总会有学法指导，比如文理科学习策略，如何归纳错题本，怎样高效听课等一些专项指导。我们还会在反馈中为孩子们做一些心理指导，比如如何平稳度过青春期，如何与同学交往，怎么应对考试等。家长们都说育才双语的反馈单真像一本百科全书，不但指导着孩子的成长，更润泽着家庭的教育。正是 90 张纸架起一座桥，学校在这头，家庭在那头。

时光飞逝，三年的时间，弹指一挥间。初中的学习生活已经离孩子们远去了，翻看张张反馈单，军训的时光仍记忆犹新。回想这三年来的忙忙碌碌，每天在校园里不停穿梭，与那些熟知的或陌生的同学擦肩而过时嘴边的一抹笑意；回想与自己学生仰望蓝天时畅想未来的情景，不由感叹岁月总是那么无情，似水流年，不知不觉间我们要分别了，育才双语 2015 级 1 班已经在我们的精心呵护与保持下变得越来越好了。

我想多年以后，我都会回想起这段幸福快乐的生活，在这本或厚或薄的反馈集中，未尝不写着这样那样的挫折与过失，可是，当我合上这本书，看看它金色的书皮，慢慢抚摸着它清晰的纹路，尘封的记忆会像涓涓细流慢慢流淌，这本集子依旧美丽如故……

用90张纸架起一座桥

字字灼义，周周致导——家校反馈单

有人说班主任带的是两个班，一个家长班，一个学生班。双语的孩子们过着"5+2"的生活，五天在学校，两天在家里，这样的方式往往会造成家长对孩子的生活情况知之甚少，甚至完全不知道的局面，这对于带好家长班是非常不利的。

　　如何让家长在短时间内了解双语的育人理念？如何让家长周末准确帮助孩子完善一周的学习？如何让我对班级的情况了如指掌？如何跟每一个孩子及其背后的家庭建立信任？反馈单就是这些问题的答案。它搭建起一座沟通的桥梁，初中三年往返于家校之间，传递的是90张纸，指导的是教育方向，表达的是人文关爱，记录的是点滴成长。

　　育才双语学校作为一所寄宿制学校，反馈单是老师与学生家长最有效的沟通方式之一，通过这种方式与家长沟通能够让老师和家长都了解到学生在家里和学校的学习、生活情况，并且十分高效和坦诚。"家校反馈单"是双语从对住宿学生和家长的人文关怀角度出发，构建起的一种动态有效的家校合作模式。每个周五，我通过反馈单中的"班主任寄语""温馨提示""寝室反馈""班级日志""各科老师反馈及作业反馈"等几方面内容让家长能够及时把握每一个孩子在校园里的成长"脉搏"。

　　在"班主任寄语"中，我每周都会有针对性地分享一些小故事，例如感恩节主题、读书主题、家长进课堂主题、住校孩子心理疏导、如何成为优秀家长，还有以往成功教育案例等等。我会在此栏目中抒发我的一些建议，以期引起家长共鸣使家校配合事半功倍。

　　在"温馨提示"中，我主要侧重介绍学生在生活方面的事，学生的学习习惯、饮食情况、学校的规章制度、个人卫生、天气变化如何穿衣、学生周记内容等。在"班级日志"中会对部分学生在校的学习状态、不良习惯、作业完成情况、遵时守纪等进行反馈，以期得到家长的配合，对学生存在的问题及时解决。在"作业反馈"中我会记录各科老师每周的教学内容并对进展进行集中总结，向家长介绍学生在校的学习情况，以期学生在周末高质量地完成作业并及时改正学习中存在的问题。量化反馈，会反映学生的住校情况，包括寝室纪律、卫生、睡眠等问题，以期孩子不仅在学习方面取得进步，并且在生活自理方面变得更加独立。

每个周一，我又从"家长反馈"部分的字里行间中获取家长的感受，用心体会，再针对孩子的个别问题及家长的困惑量身定做"家长反馈"的评语，对症下药。反馈单，让我与家长实现了"共情"，并肩静待花开。

教一个班就会爱上一批人，2018年，是我担任班主任的第12个年头。依依不舍地送走了用心浇灌了3年的2015级13班，又迎来了2018级9班的一群可爱的孩子。管理着一个50个孩子的班级，不仅肩负着传递给学生知识的责任，更肩负着学生的安全责任。看着一张张充满稚气的脸，那样的意气风发、朝气蓬勃，我深感教师责任的重大，每一个学生都是独立的个体，通过反馈单和周记与家长、孩子互动，更好地了解他们，尽我所能帮助他们取得更大的进步。

我想做一张有理念的反馈单。

反馈单是班级的宣传阵地。反馈单的版面设计简约而清晰，内容充实而详尽，页眉处的班训：塑九班人，铸九班魂；页脚处的班级 logo：Stay healthy, stay hungry, stay positive，处处彰显着班级的育人理念。一个学期下来，不但班级中孩子会背这些话了，连家长也牢记于心。12月20日在看完王子睿在《我爱我的班集体》演讲视频后，孙超然妈妈第一个给子睿竖起大拇指，并提了句"塑九班人，铸九班魂"，接下来微信群开启刷屏模式的复制粘贴，短短三个月的时间，2018级9班的班训已经在学生和家长的心中埋下了种子。

2018年12月2日陈伟侨妈妈的反馈："说起刚去育才的前几周，伟侨说感觉每天过得很慢，盼着周末回家。今天第13周，他说现在已经完全投入到学习中，爱学习，爱活动，周末都盼着去上学，感觉每周的学习时间过得很快。感谢尹老师每周方法的传授和鼓励，半年初见成效。期末阶段我会陪他复习备考，对得起这半年的努力和坚持，我告诉他尹老师爱班级的每一位学生，考出好成绩就是对老师最好的报答。塑九班人，铸九班魂！"

我想做一张有温度的反馈单。

反馈单是班主任的话语权。每周的班主任寄语是很早就开始酝酿的，有时是我的日常随笔、教育理念、孩子们的点滴小事，有时是文章分享、学法指导，甚至是答疑。凡事想在家长前面，才能做在家长前面。吴浩楠的脚骨裂，近两个月的时间他妈妈每天推着轮椅送他上学，有一次我偷拍他妈妈的背影，并附上四个字"为母则刚"，足以说明一切。虽然每天都能见到浩楠妈妈，但彼此话不多，早已形成的默契，不需要那么多寒暄。

2018年11月4日，浩楠妈妈的反馈："这次骨折孩子的小心灵也有些承受不住了，一开始说要动手术给他吓坏了，一直问我会怎么样。虽然只是个小手术，他心里还是有一定压力的。手术成功，第二天出院回到家，本想休息两天稳定一下情绪，收到您给我的微信，问他什么时候来上课。我们当时也很担心，不担心吃喝，担心"拉撒"。白天他不敢喝水，不敢吃太多东西，每天回家第一件事就是上厕所，这样一周也挺下来了。开始还以为同学们会嘲笑他，后来发现每个人都在帮助他。正如您当时说的一样，只要他来一切都不是问题。非常感谢这段时间尹老师和各科老师、同学们对吴浩楠的关心和照顾，给大家带来的不便深表歉意。谢谢大家！"

1月3日冷雨昊妈妈说："谢谢您，尹老师，这半年您的每一次反馈单都能戳中我心里的某一个点！"

其实，每一次的班主任寄语何尝不是戳中我心中的感动呢？

2019年的元旦寄语：转眼之间，我们一同走过了137个日夜，即将迎来崭新的2019年。这半年你们经历了太多的第一次：第一次站军姿，第一次踢只有在电视中看到的正步，第一次排长队打饭，第一次在八个人的屋子里睡觉，第一次睡在一米五的"高空"，第一次上到八点四十的晚自习，第一次坐一个多小时的车到学校。还记得军训开始的第一天傍晚，你们的狼狈和我的疲惫。接下来的几天，随着训练的深入，大家开始全身酸痛以至于睡不着觉，忍不住想家得一边站军姿一边流眼泪，即便是再坚强的你是否也曾经把枕巾浸湿，体质弱的还常常流鼻血。我们班的训练是最苦的，教官也是最认真的，我真的很心疼我的孩子们，但我们班的进步确实是最明显的！开学后，你还没有完全适应寄宿制生活，不会照顾自己，感冒发烧此起彼应，各部位的疼痛此消彼长，咳嗽声此起彼伏。身体上的适应还是容易的，最难的是思想上的磨砺。自信的丧失、畏难的情绪、想家的念头时时萦绕在你们稚嫩的心间。

经过了半年的洗礼，挡不住的成长在我们不经意间早已生根发芽。个子高了，懂事儿了；自理能力强了，被子叠得比父母叠得都有棱有角了；知道心疼父母了，孝顺了；觉得学习是自己的事了；有些事父母或老师说一遍就清楚记得了；知道要想收获，就得付出了；知道成绩和努力是成正比的；知道自己有时候偷懒，以为没事儿，结果成绩上还是有影响的；知道有些不如意，会随着时间的流逝，越来越淡了；知道什么样的人该是自己的真心朋友了；知道享受每一缕阳光每一朵雪花了。成长是点滴积累的，这半年和你们一起，我是高兴的。我是喜欢甚至爱你们的，你们知道吗？

我想做一张有延续的反馈单。

见字如面，反馈单拉近了我和家长的距离，有些家长脸还没有认全，但字已经熟悉了，反馈更是像同老朋友一般聊着孩子的家常，提着近期的要求，盼着孩子的改变，如同电视连续剧一般，持续地管理学生，而我同家长这条战线越来越坚定。

张沐曦妈妈说："您真的如同反馈单里说的一样，我慢慢写，您慢慢看，连错字都被挑出来了，真是惭愧。生活需要仪式感，每周把反馈单拿回家，带着孩子慢慢读班主任寄语，已经成为一个习惯。我发现目标跟老师一致，效果比我自己单打独斗要好得多，跟着反馈单走，不跑偏！"

吴禹衡，英语词汇量很大的孩子，但好高骛远的他本末倒置，因此英语成绩忽高忽低，家长通过周记表示对此比较焦虑、迷惑并向我求助。翻看了孩子的试卷并分析，发现这名同学几乎不背诵书中原文。于是，我在反馈中写道：我们面临的每一项考试都有教学大纲来约束，高考有高考的规则，托福有托福的规则，分流考试亦是如此。必须理解不同考试的自身特点，才能取得优秀的成绩，不能觉得简单就轻视。在接下来的几周，他自己也意识到这个问题，对课本中的内容越来越重视，考试成绩自然而然地有了明显的提高。

接下来的两周我和禹衡妈妈商议好打算一唱一和，纠正他的字迹。我负责讲现在的阅卷方式，主观字迹对成绩有着极大的影响；他妈妈负责在家检查各科书写进步情况。他对我的话很是上心，立刻按照我的要求开始练习书写，并且买来了衡水体英语字帖，接下来的几周他的书写有了很大的进步，终于能看清他高大上的词汇了。

2018年12月23日杨仪坤妈妈反馈："尹老师说周记和反馈是一种沟通手段，开始也不知道写什么，怎么写，就这样也记载了半年的学习生活。今天从第一周开始翻看，脑海中像过电影一样，一幕幕记录着成长、改变、收获。老师对孩子们的付出历历在目。前天在班级群里看了尹老师制作的'大片儿'——热爱班集体，心情很激动。真想时间可以慢些脚步，希望孩子们在这个有爱的九班里尽情享受成长的快乐。军训、运动会、合唱节、拔河比赛、放飞机、扫雪……这些经历酸甜苦辣包含其中，使孩子们在知识的海洋里遨游的同时，扩大了视野，锻炼了意志，缓解了压力，综合能力又得到了全面提高。尹老师让人感动，九班的孩子真幸福！"

每周一来一往，一回一复，渐渐捋清楚了头绪，看清楚了方向，家长体会老师的苦心，老师明白了父母的用意。有了反馈单这座桥梁，我相信家长会越来越有默契。岁月无痕，纸张发黄，转眼间孩子们就会毕业，而这90张纸搭建的桥梁，将会记载这49名孩子的三年时光，记录他们的点滴成长。桥一端的我挥手祝福，桥另一端的父母欣慰微笑。

三、全面发展，综合提高——学生成长课堂建设

每一只小小的雏鹰都有一对翅膀，
成长的每一天里，
原本光滑的肉翅上的柔弱的绒毛都在逐渐进化成坚硬的羽翼，
一只翅膀是知识，
随着对于万物的深究，进化成自己强大的内心；
一只翅膀是见识，
随着对世界的思考，进化成自己明澈的视野。
"越早认识世界的人，会更早认识自己"，
我越发佩服译者对"越"和"更"两个单词的精准把握，
细细推敲，
深深惊叹。

现在早已不是关上房门诵读书本的时代，

涤荡的网络和大千世界更需要孩子们更早地

看自己、

看世界、

看生命，

进而尊重自己、

尊重世界、

尊重生命。

打开窗子，天地如此广阔

走出校园，耳闻窗外——"走出去"社会实践活动

古往今来，有太多太多的文字，在描述各种各样的遇见：

"蒹葭苍苍，白露为霜，所谓伊人，在水一方。"这是撩动心弦的遇见；

"这位妹妹，我曾经见过。"这是宝玉和黛玉之间，初见面时欢喜的遇见；

"大爱不言、润物无声。"这是育才学子与育才校园银杏树下的遇见；

"自律自强、自信阳光。"这是11班学生与我在二号楼二楼中间教室的遇见。

遇见仿佛是一种神奇的安排，它是一切的开始。

遇见仿佛也是一种有意为之，因为出自善意，它让我们胸腔里充满向上、向阳的力量。

遇见第一次假期活动——"出走"育才园

2017年1月，我所带的2016级11班结束了紧张而忙碌的第一学期，孩子们像刚刚经过严寒迎来春天的鸟儿，欢欣鼓舞地准备迎接假期。在进入初中这一学期的接触当中，我发现班里绝大多数的学生都是独生子女，很多孩子

身上或多或少存在懒散、缺乏学习内驱力、自私、与家长沟通不畅等问题。除了在平时班会当中班级经常会针对某些问题选取角度和话题进行探讨交流外，我也想让孩子们能够有走出校园、感知社会的机会，真正地在生活中通过实际行动去感受生活中的挫折、父母工作的不易和学习机会的难得。所以我联系了几位家长决定组织一次"出走"，带着孩子们开始一次假期活动，争取让学生们收获一个充实而有意义的假期。

我们班班长李众博父亲的家乡就在葫芦岛市建昌县，他熟知当地情况，近几年来一直在积极主动地带领周围的人帮扶困难家庭，而且还在不断地寻求更多的资源。了解到这个事情以后，经过与班级内部有意向的孩子和家长沟通，我们成立了"第一批小分队"。2017年1月9日期末考试结束的当天下午，第一批小分队的16位家长和孩子满载着文具、大米、豆油等年货，浩浩荡荡地出发了。我将孩子们分成了三个小组，分别去了解、关心三个同龄孩子。我则在建昌县娘娘庙中学王树阁校长的带领下，带着学生们感受当地孩子们的故事。在班里一向风风火火的常曦文同学含着眼泪跟我说："老师，他们真的太可怜了，一家七口，房子是政府出资建的，一样家具没有，母亲智力低下，父亲身体不好，五个孩子只有两双鞋，大冬天光着脚在水泥地上来回跑。"一直被班里同学称为"扑克脸"的大班长李众博也难过地说："老师，这一家有五口人，全靠70多岁的奶奶维持生活，他们连一个五块钱的手抓饼都不舍得吃，但是他们一家兄弟俩学习都很好。"平时在班级里总是很开朗的赵德谕也委屈地说："老师，有个叫金秀的姐姐，好久没见过自己的父母了，但是她一直是班里的状元，没有人能超越她，她向邻居借住的房子墙上贴着满满的奖状。"……回程的路上，孩子们再没有了去时的叽叽喳喳，他们或是低着头思索着，或是眼睛望向车窗外想些什么……

假期终于结束，我盼回了我的学生们，看着他们脸上洋溢着阳光、自信的微笑，我知道他们此行一定受益匪浅。

一直沉默寡言的张思航同学在活动总结中这样写道：

"海内存知己，天涯若比邻。一颗心与另一颗心的距离很远又很近，但，只要你的心是温暖的，是炽热的，就算在天涯海角也能感受到彼此。在前往建昌县时，我们的心里有些好奇，又有些紧张：那里的学校是不是像家长所说的那样破旧、落后，那里的村庄是不是像影视作品中的那样贫穷、衰落。那一天，校长为我们介绍了当地的情况，那一夜，我度过了一个难以入眠的夜晚。"

郭昊睿同学在总结时这样写道：

"在离开建昌之前，王校长送了我们每人一句话，送我的那句是：虽然，我们不能决定太阳几点升起，但是我们可以决定自己几点起床。我们的家庭背景是父母给予的，我们的未来是自己创造的，既然娘娘庙中学的同龄人们在那样艰苦的环境中都能认真地学习，那么我们还有什么理由不更加努力、勤奋地学习呢？我们相信：只要我们足够努力，我们的前途不可限量，我们的未来会一片光明。"

看着同学们满怀热情的文字、阳光向上的面庞、整齐划一的坐姿、激情洋溢的课堂氛围……我知道，我想告诉同学们的，此时他们已经自己感受到了。正如白朗宁所说：

拿走了爱，世界将成为一座坟墓，我们应该将人生当中最善、最美、最真心的东西传递出去，使我们善美的心灵得到升华，让爱心长存，让爱远行。

2017年3月学期初，由于假期活动效果突出，11班被评为"周恩来班"。得知获得这一殊荣，同学们都很激动。在初中部42个班级中被评为周恩来班，是对我们假期活动和学生表现的肯定，但也是对我们继续努力，学习总理精神、践行总理精神的鞭策和期许！为了能够在接下来的学习过程中，引领学生们自觉"向周总理学习、争做总理那样的人"，我准备开展一系列的相关活动：

"遇见"周总理——周恩来班启动仪式

第一模块："知周"

我在班级举办一次班会，班会前通过组织同学们收集资料，阅读书籍，让同学们了解了周总理的生平历程，同时我们在班级中专门设立了读书角，购置了关于周总理的书籍，让同学们课间、饭后都有机会去了解总理的生活故事、认识总理的为人处事、赞叹总理的治国智慧。

第二模块："学周"

通过组织同学们观看电影《周恩来的四个昼夜》，让同学们领略了一代伟人在中国的历史进程中所做的卓越贡献，观影后大家写了观后感。正值清明节前，经过对每一名同学的指导和把关，在"周爷爷，我想对您说"这一活动中，同学们纷纷说出了观看影片、了解总理之后想对周总理说的话。

一个平时很少主动发言的朱同学这样说：

"周爷爷，以前我从电视剧、新闻里看到过您，觉得您很伟大但是离我们很远。现在我们在班级里聆听您的故事，我觉得您离我们很近。周爷爷，我以前为自己学习，所以我总是偷懒，以后我要向您学习，为国家学习，克服自己身上的缺点。周爷爷，可能我做得还是不够好，但是我会努力的。"

一个平日里活泼好动非常贪玩的关同学这样说：

"周爷爷，我父母经常为我的学习和纪律问题操心，他们总是说我还没有长大。了解了您的故事，我想我应该长大了，我觉得冥冥中我的肩膀上多了一丝责任，我想像您一样担起振兴国家的责任，也许有一天，我可以骄傲地告诉您：周总理，请放心。"

同学们一句句真诚的话语，道出了学生们对总理的敬佩与对追求梦想的决心，每名同学手执一只亲手折好的千纸鹤，轮流贴到黑板上，连到一起，成了一颗心形，它象征着在以后的日子里，我们11班的同学一定会聚成一颗心，团结一致，为向总理学习而努力学习，为自己的理想而不懈奋斗！

班级还组织了朗诵，五名同学真情的表演令人动容，从新中国成立初期的凋敝落寞到如今的繁荣昌盛，在场的所有同学都听得心潮澎湃，"十里长街，再送总理；今日中国，如你所愿！"的声音回响在我耳边，"为中华之崛起而读书"的誓言仍是我们前进的动力。紧接着优秀寝室长代表傅麟童同学带领同学们进行宣誓，从那嘹亮的呼喊声和坚定的目光中，我感受到了一种从未有过的积极向上的力量，那一刻，我对11班以后的学习生活感到非常有信心，至今，那仍是我对11班最美、最暖的记忆。

启动仪式后班级中形成了一种浓浓的正能量，每一个同学都少了些浮躁，都认认真真地做好每一天的作业，上好每一天的课程，走在校园中，同学们会自觉捡起地上的垃圾，在走廊里安静地右侧通行，遇到老师主动问好，也许，这就是这次活动的意义所在。

第三模块："行周"

遇见正能量的自己——"走出去"建昌县娘娘庙中学社会实践活动

遇见则为缘分，兜兜转转，不畏距离。

"老师，娘娘庙中学有个同学说她也很想读更多的书，但是没有。"假期活动时一名同学的话悄悄地埋在我的心里，或许我们可以做些什么。考虑到之前的实践活动由于规模有限，只有班里一半的学生有机会参与，我决定这次动员全班同学向娘娘庙中学的孩子们伸出援助之手。

"遇见·周总理"图书漂流活动就这样悄然而至。

我们制订了活动计划，发放了准备好的宣传单。2017年5月3日中午，我们在东北育才双语学校行政广场和东环路开始动员全校师生为娘娘庙中学捐献爱心书籍。正所谓"众人拾柴火焰高"，在全校师生的共同努力下，我们成功募集到398本书籍。由于本次活动参与人数多、规模比较大，有很多其他班级的同学也参与到了活动中来。同时11班多位家长也深受鼓舞，决心与孩子们一起奉献爱心：

郑建豪、郭昊睿、张思航、李众博、姜银雪、赵德谕、常曦文等家长为贫困学生家庭送去了来自育才校园的温暖；

张思航父亲召集了他的同事、亲属、朋友和许多同学的家长捐款，为娘娘庙中学送去了200套崭新桌椅。并在2017年6月开着大卡车，亲自送到了娘娘庙中学，与那里的同学共同组装完毕；

姜银雪、朱梦诚家长召集了身边的同事对五名特困生采取了一对一帮扶，直到他们完成大学学业；

学生家长所在的中国华融沈阳分公司为孩子们捐赠了崭新的爱心书架。

高尔基说过："真诚的关心让人们心里那股高兴劲儿就跟清晨的小鸟迎着春天的朝阳一样。"这些爱心活动既为娘娘庙中学的学生送去了温暖，也激励了11班的孩子。他们自习课更加认真，学习更有劲头儿了；他们彼此更加关心友爱，配合更加默契了。姜银雪同学在期末总结中这样写道：

"我突然明白了家长为什么要抽出时间带我们来到建昌，这是简简单单的体验经历吗？不是。我们的父母是想唤醒沉睡于我们心灵深处的爱心、责任心。这份爱心、责任心如同源头活水荡漾人们的心灵，让生命的活力不断向上涌流。善举一项三春暖，或许我们这次行动能够撩开这些小伙伴们头上遮住太阳的乌云，为他们的生命增添一抹色彩。"

　　当然，作为班主任，几次活动也让我明白了很多：团结的力量无懈可击，11班孩子们用互相帮助的身影与默契的配合完成了一项又一项艰巨的任务，让我感受到了学生们身上的无限潜力。同时，"爱人者人恒爱之"，这些活动也让我懂得了爱心的重要性，看到娘娘庙中学同学们脸上的笑容和眼中对书籍、对知识的渴望，我被深深打动，并衷心地为他们祝福。

　　如今2016级11班已经成为育才历史中的一页，但我和学生们仍不会忘记我们曾是周恩来班的一员，"为中华之崛起而读书"仍是我们一生的座右铭，周总理的伟岸形象在我们每个人的心中闪闪发光，指引我们一生的方向。

　　世间一切，都是遇见。就像冷遇见暖，就有了雨；春遇见冬，就有了岁月；天遇见地，就有了永恒；人遇见了人，就有了生命。学子走进育才，就遇见了卓越；打开窗子，就遇见了广阔的天地。

好好安放你的"青春"

安坐课堂，眼观天下——"请进来"综合学习课程

　　都说世界上最闹心的事情就是当"青春期"撞上"更年期"，还好自己还很年轻，没有到"更年期"的岁数，可以用冷静的头脑、有效的办法、与时俱进的理念来帮助孩子们更好地认识自己，度过自己的青春期。

　　在带2015级10班的时候，初二上学期，我和兄弟班级的任媛老师打过一场漂亮的配合战。两个班级各邀请一名医生家长，从专业的角度分别为男生、女生讲解青春期的生理及心理变化，把过去"家长不好意思说""老师不愿意讲""只能自己看书""听同学说"的青春期小尴尬一一化解。我班邀

请的家长是一名妇产科医生，给两个班的女生讲解女性生理构造，月经期应该注意哪些事情，女孩子应该自尊、自爱。一开始女孩子们看到医生在黑板上画的卵巢图还感到非常不好意思，但当讲到月经期的注意事项时，同学们都听得非常认真，也都理解了杨老师为什么不让大家喝冷饮。女孩子们更爱自己的妈妈了，更听老师话了，更加自重、自爱了。

在接手2018级12班以后，我和任媛老师又成了兄弟班级，我俩都在盘算着，初二上学期再请两位医生家长，分别给男生、女生讲解青春期的问题。时代在进步，学生也在变化，在我还没有准备好如何解决学生青春期问题的时候，班内就出现了让我意想不到的事情。

一、从一节健康课上的笑声说起

周二第八节健康课下课后，班长把两个男同学"拎"到了我办公室，说他俩健康课上笑，被健康老师批评了。我问他俩为啥笑，小脸憋通红，不敢回答我，后来办公室的老师都下班走了，我让班长也先回班级了，办公室里就剩下我们仨人，我再问为啥笑，他俩终于不好意思地开口了："健康老师PPT上有一只猫和一只狗，×××说猫和狗'干'上了，我俩就笑了。"听了两个男孩子的话，我强忍着心中的怒火，问他俩：为什么听到这样的话会笑？班内还有哪些同学说过这样的话？

二、从一张字条顺藤摸瓜

接着我找了说"脏话"的男孩子，问他健康课上说的话是什么意思，他红着脸不回答我，他也知道这不是啥好话。职业的敏感性告诉我这个孩子一定是在网络上接收到不良讯息了。我递给他一张白纸，让他把班内都有哪些同学说过类似的话、都什么情景之下说这些话、大家都是通过什么渠道了解的这些内容等写在纸上。他在我办公室足足写了半个小时，时不时擦擦汗，脸一阵红一阵白。接过他写的纸，真是"不堪入目"，作为老师，我真的很痛心，这些不良信息正在悄悄吞噬孩子头顶的阳光。纸上写了好几个孩子的名字，这些在我心目中特别正直的孩子居然能说出如此"不堪"的话语，我真的特别着急，想马上问问孩子们到底怎么了?!

三、从一通电话引发思考

冷静下来之后，我觉得应该先和家长取得联系，问问孩子在家的情况。我把纸上的文字发给了一个我心中特别正直的孩子家长，家长马上打来了电话，电话那头孩子妈妈急得不行了，带着哭腔对我说："杨老师，怎么会这样，我现在到学校去，扇他几个耳光。"我劝孩子妈妈先冷静一下，并询问孩子身体的变化以及使用手机的情况。我告诉孩子妈妈，出现这样的问题并不一定是坏事，它告诉我们孩子长大了。我们小时候没有专业的渠道告诉我们身体、心理的变化，我们只能自己成长，现在时代在进步，我们需要转变教育理念，来正确引导孩子面对身体和心理的变化。陆续给几位家长打了电话，家长都是从一开始的震惊、气愤不已，到与我沟通完之后把心态放平，全力配合我正确引导孩子。

四、用一节"请进来"综合活动课来解决问题

在翻看家长写给我的反馈的时候，我看到了这样的一篇文章，张同学的妈妈在反馈中写到发现儿子青春期生理上的变化，因为自己和孩子爸爸都是医生，就从医学的角度正确引导了儿子该怎么克服自己的冲动。这不就是我要找的人，我要找的方法嘛！马上电话联系这位家长，说明意图，希望孩子爸爸可以来给男孩子们讲一讲如何顺利度过青春期。上一届的孩子我是请家长从青春期的知识性角度来解读，而这一届迫在眉睫的问题就是纠正不良信息对孩子的不良影响，并且告诉孩子如何正确面对身体和心理的变化。正是因为他们有了身体和心理的变化，而又找不到好的发泄渠道，只能通过不良讯息来获得快感。

期中考试结束后，我们的活动要开始了。因为之前保密工作做得特别好，所以男孩子们都不知道我安排了这样的一堂课。午休回到教室里，我

组织女生到校图书馆看书，男孩子们是丈二和尚摸不着头脑，不知道杨老师葫芦里卖的什么药。接下来，张同学的爸爸走进教室，同学先是一愣，然后都坏笑着瞅着张同学，认为他一定是犯什么错误了，被杨老师找家长了。我和张同学的爸爸寒暄了几句，把他请到讲台上，我就走出了教室，关上了门。张同学的爸爸打开了PPT，上面赫然写着题目：性冲动怎么办。男孩子们看到这个题目都不好意思地坏笑着，我在后面透过门镜观察着教室里的一切。

第一部分：生殖器的构造

第二部分：性冲动的定义

第三部分：性冲动的表现

第四部分：如何处理

第五部分：危害

第六部分：预防和控制

在准备活动的初期，我和张同学的家长也在为活动的"尺度"和"深度"感到为难，怕讲浅了起不到效果，讲深了，又会造成更坏的影响。在和生物、健康、心理等多学科老师交流之后，我们把这次"请进来"综合活动课的主题定为"如何克制性冲动"，就是让孩子们听完这堂课之后再面对自己身体和心理上的变化时知道该怎么处理。

张同学的爸爸把本课的重点放在了第四部分，给了同学们很多克制性冲动的方法：睡前不要喝太多的水，不要穿过紧的内衣或内裤，不要俯卧位，注意局部卫生，遗精后要及时更换内衣，养成良好的生活习惯，外裤内裤避免过紧，不吃辛辣刺激食物，不看色情书籍和影视，通过丰富多彩的业余活动将过于旺盛的性能量消耗掉，树立远大的理想和抱负，将注意力集中在学习上，性是私密的，不能在公共场合包括教室、操场、寝室多人谈论，减少衣物和手对生殖器的摩擦……

透过后门的门镜，我看到教室里张爸爸在认真、细致、专业地讲解，时不时还和孩子们互动提问，孩子们也从一开始的不好意思到完全融入张爸爸的讲解当中。

五、我看到了更阳光的青春

这节"请进来"综合活动课让我重新审视了我的学生，学生成熟得越来越早了，接触信息的渠道也越来越多了，这就需要老师不断更新教育手段与教育理念，不能将教育以前学生的方法用在现在学生身上，我脚下的教育之路还很长。

向上的路，没有盲区

安坐课堂，眼观天下——"请进来"综合学习课程

"请进来"综合学习课是育才双语的一门经典课程，虽然和应试教育下的课本课程不同，不能解决学生考试分数的问题，但却能在学生需要的时候，让他们接触到校园里、课本上接触不到的新鲜事物，既满足了学生的好奇心，又让他们在科学的、合理的情况下探知世界。每个学期邀请从事不同领域工作的家长走进校园带来别样的课堂，是我和班级孩子非常期待的。

从最初面对这样的综合学习课不知该如何安排，心里茫然，到后来能利用家长们的资源对班级孩子们在不同阶段的需求进行互补，在不同阶段从家长们更专业的角度辅助班级工作。"请进来"综合学习课成为我在育才双语开展班主任工作的一门利器，更成为我班学生十分喜欢的一门课程。

让我记忆深刻的一次"请进来"综合学习课主题名叫"走进秘密花园——青春期生理卫生知识大揭秘"。之所以这次课程印象最深是因为这次课程不仅仅是在自己班级内部开展，更是和兄弟班级的班主任老师打了场配

合仗。

进入初中，学生也进入了一个全新的生理期——青春期。在这个阶段他们不仅身体增长快，而且生殖器官发育成熟，这既是生理、心理成长的重要时期，又是道德观、人生观形成的关键阶段。有些人后来在健康或行为方面出现问题，往往可以追溯到这一时期的知识不足或教育不当。信息技术手段的发达，外界影音图片的不健康传播，都会对学生正确认识青春期产生不良影响。

而课堂上，孩子们也只能从生物课和心理课上了解生理卫生知识的一部分内容，往往上课的时候老师讲得也比较隐晦，孩子也羞于学习。特别是寄宿制学校，学生每天住在学校，青春期的生理变化不能及时与父母沟通，女孩子往往选择和同学分享自己的小秘密，而男孩子则想方设法从书籍、网络中寻找答案，有的男孩子遇到非法的淫秽网站，将会对他的人生产生不好的影响。我想是时候在班级里开展这样一次课程来让班级学生探知自己青春期的"秘密花园"了。

这次课程与以往不同，涉及的内容比较敏感，男生女生之间不好意思谈论，而且男同学有男同学的教育方向，女同学有女同学的引导策略，不应该混为一谈。我把想法和同一办公室的杨昕玥老师进行了交流，商量后我们决定，按性别把学生分开在两班教室，邀请两位家长分别对学生有针对性地展开课堂讲解。

两个班级的男生和女生分别进入了不同的教室，孩子们很新奇于这次的"请进来"学习课。这一次发挥了两个兄弟班级的团体力量，我班家长是岐山一校校医，为男孩子讲授青春期的生理卫生知识及健康心理、绿色上网、如何面对青春期萌动，十班家长为医院产科医生，给女孩子讲授青春期的生理卫生知识及自我保健、自我保护。

记得我班家长面对将近60个青春期的男孩的时候，帮助我把原定主题

"走进秘密花园——青春期生理卫生知识大揭秘"换了个特别文艺范的名字，叫"安放青春"。是啊，孩子们的青春需要安放，而不是遏制和压抑，只是需要引导他们如何正确地安放。

课堂在轻松愉快的氛围中开始。

第一模块——梦开始的地方。

从生物学和生理学的角度讲述着每一位同学的生命起源。"由一枚小小的受精卵开始，经历40周后呱呱坠地，又经历了14载的青春岁月，那个小小的受精卵就成长为了在座的你。可是同学们也许并不了解，14岁是一个神奇的阶段！可以这样说：14岁的你们是登峰造极的武林高手，各项功能都全面升级。这意味着你们已经开始全面进入青春期。"

第二模块——青春期。

14岁，男孩们长高了，身体变得更加壮实，大脑更发达了；14岁，原本清秀的小男生开始长胡须、喉结突出、体毛增多、变声等，"第二性征"出现了。面对青春期出现的各种生理变化选择"既来之，则安之，必理之"，让生理变化在健康而科学的指导下顺利完成。捅破这层窗户纸后，看似神秘的青春期其实并不那么神秘，不过少了一份神秘的青春期却又多了另外一种变化。处于青春期的青少年心理上不知不觉发生了变化。有的性情忧虑、暴躁，对看不惯的事容易发脾气；有的人悄悄滋生了青春的悸动，心仪某个女生，心里念念不忘，却又羞于开口，总是这样没有结果地折磨自己，更有甚者还做出了过激的举动，同时也标志着气质的明朗化。换句话说，儿童时代的思想、气质、言行都越来越走向成熟，有了自己鲜明的个性，迈向青春。

第三模块——青春期的叛逆。

成年人的思维系统和初中生标新立异的APP不兼容，所以经常会出现一言不合就闪退的现象。向往校园外丰富多彩没有作业的世界，向往万能的网络世界，向往激动人心、让你欲罢不能的网游，向往YY小说中无所不能的新新人类，就这样，慢慢迷失了方向，学业成了副业，把更多的精力投注到了一些所谓的自在中。随着生理和心理慢慢成熟起来，自尊心增强，独立意识的小宇宙也瞬间爆发，对很多事情有了自己的认知和见解，喜欢另辟蹊径，只不过有时同学们的行为得不到家长和老师的认可，得不到自己想要的美好的结果，于是开始觉得大人们不懂你的心。这时候，情绪就像坐过山车一样，不再是一年半前听话的孩子了，变成了所谓的"叛逆期"宝宝，虽然宝宝们心里苦，但宝宝们觉得和大人们沟通不来啊，慢慢地变得和父母之间能说的话越来越少。

第四模块——青春期的悸动。

都说青少年的心好比长江的水、秋天的云，变幻莫测。因此，心理学家们把这段时期称为"急风怒涛"期。男生女生之间互生好感那是人之常情，这说明两个人身上都有令人欣赏的地方。只不过校园就是这样一个充满传奇的地方，可能正在配合完成一项任务的男生和女生，接触多了一点儿就可能会被其他同学误以为两个人之间有了特殊的友谊，于是误会、谣言随之而来，结果那个男生和女生再见面时好尴尬，友谊的小船就在风言风语中被迫打翻。

结尾时的那首小诗至今我依然记得，我相信我班当时参与课程的同学也一定不会忘记"青春是与柒个自己相遇"：

一个明媚，一个忧伤；

一个华丽，一个冒险；

一个倔强，一个柔软；

最后那个正在成长。

不要仰望别人，自己亦是风景。

男生教室的隔壁，与我"并肩作战"的杨老师正陪同两个班级的女孩们同样被全新的知识洗礼着。团队化教育在此时发挥了巨大的作用，不知道女孩的教室里具体讲了些什么，只知道下课后，女孩们回到班级里纷纷表示要自尊、自爱，保护好自己，并且要好好爱妈妈……

我觉得一节课的教育成果能如此，这节课便有了真正开展的意义。育才双语对学生的教育不仅仅局限于应试教育下的课堂，更多的是让学生感受成长，有更全面的发展和更健全的人格。

那一周学生在周记里这样写道：

一路上会有许多美丽的鲜花，不要因为见到一朵花而误了前进的班车。第一朵花可能是特别令人心动，但它不一定是最好的，放开自己的视野，接受更多的信息，获得更大的收获。记住一句俗语："冬天酝酿、春天播种、夏天成长、秋天收获。"在适当的季节做适当的事。花季是美好的季节，但绝不是成熟、收获的季节。美好的情感需要合适的土壤和丰富的养料。

面对学生青春期的到来，家长的惶恐，学生的茫然，都需要学校正确的引导和沁入心灵的教育。青春的到来是自然的、正常的，无论是学生还是家长，或是社会的舆论，都要欣喜而自豪地迎接它。青春期的身心变化对每个人来说都是公平的，不一样的是学生时代选择以怎样的方式去度过。

通过这样的"请进来"综合学习课的方式，让家长走进课堂，和学生心贴心地交流，让学生感受到的是来自家长和学校对他们的理解和温暖的关爱。愿我的孩子们学会自控，愿他们在今后的成长过程中担当责任，愿他们懂得自尊自爱，愿他们青春路上走得顺畅而精彩。

给阳光一张镜片

学以致用，享受知识——分门别类的选修类课程

右边这幅漫画是我在查阅资料时偶然之间看到的。当我看到这幅漫画时，我停下了手里的工作，呆呆地看着它，陷入了深深的思考当中。教育的目的是什么——为天地立心，为生民立命，为往圣继绝学，为万世开太平。我们做到了吗？本来个性十足、兴趣迥异的学生，怎么变成了一个模样？这样的教学还是教学吗？我应该怎么做？所有的种种让我迷茫。我不是教学机器，我是他们的教师，我有对教育的热忱，我有为学生未来奠基的责任。基于这些想法，我想为学生做点什么，所以在学校让我编写校本选修教材时，我欣然接受了。

我们都知道，青少年时期学生的想法是天马行空的，是没有被条条框框所束缚的，是最具创造力和想象力的，因此也尤为珍贵。但同时也是最容易被无意之间压制甚至于被泯灭的。所以在其想象力、创造力没有褪灭之前，如何使之能够保持甚至重新激发就变得至关重要了。其中的关键在于使其个性发展不被约束，进而发展他的兴趣和特长。这也是我编写物理选修教材的初衷。

爱因斯坦说过"兴趣是最好的老师"，只有对知识有了兴趣才会发现问题，提出问题，知难而进。也只有学生有了兴趣，学生有了对问题解决的追求，有了对获取知识的渴望，教师培养学生创新思维的能力才能落到实处。为此，我们提出的以激发学生兴趣、培养学生创新能力为目标的《创意DIY》校本选修课程开始了。

校本选修教材的编写植根于学生，学生接受的、能够为学生带来益处的才是我们所需要的。因而，我并没有急于编写，而是搜集适用于初中的选修资料，整理出来，在每周一次的选修课上，同学生一起努力试验，一起改进，选出最佳选项。例如"力学就在身边——A4纸的承重"这一主题，在选修课堂上，我发给每个学生一张A4纸，要求是可以发挥你的想象力，把这张A4纸做成各种形状，使之能够承受最多的重量。很多学生可以说不屑一顾，甚至有的学生直接把A4纸平铺在桌面上，说他的方案是最好的，可以无限增重，只要桌子能承受。好吧，这也是一种创新思路，根源在我没有把要求阐述清楚。所以为了更好地发挥他们的创意，我借鉴了《异想天开》节目当中的要求，让学生实验、操作。这下学生明确了要求，反而思维更加发散，设计出了各种各样的形状来进行实验。有一位同学的设计很有想法，他拿过来两摞书，中间隔开一定空隙，把A4纸弯成拱形，放在空隙当中，形成了一座拱桥，在拱桥上最大承重可以放一本物理教材。于是我问他：赵州桥能承担的重量可是更多呢，你有没有方法让你的拱桥能够承受更重的物体呢？他思考半天，开始有意地调整纸拱桥的宽度、弧度等各个参数，乐此不疲。我会心一笑，走开了。课后，纸拱桥设计方案就纳入到我的编写当中。在选修课的实践当中不但学生的创新能力得以施展，同时也丰富了我的素材库，让我有的放矢，我想这就是教学相长吧！

　　实际上，这样的情况有很多。记得那是在2013年的春季，我在给七年级的学生上选修课，正好是热学部分。主题是中国古老的蟠璃灯的制作，由于学生年级较低，我并没有过多地涉及理论内容，而是注重于兴趣的培养，所以只是简单介绍了一下原理，而更多的是在怎样制作上浓墨重彩。课下，一位周同学拦住了我，非要让我仔细地介绍一下蟠璃灯的工作原理。在详细地介绍之后，他问道："老师，这种蟠璃灯只能是用来观赏的吗？有没有其他用途呢？"我眼前一亮，我喜欢这个问题，不禁问道：你认为它可以做什么呢？实际上蟠璃灯的原理应用颇广，大型的蒸汽轮机就用到了它。"我回去再想想。"他是这样回答的。

在下周的选修课上，他带给我一个巨大的惊喜。他带来了一个关于蟠璃灯的小发明。实话说，第一眼我并没有看出来他的发明作用所在。但当他点燃蜡烛，蟠璃灯的扇叶开始转动，带动了传动装置运转，一个苹果的表皮被削掉了。虽然效率很低，耗时良久，但这是一个很好的创意。演示之后，周同学自信地回答道："老师，蟠璃灯可以当成一个动力装置，带动机器运转，我试了很多次才行的，但就是太慢了，蜡烛着完了，苹果还没削完。"说完，自嘲地一笑。我喜欢他的创意，更加喜欢他的钻研。我带着欣喜问他："为什么慢呢？""是转得太慢了。"他如是回答。"你想到什么解决方案没有？"我乘机问道。"还没想好，动力始终不够。""有没有试试电力装置？"我指点道。好了，由热学转到了电学，他的下一步研究方向有了。果不其然，在两周之后，他把蟠璃灯动力装置换成了一个小马达。嗯！这次好多了，在电池耗电完毕之前，苹果削好了。

那个苹果格外香甜，我至今还记得那个苹果的滋味，是钻研的味道，是创新的味道，是成功的味道。2015年，他考取了少年科技大学，在回校探望老师的时候，他恭敬地给我鞠了一躬，说道："感谢老师两年的教诲，感谢老师的指引，我现在考取了少年科技大学物理专业。"为人师的快乐莫过于此了吧！

校本选修课的逐步实施在学生中引起了很大的反响，一些对物理有兴趣的学生积极地参与进来。但是这种创意性的课程在实际教学中不适合大班制，每个班最多15个学生五组就已经是极限了，不然教师无法给予更多的建议和指导。为此，我们又让物理组教师全员参与进来，每个人负责几组学生。

学生的参与热情很高，他们的小制作小发明天马行空，极有想法：有奇形怪状的潜望镜，有防不胜防的自动投石机，有实用性较强的报刊接收箱等等，不胜枚举。甚至有学生利用电磁继电器做成了保护足踝的关节装置。真是让人惊喜连连。

惊喜之余，不禁反思：我们的《创意DIY》究竟带给了学生什么？

我们开设《创意DIY》，覆盖了整个初中，强调学生通过探究活动，学习思维方法，增强探究意识和创新意识，发展综合运用知识的能力。在课程的设置中体现出活动的趣味性、切实性、知识性、系统性、层次性和可操作性。

就像前面所说的，学生总是能带给我惊喜。在惊喜的背后是学生在不停地思考，不断地改进，而这些都需要兴趣作为内驱力，使之在失败之余仍能坚持下去。可以说，通过选修课的实践，学生的兴趣得以激发，性格也得以塑造，这也是意外之喜吧！

每一个节日，都是一段历史

溯源固本，求知求传——丰富多彩的教师大讲堂

多年以后，当我回忆起2012年4月3日，我站在东北育才双语学校国际报告厅讲台正中央向台下的数百名师生讲述清明节的孝道内涵时，我依然感到那是我生命中值得珍惜和铭记的时刻。我很荣幸受邀以主讲人身份参加了那次有重大教育意义的德育活动。活动之后，包括我在内的很多人对清明节有了全新的认识。

我的思绪慢慢飘回2012年初春的一个午后，德育处佟主任来到初三年组找到我，与我谈起清明节主题德育活动的构想。佟主任非常亲切地向我介绍了过去几年清明节主题活动的概况，她希望2012年的活动能有所创新，在介绍清明节由来的基础上能更加突出清明节的文化内涵。双语学校的德育活动素来以高品质著称，初次接受这样一个重大任务，我唯一的想法就是要尽全力把这个活动设计好。

根据佟主任对清明节内涵的启发性指导，我通过网上查阅资料很快确定了活动的主题是"弘扬清明文化，传承孝道美德"。在得到领导的首肯后，我开始搜集各类素材：从古人的习俗到时下社会热点新闻，从古诗名句到现代漫画，相关的素材积累了很多。可是，还缺少一个震撼人心的亮点。我苦思冥想，在夜不能寐的时候想到了用一首原创歌曲来表达子女应当及时行孝的教育主题。在这个灵感的启发下，我找到了最恰当的歌词创作者：双语初中毕业擅长古风创作的董文希同学。当时，她正在31中学紧张地备战高考。我联系到她，给她讲了一个子欲养而亲不待的故事，请她根据这个故事创作一首歌曲。时间短、任务重、难度大，但是董文希同学以双语毕业生特有的高效率经过一周左右的创作，包括填词、配曲、录音一气呵成。当我拿到这首歌时，我知道讲座已经成功了一半。

我把这首歌作为活动的序曲，在主持人上台之前循环播放，让进入会场的师生第一时间就被大屏幕上的歌词所吸引。这首歌曲调一叹三咏，作词优美，所表达的情感真挚动人，歌词如下：

又逢清明雨

曲：神思者 river　词：郭回

【案】父母在，不远游。游必有方。

水波万里苍茫烟

江上一叶扁舟湮

归时浪卷 暮云长春山远

漂泊经年时如箭

白发三尺换朱颜

愁眼看花 空飞红迷万点

自古少聚多离散

桃花憔悴人不见

昔年音容　倏忽间变万千

走马章台曲池馆

帽插珠花琼林宴

不及当年　青草漫飞纸鸢

犹听人言　欲养亲不待　一笑做虚诞

人是非　对错谁能分辨

物是人非　自知心有愧　临风长怀缅

空嗟叹　形神灭落黄泉

谁知别意彻骨寒

谁看红尘华万千

今我旧我　往事是否如前

此情可待成追忆

只是当时已惘然

不见旧年　烟雨中共纸伞

"清明的雨，把永远的唐诗宋词化成了清新的生命水墨；清明的风，把生命的春暖秋寒燃成了岁月澎湃的激情。时间一转角，进入四月的长廊，触碰到了一个忧伤的时令——清明。"

主持人徐明让同学清脆悦耳的声音在报告厅上空回荡，根据事先彩排约定，该轮到我上台了。为了与这个庄重的主题相吻合，我特地穿上一身黑色的中山装。

接下来的半个小时里我向听众们讲述了清明节的由来，与学生们互动朗诵了杜牧的名篇《清明》，欣赏了张择端的《清明上河图》，赏析了诗画作品中的情感对立，由此引出我们究竟应该怀着怎样的心情去度过清明节这样一个思考题。我给出的答案是身怀感恩之心过清明。因为后人对祖先的怀念与爱使我们怀有感恩之情。接下来的环节我围绕着孝道播放了与之相关的视频和图片，看着同学们专注的神情和湿润的眼角我及时抛出了这样几个问题：第一个问题是有谁能记得父母的生日？出乎我的意料，大多数同学骄傲地高举起手。主持人徐明让及时递上话筒，每一个同学的回答都获得了经久不息的掌声。我又问道：今天同学们回家能对父母表达你对他们的爱意吗？全场异口同声：能！这时我的眼光扫过教师席，看到一群青年教师坐在那里，他们也是尚未独立组建家庭依然生活在父母身边的年轻人啊。于是我有感而问：老师们回到家里也能向父母表达你们的爱意吗？老师们充满激情的回答赢得了学生们最热烈的掌声。在所有播放的照片中，有一张是我亲自拍摄的。一个偶然的机会，我在路边看到一个小贩，炎炎烈日下他打着赤膊，后背上文着"终身难报父母恩"几个大字。我猜想他是一个有故事的人，我向他介绍自己是一名教师，想把他的文身作为教育素材给学生看，在征得他的同意后我拍摄了他的背影。看我放出这张图片很多同学陷入了沉思，也许孩子们第一次在认真思考他们与父母的关系。活动进行到这里，同学们已经理解了清明节提倡孝道、关爱父母的内涵。可是，如何把感恩之心转化为向上的动力？如何把这种一时的感动变成源源不断的力量之源？我决定根据我的所见所闻给学生们讲一个故事。2010年我去本溪二中听课时该校领导给我讲了一个优秀教师和他优秀班级的真实事迹：该青年教师接手一个新班级后居然拿出整整一个月时间对学生进行感恩教育，不惜耽误教学进度。起初领导不满意，家长不理解，但是一个月后是见证奇迹的时刻。该班同学开始用刻苦学习来回报家长和老师们的恩情，他们的学习完全从自发变成自觉。曾经有一只老鼠从该班前后门穿过，追随而来的一只猫也从同一路线穿过，猫鼠追踪的游戏很精彩，却没有一名同学受到影响，他们都在专心学习。因为他们心中有对父母深沉的爱，所以他们能够屏蔽外界的干扰。有这样的班主任，有这样的同学，他们取得再大的成绩都不足为奇。我认为，感恩出成绩，感恩出人才，感恩是第一战斗力。我把故事讲给双语师生听，我非常希望育才的学子也能肩负起父母和老师的嘱托，在求学之路上努力拼搏。最后，我对同学们致以最美好的祝福。

这次活动现场气氛热烈，在全体教师的努力下学生们积极参与活动其中，受到孝道文化的深刻洗礼，以至于多年以后，这一届的学生升入了双语高中再次见到我时会主动与我谈起那次活动，他们希望再听一次《又逢清明雨》。这时的学生真正长大懂事了，他们一定理解了父爱如山母爱如水的含义。我一直认为教师开展一次德育活动的成败得失标准不在于当时现场有多少欢呼有多少泪水，而在于多年以后是否还有人记得你所讲述的道理。教师是学生孝道的引路人，我们不仅传授知识，还要教给学生做人的道理。我坚信，初中历史课堂是爱国主义教育的重要阵地，是学习和继承中华民族传统美德的大讲堂，是历史教师引领学生走进传统文化之门的必由之路，是学生充分参与、切身感受并汲取传统文化精华的场所。一届届双语学子将从历史德育课堂走向现实生活，感受历史并弘扬民族文化之精神。

2012年4月4日清明节，我踏上了返乡的列车。几经周折，在乡间的泥泞中跋涉了三个小时后，我第一次来到陈氏家族的墓地前，祭奠先祖。在通向山顶的缓坡旁，松林蔽日，山鸟雄飞雌从，我不禁想起李白的名句："光阴者，百代之过客也，浮生若梦，为欢几何？"

2012年早已远去，董文希同学在第二年以铁西区理科高考状元身份被中国科技大学录取；2017年，当时与我同台的主持人徐明让同学考上了东北财经大学。而我，扎根在这里，时刻准备着再次登上讲台为同学们讲述节日中的历史与传承。

四、精研深究，泛学成长——教师培养课堂建设

也曾在40多双渴望的小眼睛的焦点中不知所措，

也曾苦思着如何化繁为简地架构好求知的桥，

甚至也曾迈出过下课铃响前落荒而逃的脚步。

随着学校阶段的培养，

前辈细心的指导，

自身不懈的修炼，

在适应着教师这份社会角色的过程中我没有走弯路，

一节又一节的课程设计，

一场又一场的备课教研，

助我由上完课进步到上好课，

助我由把握分秒进步到把握情绪，

助我由解决难题进步到预知难点，

曾经艳羡着弦歌讲学的夫子，

曾经艳羡着教学相长的理想共鸣，

而今随着成长，

随着自己"一桶水"的逐渐充盈，

也愈发有着斟给弟子们那"一杯杯水"的自信。

让课堂充满"阳光"

自修悉讨，阶梯培养——名师工程

每个人身上都有太阳，只要让它发光。

——苏格拉底

充满灵动感的课堂就是要最大限度地开发"光源"，使学生光热无穷，激情不断。

2003年10月全国人大代表、华中师范大学教授、博士生导师、武汉市教育局副局长周洪宇发表了《我的阳光教育论》。周教授指出：

阳光教育的提出是针对我国的学校教育和家庭教育中存在的缺陷和弊端提出来的，也是适应当前正在深入开展的教育教学改革，特别是课程改革和教学实验的需要提出的。周教授认为：

所谓"阳光教育"，就是教师和家长用爱心来关怀、理解、激励孩子，使他们成为性格活泼、自强自立、合群合作的一代新人的一种教育。使自己阳光，给学生阳光，让大家共同阳光，是"阳光教育"的核心理念。

从教30多年来，我深信好的课堂必须要到生命里去。我主张课堂要"从生活中来，向生命里去"。一切没有进入灵魂的东西，没有进入思想和精神层面的东西，都是肤浅的、表层的，都注定没有和自己的知识体系和结构产生碰撞，因而也不可能整合到自己的认识世界里去。这个时候，课堂看上去轰轰烈烈，但是，生命不在场，灵魂不在场，真正的教育并没有发生。从教生涯中，我经历过传统课堂、常态课堂，尝试过优质课堂、有效课堂、高效课堂，在不断的探索、实践、改进的过程中，我发现，只有教师积极地改变教学方式，课堂上让学生自主学习、合作探究、勇于尝试体验、展示自己，这样教育才能帮助学生激发他们的潜能、提升他们生命的质量、帮他们确立阳光心态，帮他们收获生命成长过程中所有快乐成功的体验。这样的课堂才是"阳光课堂"，是有魅力的课堂。构建"阳光课堂"是教育发展的需要，是学校发展的需要，是生命个体成长的需要。

一、我心中的"阳光课堂"

我把追求"阳光课堂"当成一种品质，让学生在"阳光课堂"中快乐成长，让教师在"阳光课堂"中走向超越，让学校在"阳光课堂"中勃发生机。

1."阳光课堂"是充满温馨、悦纳博爱的课堂。

"阳光课堂"，是充满温暖关爱的课堂，在这样的课堂上，教师关爱每一个学生，课堂无忽略、无角落、无放弃。在课堂上对学生的关爱与悦纳集中表现于老师亲切和善的教态、生动幽默的语言以及鼓励的目光、神情、手势等体态语言的运用。通过对学生的了解、欣赏与鼓励，融洽师生关系，激发学生的学习热情，使学生在愉悦的情绪情感体验中，形成了良好的学习状态，学生有充分的参与与展示的机会，课堂有师生真诚的帮助。

2."阳光课堂"是崇尚简约、拒绝烦琐的课堂

课堂教学中的浮躁、繁琐、虚假等形式主义费时低效，"阳光课堂"崇尚教学简约的本真之美，还教学朴素的本来面目。追求简约的课堂艺术，更需要教师用创新精神、教学智慧来驱散遮蔽阳光的繁杂。在教学手段、方法、教具、设备的选择与使用上要尽可能做到实用高效，更表现在教学总体思路的设计与把握上：在教学目标维度取向上，不求全面开花，而是找准一个方面进行重点突破；在教学过程的预设上，找准牵一发而动全身的"点"来带动"线"和"面"。

3."阳光课堂"是充满智慧与快乐的课堂

"阳光课堂"是学生实现人生价值的宽松和谐的环境。学校课堂将充分发挥学生的主体性作用，师生的智慧在碰撞中升华，教学目标在交流中达成。课堂有合适的广度与深度，在理论与实践、发散与集中、收获与创新的往复中锻造学生思维以及动手能力，过程方法与结果相生相伴，独立与合作贯穿始终，预设的确定性与生成的非确定性相辅相成，改变传统的教学方式，积极倡导自主、合作、探究的学习方式，把课堂变为师生对话交流、快

乐成长的地方。

二、我的数学"阳光课堂"

我的"阳光课堂"从四个方面进行构建，即：追求朴素，还原数学魅力；追求深刻，提升数学思想；追求简洁，优化呈现方式；追求灵活，调整动态程序。

我追求的"阳光课堂"就是让阳光充满课堂的每个角落，把课堂还给学生，把时间还给学生，把发展的主动权还给学生，让师生在创新中、成就中体会到幸福，让"阳光课堂"变成有效的课堂、和谐的课堂、快乐的课堂、智慧的课堂。

在我的数学课堂上，我追求回归数学课堂的本真，引领学生会学、乐学、爱学。课堂不要出现只有教师一种思路，让学生有了想法就可以自由表达。可以为了某个问题争论得面红耳赤，可以有超越老师的解题方法和技巧的交流。在我的数学课堂上，我注重学生自我意识的改变，让学生的学习态度由被动回归主动。学生在学习过程中积极思考，敢于质疑，乐于表现，参与课堂学习的情绪高涨。在课堂中，出现一个个矛盾点，也正是学生思维大风暴的体现。课堂上，我抓住探究的重点，放手让学生进行大胆的探索和操作，激活学生的思维，再将学生生成的问题抛给学生，学生满腔热情地再次投入到探索活动中。因此，学生发现问题、解决问题的能力得到很大提高，学生的数学思维也变得更加开阔，学生个性得到了充分的发展。我的主导思想是把课堂还给学生，让学生真正成为课堂的主人，培养学生自主学习的习惯和自学能力，把学生的潜能释放出来，为他们将来的终身学习和长远发展奠定坚实的基础。

1. 教学情境设计巧妙——阳光初升

学生的学习是认知和情感的结合。每一个学生都渴望挑战，渴望挑战带来的成功，这是学生的心理共性。我经常设置有趣味的、探究性的设计，极大地激发了学生的学习兴趣和探究的欲望，学生们在自然、愉快的气氛中享受着学习，为学生后面知识的学习、问题的探究做好铺垫，为学生提供挑战的机会，营造阳光初升的学习氛围。

2. 变式思维的培养促进知识的迁移——阳光乍现

在课堂中，我注意对学生进行数学思维培养，引导学生把握解题规律，重视学生变式思维，一题多解、一题多练，一个问题从多个角度去认识、理解，从而达到在传授知识的基础上使学生的能力得到培养的目的，这种变式教学对学生具有挑战性，所以学生的学习兴趣大，再加上题目具有一定的梯度，所以学习的积极性非常高，让每个学生都享受到阳光，有快乐的感觉，从而极大地提高课堂教学效率，也培养了学生严密的逻辑推理能力和正确演算能力。在思维碰撞的火花中，让每个学生都有思维阳光乍现的机会。

3. 突出学生的主体地位——阳光闪耀

突显"教师以学生为主体，学生是数学学习的主人，教师是数学学习的组织者、引导者和合作者"的教学理念。在了解基础知识的基础上，提出问题让学生思考，指导学生去归纳、去概括、去总结，让学生先于教师得出结论，充分发挥学生的主体作用，让学生找到学习的幸福感，然后再以有效地引导学生自主学习、合作交流的教学模式，让人人学有价值的数学，不同的人在数学上得到不同的发展，不仅体现了新课程的教学理念，更让每个学生的思维都能阳光闪耀。

4. 融洽师生互动环节——阳光灿烂

在数学教学中，我根据学生的心理发展特点，力争改变枯燥、呆板的课堂教学模式，从而培养学生学习数学的兴趣，激发孩子的求知欲。我以自己的工作热情去感染学生，作为教师先投入到课堂，感受数学教学的魅力。课上学会等待，学会倾听，俯下身去，走到座位，和学生平等交流，让学生敢说、乐说，在轻松愉快的氛围中学习、质疑。用精练、丰富的数学语言和课堂语言去演绎自己精彩的数学课堂，用幽默诙谐、符合学生个性特征的鼓励性语言去评价学生，让每个学生在学习过程中都露出阳光灿烂的微笑。

5. 注重小组合作的学习方式——阳光普照

注重加强小组合作学习，让学生通过明确分工、协调配合，对学习内容进行充分的实践和探究，让学生自己找出答案或规律，培养学生的合作探究能力，体现探索性的教学过程。通过与学生的主动交往，掌控小组活动的进程，增加了合作学习成功的概率。学生在教师留给的合适的学习时间与开放的研究空间里，在师生互动、生生互动的过程中，互相切磋，共同提高，充分发挥主体性和积极性，必然达到知识、技能、情感态度与价值观方面的互相影响，互相启迪。在合作学习的整个过程，我主动成为学生"学习的导师""合作的伙伴""交往的对象"。我用自己知识结构、智慧水平、思维方式和认知风格方面的实践经验，解决学生随时都会出现的意外的问题发生，保证活动的顺利开展。小组在合作学习、合作研究的过程中，逐渐形成互相谦让、互相学习、互相激励、互相帮助等良好的研究氛围，让每个学生都沐浴在阳光普照的学习氛围中。

三、我的"阳光课堂"理念输出

阳光教育是素质教育的一种弘扬，一种实施方式，阳光教育的实施，是用阳光的理念，培训阳光教师、培养阳光学生、打造阳光课堂、开展阳光评价、构建阳光体系，关注师生在校的生命质量，为孩子的终身发展负责……阳光教育理念下，育才人才能用生命温暖生命，用生命撞击生命，用生命滋润生命，用生命灿烂生命。我们有理由相信，自信、自强、自豪的育才精神定会尚新、尚善、尚美，伴着课堂上阳光的温暖走向新的辉煌！

1. 聆听窗外的声音，推广"阳光课堂"理念

外出学习归来的老师汇报，让我们知道了洋思中学"先学后教、当堂训练"的堂堂清的课堂教学模式和杜郎口中学六年磨一剑的"三三六"课堂教

学模式，来自外面课改的精神让初中部的老师为之振奋，纷纷加入模仿其创新的课堂教学改进中。但学校的办学理念不同，教学目标不同，学生不同，很快大家就意识到盲目模仿不能前行，只有适合自己学校的课堂改革才有生命力。在活动中学习、在探究中学习、在对话中学习、在反思中学习、在评价中学习的"阳光课堂"，这种以"活动式"为主的课堂教学模式，给学生提供更多的表现的机会，给学生提供更多的充分交流合作的机会，给学生提供更多可自由支配的时间和空间。构建"阳光课堂"教学的倡议立刻得到了老师的普遍响应。

"阳光课堂"，就是让每一位学生在课堂上都获得属于自己的幸福感，学得轻松、快乐，并学有所得。初中部通过"三个提升、两个修炼、一个模式"来构筑初中部的"阳光课堂"。"三个提升"即要求教师"提升素质，提升学识，提升魅力"；"两个修炼"即要求教师"修炼自己的语言、修炼自己的气质"；"一个模式"即"阳光教学模式"，从人本主义出发，以"多元互动"为手段，以"小组合作"为形式，具体操作流程为：情境导入，激发兴趣——揭示目标，认知导航——自主学习，解惑质疑——互动探究，拓展提升——成果展示，共享快乐——检测评价，激励发展，真正彰显学生在课堂教学中的主体地位，开展了具体的常态课堂改进工作。

2. 加强教师职业道德素养，储备"阳光课堂"教学的热度

教师是课堂活动的组织者、引导者、点拨者，学生是课堂的主体。如果把学生的学习过程比作演员在舞台的表演，那么教师就是整台戏的"导演"。教师对学校有一种心理上的归属感，对工作产生幸福感，对自身专业发展有激情，使全体教师积极地投入到工作和学习中去，就能形成以"阳光心态"为核心的师生关系新体系。教师变得阳光了，课堂就会阳光起来。教学处组织积极开展教师"阳光论坛"，坛坛都是美酒，在这个平台上，教师谈教育，谈人生，谈幸福！提倡多读书，读好书，开展读书报告会，积淀教

师的文化底蕴和内涵。在这个活动中，教师们学习《教师的礼仪》，交流《做一流的教学能手》，感悟《积极心态的力量》，反思《第56间教室》，讨论《幸福的方法》……教师们以积极的心态、得体的教态，高超的教学方法，感悟着"阳光课堂"的幸福味道。

3. 典型课例研究，深化"阳光课堂"构建

通过以"阳光课堂"为主题的典型课例研究，各个教研组、备课组采取备、上、听、评、研、改等一系列课堂改进活动，研究"阳光课堂"设计方案、优化"阳光课堂"活动设计、改进"阳光课堂"教学环节、改变"阳光课堂"教师定位、细化"阳光课堂"教师用语、凸显"阳光课堂"学生地位，不同课型的"阳光课堂"教学模式逐渐构建，在不同层级的公开课中展示、交流，逐渐走向成熟。

4. 抓好课题研究，加强教师"阳光课堂"理论支撑

提倡校本课题研究，形成人人做课题，课题研究工作化，工作方式科研化的良好气氛，提升"阳光课堂"理论。一方面通过课题研究，广大教师不断学习教育教学理论，提升理论修养和教学研究能力，最终提升实际教育教学能力，打造阳光课堂；另一方面，通过研究，为教育教学的一些热点难点问题寻求到了解决的策略，对一些有一定争议的教育教学方法，寻求到了理论的支撑，促进教师的专业向更深层次发展。从学生的角度反观课堂，促进教师自我反思，提升"阳光课堂"魅力。各个教研组积极行动起来，开展了一系列关于"阳光课堂"的小课题研究，比如：营造阳光氛围策略、呼唤阳光语言策略、探索阳光学习模式、塑造阳光个性等。伴随着教师实施"阳光课堂"教学"尊重人、发展人、完善人，为学生的终身发展奠基"作为"阳光课堂"的追求，确立了"在阳光下生活，在自信中成长"的育人理念，把"学会求知、学会做人、学会生活、学会创新"作为"四维"育人目标，实施自主课程、创新开发，通过多种教育元素的良性互动，构建课堂、家庭、

社会、自然四位一体的教育大课堂，培养智能并具有个性、和谐发展有所长的创新人才。

5. 开发"阳光课程"，完善"阳光课堂"校本课程体系

阳光课堂锤炼"阳光教师"，培养"阳光学生"，打造"阳光教育"品牌，凸显学校的特色发展，促进学校的内涵建设，形成学校独特的"阳光校园文化"。"阳光课程"立足满足学生需要、从课程出发、丰富学校内涵发展，推进育才办学特色的课程。以学科活动课程为依托，形成丰富多彩的阳光活动课程，促进学生的多元发展，为培养创新拔尖人才打基础。

四、"阳光课堂"改变常态课堂教学

阳光课堂创设民主、平等的课堂氛围，激活学生思维，激发学生潜能。课堂上师生的平等参与，师生、生生的互动合作，学习小组之间的交流和竞争，要让每个层次的学生都参与到课堂活动中来。借助现代信息技术手段，拓展学生探究、创造的时空。课堂学习和生活实际、社会现实、科学发展、艺术创造等多元互动，让学生跳出教材、走出教室，在社会、自然的广阔世界里探索研究，培养创新思维能力。创设多元化、动态化的激励评价机制，把学生个人评价和集体评价、即时评价和终结评价、社会评价和学校评价结合起来，促使学生主动、自觉学习。向传统的课堂发出了巨大的挑战，有效地改进了常态课堂教学，实现了课堂收益的更大化。

1. 优化了课堂教学

我们的课堂活跃了、精彩了、高效了。从理念到内涵逐步地从"讲堂"走向"学堂"，从"接受"走向"探究"，从"单一"走向"综合"，从"统一"走向"多样"……老师驾驭课堂的能力也逐渐增强，主导作用越来越恰到好处，课堂效率，尤其是学习效率真正地提高了。课堂上没有死角，少了厌学生，无论基础好坏，所有的学生都积极参与课堂学习的过程，敢想、敢说、敢做、敢问、敢评、敢教、从容、自信，真正成为课堂的主人。把微笑带进，

把鼓励带进，把赏识带进，把激励性的评价带进，把充分的知识储备和专业素养带进，把备课组的集体智慧带进，把阳光的育人理念带进，把先进的多媒体技术带进，逐步形成了主动、自主、合作、探究课堂授课方式。

我们的课堂最大限度地挖掘出学生的潜能，学生的文字、语言表达能力普遍增强，学生的形象思维、抽象思维、发散思维、批判思维等多种思维能力得到普遍发展，自学能力、探究能力、评价能力以及分析问题、解决问题的能力，尤其是综合素质都有大幅度的提升。

教师把新知识的初步把握通过自主预习放在课前完成，实现了师生课堂交流研讨时间上的最大化；课上提高了多媒体利用率，增设了课外参观、访问及研究性学习，实现了空间上的最大化。以小组为单位的座位模式和以汇报讲解、质疑讨论、教师引导、点拨、拓展、提升为主的课堂教学方式，让课堂上师生互动、生生互动的范围达到最大化；学生是课堂真正的主人，规律由他们自主发现，方法由他们自主寻找，思路由他们自主探究，问题由他们自主解决……这种自主学习的过程，让学生思维品质的训练达到最大化。40分钟的课堂上，学生要经历听、说、读、写、思、问、议、评、演等多种感官体验，各种素质和能力在潜移默化中得到有效训练，实现了课堂能力训练的最大化。

2. 转变了教师理念

"阳光课堂"教学更让作为教师的我们焕发了活力。教师的观念转变了，心态平和了，智慧丰富了，笑容增多了，交往和谐了、专业素养也提升了。年轻老师更谦逊、更成熟，年长的老师也更慈爱、更理性。更多的老师把工作作为需要，把辛劳作为乐趣。在形象上，教师的穿着打扮更得体，肢体语言更有感染力，激情饱满，幽默风趣，开朗乐观，昂扬自信；在行为上，教师学会了换位思考，欣赏他人，能够正确对待工作中的得与失。师生关系越来越融洽，教育方式越来越灵活，杜绝了打骂撑罚，讽刺挖苦，换之以笑容、关心、理解和激励。阳光教学使我们课堂高效起来、精彩生动起来，也使得我们的师生能带着兴趣、带着愉快的心情、带着成功的体验去经历阳光般的学习生活。

3. 改变了学生的学习方式

"阳光课堂"的构建，变化最大、受益最大的还是我们的学生。几乎所有的孩子都发生了变化。他们的生存状态发生了变化：脸上的笑容多了，行为规范了，性格开朗自信了，思想深刻了；他们的学习态度发生了变化：由被动变为主动，由旁观变为参与，由厌学变为乐学，由盲目变为有目标；他们的认知方式也发生了变化：课堂上他们不再仅仅是听者、答者，还是问者、说者……独立思考的内需增强了；他们的行为习惯也变了：变得文明，变得儒雅。在学校他们是阳光学生，在社会是阳光少年，在家庭是阳光孩子。

4. 创设了民主平等、和谐快乐的氛围

一个无拘无束的思维空间，能促进学生积极思维、驰骋想象，敢于标新立异。要重视形成平等、民主、和谐的课堂气氛。学生精神饱满，情绪愉快，思维活跃，教师传授的知识像涓涓的溪水，流进学生心田，潜入他们的记忆，化为他们的能力和良好的学习品质。学生在"动"中学，学中"动"，在"动"中创新、提升，完成知识的构建，生生互动、组组互动、师生互动、师师互动、学科互动等；互动的内容，来自课堂、校园、家庭、社会、自然等多元化的学习资源；在阳光课堂上，教师努力有意识地寻找教学内容与学生生活体验的契合点，让新闻时事充入语文、政治的课堂，让生活中的计算迈进数学的方阵，让身边的现象融入科学的殿堂，让自然界的声音唱进音乐的大门，让学校的草木走入美术的世界。拉近课堂与生活的距离，消除课堂与生活的重重隔阂。民主、平等、和谐、宽松的课堂教学氛围，让学生在学习中感受到求知的愉悦、创造的欣喜，成为师生共享的幸福旅程。

5. 促进了学科的特色发展

各学科教师结合学科特点创造性地进行教学设计，研讨"阳光课堂"的内涵与形式，探寻教学改革的有效途径，打造富有学科特点和教师个性色彩的"阳光课堂"。通过创设情境、资源整合、多元互动、评价激励等手段，让学生从被动接受式学习转化为"主动创新性"学习，进一步构建了以"小组互动探究"为主要形式，以"学、导、动、评"为核心要素的"阳光课堂"。通过课堂教学展示活动、组内教研等，为每一位教师创造了展示才华的舞台，使我们的教师在不断的锻炼中逐步成长，脱颖而出。各类教学展示、比赛，教学技能比赛，全面展示了教师的课堂教学风姿，整体促进"阳光课堂"教学效益的提高。各个教研组还在"阳光课堂"的基础上不断延伸，成功举办一届届学生喜闻乐见、陶醉其中的学科活动节。

6. 赢得了家长的赞誉和社会的认可

"阳光课堂"让每个孩子在学习中充满了好奇、乐趣，脸上的笑容增多，学习的压力减少，学业的负担减轻，赢得了家长的好评和支持。岗位练兵的沈阳市课堂教学展示中，初中部以"阳光课堂"为理念的课堂设计，教师阳光的表现让评委当场亮出了一个个高分，给教研员留下了一次次美好的印象，博得了观摩教师一声声好评，掀起了课堂教学展示的一阵阵高潮，再现了育才常态课堂教学改进的研究成果，肯定了"阳光课堂"的研究成果。

"阳光"是一种比喻，是一种企盼和追求，阳光教育是一种理念，教学活动的阳光化是阳光教育的核心。阳光快乐课堂是我们的追求。致力于"阳光课堂"的研究，就是要让课堂成为承载阳光教育理念的师生发展时空，让"阳光"充满课堂的每一个角落，让学生在课堂上真正发挥主体地位。

"赋学生生命成长以阳光、赋教师主体价值以阳光、赋学校内涵发展以阳光"，使课堂阳光快乐，是一项任重道远、永远也不会结束的教学工作。在课堂教学这片阳光天地里，在且行且思的行动研究中，我定会耕耘不止，行者无疆！

"深思"胜"多学"

同课异构，多维教学——百花奖竞赛课

2018年11月20日上百花课。这是我初次上百花课，不敢怠慢。内心忐忑的同时还有一些小激动，育才的百花课是育才教师展示自己教学能力以及自由体现个人见解的一个高水准的竞赛平台，每年一次，有百花齐放的意思。在育才这个大家庭中，每一个老师都有独门秘籍。我没有一点把握能在这个竞赛中占到"便宜"，这毕竟是在各位"大咖"面前去展示自己教学上的一些个人的想法，有一点班门弄斧的感觉，这些想法或许是不成熟的。育才的竞赛课绝不可以玩花架子，课堂上我能给予学生什么样的引导？这节课对于学生有什么用？我在学生们以后的数学学习中能扮演一个什么样的角色？这些问题让我彻夜难眠。我思考了如下几个问题：

第一，我要选择上什么课？当时我正在教初一上学期的课程内容，按照赛课规则应该按照本年级的课程进度"平行线的性质习题课"，习题课到底怎么上？没有定论，网上有一些相关的资料，但是可参考性基本为零。后来请教了同事们，有让我上一节常规的习题课的，以复习和应用知识点为主，有让我上一节以规范过程的课的。同事的建议确实是一节习题课应该完成的任务，但是这些并不是我想要的竞赛课。同事们所给出的建议也是一节习题课必须要完成的，应该要不露声色地融入到课中，这并不是我想要的主题。经过一天的思考，一个想法在脑海中逐渐清晰起来，我要让学生去体验数学，让学生用心去感受数学本身的魅力，我要让他们头脑中现阶段的知识变得"有用"。

第二，学生到底需要什么样的课？我的这节课应该先要得到学生的高评价才行，因为学生才是课堂的主人，于是我先在我教的两个班的学生中做了

调查，调查内容是这样的：什么样的课才是你们喜欢的？什么样的老师上课才能让你全身心地投入？什么样的数学课才会有意思？我这里用了一个词"有意思"并不是代表搞笑的，而是真正能让学生自愿地投入到本节课的学习中去，是因为这节课吸引住了他们，而不是因为公开了，他们不得不这样去"表演"，学生的反馈很快送到了我的办公桌上，学生们言辞恳切，能看出很想帮助他们的数学老师，我把他们的反馈用一句话总结一下：公开课一定要有内容，真正能学到东西，最讨厌内容空洞、只有形式的课。看来学生一定被"公开"过。

第三，数学课怎么上才能贴近学生的思维习惯？如果不是天生就对数学感兴趣的人看到数学都头疼，为什么会这样？这种现象和我当年学英语有一些相像，我学了都不知道有什么用，当年我们那个环境也不知道和谁去交流，于是我也对英语的学习失去了兴趣。为什么对数学感兴趣呢？也是因为在初一的时候老师上课给我们介绍了"穿衣之道"：什么身材人应该戴帽子？什么身材人应该穿短衣？女生的高跟鞋要穿多高才美？怎样拍出来的照片才好看？空调应该开多少摄氏度才最舒服？这些都和"黄金分割"息息相关，对于青春期的我们，我想老师是把准我们的脉了，那一节课听后顿时对数学的印象好感倍增，自己穿出来的衣服是全世界最帅的。我前边说的话是什么意思呢？我要做的事情是要让学生觉得自己学的东西确实有用，可以是在生活中有用的，也可以是在一些有技术含量的题上有用的。

第四，这节课具体应该怎么设计？设问或者产生疑问去驱动课堂才是最自然的，在习题课上单刀直入的方式去提问相关性质，一定会让学生感觉毫无兴趣，那如何让知识变得有用？需要我们的习题课和学生的认知相匹配才可以，讲解方式显然行不通。在11日晚上，坐在电脑前用"geogebra几何"录制微课的时候突然有了灵感，是不是可以借助于学校的智能化黑板利用"geogebra几何"从一个点在两条平行线之间不同的位置去连线让学生猜测相关结论，并在全班同学的共同讨论或者思考之下得到严密的证明。这些都是我提前的设想。

11月20日转眼就到了，课堂上孩子们对软件很感兴趣，没想到学生的学习能力和对新东西的接受能力那么强，在我简单的引导之后就有孩子大胆地到讲台上用"geogebra集合"去展示了自己的相关研究结果。在课上学生在解决平行线几个模型的证明的时候表现得非常积极。课堂上，他们有各种新奇的想法，会用三角形的内角和定理、三角形的外角定理，甚至多边形的内角和公式去证明课前提出的问题，学生对自己的方法很是自信。首先明确一下，学生用到的这些方法都是超纲的，超纲方法不算错但没有必要，但是这样的处理方法毫无数学美感，显得很笨拙。学生也没有得到相应思维的训练，仅仅是把提前学过的东西能够应用到具体的解题中而已。对于这种情况一般有两种处理方法，第一种方法：严格按照教材的编写顺序堵住学生的想法。第二种方法：顺其自然，让学生畅快地说出想法，必要的时候老师进行帮助。第一种想法显然不是我想要的，但是老师仅仅是点评了超纲的办法不算错，社会补课班又多了一些学生，没日没夜地去学习超纲的解题方法，又多了一个个"解题机器"。我在课堂上是这样处理的：首先让学生们一起来判断方法的正确与否；然后我再抛出问题，能否用我们的平行线的性质的知识来解决这样的问题，学生的答复是肯定的；最后，我让学生比较了两种方法孰优孰劣？学生的答复是现在刚刚学习过的方法更容易理解，也更容易想到。这样顺利地达到了我的教学目的，不是单纯地去推算几个公式，也不是仅仅帮助学生扮演过程，这些我也会做，但是我作为数学老师最大的作用不是这样的，我应该让学生体验到这些看似简单的知识的作用，不仅可以解决数学现阶段的一些习题，还可以通过不断的演化甚至竞赛上面的一些难题也轻而易举地得到答案，并且还可以给出严密的证明过程，这节课通过一系列的活动让学生去体验什么才是想法，去自主地找到解决问题的方法。本节课第一个亮点在于没有一板一眼地套用教材的处理方法，而是根据学生的实际情况去合理地编排了习题的顺序；第二个亮点在于，通过教材上一道习题的深入挖掘让学生切身体会到了平行线的性质具体的作用在于可以把位置关系转化为数量关系。

　　通过这节课的历练，我意识到教材的编者的意图有些时候被我们过度解读，而拘泥于教材，失去了教学本身应该具有的灵动性。在这堂课的设计之初我就没有按照教材的顺序处理问题，设计这堂课的时候我查阅了全国的不下7种教材版本，在这些编排顺序中也不一样，细细品味教材编写者的意图无非是要用一种学生最能接受的方式把数学思想或数学方法渗透给学生。这堂课虽然是以教材上的一道习题出发，但是并没有完全按照教材的难度和顺序去设计课堂，大胆地引入了苏教版的教材中的处理方法，同时也没有局限于用七年级上册的习题，而是用到了苏教版中八下的一些习题，还用到了公开课的克星"竞赛题"，为什么要这么做？我的想法是学生学习平行线的性质有什么用？除了让学生记住平行线的性质之外更应该记住平行的这种位置关系是可以转化为角之间的一种数量关系的，通过平行线或者作平行线把角的位置进行移动，这不仅仅局限于把角放到平面上的一个地方去处理，更多的是可以让角自由地在平面上移动，事实证明我这种处理方法看似天马行空，但是确实有效地让学生体验到了数学知识本身的魅力。

　　在以后的教学中，我要大胆地把这些想法和做法渗透进我的每一节常态课中，诸如小学数学奥赛中用到的一些思想方法也很适合我所实践的课堂理念。我也是渗透"深思"胜"多学"来实践这种教学方式的。

感受精髓，传承文化

同课异构，多维教学——百花奖竞赛课

"愿你在这里顽强拼搏，独自面对学习压力；愿你珍惜：珍惜宁静清雅

的校园；珍惜知识渊博、全力相助的老师；珍惜朝夕相处的同学情谊；珍惜这里高手如云带给自己的挑战与压力。愿你不负青春，不负韶华。"

"在你执笔书写你的初中画卷时，爸爸有些话要对你说，希望你能认同。一、不要怕苦，人世间总是苦乐相伴，没有苦你就不会体会到甜的味道，没有辛勤和汗水，就没有掌声和鲜花，"前途很远，也很黯然，然而不要害怕，不怕的人前面才有路"，这是鲁迅说的，很经典。二、要有梦想，人类因有梦想而伟大，也因有行动而实现。"

"希望你做一个独立、坚毅、勇敢、乐观的人；希望你做一个懂得爱和被爱，心里充满温暖的人；希望你做一个为目标而执着奋斗的人，为目标而尽力，越飞越高，成为一个更优秀的自己，成为国家的有用之才，实现自己的人生价值。"

这是我的学生家长们在"学生成长档案"中，写给自己孩子的"父母寄语"。只是一部分节选，还有很多。多少殷殷期盼，却不知道孩子们是否懂得；或者是即使懂得，又能理解多少。作为一位班主任又是一位语文老师，在感受着家长们对孩子们的期盼的同时，又思索着，该如何把这些期盼有温度地传递给孩子们。

机会就在眼前，部编教材七年级上册本单元的课文从不同方面诠释了人生的意义和价值，有对人物美好品行的礼赞，有对人生经验的总结和思考，还有关于修身养德的谆谆教诲，课文《诫子书》正是诸葛亮对儿子的教导。

于是我决定利用抓住这节课，让它不只是一篇文章，也让学生深入思想，领略文化。这节课我设置了两个课时，又恰逢学校组织"百花课"竞赛，在这里我仅探讨"百花课"中我所展示的第二课时。为了更清楚地展示我的思路，将教案的部分内容和课堂实录的部分内容融合在一起，介绍给大家。

我的导入以古人常用家信的方式教育子女引入，并提出问题：诸葛亮这样的一位智者，会在家信中教诲儿子什么呢？直接引入标题《诫子书》，导入自然，并直切"教学目标"中的"文体常识"。

接下来指导学生结合注释解题，这是"警诫儿子的一封书信"。让学生通过题目初步了解课文内容。

我介绍了这类警诫、教诲子侄后辈的文章的内容和特点，并以古人的说法解释古时的文章，借用东汉王修的"父欲令子善"评说诫子类书信的主旨，并以设问的方式继续引入诸葛亮写这封家书的目的："瞻今已八岁，聪慧可爱，嫌其早成，恐不为重器耳。"

为了让学生领略这篇文章的辞约意丰，本节课我的教学设计主要是"读思结合"。让诵读贯穿在整个课堂中，通过"五读"构成文章基本框架，一读，读出节奏情感；二读，读懂诫子内容；三读，读表达之美；四读，读出感悟：现代家书；五读，读出高度：家风对国风的影响。以读代讲，使教学目标一步步实现，使难度层级递进，使情感和思想步步生花。

一读，读出节奏情感。

由于之前已经讲过朗读节奏的停顿方法，在此通过提问的方式引发学生对这些知识点的复习，并在大屏幕上展示给大家。通过自由读和表演读的方式，让学生去发现读一篇文章仅有技巧是不够的，还需要体会文章的情感。然后再表演读和齐读去感悟。

二读，读懂诫子内容。

主要通过几个问题来启发学生的思维。第一个问题就是：从《诫子书》中可见，诸葛亮诫子要成为什么样的人？用文中的一个词概括。学生通过思考都能回答出是"君子"，通过前面的学习，学生都理解"君子"是"有才德的人"，让学生感受到诸葛亮开篇即以"君子"这样德才兼备的高标准来要求自己的儿子。接下来自然地引导学生思考诫子"怎么养德""怎么广才"，"养德"和"广才"的关系，从而明确文章中心"静以修身，俭以养德"。

重点探讨两个词——"静"和 "俭"，并设置讨论："俭"好像和现代人追求的"时尚""品牌"相冲突。"俭"究竟能不能"修身养德"？小组讨论激烈，他们自己又不断地思维碰撞，产生新的想法，引导思维不断深入，理解愈加深刻。将这部分课堂实录呈现给大家。

学生1答："俭"不能促进消费，不利于经济增长不是好事。

其他同学评价：那消费超过了自己的收入呢？

学生2答：不节俭就会没有节制地花钱，使自己入不敷出。

其他组同学评价：这是个人的经济状态，不涉及"德"。

学生3答：不节俭的话，自己的钱不够花，就没钱给孩子提供更好的教育资源，如果每个人都这样做，就影响社会的进步、国家的发展。

其他组学生评价：如果是从对社会和对国家的责任感来说，算是"修身养德"。

学生4答：不节俭就会逐渐导致奢侈，由俭入奢易，由奢入俭难，奢侈就会带来祸患，想要满足自己的无休止的欲望，一个普通人就可能去抢去偷，一个当官的就可能成为贪官，贻害百姓。

其他组学生评价：抢、偷、贪污腐败，从法律角度讲是违法，从道德角度讲就是缺德。可见，俭可以养德。

学生5回答：诸葛亮位高权重，按照古代的情况，他的儿子将来应该也是大官，对于自己和国家的发展来说都很重要。

针对文中的"志"，让学生思考后得出"接世"，并思考中国传统文人理想的人生规划。引用《礼记·大学》："古之欲明明德于天下者，先治其国；欲治其国者，先齐其家；欲齐其家者，先修其身。"后人将他浓缩为：修身—齐家—治国—平天下。由此可见，最高理想就是怎样成为经国济世的人才。而且它在历代士人的心中深深扎根。无数的志士仁人都胸怀天下，心系苍生，学生立刻举出例子：范仲淹"先天下之忧而忧，后天下之乐而乐"。再对比学生所了解到的身边的人的志向，一般都是"学习成绩好，考个好大学"或者"发财、升官"。联系生活，当我将古代仁人志士的家国情怀和身边人的狭隘目标对比时，孩子们在比较中感受诸葛亮诫子的"志"，不仅高远，而且高尚，也感受到人生应有怎样的崇高理想。

　　三读，读表达之美。

　　如此层次清楚的诫子思想，诸葛亮仅用86个字告诫儿子，也泽被后世，语言是思想的华丽外衣。再读《诫子书》，体会文辞的表达之美。学生讨论后明确：①本文好在音韵和谐。文章只有6句话，以对偶句和四字句为主，读来朗朗上口。当我们放声吟诵时，就能感受到文句的节奏之美，音调的抑扬之美以及由它们所形成的舒缓平稳之美。②本文好在结尾写得形象生动。"遂成枯落，多不接世"句作者运用比喻的修辞手法，把无所作为的人比喻为枯枝败叶，对社会没有任何用处。③"悲守穷庐，将复何及"句作者采用想象的手法，揭示了不懂勤学立志、修身养性的人的结局，说他们只能够悲伤地困守在自己的穷家破舍之中，空虚叹息，又有什么用呢？④正反对比。比如"静以修身，俭以养德"和"非淡泊无以明志，非宁静无以致远"。⑤双重否定句。比如：非淡泊无以明志。

　　《诫子书》字字珠玑，句句哲理，那么，会对"子"产生怎样的影响，这也是学生所关注的。于是设置了问题：那么长大后的诸葛瞻是否能如父所愿呢？了解历史的同学讲述了他所了解的诸葛瞻。诸葛瞻多才多艺，擅长书画，17岁时即被后主刘禅招为驸马，是备受蜀国人民爱戴的英雄。在他37岁时，邓艾率魏军攻蜀，兵至绵竹，诸葛瞻和儿子诸葛尚一起征战沙场，拒不接受邓艾的高官诱降，名垂千古。由此我做总结，可见诸葛亮对儿子的早期教育起到了重大影响，"善政嘉事"，"美声溢誉"，一家三代，国之栋梁，均为国义无反顾，鞠躬尽瘁，深为后人传诵。可以说这样的家风家训一路伴他成长。

四读，读出感悟。

《诫子书》成为后世历代学子修身立志的名篇。将普天下为人父者的爱子之情表达得如此深切。后人留存有多篇《诫子书》，有同学们熟知的《颜氏家训》《朱子家训》《曾国藩家书》《钱氏家训》等，这些优良家风的教诲，成就的是我们熟知的大家。家风家训代代传承，联系现实，我提出问题：在学生们的家庭中还有这样的诫子书吗？学生都摇头表示没有。然而令他们意想不到的是，我立刻在大屏幕上展示出了他们父母的"诫子书"。这便是文章开头我讲述给大家的"诫子书"。这些就是每天都摆在教室里的学生成长档案中的"父母寄语"，还有每周从学生的手上传递到老师手上的反馈单。我用事实告诉他们，其实还有，只是可能不是正式的出现，但它仍然在有形与无形中影响着我们。只是学生们未曾认真读过，未曾去深刻感悟。当我大声地朗诵他们的"家书"时，我看到了他们沉浸于其中，并感动于其中的眼神。这个环节的设计，使学生领会家长对自己的"诫"，感受家长对自己的期盼，体会"家风"的文化传承。

五读，读出高度。

孟子曾说："天下之本在国，国之本在家，家之本在身。"国家的仁德政治，都与家庭的风气、个人的修养息息相关，于是播放了节目《平语近人》中，习主席谈论家风家训的文化传承，让学生明白家庭是社会的基本细胞，家风正则国风兴，家风国风代代兴。

小结的同时完成板书绘图，用"静"和"俭"的方式打开"德"的窗户，然后迈出立志的步伐，踏上学习的台阶，跟上惜时的节奏，达到广才的目的，这样德才兼备，达到诸葛亮诫子的最高标准——君子之行，形成自己的家风。整理板书，最后呈现。

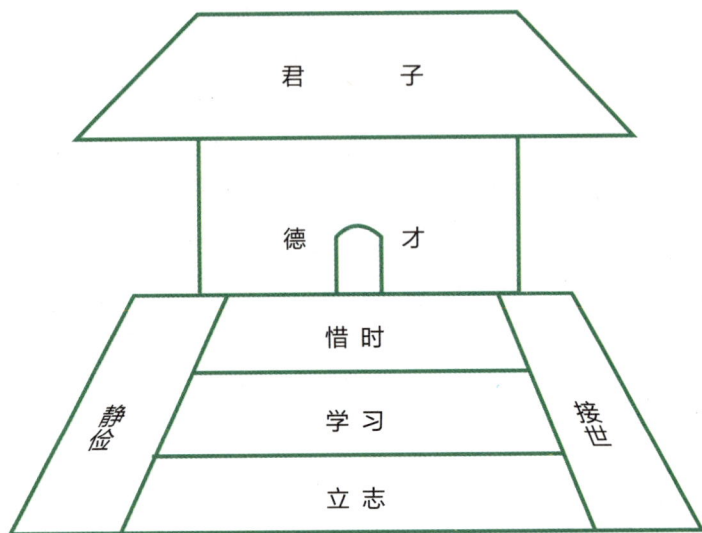

真正的智慧可以穿越时空，最后让学生带着对课文的理解，在诵读中结束本节课的学习。希望这些经典语句永驻孩子们的心中，伴其行走一生。

课文虽已讲完，但是余味未尽。反思我的这节课，我校提倡"努力打造学生体验学习，提升学生思维品质"，所以本节课以读代讲，以学生为主体，使教学目标一步步实现，使难度层级递进，使情感和思想步步生花，我努力将这篇名篇的"语文色彩"展示给学生们，同时又希望学生能看到它所闪耀着的思想光辉，并传承悠久文化。

一字一句总关情

同课异构，多维教学——百花奖竞赛课

中国是"诗"的国度。经典的诗歌浓缩了人类高度沉淀的情感，凝聚着人类高雅的智慧，拨动着一代又一代读者的心弦。

诗歌鉴赏，主要是古诗鉴赏与文言文阅读一道，共同肩负起检测学生古典诗文修养的重任。丰富多彩的诗歌命题，从多角度引领启发着我们的一线语文教学，对学生更是起到了陶冶审美情操、提高审美兴趣的作用。

与其他文学样式的语言相比，诗歌语言高度凝练，更值得反复咀嚼推敲，更需要吟咏品味的功夫。在鉴赏中赏析语言是最基础的一步，对于绝大多数中学生来说也是最重要的一步。中国诗歌多半是短小的抒情诗，一首诗里面的词语数量并不多，蕴含的意象却非常丰富。在品味诗歌语言时挖掘关键词句的深刻含义，抓住包括作者情感的词语进行深入体味，去理解，方能感受"此时""此景"中"此人""此情"。

2013年，我在教授百花课时，便选取了《观刈麦》这首诗歌。《观刈麦》是语文版八年级下第七单元第30课《诗词五首》中的一首，是中学教材中极少的体现民生、关注农民生活、表现知识分子良知的文学作品。它是著名诗人白居易的代表作，通过描写麦收季节农民的艰辛劳动和凄惨处境，表现了知识分子对农民的深刻同情，对社会现实的深刻反思，具有震撼人心的艺术效果。

《观刈麦》属于古体诗，相对于普通律诗和绝句来说比较长，生僻字也相对多，有一定的阅读难度。本课在课堂组织形式上属于导读课型，让学生们借助于导学资料进行充分预习，并通过多媒体课件的辅助，带领学生进入到诗歌学习的美好境界中。

我们学校的大部分学生，家庭条件优越，他们几乎对平民生活一无所知，对农业生活更是陌生。同时，这个阶段的学生还比较欠缺读懂一首诗歌的基本方法，他们对古典诗歌有比较浓厚的兴趣，但缺乏深入的思考，更不能联系现实生活进行知性的阅读欣赏，需要教师的良好解读和巧妙引导激发他们的阅读激情。因此，本课的学习重难点设定为，理解作者白居易在诗歌中流露出的"济世"情怀，增强社会责任感；总结归纳叙事讽喻诗的鉴赏方法。

以王艳艳老师《观刈麦》教学过程为例：

导入新课：唐宣宗李忱悼念白居易的几句诗："缀玉连珠六十年，谁教冥路作诗仙？浮云不系名居易，造化无为字乐天。童子解吟《长恨曲》，胡儿能唱《琵琶》篇。文章已满行人耳，一度思卿一怆然。"

让学生说说诗中写的是哪位诗人，为什么是白居易。

环节1：（指导朗读）音读、意读、情读

环节2：（读懂诗歌）请同学们围绕以下几个问题进行小组合作探究：

诗人在诗中主要描绘了哪两个场景？请每个小组任选一个场景，用散文化的语言生动地描绘这个场景。

你认为诗中人物的生活境遇怎么样？哪个词语或句子最能触动你的内心？

环节3：（读懂社会）

再次诵读诗歌的叙事主体部分，体会诗中人物的心声

诗歌题目是《观刈麦》，为什么还要描绘拾麦者呢？体会此诗的讽喻目的

环节4：（拓展延伸）结合其他古诗中的农民众生相，探讨造成诗中人物悲惨命运的社会根源。（沉重的赋税和统治阶级的横征暴敛）

淘尽门前土，屋上无片瓦。（《陶者》宋代　梅尧臣）

四海无闲田，农夫犹饿死。（《悯农》唐代　李绅）

遍身罗绮者，不是养蚕人。（《蚕妇》宋代　张俞）

一丛深色花，十户中人赋。（《买花》唐代　白居易）

环节5：（读懂诗人）

再次诵读诗歌最精华议论抒情部分

透过这首诗，你认识了一个怎样的白居易？

（对人民痛苦的深切同情和封建知识分子的社会良知）

再次齐声诵读全诗。

环节6：（小组总结）我们在欣赏这首叙事讽喻诗时运用了哪些鉴赏方法？

反复诵读，解诗意

关键词句，品诗情

对比人物，探主题

结合背景，评诗人

拓展延伸，析诗法

环节7：（总结升华）当代一个种麦人的后代曾这样写道："涉足高低不平的唐诗垄间，流连忘返。偶拾白翁成诗的麦穗，面土沉思。"最后由屈原、杜甫、龚自珍等不同时代的忧国忧民的文人，感怀中国文人的"济世"情怀，怀念泪湿青衫的"江州司马"白居易，他的确是"人民的诗人"。

（希望能增强学生的社会责任感）

前有屈原汨罗江边感叹："长太息以掩涕兮，哀民生之多艰。"

时有杜甫颠沛流离时感慨："穷年忧黎元，叹息肠内热。"

后有龚自珍辞官归家后眷恋："落红不是无情物，化作春泥更护花。"

由一首诗联想到这个诗人的一生，由这位诗人联想到和他有类似追求的其他诗人，最后形成自己的阅读技巧和方法，我想这类课程的方向，应该是群文阅读中的群诗阅读。现如今，全民阅读热悄然生发，我们的中学生，更应该最大可能地扩大阅读量，拓宽自己的视野，收获更多的知识，形成浑厚的文学积淀，把中华传统文化发扬光大。我们的语文教师，必将担负起引领和熏陶的重任。正所谓："铁肩担道义，妙手著文章。"

教学探索是迷人心醉的，探索教学是化茧成蝶的。2017年，我又探索尝试了市优课《行军九日思长安故园》这首诗歌。它是部编版新教材七年级上课外自由诵读部分，唐代岑参的一首诗歌。这首诗歌让我联想到了边塞诗人岑参渴望驰骋疆场、杀敌报国的一生，让我联想到了像岑参一样拥有家国情怀的一系列诗人，我心潮澎湃。岑参写此诗时，恰逢重阳佳节倍思亲时，这也会让我们联想到中国传统节日及其寄寓的文化深情。最终，这节课的设计从重阳诗词切入，由中心意象"菊花"贯穿始末，引领学生走入了丰富的群诗阅读世界，一起品味诗歌语言的隽永，一起感悟忧国念家的深沉情感。

以王艳艳老师《行军九日思长安故园》教学过程为例：

导课设计：大文豪苏轼曾云："粗缯大布裹生涯，腹有诗书气自华。"中华诗词，源远流长！我们先来进行一组飞花令的比拼！

遥知兄弟登高处，遍插茱萸少一人。（王维《九月九日忆山东兄弟》）

万里悲秋常作客，百年多病独登台。（杜甫《登高》）

待到重阳日，还来就菊花。（孟浩然《过故人庄》）

莫道不销魂，帘卷西风，人比黄花瘦。（李清照《醉花荫》）

今又重阳，战地黄花分外香。（毛泽东《采桑子·重阳》）

环节1：解题。从题目分析，这首诗歌的主要内容是什么？

环节2：指导学生朗读（这是一首五言绝句，注意朗读的节奏和情感）

环节3：（写作背景）

环节4：（小组交流）你从这首诗歌当中读出了诗人哪种心情或情感？（请从炼字、背景、手法、意象等角度谈一谈）

环节5：（拓展延伸）中心意象（故园菊）

魏武帝写给钟繇的书信里言道："九月九日，草木遍枯，而菊芬然独秀，今奉一束。"可见三国时代，已有重阳节赠菊花而簪之的习俗。每逢重阳，不少人家都在自家堆叠菊山，饮酒赏菊作乐。所以古人看到菊花就会不由得想起家乡、想起亲人。

环节6：（情感升华）家国情怀

环节7：（拓展延伸）拥有家国情怀的其他诗人著名诗句：

屈原："长太息以掩涕兮，哀民生之多艰。"（《离骚》）

杜甫："安得广厦千万间，大庇天下寒士俱欢颜，风雨不动安如山。"（《茅屋为秋风所破歌》）

范仲淹："浊酒一杯家万里，燕然未勒归无计。"（《渔家傲》）

文天祥："人生自古谁无死，留取丹心照汗青。"（《过零丁洋》）

陆游："王师北定中原日，家祭无忘告乃翁。"（《示儿》）

王昌龄："但使龙城飞将在，不教胡马度阴山。"（《出塞》）

王翰："醉卧沙场君莫笑，古来征战几人回？"（《凉州词》）

陆游："此生谁料，心在天山，身老沧洲。"（《诉衷情》）

辛弃疾："了却君王天下事，赢得生前身后名。可怜白发生！"（《破阵子》）

岳飞："三十功名尘与土，八千里路云和月。"（《满江红》）

环节7：（总结方法）体会诗歌情感的欣赏方法

环节8：（学以致用）运用一定的方法，体会其他包含"菊花"意象诗句所表达的情感。

"采菊东篱下，悠然见南山。"（东晋　陶渊明《饮酒》）

"尘世难逢开口笑，菊花须插满头归。"（唐代　杜牧《九日齐山登高》）

"待到重阳日，还来就菊花。"（唐代　孟浩然《过故人庄》）

"不是花中偏爱菊，此花开尽更无花。"（唐代　元稹《菊花》）

"莫道不销魂，帘卷西风，人比黄花瘦。"（宋代　李清照《醉花阴》）

"故乡篱下菊，今日几花开？"（南朝陈　江总《于长安归还扬州九月九日行微山亭》）

"今又重阳，战地黄花分外香。"（毛泽东《采桑子·重阳》）

环节9：（小试牛刀）潘大临半联诗句的故事

请你试着续写一句七言诗句。（要求带有"菊花"意象）

满城风雨近重阳，（　　　　　　　　　　　　　　　）

环节10：（总结升华）爱国热情

　　岑参的这首五言绝句，表现的不是一般的节日思乡，而是对国事的忧虑和对战乱中人民疾苦的关切。短短20个字，我们仿佛看到了一位在重阳佳节，饮着孤独无奈酒、怀着思乡忧国情、同情百姓苦、渴念和平来的饱受战争困扰的忧国忧民的诗人岑参！所以这节课的板书最终呈现为一首五言绝句："孤独无奈酒，思乡忧国怀。同情百姓苦，渴念和平来。"

　　家国情怀从来都不只是摄人心魄的文学书写，更近乎你我内心之中的精神归属。那种与国家民族休戚与共的壮怀，那种以百姓之心为心、以天下为己任的使命感，就来自那个叫作"家"的人生开始的地方。每个人都有故乡，每个人都有漂泊江湖之时，这便难免乡情汹涌！而我们的诗人岑参，把自己的思乡之情与渴望功名之情——一亲情，一豪情，融入在西北塞外奇异的风光里，虽仕途不顺，现实苍凉，却意志坚强，满腔热情！正所谓："板荡识英雄，国难见忠魂。"

　　诗词二字，总会让人觉得岁月静好，时光温柔！希望我们在带领学生们重温这些美好的古诗词时，能够真正去感受古典文化带给我们的心灵滋养！古诗词赏析课，一字一句总关情，只要我们把握好鉴赏方法，就可以带领学生们畅游书海，妙手偶得！

第三步，便是跳跃

三年树职，转型成长——六个一竞赛课

　　所谓"六个一"指的是一节展示课，一次演讲，一次主题午检，一次说课，一本教案，一次信息技术展示。整个"六个一"活动历时3个月。可以说整个学期都在紧张的状态中度过，也是通过"六个一"才使得一个初出茅

庐的教师新军，成功地蜕变成一名合格的教师。虽然时间过去已经近10年，但有些画面还历历在目，记忆犹新。

一节展示课，彰显数学之美

工作以来做过几次展示课，每次展示课都有很深的感触，但随着时间的推移，经验的积累，我对此次展示课有了更多新的认识，我安排了以下主要环节：

一、创设情景，提出问题

【创设情景】

1. 实验情境：请学生将手中定长的绳子绷成一个矩形。

2. 相互交流：学生相互交流所绷成的长方形是否完全相同，有何异同之处。

3. 得出实验结论：周长为一定的长方形有无数个。

二、合作交流，分析问题

二元一次方程的概念

1. 让学生们回顾一元一次方程的概念，让学生用类比的思想得出二元一次方程的概念。

2. 让学生们思考，题目中有两个未知量，能否设两个未知数来列方程呢？学生会感觉这个式子既熟悉又陌生。熟悉的是这是个方程，陌生的是它是什么方程。

3. 于是，我又提出以下三个小问题：

a. 你能列出类似的方程吗？

b. 能给列出的方程取个名字吗？

c. 取名字的依据是什么？

4. 归纳新知：结合学生归纳出的回答，然后我板书出满足二元一次方程的三个条件。

这节课的学习，应该通过类比整合形成新的概念。基于学生对一元一次方程概念的认知，我主要采用了类比的方法，弱化概念的教学，强化对概念的正确理解，通过学案与课件相结合的方式，以题组形式分层渐进式训练，让学生明晰概念，巩固概念，强化概念，提升能力。

三、尝试猜想，体验成功

二元一次方程的解

1. 探究活动：根据题意，满足 x＋y＝40 的 x、y 值有哪些？列举一些。探究的过程，我要求学生运用自主探究和小组合作交流的方式进行。

2. 就 x＋y＝40 这个方程而言，学生发现有无数个。而且 x 和 y 是相互制约的，所以前面要加括号，并请学生规范地写出一些解。

3. 根据课前准备提问：这无数个解都适合这个长方形问题吗？学生讨论后可得出结论，负数不行，但小数可以，所以长方形问题仍然是无数个解，从而用方程解的知识解释了实验的结论。最终用数学知识解释了实验的结论。

4. 实验与二元一次方程相对应，实验的结果与二元一次方程的无数个解相对应。每位学生都参与到实验中，用心感受 x、y 间的关系，激发探索数学知识的兴趣。并且这个实验将作为一条主线贯穿整个课堂。

5. 课堂练习：限时独立完成后小组内解决。

二元一次方程组

1. 周长为 40 厘米的长方形有无数个，若要求这道题的答案只有一个，请学生们讨论，想办法满足我的要求。

2. 从学生设计出的方案中，选取满足是一元二次方程的一个进行讲解，例如加条件：长比宽长 10 厘米。

3. 请学生给命名，并给出定义：像这样，把两个二元一次方程合在一起就组成了二元一次方程组。仍通过原来的实验，增添限制条件，自然引出二元一次方程组。长和宽需同时满足两个方程，也为方程组的解这个知识点做了铺垫。

二元一次方程组的解

1. 本节课的难点是二元一次方程组的解。这里，我主要让学生在练习中自己观察、分析。在分别研究了这两个方程解的基础上，采用自主探究的方法归纳出二元一次方程组的解的定义。最终达成共识：把两个二元一次方程的公共解称为二元一次方程组的解。并引发对找公共解的思考，为下节课做铺垫。激发学生的好奇心和探索欲。

2. 练习：学生做完上台展示。

四、课堂小结

知识性内容的小结，可把课堂教学传授的知识尽快化为学生的素质；数学思想方法的小结，可使学生更深刻地理解数学思想方法在解题中的地位和应用，培养学生形成完整的知识体系，养成及时反思的习惯。

回顾做课前后自己的变化，可以说判若两人。在刚步入教师行列时，通常的做法就是听师傅课、老教师课，然后照搬照抄用到自己班级。这样的优点在于省时省力，能快速掌握课程中的要点，汲取优秀教师的经验，使年轻教师少走弯路。但反思过后，也发现这样做也有着严重的弊端，容易产生懒惰情绪，依赖性强。对课堂深入思考的少，不能完全掌握知识的内在联系，不能充分地发挥年轻教师的主动探索精神。

通过公开展示课的经历，对一节课不断地精雕细琢，反复修正，更能让我深切地感受到教育不是简单的知识传授和习题讲解，不是一味地灌输，而是引水灌溉。我还清晰地记得每一次试讲同事们各抒己见，找点子，出主意。师傅一次次的鼓励和激励，深入到课堂的每一个细节，大到课程的构思、备课，小到语音语调、手势、站位，每一个细节都要反复地推敲。让我知道一节好课上起来真的要下很大的功夫，师傅和同事们认真的工作态度更是深深地感动着我，让我没有一丝蒙混过关的想法。

上好一节展示课不仅让学生们感受到数学的美，更使我领会到怎样做一位老师，做一位怎样的老师，以怎样的状态上好一节课。每一次公开课都是对我的一次锤炼，每一次公开课都使我对教学产生重新认识，每一次公开课都是我在教师生涯中的一次蜕变，痛并快乐着。

一次演讲，尽显教师风采！

一次午检，走进学生内心！

一本教案，苦练自身基功！

一次信息技术竞赛，紧跟时代步伐！

历时3个月的"六个一"竞赛，每个"一"都给我的成长留下了一生受益的经验。季羡林曾经说过："认真，具有很可怕的力量。"通过这次活动让我深深地感受到了这句话的内涵，教师生涯还有很长的路，认真这两个字会伴随我走完剩下的路。

第三步，便是跳跃

三年树职，转型成长——六个一竞赛课

六个一竞赛是双语学校面向三教龄教师开展的一项旨在提升教师综合素养的学科教学竞赛，可以说是每位双语老师的必修课，参赛教师需要在为期三周的时间里完成六个比赛项目：一本教案、一节公开课、一次说课、一次演讲、一次午检、一次板书，然后计算六个比赛项目的总分，并按总分进行排名。六个一竞赛不同于其他教学竞赛之处是，时间长，对一名教师的教学基本功考察全面，极具挑战。我非常荣幸地在本次竞赛中代表数学组参赛，并非常幸运地取得了第一名。为期一个多月的准备，为期三周的比赛，让我收获良多。

因为我知道六个一是三教龄教师的必修课，所以接到任务时还是有些忐忑不安。好在数学组的老师们给予了我极大的支持和信心，无论是什么样的比赛，双语学校都是一个富有战斗力的整体，无论是谁去比赛，都是大家群策群力。在大家的帮助下，我首先开始着手准备这节公开课，这也是六个一里的重头戏。每次在准备一节公开课时，我都会觉得兴奋，一节课就是老师的一个作品，每完成一节课都有着极大的成就感，这种兴奋往往会让我抛开一切杂念，专注到每个教学环节的设计上，专注到每句教学语言的打磨上。我在设计一节课时往往会去想四个字，就是新、趣、活、实。每堂课都是独一无二的，你的课创新在哪里，我把这节课的创新点放在学生的自主探究上，把课堂交给学生，每个知识的发现都是学生思考、实践、合作探究的结果；趣就是激发学生的学习兴趣。"兴趣是最好的老师"，培养学生的学习兴趣，是调动学习积极性、提高学习质量的重要条件，即变苦学为乐学，变要我学为我要学。在引入新课上，我设计了剪纸，通过动手操作来激发学生的兴趣；在习题设置上，我设计了一题多变，通过万变不离其宗让学生体会数学学习的兴趣。数学学习的最终目的是要教会学生学习，培养学生的数学学习能力，提升学生数学学习核心素养，要学生活学活用，要应用灵活。我在课堂的最后设计一道开放式的等腰三角形讨论的问题，这道问题的解决对学生的空间想象能力和自行画图能力都有一定的要求，通过这道题目的训练可以让学生灵活运用所学的知识。当然教学中要讲求实效，努力做到教学内容充实，课堂训练扎实，教学目标落实。教学内容充实，教师要合理地确定教学内容的广度和深度，明确教学的重点、难点和关键，合理安排教学的顺序。一节课的信息量过大，知识点过多，学生难以接受；而一节课的信息量过小，知识点过少，则浪费时间，不利于调动学生的积极性。课堂训练扎实，要求教学中要体现边讲边练、讲练结合的原则，做到练有目的，练有重点，练有层次，形式多样，针对性强，并注意反馈及时、准确、高效。教学目标落实，要求每个教师在一节课下来后，要认真总结，自我检查这节课的教学过程，看一看自己所定的教学任务是否完成，学生对学习内容是否能熟练应用并融会贯通，达到教学相长的目的。为了达到"实"的效果，我反复推敲了每个教学环节的设计，做到层次分明，重点突出，环环相扣。只有精心的设计还不够，还要集思广益，还要反复演练。我一次次地试讲，同组的老师们一次次帮我听课、评课。我一次次地自改，一次次地锤炼自己的教学语言和每个动作。功夫不负有心人，我的公开课赢得了领导和专家的一致好评。在说课环节中，我把自己对教学内容的理解和教学设计思路（教学目标、教法、板书设计、作业安排等）与领导和同事们进行了分享，也取得了不错的效果。

上课是在说，而午检和演讲又从另外的角度展现了教师说的能力。公开课是在说教学，而午检是在说德育，学生的品行对未来的发展至关重要，德育教育是学校教育的重要组成部分，一名教师要懂得如何同学生说理，把朴素的道理说进他们心里。我午检的主题是爱护校园环境，我之所以选这个主题是因为一次从食堂吃饭回来，发现环路上的垃圾桶附近有散落的垃圾，与整洁美丽的校园极不相称，因此想和孩子们讨论爱护环境是为了监管还是应出于本心，爱护环境是一个强加的行为习惯还是优秀学生素质的一部分。为了更好地跟学生说理，我采集了大量的照片，制作了精美的课件，同时还安排了小组讨论的环节。午检后，很多孩子跟我说，老师希望你多跟我们做这样的午检，有时候我们犯错误，只是不理解背后深刻的道理。演讲的说又不同于教学的说和午检的说。教学的说是在为讲解知识服务，午检的说是娓娓道来，而演讲更显得激情澎湃。一名老师有时确实需要通过自己热情洋溢的语言去感染、调动学生。当天的以"我的教育梦"为主题的演讲现场，高潮不断，老师们真情实感地表达了自己的教育心声，我在其中也把自己准备的内容完美地呈现了出来、演讲既是心声，也是目标，三教龄的老师们在演讲中提出了未来三年的目标，他们在向更成熟的自己迈进！在向优秀的教师队伍迈进！

　　教师除了会说，还要能写。教案是教师实施教学的主要依据，是一名教师对于课堂统筹能力的直接体现。所以，写好教案对于一名教师来说十分重要。为了参加比赛，我每节课都认真备课，精心设计教案，并书写规范，环节齐全，重难点突出，体现出了较高的水准。在现代教育中多媒体教学的出现，使很多老师都忽略了板书训练，更别说板书设计了，一味地认为只要把应该写的打在大屏幕上就可以了，可我觉得老师的板书直接影响教育教学活动的效果。生动的板书，有利于学生进入教学情境，激发学生的学习兴趣。写在黑板上的字表现了教师上课的基本功，老师的字漂亮就会第一时间让学生佩服继而就会模仿，在潜移默化中影响学生的书写能力。参加板书比赛让我提高了很多，在准备的过程中学习了很多优秀的板书设计，为自己在今后的板书设计上打开了思路，同时也规范了自己的很多书写，让自己的板书更美观、漂亮。

　　每次参加完一个比赛，总会收到同事们的祝福，在那么多同事的肯定和鼓励中工作，我是幸运的，也是幸福的。通过参加本次比赛我提升了自己的教师专业素质，并夯实了自己的教学内功，对提高自己的整体素质是一个有力的促进。六个一竞赛也使得双语学校的青年教师们的职业素养得到进一步的提升，更好地胜任教书育人的神圣使命。

第三部分

功以才成，业由才广

——教师发展

梦开始的地方

毕业之后的人总是很留恋校园，我便喜欢上了鹿桥的《未央歌》，其中有这样的一句话，"终于最后一场考试的铃声送他们出了校门，一任他们在辛勤艰苦的人生旅程中去回想，会恋慕这校中的一切。"当我意识到回不去象牙塔，便希望可以为我的学生们留下一段难忘的校园回忆。所以，这所校园便成了我的梦开始的地方。

教者，上所施，下所效也。育者，养子使作善也。从教的生活亦是平凡的生活，但这些最简单的幸福中总有着稍纵即逝的惊人的美。正如一米阳光虽然只能照亮一隅土地，却足以让黯淡的心重现光明。我不是个做大事的人，我能做到的，是在一件件微小的事之中，注入巨大的热爱。

行有智慧。

给孩子们一个爱智慧的课堂。我总会告诉孩子，尽管人的智慧有其局限，爱智慧却并不因此就属于徒劳。我愿意听到孩子的奇思妙想。我始终坚信一个社会特立独行的人越多，天分、才气、道德、勇气就越多。我要做的是一根线，让他们成为一串美丽的珠链。我会告诉每一个怯于当众讲话的孩子，我的课堂需要你，你很重要。语文，不是课本，而是生活。孩子们喜欢对诗，有的孩子喜欢填词，他们还会把押不上的韵脚留给我。那时电影院上映了《黄金时代》，他们会课下的时候围过来，要我讲讲萧红的《生死场》。看着他们手中的《辞海》《说文解字》，听着他们口中的周国平、余华、苏童，我惊异于他们的潜力，也叹喟于影响的力量。一个小男孩，似乎不大喜欢语文，初一时每次被提问，脸都会扭曲成一个满是褶皱的核桃。三年的时间，我在帮他一起改变，直到初三，他在自己高分的语文卷上做了略带自嘲的批注：我小核桃终于咸鱼翻身了！我铭记著名教育学家华罗庚先生的教诲"勤能补拙是良训，一分辛劳一分才"。我有一个小小的梦，它是一支粉笔、一块黑板，是每次讲台上深情地诉说，是每次批改试卷的一个个标注，是一次次用沾满粉笔灰的手拭去额头汗水的欣慰，是为孩子冲好感冒药后飘来的阵阵暖意，是夜深了却舍不得合上的教案，是孩子进步时家长那一声情真意切的感谢，是铭记一生的校训，更是为教育事业奋斗终生的铮铮誓言。

心有温度。

给孩子们一种被关爱的生活。总会有顽皮的孩子，总会让我想起《麦田里的守望者》。霍尔顿和很多"垮掉的一代"一样，干尽一切离经叛道之事，亲手将自己的青春涂抹得血迹斑斑。他固执地以为大人们都不关心他，他想让大人为自己的坏成绩和夜不归宿心疼。当大人们担心地呼喊他名字的声音划过夜空的时候，他心里泛过隐秘的欢乐：他们担心我，他们在找我。我们的学生自然没有主人公那么极端，但他们也在寻求着关注。有时候，也许孩子们因背负了太重的压力而丧失了斗志，因不经世事的喧嚣迷失了方向，在本应青春飞扬的校园，总有些孩子在有意无意中忘了最初的梦想。是我们下课后的转身离去，最终与学生相忘于江湖；忙碌让我们忘了停下匆忙的脚步，哪怕告诉那些彷徨的学生，孩子别紧张，你们只是暂时迷失了方向。成长是道多选题，每个孩子都是种子，每人花期不同。有的花起初就灿烂绽放；有的花需要漫长等待。不要看自己的那朵还没动静就着急，细心呵护慢慢长大，陪他沐浴阳光风雨，何尝不是一种幸福？也许你的种子永远不会开花，因为它是一棵参天大树。长大成人后，她一定会成为贤淑的妻子、温柔的母亲、热心的同事、和善的邻居。让学生成为一个幸福的普通人，这应该是教师的一个标准。希望每一个人都能爱上那个平凡的自己，不浮不躁，不争不抢，不去计较浮华之事，不是不追求，只是不去强求。淡然地过着自己的生活，不要轰轰烈烈，只求安安心心。

帮他们筑梦圆梦，用文化影响浇筑学生们的梦想，用师德的力量将诚信和道德镌刻进每个人的心房。那天，一个让我头疼了三年的小男孩，塞到我手里一盒"3+2"饼干，他说："不许吃！"我疑惑着打开字条：往事如烟，浅笑而安。总以为饼干会很久很久不过期，总以为会有机会说一声对不起，却忽然发现，这一次的挥手道别，也许是一辈子的诀别，感谢，让我们在这里遇见你。我看到饼干的保质期：2019年1月2日。

那天批改作文，发现卷子后面多了几行字："记得那年夏天初次见你，一袭蓝裙，金色的高跟鞋。时间真快，发现你指尖的戒指已从中指无声地换到了无名指，我们还没来得及做你的伴娘和伴郎团，就要各奔东西了。如果成长总要夹杂着离别，对这个秋天便会更加珍惜。我们爱你，从开始到没有尽头。"我亲爱的孩子们，你们可知，在我们分别那时，我亦会晚上在院子里徘徊，对着月亮想你们，也在这里唱起来，你们听见没有。

正如行之先生所云：在教师的手里，把握着幼年人的命运，便把握着人类和民族的命运。云山苍苍，江水泱泱，先生之风，山高水长。"为中华之崛起而读书"是铭记一生的校训，更是为教育事业奋斗终生的铮铮誓言。今天在这里，说出一个梦想，树立一个信仰。用汗水培养出一批批优秀的毕业生，让无数求学的孩子圆梦双语。点滴之中见大爱，细微之中见真情。我愿捧着一颗心来，不带半棵草去。道阻且长，吾将上下而求索；未来可期，奋斗不负教师梦，因为这里，是我梦开始的地方。

鲜花把晨露轻轻托起，晶莹莹映着朝晖。孩子们欢呼："看，里面有个太阳！"那晨露里还有一双双可爱的小眼睛，那是一个充满希望的早晨。

一、一支粉笔，时教必有正业，退息必有居学——立足青年教师培养，夯实发展后劲

我不让你掉队

东北育才学校非常重视青年教师的培养，集团在每年的6月底都会安排一周进行东北育才教育集团新教师培训，许多新教师都是在这一周的培训中

坚定了教育梦想，形成了职业规划。新教师岗位培训是东北育才教育集团为了帮助新教师尽快适应教育教学工作所开展的培训活动，培训活动类型丰富，包括演讲、知识竞赛、学校史、新教师培训、团训、各校区参观、名师经验交流会等。

我不让你掉队

今天的培训内容是各校区骨干教师代表经验交流，经验交流的时间是上午9点，提前半个小时到达会场的我心里有些紧张，紧张不是因为我是一名新教师，而是因为我今天要作为双语校区的教师代表在这里与新教师们分享经验。坐在这张熟悉的会议桌前，我想起了6年前作为新教师的我那一周参加培训的点点滴滴：各校区参观使我了解了育才悠久的历史；新教师演讲使我坚定了成为一名好老师的决心；植物园团训使我提升了团队合作意识，最难忘的，还是各校区骨干教师经验交流会，每位老师毫无保留的发言，让我收获了太多太多，当时我还在想什么时候我可以像他们一样，能成为一名好老师，能成为一名让家长满意、让学生喜爱、让学校放心的老师。没想到的是，今天我竟然也能成为一名培训老师坐在这里，我之所以紧张，是担心自己不够优秀，不能很好地起到传帮带的作用，为这些满怀教育梦想的年轻人引路，但想到这里，就想起了我这六年的经历，我总觉得自己是个年轻人，但学校一次次给我机会，信任我，带班、接班、上课、比赛……当我遇到困难时，双语大家庭的所有人会帮助我，让我在一次次历练中成长，想到这些，我坚定了很多，也自信了很多，我想我要为了整个集体，完成好今天的任务。育才是我人生梦开始的地方，在这里我积累了经验，提升了自我，可以说这几年在育才的所学所感为我人生的发展奠定了基础。回顾过往，有成功的喜悦，也有失败的痛楚，但无论怎样的体验，都让我从中更清楚地认识自己，然后改进自己，让我从一名稚嫩的毕业生成长为一名称职的教师，成长为一个可以对社会有所贡献的人。我想这些新教师此时的想法应该和6年前的我一样，对自己即将开始的教师生涯充满期待，但又会担心在这样一所优秀的学校里如何才能做好自己的工作。有热情、有目标是能做好工作的前提，如果能在这个前提下，对工作有深入的了解，再辅以合理的规划，势必能事半功倍，游刃有余。

我要通过我的发言带给他们一些帮助。我从以下四个方面分享了我的一些经验：

一、在坚持中搭建成长的阶梯

做什么事都需要在确立目标后的坚持，做教师更是如此。我刚来的时候就接到常态班主任和两个常态班的教学任务。当时我心里想，我这两个班的学生真倒霉，怎么摊上我这个新老师了呢，如果可以选择的话他们一定不选我，也不明白学校为何给我一个新人如此重任。但后来我明白，育才非常重视人才的培养，也肯给年轻人机会，这是很多其他学校所做不到的。尽管当时有些忐忑，但也得硬着头皮上，结果怕什么来什么，班级真让我给毁了。我觉得已经"擦干净"的教室地面却不合格；我觉得已经"要求到"的寝室卫生却被扣分；我觉得已经讲得"很清楚"的题学生一考却不会，我当时忙得晕头转向，但收获的却是一口袋的扣分条和班级数学成绩稳定的倒第一。那段时间我很纠结，一边怀疑自己，觉得自己可能不是当老师的材料，一边又在给自己开脱，觉得自己可能倒霉，差生全凑到我们班里，命运对我不公平。等做了老师你就会发现，你和学生们的心仿佛连在了一起，他们好，你就高兴，他们不好，你就很难快乐，那段时间我很失落，但我没有放弃，我想我不能宿命论，一定是我自身有原因，我需要改进自己，别人能做好，我也一样能做好，而且这不光关乎我自己，还关乎着所有孩子们的未来。为了改进孩子们的生活习惯，我一个月没有回家，看了一个月的自习，想方法，再耐心教他们如何叠被、擦地，最后严格检查，然后再改进、再要求、再检查，孩子们真的和老师心连心，他们似乎被我感染了，和我一起努力，就这样我们班的卫生一天天地开始了好转；为了提高成绩，我几乎买了当时市面上所有的和育才数学相关的练习册，边做题，边总结，研究最有效的教法，那段时间里我几乎每天晚上都要备课到十一二点。天道酬勤，班级的数学成绩就这样一点点地好转了起来。每当我回想起那段经历，都觉得很辛苦，但也很幸福，既为我自己的成长，更为学生的进步。一旦找到了正确的方向，剩下的就是与学生共同坚持，就这样班级每个学期都更上一层楼。在分流考试中，2009级4班考走了9个浑南高中的同学，数学平均成绩全年级第二。还记得考取浑南高中的同学返校照相的那天，我与他们每个人拥抱、合影，他们哭了，我也哭了，这份泪水既包含了我与第一届学生的离别之情，也有我实现了坚持到底的决心，更有经历风雨后初见彩虹的喜悦！感谢那段时光，让我在班级管理和教学水平上都突飞猛进。

二、勇于担当方能实现自身价值

在我带完第一个班级后，马上接了一个二手班，我接手时班级情况很差，量化积分周周倒第一，学校前100名1人，数学成绩全年级倒第二。在经历了第一个班级后，我更加成熟，除了努力更加注重提升管理策略和教学方法。我和我的班级再次共同成长，到了初三，我们班已经是全年级自习纪律数一数二好的班级，学生稳固的状态也使得我们分流大获全胜，浑南8人，数学成绩全年级第一。正在我想休息的时候，学校又把一个三手班交到了我手里，这次班级更差，时间也更短，只有一年的时间。面对艰巨的任务，我想过放弃，可面对领导的信任和家长的期盼，我只能再次披挂上阵，通过我的付出，班级再次走上正轨。想与大家分享东北育才双语学校贴吧上当时一个很火的帖子，当时我班一个学生写的，叫"1203的神转变"。帖子很长，只截取了几句话："我发现现在我们变了，原来主科课都不重视的我们，现在自习都非常专注；原来每天都不扫除的我们，现在居然每天蹲在地上擦地；原来记过都不当回事的我们，现在居然上课都害怕老师批评，1203神转变，力挺何顾！"毕业时，他们由前100名0人最终有6人考取了浑南高中，数学成绩由学年倒第一成为正第二。在刚过去的半年，我又带了中考班，中考班都是直升考试后剩下的学生，中考班的老师面对着起点低、时间紧、任务重的难题，在种种不利情况下，我的学生马悦取得了总分730分的高分，创造了近几年育才双语中考的最高分。工作6年的时间里，我已经带了4个班级，这正常得用10年才能完成。同事们都说，你太辛苦了，这几年我觉得我的确比别人多付出了一些，但我也取得了别人没能取得的收获，快速的进步让我收获了"师德标兵""六个一教学竞赛一等奖""优秀班主任"的称号，我觉得最重要的是收获了家长和学生的认可，实现了自身的价值。

三、善于学习并形成自己的风格

无论带班还是教学，都需要老师具备更渊博的知识和更丰富的经验，这种提升当然要靠学习。育才给新老师提供的学习机会非常多，有定期的培训和交流，有贴心的师徒结对子，还有丰富的图书资料，再有育才有非常多的优秀的教师，你们可以在日常工作中向他们学习好的工作方法。在这里给大家一个关于学习的建议，就是学过之后，一定要总结、过滤、加工，把学的东西转化成可以为自己所用的经验。我总和学生们说一句话，数学水平的高低不在于你做过多少道题，而在于你会了多少道题，作为老师也是如此，听了10个故事，却没有一招自己能用得上的，那不叫学习。其实每个人都是独一无二的，你就是你，别人的故事再动听，别人的经验再好，也不见得都适用于你，所以做老师要学习，但不要人云亦云，要通过学习、参悟，形成具

我不让你掉队

有自己特色的教学方法和带班风格。

四、用爱为每个孩子播撒阳光

我在双语校区初中部工作，双语学校是寄宿制，孩子们周一至周五全在学校，一学期算下来，他们跟父母在一起的时间太少了，双语的老师可以说又当爹又当妈，既要管学习，还要在这个青春期的时候引导孩子的思想。我觉得只有走近孩子，了解他们、爱他们，才能更好地让他们信服你，正所谓亲其师，方能信其道。有一句话一直对我影响深刻，这句话是这么说的：每个孩子都是天使，老师应把爱播撒到每个孩子的心里。我想让班主任最为头疼的就是班里的个性学生，我半路接班的时候就遇到了一个让所有老师都头疼的女生，她也是我几年来遇到的最为个性张扬的学生。刚遇到她时，她的陋习实在是太多了，成绩差、上课睡觉、吃东西、随心所欲地接话，自己的东西又脏又乱、下课大喊大叫，甚至还讲脏话、寝室不守纪律，不夸张地说，当时我班的纪律问题，她一个人占50%。头疼过后，我只能痛定思痛，我的学生我得想办法，我第一次见到她就知道硬去约束她只会起到反作用，我必须要走近她。慢慢我发现，其实她是个很率真的孩子，只是太个性，加上家里孩子多，有三个孩子，父母又做生意，家长只知道赚钱，很少和孩子谈心并加以管教，有时一个月才能见一面，久而久之就成了现在的样子。针对她的特点，我先使出第一招：表扬。我抓住一切机会表扬她，也许她做得不是最好的，但只要她有进步，我就会真心地赞美她。她歌唱得棒，画画得也好，班会我让她出节目。在布置连廊板报的时候，她拿来了自己的作品，我就和她说等画撤下来的时候送给我吧，你画得太好了，我很喜欢你的画。我的工作收到了效果，从她妈妈嘴里得知孩子很认可我。我接着使出第二招：交心。长篇大论的说教她是一定听不进去的，我总是抓一些恰当的时机。上学期期末家长会后，他爸爸替她取书包，结果错翻了我的兜子，我没在意。可不一会儿短信来了："何老师我刚刚让我爸爸找我装书的袋子，他理解错了，何老师对不起啊，我爸不是故意的。"我边感动于她细腻的心思边回复："没事的，别多想。"她说："谢谢老师，嘿嘿嘿。"我说："假期愉快啊！"她说："老师我要考浑南。"我说："那你可要努力了。"她说："我差太多了，我太爱玩了。"我突然觉得时机到了，我回复她："有些时候你的行为习惯让人觉得很讨厌，有时你又让人觉得真诚、可爱，一学期就这样过去了，如果说你们是星星，你是很闪烁的一颗，让人印象深刻，也许我不能完全改变你，但不要荒废青春了，人生总会做到些看似不可能完成的事情，而且你有天赋，只是你没尽力而已，相信你能行，也许不一定是浑南，但你可以让所有人看到不一样的你，我等着下学期和你一起奋斗！"过了好久她回复："老师你可以去教语文了，我才看见，谢谢老师。"这段短信让我感动了，就因为孩子取得了进步。最后到毕业的时候，其实她还是问题很多，成绩仍不理想，头发很长，下课有时还是大喊大叫，但是她真的进步了，上课不再打扰老师和同学，回到寝室也不给班级扣分了。作为老师其实没法用同一把标尺去要求所有的学生，每个孩子都是天使，老师的工作就是修补他们自身的翅膀，让他们按照自己的轨迹展翅飞翔。

从新教师们的反应来看，我的交流是成功的，因为我从他们的眼神中可以看到，我的某些话能够触动到他们的内心。特别是双语校区的新教师，会后就找到了我，"我很担心作为一个新人在这所名校中会干不好，但是听了你的发言，我感受到了学校对年轻教师的信任，也明白了可能会遇到困难，但只要坚定信念，及时调整，就一定可以体现出自己的价值。"王剑文老师跟我这样说。"刚走上工作岗位，一直在想自己该成为什么样的老师，听了你的话，我明白了。我会做我自己，用我的爱和方法去帮助孩子们成长。"邱玥老师说。走在路上我自己也感触很多，教师是一份工作，但又和其他工作不同，6年的教师生涯让我明白，没有一份工作能够比帮助别人、影响别人更伟大，每当看到孩子们的进步，就觉得是自己最大的幸福，但这份工作也很平凡琐碎，希望我可以在平凡琐碎的生活中，坚守教师梦，当初我们选择了教师这个职业，我们就选择了与责任终身相伴，我们就选择了与崇高一路同行。我们，是一群追逐教育梦想的人，让我们共同逐梦。

生命中最重要的遇见

为了更新教育理念、加强教师队伍建设、促进青年教师专业成长，本着"学习、指导、交流、提高、超越"的原则，为青年教师搭建向骨干教师学习的平台，使年轻教师在经验丰富、业务精湛、师德高尚的教师精心指导、帮助下，尽快成长起来。同时，通过教师之间的交流互动，促进全体教师更新知识，进一步营造浓郁的教研氛围，加快教师队伍整体素质的提高，召开这个短暂而又意义深远的拜师会。

生命中最重要的遇见

师徒上台，向师傅献花

献一束鲜花，敬一本笔记，不仅表达了对师傅的敬意和谢意，也表达了自己虚心向学的诚意。

师傅承诺手势：右手握拳、右侧曲臂上举至耳侧

师傅承诺："我承诺会将我所知、尽我所能交与你，期望你好好教学，早日成为一名优秀的教师。"

徒弟感恩手势：右手五指并拢，放于左胸前

徒弟承诺："感谢师傅教导，我一定努力工作，真诚地对待学生，将您所授应用到教育教学中，不负众望。"

徒弟给自己的师傅三鞠躬

一鞠躬感谢师傅的辛勤指导和无私奉献

二鞠躬勤奋教学，今后共创佳绩

三鞠躬携手共进、再创辉煌

签订拜师协议

生命中最重要的遇见

生命中最重要的遇见……

美丽的6月是我终生难忘的时光，我离开了母校，结束了19年的求学生涯。带着初入社会的不安和初为人师的热情和梦想，我如愿地成为东北育才双语学校教师队伍中最新的面孔。

年轻的我就像一张白纸，只有将其填充圆满才能成为双语真正的新生力量。成为像前辈们一样优秀的教师，需要一个积累、磨炼和学习的过程，也许我可以有很多的时间成长，一年、两年甚至更长时间，但是学生的宝贵中学时光只有三年，物理学习只有两年，我不想因自己的无经验而浪费学生的每一分钟、每一堂课。或许我们犯错可以重来，但学生的人生只有一次，不容有失。每每想到这，我感到的不再是成为育才双语教师的自豪感，而是一种前所未有的压力和责任，我渴望快速成长。在我茫然无措之际，学校适时地为我们年轻教师提供了一个共享优秀教师经验的大好契机。在我的心中点燃了一盏灯，照亮了我前方的教育之路。

我知道，师傅们的经验也是多年在教育一线上摸爬滚打总结出来的，他们愿意无偿地教给我们，提醒我们这些年轻人该怎样快速成长、告诉我们如何有效地把握课堂时间，更告诉我们应该怎样面对这样一群叛逆的学生，这是一笔无法衡量价值的财富，更是一份无法回报的恩情。

根深方能叶茂……

我相信，在师傅和领导的正确指引下，通过师傅的言传身教，以他们深厚的涵养、丰富的经验、成熟的教法，一定会促使我迅速成长。作为理科老师的我需要大量地做题，只有知道了考什么才知道上课应该讲什么，我会努力做到：要给学生一杯水，我就要先有一桶水。勤听：多听师傅的课，争取每节新课都先学习师傅是如何讲的、如何合理地把握课堂难度，空课期间也要多听其他老师的课，学习前辈们在课堂上选取了哪些有代表性的习题、强调了哪些重点，广泛吸取大家的经验。勤问：作为年轻教师，我会虚心向师傅请教，抽丝剥茧，精心设计课上的每一个提问、每个例题，高效地利用课上的40分钟。除了问师傅，也要经常问学生，听学生的反馈，适时地改变教学方法以达到更好的教学效果。

我们不会浪费校领导为我们提供的如此宝贵的机会，我们不会辜负师傅们对我们无私的帮助，我们更不会辜负学生和家长对我们的绝对信任。争取早日成长、成熟、成才、成事，成为优秀的育才老师，成为学生受益终生的良师益友。我们会在有限的时间里学习无限的知识，会在有限的空间里发挥无限的价值。用青春碰撞出心灵之火，用拼搏和汗水贡献最年轻的力量！

短暂的相遇却念念不忘……

转眼间1000多个日子，已陪伴300多个学生走过！最初的相识，最美的遇见……

遇见小泽：从曾经"举杯邀明月，对影成三人"到现在"与君相遇来，未尝异悲悦"，我遇到你，这是酒逢知己的喜悦，亦是生命中最美的遇见。

TO小泽：我的课代表，你认真负责，勤奋好学，与你的师生情缘，也是我生命中最美好的遇见。

遇见芷函：气流之遇，电因此显现。冷暖交际，雨由此而来。光与雨的邂逅，彩虹绚丽绽放。

TO芷函：你的勤学好问深深地打动了我，感谢在这美好的时刻，我能与你相遇。

遇见诗惠：有一种爱叫无私奉献，有一种态度叫平易近人，有一种付出叫无怨无悔，这些都是您说的呀，老师！

TO诗惠：你是一个腼腆的女孩子，却对物理怀有极大的热情，你的热情深深感染了我，感谢与你的相遇。

遇见雨实：随风潜入夜，润物细无声。您就像春风化雨般滋润着我们的心田。温柔中带有力量，悉心中不乏严苟。老师，您是我生命中最重要的遇见吧！

TO雨实：作为气场与实力并存的课代表，你对物理的兴趣是你学习物理的动力。你对知识严谨的态度也影响着老师。你是我的骄傲，也是我生命中最重要的遇见。

遇见相君：最美的遇见不是日月星辰的光辉证明的，不是他人的态度口吻认可的，而是在风吹雨打的磨难中的相遇。遇见了您，我的老师，我的迷途不再迷茫，我的脚步更加充实，我的信念更加坚定，最美的遇见，便是我与您。

TO相君：其实作为你的老师，能遇见像你这样乖巧听话的学生，也是我的幸运。

遇见安琪：遇见你们，我可以卸下所有伪装，为等你们一句晚安我可以熬黑我的双眼，我们站定，注视彼此，在心里其实早已并肩走过很远。你们，闯入我心的人，老师，遇见你真好！

TO安琪：一起走过的日子，有了你的陪伴，也温暖了我的心。同样的话我也送给你：遇见你真好。

遇见天舒：人生中最幸福的事，便是在最美好的花季，遇见最美好的您。珍惜相遇，它留下了许多难忘的回忆；感谢相遇，它孕育了我们浓厚的师生情谊。相遇便是你我最大的缘分。

TO天舒：是缘分让我们成为师生，与你相遇，在美好的花季。每一次情感的互递、每一次知识的碰撞都是老师宝贵的回忆。遇见你，很美好！

遇见碧珠：与您初遇时，我是一个懵懂的学生，直到与您相遇——我亲爱的老师，您为我指点迷津。正是遇见了您，梦想之花在我的心中悄然绽放。您的谆谆教诲助我前行，让我不再迷茫。

TO碧珠：我体贴可爱的宝贝，每次答疑时，你的学习态度深深地触动了我。感谢三年来因相遇产生的邂逅。

爱，凝聚在您的粉笔中；

情，珍藏于您的教鞭中；

苦，融入进您的教案中；

甜，散发于您的微笑中；

从您的第一节课、您的一张笑脸开始，我就爱上了幽默诙谐、美丽睿智的您。您的乐观阳光滋养着我，您的宽容豁达影响着我，您的严谨向学鞭策着我。我从幼苗长成大树，却永远是您的学生；我不是您最出色的学生，您却是我最敬重的老师。每一次遇见都是邂逅，不论为我们带来的是什么，我们都在彼此相识间成长，逐渐走进这个世界。老师，您虽无法伴我一直成长，您的恩情我会一直铭记……

三载时光，荏苒而逝，悠悠往事，白云苍狗。这一份份师生情，是我生命中最美丽的温暖！1000多个日夜我与他们一同成长，亦师亦友。"昔仲尼，师项橐，古圣贤，尚勤学"，随着时间的推移我终于明白，给学生的每一次答疑解惑都是自我的提升，给予他们的爱不仅浇筑了学生也滋润了自己。每个孩子都是独一无二的天使，纵使他们在成长的过程中会犯错、会叛逆，我也以教师那颗最真诚的心对待他们。多多倾听学生们的心声，悉心地教导他们该如何学习、如何做人、如何尊师重教。耐心地回答学生的每个疑问，用多种方式讲解每一个细节，让学生心中不留疑惑。学生的每一次提问都激发我思考，与他们的每一次争论都促使我精益求精。他们长大了，我也逐渐成熟了。

感谢生命中最重要的遇见，感谢鲜花盛放时有阳光，感谢从教的路上有你们。遇见，不需要门槛，它是生命里不经意的际遇，它是上天赐予我最好的礼物。

白雪春风花满路

教龄汇报和展示课是面向所有刚入职青年教师展开的一项旨在让青年教师快速融入角色、迅速提高教学水平的公开展示课程。

金色的9月，收获的季节，结束了自己16年的学习生涯，带着对未来的憧憬，我迈出了大学校门。对于未来的职业，我是十分期待和敬畏的，因为我的职业叫教师！

提起东北育才，在读高中时便有所耳闻，即使我的高中在偏远的小县城，那时我就知道育才是一个培养尖端人才的至高学府。而四年后，大学毕业非常荣幸地加入了育才这个大家庭，工作两年来，深深地感受到育才浓厚的教育底蕴，也非常庆幸自己当初能被这样一个学校选中。

刚刚入职的我，像一张白纸，还记得第一次进入班级讲课，紧张得一晚几乎没睡，反复练着之前写好的几张A4的详案，但心里依旧忐忑不安，要知道面对着一屋子可爱的孩子，他们充满渴望的眼神，生怕说错一句话一个字，这和大学时找一个空教室练习讲课可是完全不一样的，说错没有重来的机会，也不知道课堂上会发生什么。怀着这样的心情，还算顺利地上完了自己人生的第一课，看着大多数同学还算认可的表情，心里有了一丝慰藉，但是人群里也不免有着复杂的神情，我知道自己只是刚刚开了一个头，未来的路将会很艰巨。

在第一堂课之后，几乎每一天都是在一次次的反复备课中度过的，在我心力交瘁的时候，学校领导送来了温暖，为我指明了方向，学校给每位青年教师配备了一名师傅，指导我们讲课技能，有了师傅我们可以少走很多弯路，也能够快速地适应自己的角色。但一味地模仿是远远不够的，那样你只能成为别人而无法成为自己，要找到自己的特点，结合新课标要求，结合学生特点，形成适合时代、适合学生、适合自己的教学风格。

如果向大家发问，如何让一位青年教师快速成长，我相信绝大多数教育工作者都会给出3个字——公开课。是的，多上公开课是最高效便捷地提升自己的方法，每一次公开课，从你接到任务、设计课堂流程、反复试讲、听取前辈意见、反复修改、最终呈现，到课后反思，经历过这一切之后你会感觉自己得到了升华，进步将会是肉眼可见的。

还记得在教龄展示课时，学校给了很长时间准备，同样我自己也想利用这次机会来检测一下在过去3个月中的成长情况。一堂成功的公开

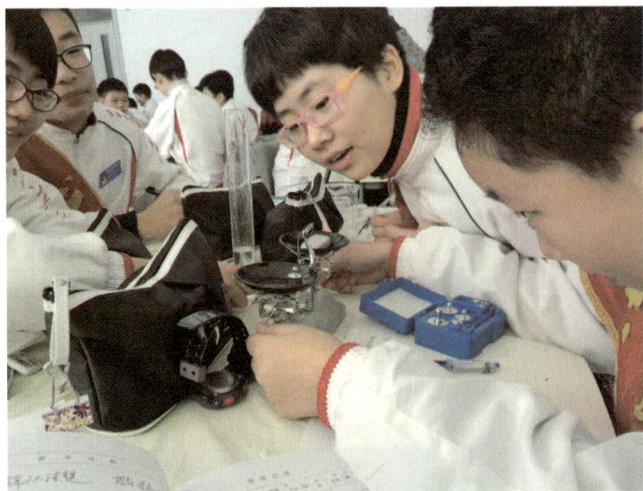

白雪春风花满路

课的呈现，往往要经过反复地试讲与修改，宝剑锋从磨砺出，有时会因为PPT上一个图像的出现顺序而精雕细琢，有时又会因为一个知识点的讲授角度而绞尽脑汁。

例如：质量是物体本身的一种属性，不随物体的形状、状态、位置等因素的改变而改变。这样一个知识点应该以什么方式讲述出来呢？"同学们，思考一下能够影响质量的因素有哪些呢？"如此一问，虽然直奔主题，但是会使得知识变得枯燥，即使给出了概念，这个概念也在学生的脑海中停留不了多久。在备课组前辈们的指导建议之下，最终转变了一种提问方式，便完全改变了这个知识点的展现方式。我们都知道图像记忆要远远好于文字记忆，同时，物理学科作为与生活实际最贴近的学科，它有着自己的优势，它能够让学生从生活中获取知识，所以经过反复的思索，最终我以这样的方式讲述"一块橡皮泥由柱形变成球形，其质量会不会发生变化？""你买的快递，从出发地发出时是1千克，邮到你手里时，质量会折半吗？"答案当然是不会，如此一来，本来死板的知识点，仿佛一下子有了生机，运用生活中鲜活的例子，便于学生理解也激发了他们的学习兴趣与欲望。一举多得，虽然只是一个知识点讲述角度上的修改，但是却为我今后的授课风格和授课角度提供了一个全新的思路，如何让学生更易于接受，一句话要正着说还是反着问，这其实都是学问，都是艺术，都是在不断的思考中摸索、更新、精炼。再比如"扩散现象的实质是分子在不停地做无规则运动"，分子在初中生的学习范围内是很难接触到的，在实际生活中他们也不可能去看到分子，就好比很多人认为电学很难，归根究底还是因为他们看不到，没有生活实例作为依据。学起来自然很困难，而在准备这节课的时候，将抽象的知识转化为同学们习以为常的现象，便是重难点，也是这堂课成败的关键，与生活联系，"饭菜的香、厕所的异味"这些现象让同学们感同身受，在欢笑中理解了知识。

不断地磨练、不断地提高，在准备中成长、在反思中提高；不断地备

学生动手操作体验

课，不断地教研，不断听取前辈们的教诲，不断从课堂中与学生的互动中生成，让我一点点进步，教学相长、寓教于学。

　　还记得刚刚工作时，稚气未脱的我，并不能获得家长和同学的信任，毕竟面对经验欠缺的我，每个家长都不想冒险，大家的质疑和猜测都是可以理解的，而我只能通过自己的努力来获得他们的认可。在我刚刚带过的毕业班级中，记得有个家长这样跟我说过："老师，虽然你很年轻，但是孩子非常喜欢你，说你讲得很好，也很负责，很愿意听你讲课，从几次家长会中你的讲话也让我们在教育孩子上有了更多角度，也在物理该如何辅导方面得到很多启发。"短短几句话，却是对我2年努力的最大认可，也时常有学生围绕在身边，他们喜欢我，可能因为我年轻，没有太多距离感，也可能因为平日课堂上我不是特别严厉，我更希望他们喜欢是因为我的课十分精彩。但是我肯定还是有很多不尽如人意的地方，毕竟自己还年轻，要走的路还有很长，需要的学习和磨练还很多。我会争取做一个让每位学生满意、让每一位家长放心的老师。

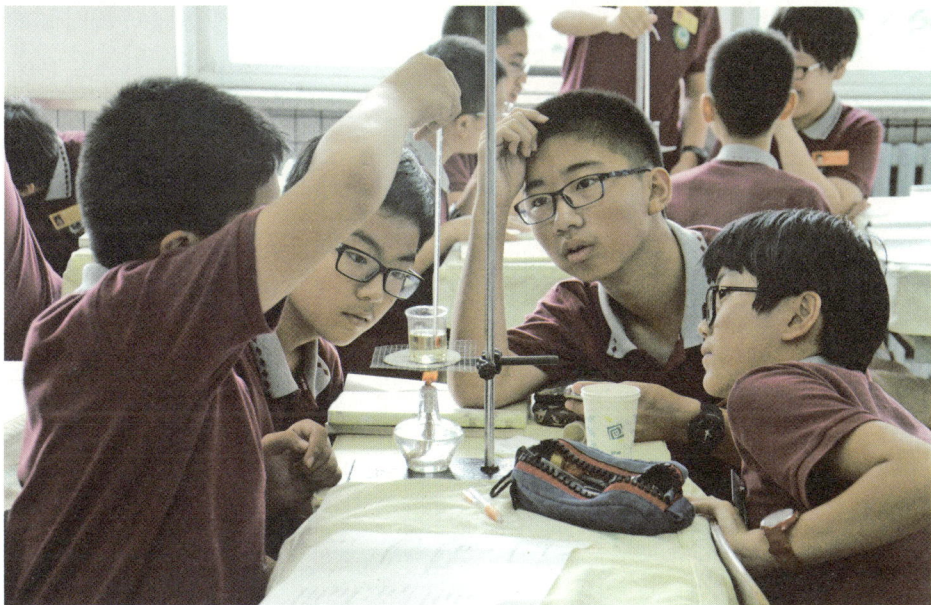
课堂实验

通过一次次的磨练，从最初的战战兢兢，到后来的慢条斯理，希望以后可以达到游刃有余。人们常说教师是人类灵魂的工程师，不敢说自己会不会影响一个人的灵魂，只希望自己能保持初心，心里永怀敬畏，稳步前行，做一个别人成长之路的风向标或指路人，厚德博学，为人师表。漫长的教育生涯刚刚开始，用最初的心，做永远的事，时刻告诉自己，我很年轻，我有精力，我会进步！

二、两袖清风，师者也，教之以事而喻诸德也——以师德为本，彰显人文关怀

心常常因细腻而伟大

自 2005 年来，学校每年都会定期举行一些教工活动，这不仅仅让这些奋战在一线的教育人员能够在繁重的工作中有时间锻炼自己的身体，也令他们

心常常因细腻而伟大

紧张的神经得以短暂时间的放松。教工活动最早被称为"教师活动月"，在本月中大家都可以参与多种有利于身体健康的运动，例如"健步走""教工毽球大赛"等非常有趣的体育项目。教师们都乐在其中，就连快要退休的老师都积极参加年轻人擅长的项目，其趣味性可见一斑。所谓教师发展并不能单一地被理解成为他所教授的班级学生成绩有多么好，他所教的毕业班有多么棒，还在于他是否能够爱惜自己的身体，在可以保重身体的前提下稳步提升孩子们的成绩，这不仅仅是当今教育系统发展的大方向，也是未来我们一直要坚持的原则。

教工活动之秋游

一年一度的秋游又开始啦！同志们跟着我们一起朝向棋盘山顶202高地冲啊，先冲上高地的同志们可以在附近找一找，有许多宝物等待着你们。校长一发枪，年轻的小伙子们像脱缰的野马飞奔了出去，最后他们满载着宝物归来，让许多老教师羡慕不已，但老教师们当然也有优势，他们的嗅觉更加灵敏，虽然比年轻的教师们稍晚一些到达山顶，但是他们寻宝的能力可真是超赞的！秋游当然不仅仅是去寻宝这一项，棋盘山上还有许多越野车，他们分为低级、中级、高级赛道，大家都进行了尝试，作为不会开车的我，虽然只能选择初级赛道，但也感到有趣得很。这些活动不仅仅需要组织人员精心的策划，也需要大家积极配合。作为组织人员之一，我要提前写一个计划，做好策划后，需要和各个年组的负责人进行协商，小组负责人是非常重要的联络员。在与大家协商过后，将计划——写清，天气很重要，按照计划定好的日子也可以因天气而灵活地改变。所谓教工活动就是让大家开开心心地休息，在休息中锻炼自己的身体，在休息中与大家更加心贴心地交流。考虑到年龄差问题，会在不同的项目上分成不同年龄组来进行，这样体现了活动的公平性。当然，这种安排要灵活，一些同志如果认为可以与年轻人一起竞技，只要身体条件允许，是可以参与到年轻教师行列中的，但是身边一定会有相应的体育教师加以保护。在组织的过程中最重要的就是考虑到大家的安全问题，例如有的教师年岁大了，或者年轻人身体较为孱弱的都需要多做一做热身运动，有心脏疾病的同志如果一定要坚持参加组织活动也会给予批准，但是在活动过程中需要倍加照顾，这不仅仅体现了我们的团队协作能力同时也为这些患有疾病的同志们打call。

教工活动之摄影大赛

摄影大赛分为初赛、复赛与决赛。初赛需要各位教师将所拍摄作品以图片的格式上传至校园网内网。大赛一开始，学校就出现了一道亮丽的风景，午餐后的休憩时间，许多教师拿着单反相机，有的趴在地上照小小的蚂蚁，有的则是在树旁对着树叶照了又照，有的将相机朝向远方，有的却将相机摄向在水中嬉戏的鱼儿们。孩子们登时来了兴趣，问问这，问问那，而老师们也微笑并且耐心地给予回答。看到孩子们高兴的面庞，就可以看出，教师们的摄影技术还不错。所谓摄影大赛，它比赛的包容性很强，各种图片都可以参赛，其中就有教师传上了一家五口去大连旅游时的照片，孩子们在水中嬉戏，老人们在沙滩上相互依偎，有什么能比这种和谐的家庭氛围更值得夸赞的呢？这张图片获得了初赛和复赛的第一名，但是决赛就不一样了，决赛需要选取一个专用的场地让老师们进行摄影创作，地点为棋盘山中景色秀丽的地方。许多教师都带着自己的相机出发了，在这里有一位教师别出心裁，还带上了影楼里面才有的一些装备，他这个人对摄影要求颇为严格，被人称为"摄影大师"。最后他以照片"五光十色"获得了决赛的冠军。在每次活动中都会出现许多有趣的照片，这些照片也成为我们永久且美好的回忆。与秋游相似，必须提前有一个策划，但是摄影大赛PK的不仅仅是每位老师相机质量的好坏、贵贱，它的意义在于让我们充分地体会大自然和生活的乐趣。因此这种比赛要求我们组织人员必须要选取有摄影资质的朋友作为评审，同时，在摄影之前也需要专业人士给各位教师进行安全培训，这样可以让大家安全地拍摄出自己想要的图片，或者这不应该被称为图片，而应该称为艺术品。摄影大赛对天气的要求很严格，天气多变，因此在出行前必须带好必备的雨具以防照相机被淋湿，若是被损坏的话就得不偿失了。所有图片一律不署名，只是标记上自己给起的名字方便评审团加以评审。公平、公正、公开是我们一直秉承的原则，同志们在看到进入初赛、复赛、决赛的照片时都心服口服，可以看出评审团的存在是很有必要的。

心常常因细腻而伟大

每一次活动的结束都代表着下一次活动的开始，虽然有让人感到乏累的地方，但我们乐在其中。如果人人都能在工作中做到极致，那也是一种超越。无论是秋游，或是摄影大赛、毽球大赛、健步走等活动，最重要的一点就是让大家感到我们这些组织者是从他们的角度出发，俗话说"设身处地为他人着想的人也会让他人为其设身处地地着想"，唯物辩证法告诉我们"事物都有两面性"，若我们仅仅从让教师们开心的角度来做这些活动，那就是大错特错了，这只是其中的一个目的，最重要的还是团队协作，正是在大家大力配合下，每项活动的举办才得以成功，没有任何一个人是可以独立完成所有工作的，大家齐心合力才是最重要的，但是单单大家的全力配合还是不够的，想要举办好一次活动必须考虑得事无巨细，有一部分未考虑周全就可能会使本次活动失败。以前就有失败的案例，没有小组联络员，只是单凭我们这些组织者发出消息，很多人都持观望态度，有许多担心，但是有了小组联络员之后局势就产生了质变，同志们不仅仅积极参加活动，还为每次的活动出谋划策，这使我们这些组织者感到很暖心，也更加坚定了我们以后组织多种活动的决心。人心都是热的，只有你用心去为他们考虑，他们同样也会让我们感到暖心，在这里团队合作精神再一次体现得淋漓尽致，同志们没有任何抱怨，积极组织活动，参与者积极参加，并且在参赛后还专门写了一些文章用于赞颂这些活动，这让我们感到一切的累都是那么值得，下次的活动一定要组织得比上次好，团队协作力爆棚。借用二战时期罗斯福与丘吉尔的对话："团结一心，我们顶天立地；四分五裂，我们一败涂地。"只要我们用心为他人，他人也会用心为我们。

落花有情，微雨无声

落花人独立，微雨燕双飞！2014年，我有幸被评选为"校师德标兵"。师者，既要教会学生浩如烟海的知识，更要教会学生做个有温度的人！回顾十几年的从教生涯，感慨颇多。

近来的一日清晨，我一如往常地走在从家到学校的一段十多分钟的路程上，望着漫天飘飞的雪花，不禁感慨又是一年白雪皑皑的日子。回想自己2002年大学毕业，来到育才学校已经16年整，脸上已然留下了岁月的痕迹。然而，最初的梦想还未曾老去。记得毕业简历的扉页上，我只写了一句话，那就是："用微笑去面对生活。"就是带着这样的心情，我走进了学生们的世界，成为一名体验着悲伤与快乐、辛酸与幸福的普通教师。

记得刚刚毕业的那几年，远离家乡，在陌生的城市里时感孤独，在优秀的工作环境中倍感压力。虽有满腔热情，但在挫折面前，也曾经迷茫过，最终是"做育才学校优秀教师"的梦想让我坚持了下来。我相信理想与坚持的力量。

有人曾化用李商隐诗句里"春蚕"和"蜡炬"来比喻教师的奉献精神，虽崇高，但过于悲壮，我不以为然。我想教师只要用真心、诚心、耐心和爱心来滋润学生们的心田，把自己应该做的事情做到最好，用静待花开的心态，陪伴和鼓励着学生们的成长，就是如水般的师爱。与此同时，自己也会在这样的生活中感受到内心的充实与宁静，感受到生活的幸福，收获着付出的感动。

2007年我来到双语校区，开始担任班主任。起初并不顺利，是佟主任、房主任及校领导如长辈般的信任，让我重拾了信心，开始用一颗真诚的心迎接我的新一届学生。2011年暑假，我怀孕了。孕期反应很明显，人也瘦了下来，前三个月还不到95斤。此时我是2009级14班的班主任，负责两个班的语文课。我和这个班级的同学已经一起奋斗过了两年的时间，经过我们的共同努力，2009级14班被全校师生美誉为常态班级中的"小特长"班，我们都倍加珍惜这来之不易的成绩。我不舍得离开他们，他们也还惦念着我们当初共同许下的誓言，那就是我们共同在分流考试中创造辉煌，让双语为我们而感到骄傲。我决定留下来，克服身体的不适，陪伴他们走到最后，不能让美好的理想前功尽弃。虽然我知道离开我，他们也一样会优秀。我还是多情地这样告诉自己。自此，整个初三的上半学期，除了产检，我坚持没有请一天假，坚持用心进行每一次午检，坚持看每一个长晚自习，每一天我都想让学生们感受到我充满热情的鼓励和坚强乐观的心态。只有这样，他们才不会放松对自己的要求，才会心态平和，更加拼搏进取。记得那时每天下班回到家的第一件事就是冲到卫生间去吐，然后才能勉强吃进去饭。有几次严重的时候，我就躺在沙发上流着委屈的眼泪。现在回想起来，我要真诚地感谢那个时候曾经给予我力量的家人和同事们，更要感谢那些默默支持我、时时给我带来感动的学生们。

运动会的前一天晚饭，我和老公正坐在家里的饭桌前吃饭，不知不觉我就发现自己已经躺在了沙发上，这是后来老公给我讲述的，说我刚才吃饭时突然间晕过去了，他开始很害怕，随后又马上镇定下来给我掐人中，他想如果我还不醒就会马上叫救护车。过了几分钟，我醒过来了，他才松了一口气。我当时好像没有太大感觉，因为当时自己什么感觉都没有了。可是过后再想这件事情，还真有些害怕。后来检查得知是因为低血糖，医生建议我在家休息一段时间。可是第二天是学生们期待已久的运动会，我不能不去。因为每年的这一天是我的生日，更重要的是学生们很期待这一天我能跟他们在一起度过。说来还有一个小小的约定，就是学生们私下里暗下决心，每年的运动会都要争取通过他们的团结拼搏拿团体冠军，让王老师在这一天成为最幸福的人，随后还要搞一个中午全班分享生日蛋糕的温馨环节。前两年的运动会中，我们都是这样如愿以偿。今年是最后一次运动会了，同学们早就这样期待着。

记得那一年的运动会天气特别的冷，很多同事都穿上了羽绒服，我挺着大肚子，裹着毛衣如期地和同学们一起出现在了运动场上。当时佟主任走过来还跟我说："多穿点，要不然你就先回办公室休息一会儿吧。"我记忆犹新，但我选择了再加一层棉袄。同学们在赛场上更加努力拼搏，对我嘘寒问暖，一次次让我感动。我爱我的学生，他们就像我的弟弟妹妹那般熟悉，相处时间长了，他们就像我的家人般亲切。最终，我们又一次如愿以偿，获得了团体冠军。中午我们还和办公室的同事们分享了生日蛋糕。有些感动，只能在心底流淌，愈久弥真。如若你付出的是真心，同样也会收获诚意。更让我们感到自豪的是，我们2009级14班在当年1月份的分流考试中，终于实现了我们的共同目标，考入浑南和双语的人数均创造了辉煌。这时我也该休产假了。记得离开学校时，校长还亲切地对我说："今年事业和宝宝双丰收，好好回家休息。"我当时除了感觉高兴之外，更多的想法是终于可以安心地休息一段时间了，因为我们没有留下遗憾。成绩只是过眼云烟，用心付出的过程总是镌刻在记忆的最深处。难忘同学们在得知新班级班号时，我们依然坐在2009级14班的班级里开了最后一次班会；难忘离开他们以后的几年运动会，我们还都会聚在一起分享蛋糕的情景。难忘走入双语高中的同学，对自己原来班级的怀念和自豪；难忘三年后你们纷纷迈入理想大学时，我们又聚在一起回首过去、畅想未来时的那份激动。我想静待花开的心情就是那样的美好，让我的生活充满了色彩，也充满了温暖。教师的职业就是这样平凡，教师的追求就是这样单纯，教师对学生的爱也就应该这样含蓄而深沉。

落花有情，微雨无声

　　2012年9月1日我产假归来，我的儿子5个月。我担任2009级12级1班和2班的语文科任教师，我倍感幸福。家中可爱的宝宝，久别的校园，单纯善良的学生们，又让我燃起了工作的热情。然而，2013年7月，校领导们找到我，让我接任2012级9班的班主任，这时我儿子刚满一岁。得知所接的班级是一个问题班级之后，我心中曾有过退缩，一方面因为不够自信，更重要的原因是跟很多新妈妈一样，我想有更多的精力陪陪孩子。可是，在学校大局安排的前提下，我还是坚定地接下了这个任务。清晰地记得当我走进这个班级之前，简单地从数字上概括就是，班级管理各项量化总积分和各科期末总成绩均位列倒数第一，班级第一名在年组排名第176，初一一年受学校处分的就有十多人。当然，数字并不代表一切，但我也明白我身上的任务艰巨，责任重大。我在第一次和家长、学生们见面时，言语间传递给他们的信息是：请相信我的决心和责任心，我想我会把应该属于哪里的孩子，送到他们想去的高中；孩子们暂时落后的只是态度和习惯，而绝非其他；请相信只要有坚持不懈的毅力，谁都有可能超越自我，我愿意陪伴你们拼搏奋斗。当我真正融入这个集体之后，我才发现他们并没有我们固定思维中那样的差，他们只是更加活泼顽皮，没有养成良好的习惯，没有明确的目标，不够成熟而又个性十足，比如，黄毛吴某、傻大个曹某、到处乱窜的王某、整日迷糊的孙某、爱耍嘴皮子的安某、胖子赵某等。我和这个集体一起成长的第一步是，严格要求外加以身作则，养成良好的习惯。从当初到现在，我坚持每一节课间都走进班级，但不会唠叨个不停；我坚持每天早操时赶到操场，让他们感受到我的陪伴；我坚持每天中午不到一点就坐在班级的讲台前提醒同学们开始学习，我坚持每次卫生联检大扫除，都组织同学们搬动桌椅，全班团结协作，培养做事认真的态度；我坚持任何时候，不放弃任何一个暂时不懂事的孩子。记得在一次班主任工作交流时，我介绍过我和胖子赵某日记的故事，他对我刚接班时的严格要求很不适应，甚至是很抵触，便在自己上了锁的日记中写了很多骂我的不好听的话，以此来缓解心情。不料有一天，他的日记被某些调皮的同学撬锁传阅来看，结果很多同学都知道了里面的内容，随之日记也不知所终了。这日我见平时嬉皮笑脸的他，突然沉默严肃了许多，我便关切地问他原因，他急切地跟我说他的日记丢了，他很是着急。我记得我当时还说了很多关心安慰他的话，后来有同学才跟我说明了真相。我当时有一秒钟很生气，转念便很释然，我能理解这个孩子此时此境写些那样的语言，也并不能代表他就是品行不正的学生。想一想，我们当初做学生的时候，对于不熟悉的老师的一些自认为不合理的做法，也还会给这个老师起外号呢。后来，我只是很平静地装作不知道这件事情，一直到现在。再后来，我给他的妈妈打了个电话，希望她能了解孩子现在的心态，会影响到他的学习，希望他的妈妈能先从侧面和孩子交流，让孩子意识到纪律对一个人成长和学习的重要性。想到他当初焦急地找日记的神情，我想他只是一个处于青春叛逆期的孩子而已，作为老师必须有一颗包容的心，我相信精诚所至，金石为开。于是，接下来的日子，我们谈心的次数是最多的，有时我也会抽出自习课时间，帮助他背背语文课文。久而久之，我发现他有了变化，对老师更加尊重和理解了，见了老师面总是热情地打招呼，而且有时还会递上一瓶水，他的妈妈也颇有感慨。现在我站在班级门口，一个眼神或者一个手势，他都能心领神会，连办公室的老师也总说赵某其实挺可爱的，我内心感到十分欣慰，顿时有了教师的自豪感。教育，其实就是这样，每一个孩子的心锁，都有一把适合开启的钥匙。只要我们带着一颗诚心来，静待花开即可。在和班级物理老师聊天时，她说她很好奇赵某今后的人生走向，虽然他现在很爱吃小食品和打游戏，但现在也有学习的紧迫感了。我知道她是真正关心他，我也是。我说，我们共同期待他的成长吧。

　　有谁不认识原2012级9班的王某吗？那个喜欢到处乱窜、神出鬼没、撒谎很镇定、愿意乱动别人东西、考试经常抄袭，却又自诩为电脑高手的，就是他了。刚接班时，就听说这个集体里有这样一个孩子，全班同学都讨厌他。我其实不大相信，怎样的一个孩子能让全班同学都讨厌他。我初见他时，看到的是一双忽闪忽闪的大眼睛，见到老师总是非常有礼貌，总是"您"字打头。这时我就更没太在意别人的传言。但是，我想我要帮助他改善和同学之间的关系，让他在这个集体里有存在感。于是，我就利用一切能发挥他特长的机会，让他为班级多做贡献，努力让别的同学认可他，比如班级的班会、午检，甚至是年组的大型活动，都让他来做幻灯片背景，他做得的确不错，我就趁机在班级里表扬他的集体荣誉感和个人能力。曾经有一段时间，我觉得他真的有变化，不再那么四处乱窜了，感觉能静下心来学习了。可是，有一次，因为他随意拿别的同学的课堂笔记，并把笔记藏在了男厕所里，针对这件事，我在班级午检时对他的这种做法进行了委婉的批评教育。随后的一段时间里，我便经历了一段痛苦的日子，每天晚上直到半夜，我都会不停地收到骚扰短信和骚扰电话，甚至是周末的白天。我起初是怀疑他这个电子产品高手，但不敢相信一个孩子会这样做。有人说，你报警吧。我想万一是他做的，更不能报警了。于是，我选择了忍耐和一些屏蔽措施。突然有一天，我中午没去吃饭，无意间走入班级，发现他一个人站在班级大屏幕前按键盘，我好奇地一看，大屏幕显示的是我的手机号码，然后是开始轰炸。我当时很生气，他解释说，老师我在帮你阻止别人给你发骚扰短信。我说："是吗，那关了吧。"接下来，我什么也没说，回到家想办法回拨了那个骚扰电话，并诈出也是他。第二天回到学校一直到现在，我都没再和他提起过这件事情，只是中间，我和他的妈妈有了一次谈话，我也分析到这个孩子由于心理压力过大，无处释放，又不想在他的父母面前承认，所以在学校会做出一些报复性的事来。后来，当然骚扰短信和电话也就消失了。我想，教育有时也是有时间差的，不能苛求每一个孩子当时就会理解你的良苦用心而马上翻然醒悟。教育有时需要等待，用心浇灌，静待花开。

我和2012级9班的同学们一起成长着，我们的班级管理量化总积分位列第六了，各科期末总成绩也摆脱了倒数第一名，班级第一名在年组排十多名，有时甚至还考过年组第一名。当然，数字还是不能代表一切，但是我愿意陪伴他们共同书写属于我们的"传奇"九班。之后我努力调动所有同学的

落花有情，微雨无声

学习积极性和建设班级的积极性，团结奋进，最终我们在分流考试中，取得了超越性的进步。

送走了这个二手班，我又从初二开始接了2014级12班这个二手班，我的心态变得淡然了，比以往更多了几分自信和沉着，相信花开的日子，只须静静等待，用心陪伴。果然用心地付出，就会收获不一样的精彩！2014级12班由原来的倒数第二名的成绩，在分流考试中进步为正数第四名的好成绩！秋冬易节，我还需这样努力付出着，想到儿子对我的依恋，妈妈为了帮我带孩子拖了两年的手术，同事们对我的善待与包容，学生们对我的肯定和鼓励，领导们对我的信任与支持，我更加义无反顾。我将带着我现在的2017级12班，稳扎稳打，期待花开！

我想作为一名教师，没有什么比精神鼓舞更能催人前行，教师的价值也是在这样的实践中得到充分的体现。今后，我依然愿意做一名用心育人的老师，更想成为一名智慧型的班主任。学生是我生活中不可或缺的重要部分，他们更是我生命中重要的幸福源泉，我愿意只求耕耘，不问收获，心底无私，天地自宽！

近日收到一位家长的鼓励，甚是感动，聊以自策："我是2017级12班王略甫的爸爸。这一年多以来，我看到了孩子一天一天的变化，我知道那是因为您！我感受到了他的懂事、成熟与认真，我知道那是因为您！我知道，您在孩子身上，付出了大量的心血。我知道，您将一颗爱心完全奉献给了孩子，无时无刻不在抚育着他们的成长！您，目标坚定，剑指一年后的大比拼；您，呕心沥血，倾注了比我们家长更强的责任心；您，为人师表，不仅教给了孩子知识，还教给孩子做人的道理。天涯海角有尽处，只有师恩无穷，感谢您，老师！亲其师，信其道！王老师，您是我们2017级12班这艘大船的掌舵者，我们有理由相信，在未来一年后，我们2017级12班必将继续乘风破浪，奋勇远航！"

落花有情，微雨无声……

捧着一颗心来，不带半棵草去

为深入贯彻落实"党的群众路线教育实践活动"，牢记习近平总书记的嘱托，弘扬为教育事业付出辛勤汗水的教师同仁，号召大家认真学习"师德模范"的先进事迹，立足岗位，廉洁自律，不断加强师德修养，提升专业素养，切实转变作风，遵从基本的道德底线和职业规范，潜心教书育人，真正服务于学生、服务于社会，为推进学校的各项工作做出更大的贡献，我有幸于2016年被评为"东北育才学校师德模范标兵"，这些年来我始终手捧着一颗爱心，怀着对事业的追求，不断地探索实践，模范履行职责，无私奉献、热爱学生、教书育人、为人师表，以高尚的师德严格要求自己成为一名有深度、有温度的教育工作者。

一、有坚定的理想信念

"德高为师，身正为范"，具有良好的思想政治素质，遵守宪法和法律，拥护中国共产党。这些年，我一直以此为标准，严格要求自己，为人师表，以德为首。工作中表现出很强的事业心、责任感及爱岗敬业精神，在工作中任劳任怨，吃苦在先享受在后，服从学校的工作安排，认真履行教师的职责，为人师表，平时关心爱护学生，廉洁从教，工作中发扬团结协作的精神。

2018年光荣获得沈阳市教育系统"优秀共产党员"称号。

二、从爱出发，甘心奉献，取得教育教学最好成绩

我认真领会"新课标"大纲精神，围绕着运动参与、运动技能、身体健康、心理健康、社会适应五个方面来制订教学计划，安排教学，起到了良好的效果。在教学工作方面，我能不断地进行经验积累并及时地进行总结。我认为体育教学是要让学生在快乐的氛围下学到更多的体育知识，并提高学生对社会的适应能力。所以我极力在课堂上推行汗水加笑声的体育教学方式，通过这样的教学方式，课堂气氛活跃，我的课深受学生的欢迎，提高了学生上体育课的兴趣，也提高了教师在学生当中的威信，更重要的是拉近了与学生之间的距离。孩子们在课下都亲切地叫我"杨哥"。记得那个时候几乎每天都住在学校，早上上班、晚上值班，和孩子们走得特别近，孩子们也愿意和我说一些他们特有的想法。记得2008级有个叫韩天的孩子，他特别的活泼好动，对什么事物都特别好奇，活脱脱一个"好动分子"，每天都能看见他登高爬低的，身上无时无刻不带着灰尘，每次一见到我都龇着牙，喊着杨哥，和我说起在课堂上的英勇事迹。在接触中我发现这个孩子特别的纯真，也特别的聪明，如果能集中精力认真学习肯定会有收获的，于是每天晚上我都去寝室找他，清理一下满是灰尘的衣物，也和他约定好在我的体育课上如何做好我的小助手，如何能让自己变成更受同学们喜爱的"小鲜肉"。一个学期下来，他的变化明显，在我的课上不再满身灰尘，不再捉弄同学，用他妈妈的话说："大宝儿，长大了，有担当了，是个小男子汉了，在学校能遇见您这样的'大哥哥'是孩子的福气，也是家长的幸运。"我也为能成为孩子们的良师益友而感动着……

三、不断学习，追求卓越

这些年来，始终树立终身学习的观念，高度重视自身再学习和再提高。平时认真学习教育教学理论，了解教育教学内在规律，认真学习新课程标

准，加强教育研究，努力提高自身素质和教育教学管理水平。能做到以现代教育理念指导工作实践，以科学管理水平指导学生，以创新精神促使学生主动、活泼、全面地发展。

在教学工作中能及时把握学科发展前沿的状况，全面正确地掌握课程标准，积极采用探究式的教学方法。加强自主、合作、探究的学法指导，充分发挥教师的主动作用，体现学生主体地位。为了全面提高自己的能力和水平，我用不断的学习来完善提高自己。坚持每天抽一小时来进行理论知识学习，力求达到基础牢、方法新，效果明显。坚持每天晚上进行电脑学习，以掌握高新技术的发展和应用。放假期间，积极参加省、市以及学校组织的进修培训。我撰写的论文《浅谈体育教学中的德育渗透》《论学校体育活动中运动损伤的预防与治

捧着一颗心来，不带半棵草去

疗》分别在由十二五国家教育规划与教育理论组委会和中国教育学会教育机制研究分会主办的第三、四届"十二五国家教育规划与教育理论"全国教师优秀论文评选中，荣获一、二等奖。执教的《校园足球》荣获沈阳市冬季课评比一等奖。

四、顾全大局，兢兢业业

在后勤兼职干事期间，总能及时有效地完成学校交付的每一项任务。无

校园风采

论是日常的后勤服务还是临时的紧急事件等我都尽心尽力去做到完美，从无怨言。因后勤工作的性质不同于其他部门，在不影响正常教学工作的前提下，部分工作就只能占用个人休息时间去完成，我从不抱怨，坚决服从学校的各项工作安排。我深知肩上的责任重大，只有把工作做好才对得起学校给予我的信任。于是我放弃了假期的美好时光，放弃了与家人相伴的温馨聚会，只身一人留在学校工作。当看到同事们假期回来对校园内细致贴心的变化而欣喜时，就觉得一切都是值得的。在此我想感谢一下理解支持我的家人，谢谢你们，世界那么大，我保证一定会带你们去看看。

总务后勤工作在需要大量时间的同时更需要倾注大量的心血，掌握多方面的知识，增强业务水平才能确保利益不受损失。在总务后勤工作的这几年，我成长了许多，更加注重对自身修养的要求，严把质量关的同时严格要求自己。克己修身，做到以学校利益为最高目标。在工作过程中始终坚持：做好事情，对学校负责；做好人，对关心自己的领导、同事、家人负责。兼职期间工作认真、踏实肯干，得到了学校领导和广大同事的一致肯定。

五、努力筑梦，期许未来

回顾成绩，展望未来。才为德之资，德为才之帅。我愿做陶行知老先生口中"捧着一颗心来，不带半棵草去"那样的教育工作者，也时刻不忘"师德模范标兵"具有的重要意义，为之不懈努力。作为一名教师最大的荣耀莫过于学生的认可，借用学生们在学期结束后的学科评价来鼓励自己："特别喜欢杨老师的课，也喜欢他亦师亦友的风格，作为他的学生我们是幸运的。"——2008级2班全体男生。

时光啊，你慢些走；发际线啊，你慢些攀升；孩子们啊，你们慢些长大。转眼间，我从2007年初进育才园时学生口中的"欧巴"变成了2019年学生口中"欧吉桑"。感慨于时光的流逝，感恩于学校的沃土，感谢于自我的坚守，期待着美好的育才梦。不忘初心，砥砺前行！

"道"与"术"相协，方有真教育

每周一次的反馈单可以说是我们东北育才教育集团的一大特色。一张反馈单让家校沟通无距离，使家长教育和学校教育形成合力，共同关注学生的成长，促进学生的全面发展。与此同时，反馈单也是老师教育思想、教育理念的一种表达方式。因此，反馈单已经不再是单纯班级日常事务的"记录簿"、学生表现的"考评表"。如何利用好反馈单也成为我们育才教师所要面对的一个重要课题。

2018年12月28日，下午4点20分，送走最后几名打扫完卫生的班干部，教室里剩下我一个人。不舍、留恋，在这空荡荡的房间里我愈发感觉落寞。一位家长此时发来微信："姜老师，临走没跟你道别，看到你一个人低着头站在讲台上，心里很不是滋味……"

走廊上的吵嚷声渐渐淡了下来，好像演出结束观众离席后的剧场。这不是我带的第一拨儿毕业班，当然也不是最后一拨儿，但是，我心中的情感却每三年便这样激荡一次，还记得三年前我爱人说我"入戏太深"。

我关上灯，在门口看上一眼，转身将教室门锁好。我与他们的故事随着钥匙的扭动就在这"嗒"的一声中戛然而止。回到办公室，我什么事都不想做，忽然感觉自己就像个失恋的人，笑自己完全不像个教数学的老师！好吧，那就放空一下自己吧。电脑桌面上，一个名字叫作"反馈单"的文件夹跳进了眼里。我双击进入，"七上""七下""八上""八下""九上"，整整齐齐五个分文件夹——记忆的闸门顷刻打开，思想奔涌而出……

2016年8月，我接手2016级8班。五周后的那次运动会，让我记忆深刻。打开那一周的反馈单，我用超大字体写下的"喜报"二字赫然而出，然后就是自己连珠炮似的激情解说："运动会的比赛看得太爽了，大大超出预期！……王品舒作为接力替补，时刻拥有补位意识；于芷蘅、张馨予参加800米比赛，能坚持到底就是胜利！女子4×100米的比赛异常激烈，张文嫦在接棒不利的情况下，奋力直追，力挽狂澜，最后时刻实现超级大逆转……"现在读起这份反馈单，感觉自己当时简直就是一个激情澎湃的解说员。

记得那次张文嫦同学在运动会上表现非常突出，她的百米速度惊艳全

"道"与"术"相协，方有真教育

场。然而，比她的速度更让人佩服的是她在取得成绩回来的时候并没有大肆庆祝，而是对被她超越的邻班班主任和学生深鞠一躬，表达歉意。比起那次运动会的成绩，我更看到了2016级8班孩子的高素质。反馈单上写着："比起成绩，我们更需要这种精神！集体的荣誉感在我们8班每个孩子的心中，大家就像52根彩色的带子拧成一股绳。愿孩子们在以后的学习中也能发扬这种竞技精神，敢于挑战，努力争先，老师相信：8班的孩子们一定是最优秀的！"

那次运动会上同学们表现出的卓越竞技精神奠定了2016级8班后来的总基调——敢于挑战，努力争先以及"让别人因我的存在而感到幸福"。

翻看这张反馈单，仿佛又回到当时让人热血沸腾的赛场，回到了那个美丽故事的开始。2016级8班的每一个孩子都是优秀的，优秀的孩子背后必定有优秀的家长、优秀的家庭教育。我忽然感觉到自己肩上的担子很重——他们今天交给我一个孩子，我明天要还他们一个怎样的人？孩子们运动会上的出色表现让我惊艳，让我期待，更激发了我的斗志——我一定要接好这个"接力棒"，做好这个班级的"领路人"！

可是，仅有热情是不够的。从教12年，我带过8个班级，我常在思考，班级管理工作、学生教育工作的最高境界是什么？

读金庸小说，武功高手有三种境界：一是"阅尽千山人不还"，这个阶段的武者，学会了很多套路，华丽的招式炫目夺彩，但却并没有形成自己的风格，只是生搬硬套，初看唬人，遇到高手则不堪一击，比如郭靖的武氏俩徒弟。这不是现在的我，但却是我曾经历过的阶段。二是"看山不是山，心事付炊烟"。生活的磨砺，江湖的历练，让武者有了对生命的感悟，技巧也日趋成熟，招法由繁入简，如风陵渡时的杨过。我想我现在差不多是这样一种境界了。而金庸笔下武功的最高境界是"看山还是山，云在西湖月在天"。此时的武者知天命淡名利，身无羁绊心豁达，不惑不迷，武学境界到了大道至简的地步，如扫地僧。

金庸笔下的武林高手，"无"才是最高境界。这当然与金庸崇尚研习道家文化有关。老子论"道"，"大音希声，大象无形"。庄子论"道"，"视乎冥冥，听乎无声。冥冥之中，独见晓焉。无声之中，独闻和焉"。"道"，是宇宙万物的本源，"无为"则是"道"在经验世界中的实践运用之"术"。这种"无为"，不是消极的、被动的"无为"，而是"为无为，则无不治"。

老庄之"道"，看似"无为"，实则有"术"。金庸汲取了老庄"道"论的精髓，用于创作。而我希望自己就是那个出招平淡无奇，却威力无比的"扫地僧"。

轻敲鼠标，屏幕上一篇篇反馈单引我入迷，我庆幸自己曾用心写下这些记录。读着它们，就仿佛打开了一幅时间轴，时间和空间都不再是我跟孩子们的障碍，我又跟他们在一起了！

七年级第十四周，早会开始不久，班上的王启同突然直挺挺向后倒下去，正在校园巡视的贾校长一个箭步冲了过去，为王启同进行了专业的应急处理，化险为夷。在反馈单上，我祝贺王启同："你有好运气！在你摔倒的时候，校园1号首长接住了你，你定会扶摇直上！加油呦！"

八年级上学期第十一周，班上两名同学在寝室熄灯后去卫生间补作业，我在反馈单中没有批评两位同学违反寝室管理规定，而是询问两位同学，你们为什么是"补"作业而不是"写"作业呢？然后借此分析了"补"作业与"写"作业的差别和造成这种差别的原因，教他们明白"效率"究竟是怎么一回事儿。同时，"对此二人进行严厉的批评教育：由家长接回家停寝两周反思！鉴于二人认识较为深刻，家长积极配合，停寝一天，余下的缓期执行。"

九年级第十周，班上有些同学出现学习效率下降、没有信心、头脑昏沉、心情烦躁的现象，于是我在反馈单上给家长和学生们介绍了"高原期"的现象，跟他们说出现这样的现象很正常，并给学生和家长打气鼓劲："备战分流一定是辛苦的！如果你感觉累，那是正常的；如果你不觉得自己累，那一定是你还有潜力可挖!"……

再读这些文字，感觉是一场回忆，更是一次教育反思。

著名教育家陶行知说："真教育是心心相印的活动，唯独从心里发出来，才能打到心灵的深处。"这话于我，言同勒石。教育工作的最高境界在于触动人的心灵，这样的"真教育"正是我孜孜以求之"道"，而如何能够直抵学生心灵是我苦苦追寻之"术"。

反馈单上，每周班级日常事务介绍，"美文推荐""班主任的话""写给家长""写给学生"……这些小专栏字字由心而发，然后又直抵心灵深处，让老师与学生、家长彼此充分沟通，互相了解，互相理解。抓住教育的良机，借一个活动、一些小事儿，适时地用几句并不华丽但却精巧的话语感化学生，这是触动心灵之"术"。

虽然已经带过8个班级，但每个班级都各不相同，经验虽说是宝贵的，但如果总是以经验自居，手里经年累月地拿着同一把标尺，便是狭隘的、主观的、不切实际的。从教育规律出发，让教育方式方法与时俱进，因材施教、因地施教、因时施教，

用心真教育

是触动心灵之"术"。

很喜欢美国女诗人普拉斯对魅力的定义："它有一种能使人开颜、消怒，并且悦人和迷人的神秘品质。它不像水龙头那样随开随关，突然迸发。它像根丝巧妙地编织在性格里，它闪闪发光，光明灿烂，经久不灭。"我想，一个有魅力的老师，应该是睿智幽默的，是宽容贴心的，是渊博高尚的，是达观有礼的。教师坚持终身学习，不断提升个人修养是让学生们"安其学而亲其师，乐其友而信其道"之"术"。

教育工作是一项内容丰富繁杂而又意义深厚凝重的事业，但究其内里，"用心"即是正道。有了这个"大艺"，班级日常管理手段、对学生进行管理与服务的方式方法，跟家长之间的沟通技巧等便都是"小技"。

87篇反馈单，上面记录着2016级8班两年半时间里的点点滴滴，每一份反馈都是对我们两年半学业的一个注脚。

孩子进入初中阶段，家长没有不关注成绩的。可是，想要达到最好的分数该从何入手？强攻蛮打？死看死守？不！2016年10月28日，我在那一期的反馈单里告诉家长们，"眼里看着的是分数，心里想着的应该是品质与习惯！"这句话，我无论在家长会上还是反馈单中都反复提及。"成绩的下降源自纪律的涣散"已经被2016级8班的每位家长和学生牢记于心。即便到了初三，分流在即，我们班的寝室和教室纪律、卫生都依然坚持高标准，跑操、正步依然坚持高质量。

柏拉图说："什么是教育？教育是为了以后的生活所进行的训练，它能使人变善，从而高尚地行动"，"我们可以断言教育不是像有些人所说的，他们可以把知识装进空无所有的心灵里，仿佛他们可以把视觉装进盲者的眼里"，教育乃是"心灵的转向"。我坚信：对孩子学习习惯和行为习惯的培养不仅能帮助孩子们取得优异的成绩、优良的品质，更会让孩子们受益终身。

七年级下学期第一周，反馈单上写着："习惯就仿佛是一条缆绳，我们每日为它缠上一股新索，不要多久就会变得牢不可破。"我告诉家长和学生们，"成也习惯，败也习惯。"

八年级上学期第十周，拔河比赛我们0∶2输给卫冕冠军，那一次，我告诉学生，"姜老师不怕输，幸福八班的孩子们也不怕输。姜老师怕的是我们的孩子在面对强大对手的时候，没有一决高下的勇气和决心。"

八年级下学期第十二周，孩子们即将迎来期待已久的值周活动，我嘱咐他们天冷多穿衣服，同时告诉他们："姜老师希望你们能充满热情地去做事，并能坚持到底，'坚持到底'这很重要！"

反馈单里，我告诉孩子们"你今天的生活是昨天态度和选择的结果"，"精彩背后必是艰辛付出"；我跟孩子们谈择友，劝诫他们"与高人为伍，与智者同行"，同时我也跟他们讨论应该如何看待竞争，如何对待对手；我给孩子们说勇敢，也告诉他们失败的意义……

教育应该懂得迂回，讲究策略。教育要立足当下，更要放眼未来。这也是让教育触动心灵之"术"。

"道"与"术"相生相成。有"道"无"术"，教育的目标便无法实现；有"术"无"道"，教育的方向便会偏离。十余年的打磨与锤炼，时间与经验幻化成我对教育事业的深刻体悟——只有"道"与"术"相协，方有真教育。而对教育本质的理解和认识，对生命的敬畏与尊重，是将教育顺利载向"直抵心灵"的彼岸之"术"。

桌面上那个叫作"反馈单"的文件夹，有87篇文档。不过，还有近4000篇手写的文稿被孩子们拿回了家中。那是他们的父母写给我的"回信"。每个周日晚上，我都会利用值班时间，仔细阅读这些"回信"，信中有这些父母们的殷殷期望，谆谆教导。

班歌大赛，我们班领唱吴昆澎的妈妈在反馈中精彩点评：今天演出现场，各班真是蛮拼的。在此形势下，我们八班以真挚、朴素、阳光、坦荡呈现了满满正能量，真是一群让家长们引以为傲的好少年！感谢学校又给孩子们打造了一个胜利的舞台和一段生动深刻的记忆。

一个平时成绩优异的学生在期中考试中失利，他的妈妈在反馈单中告诉孩子："其实，做事情的结果和努力程度不一定成正比，但一定有很大的关系。结果往往是我们关注的焦点，但我觉得，现阶段过程更重要……一个健全的心态比一百种智慧都更有力量。"

一个学生与班上的同学发生小摩擦，家长在反馈单中写道："学会如何在一个班级受欢迎，进而才能在几年后可以在社会上、在工作单位被认可，才能实现自己的目标和价值。路漫漫其修远兮，让我们共同面对，勇敢担当！"……

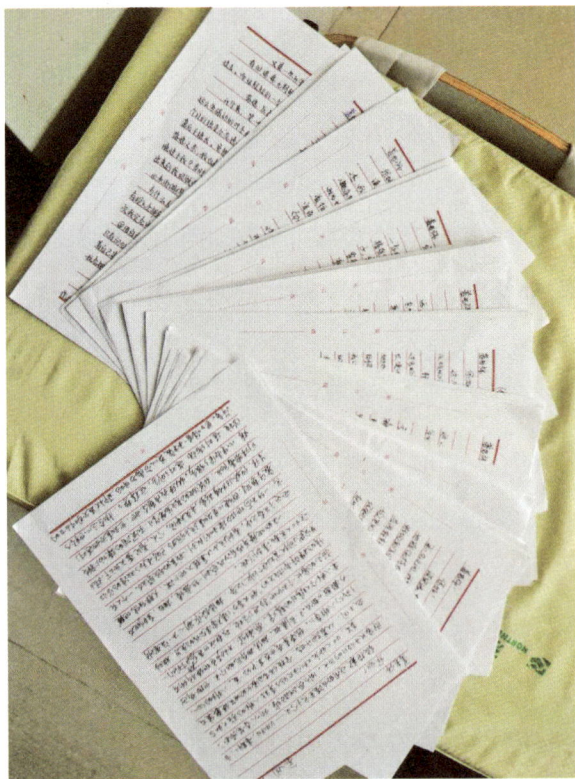

家长回执信

与其说这些话是家长们写给我的"回信"，不如说是我们共同给孩子们留下的一笔宝贵财富。未来的某一天，当已经成人的他们翻开早已泛黄的纸张，我相信，回忆会让他们感动。那或许会成为他们失败时的一针"强心剂"，或许会是平淡人生中的一支动人乐曲。相信这些"回信"将成为孩子们的无价之宝。

记得七年级上学期期末家长会，我们专门拿出时间来讨论如何利用反馈单实现家校联系，大家一起分享优秀的反馈单，并让有经验的家长向大家介绍如何写好反馈单。当天侯锦炜的妈妈发言说："通常学校与家长沟通主要通过家长会、微信或电话联系、家访等方式，可是班主任要同时管理我们班四十几名学生，时间、精力都有限，很难做到与几十名家长保持经常性的沟通。通过反馈单，不仅让我们家长全面及时地了解了孩子在校园里的成长'脉搏'，更建立起了家长和学校之间最及时有效的沟通，这样的沟通方式还真是'入脑入心'。老师写的反馈单字字珠玑，我们家长更不能走形式，一定要用心书写。"学生王文轩告诉家长们："每周末跟妈妈一起阅读姜老师写的反馈单是我们家的'规定动作'。反馈单上的每一个字都能给我带来深刻的启发，总能起到醍醐灌顶的作用。记得有一次，姜老师在反馈单上引用了苏联一位教育家的一段话：'家长和教师通常都犯的错误是，他们不了解学习是脑力劳动，脑力劳动所特有的规律是劳动者必须处于主动的状态。'这虽然是姜老师说给家长听的话，但我也同样受到了启发：学习最理想的状态，是我们学生自己想要去学习，而不是被家长或者老师逼迫着去学习。这对帮助我调整学习状态，变被动学习为主动学习起到了很大的作用。"

九年级第五周，我跟2016级8班的故事已经接近尾声。此时的2016级8班，班级秩序井然，学生品质高尚，学习气氛浓厚。一点一滴培养起来的能力带给我们巨大的"红利"：卫生免检班级、跑操免检班

家校沟通

级、校优秀班级、学年示范班级、运动会第一名、班歌大赛第一名、队列广播操比赛第一名……当然，孩子们的学习成绩也在年组中遥遥领先，而我也被评为东北育才教育集团优秀班主任。我感动于2016级8班这些优秀的孩子和家长，于是，在那张反馈单上写下了"在最好的时候遇到最好的你"这句话，感怀这两年半我们朝夕相处，我们彼此成就。

关上电脑，走出办公室，我又转回教室。灯光昏暗，我在门口拍下一张照片。那时已经是20点17分，我将它发到了班级群里，写上："姜老师知道你们此时正在家里上自习。"

我知道，教育的路很长，我做不到最好，但我是最赤诚的，我会不断地向着更好更高的目标努力。我希望，对于我的学生而言，他们未来身上散发的智慧光芒里，依然闪烁着我当年为他们点燃的火花。

我们的故事，未完，待续……

有趣的幸福课

心理咨询师培训是面向全体教师开展的一项旨在扩充教师在心理学方面的知识并将其运用到教育教学实践中，提升调节自身不良情绪、缓解压力的能力的课程培训。

我是一名初中语文教师，但在2018年9月29日这一天，我又多了一个新的身份——国家二级心理咨询师。手拿着心理咨询师证书，与心理学课程相伴的幸福点滴，清晰地浮现在我的眼前。选择做一名教师，与学生在一起，我是幸福的。选择学习心理学课程，与心灵对话，亦是我人生的一件幸事。

我与心理学的缘分，要从我读研的那段生活说起。同寝室的二姐是我们专业的"超级学霸"。有一天，她突然抱回来许多有关心理学知识的书，原来她报考了三级心理咨询师。每天二姐苦读之时，我也会凑趣地翻一翻这些书。一个个新鲜的心理学术语进入到我的视线，一个个生动的心理学案例慢慢走进我的心里，从未探求过的这片未知领域顿时激发起了我的兴趣。可是，由于当时的我正在大连的一所高中实习，没有足够的时间去系统学习，就这样，我与它擦肩而过。那时候，我就在想，假如有一天，如果有机会去学习，这将是一件多么幸福的事情。

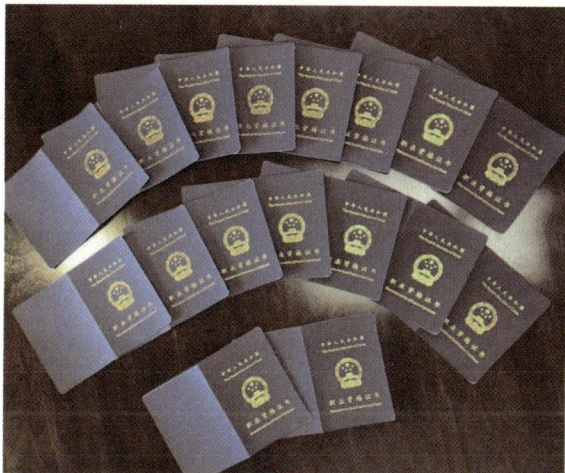

有趣的幸福课

参加工作后的第一个春节，家庭聚会，在本溪市实验中学工作的二姨向大家讲起了她学习心理咨询师的经历。她饶有兴致地诉说着这一路走来的收获与充实，这次交谈，仿佛再一次为我注入了一针"强心剂"，羡慕之余，我又多了一份学习的动力，也更加坚定了我学习心理学的决心。

终于，在2018年3月，学校与沈阳市精神卫生学校共同组织了心理咨询师培训班。这一次，我没再犹豫，顶着巨大压力，毅然决然地报了名，成为第一期培训班的学员。

培训班开课的时候，我正值初三，正带领着我的学生奋战在备考分流的"战场"上。在完成超负荷课程压力的同时，家中还有一个嗷嗷待哺的小家伙需要妈妈的呵护——那时的我还处于哺乳期。每周两次课，每次课3个小时，占用了大部分的个人休息时间。当其他同事已经下班奔向家中的时候，我却拿着那一本本"心灵密码"走向上课的教室。奇怪的是，我丝毫没有感到累和烦，反倒是多了一份轻松和愉悦。因为只有我知道，一周6个小时的"心灵对话"，我收获到的都是幸福的体验和满满的正能量。

7个月的心理培训丰富而又充实，从基础心理学到社会心理学，从发展心理学到变态心理学，从心理测量到咨询技能，56节课，六位任课老师，为我们带来了一节节含金量极高的"饕餮盛宴"。为我们上课的老师都是沈阳市乃至全国著名的心理学专家，他们都有着丰富的临床经验，这也是我们感到非常幸运的地方。

沈阳大学心理学教授刘梅老师为我们带来了难忘的第一课。刘老师优雅的教态，风趣幽默的语言，将那些看似艰涩难懂的理论知识解释得浅显易懂。她就像一个强大的磁场，将我们这些人紧紧地吸附在她的周围，我感受到了前所未有的轻松、自在。劳累了一天的身体在此刻得到了放松。刘老师告诉我们："学习心理学，你将更加知性优雅；学习心理学，你将通情达理、关系和谐；学习心理学，你将感受幸福，拥有不一样的人生。"

梁光明老师是我们在学习心理咨询知识方面的主讲老师。咨询技术知识量大，知识体系繁杂。面对一些抽象的理论，起初我感到了很大的压力，担心自己消化吸收不了。毕竟，这部分内容在之后的考试中所占比例是非常大的。第一节咨询课，我早早地来到教室，特意选择了一个靠近黑板的位置坐下，忐忑不安，紧张得就像回到了学生时代。我专注地听着梁老师的每一句话，认真地记着笔记，生怕自己漏下哪个重要的知识点。可是，伴随着课堂讲解的步步深入，之前的那种顾虑完全没有了。梁老师是一位非常有经验的老师，并且有着多年的临床经验。结合着她的从医经历，她将自己的实践所得与课堂知识融合在一起，很多难点就这样自然而然地化解了。梁老师用她渊博的知识彻底征服了我，她用人格魅力打造出了"魅力课堂"，使我成为她的头号忠实粉丝。

为我们上测量学的韩老师已经60多岁了，但在她的脸上，你似乎看不到岁月的痕迹。她曾开玩笑地说道，"心理学能使你更加年轻，更加积极坦然地面对生活。"足足三个小时的授课，韩老师全程站立，而且句句铿锵有力。她用饱满的热情感染着我们，用实际行动为我们上了一堂堂生动有趣的

"塑心"课，积极向上的状态值得我们这些年轻人去学习。

一路走来，当我回望这段时光的时候，我捕捉到了太多珍贵的画面。老师们每次上课都需要从市内驱车前往沈北，7个月，无论风霜雨雪，风雨无阻，从不缺席。而作为"学生"的我们，上课前，都会在"心理学大家庭"的微信群里相互提醒上课时间，结伴前行。离开校园这么多年的我们，在这三个小时里，又重新做了一回学生。记笔记、画重点、做标记、复习重点知识，大家一同学习，共同成长。我们感受到了这个大家庭的温馨。有些同事来自不同的年级、不同的学部，彼此本不熟悉，但是心理学课成为了联系彼此的情感纽带，一号楼二楼活动室——我们上课的教室成为大家共同的避风港。

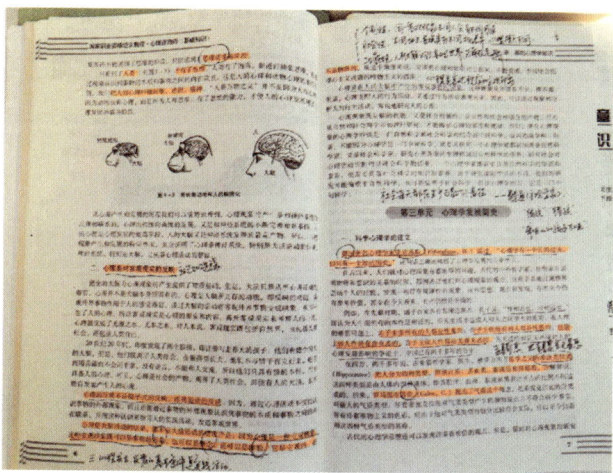
有趣的幸福课

曾有人问我，学心理学最大的收获是什么？我的答案是，它能使我更加睿智地去工作，更加温柔地去生活。

我所教班级的一个学生，有一天突然找到我，说："老师，我想竞选学生会干部，可是又怕影响学习，我不知道该如何选择，您能帮帮我吗？"对一个十三四岁的孩子来说，这也许是她在少年时代遇到的第一个选择，而作为她的老师，我将如何帮助她做出合理的选择呢？我决定用我的所学帮帮眼前的这个孩子。我先运用"共情"的方式，我对她说："孩子，老师曾经也是一名学生会干部，也曾经认为'鱼和熊掌'不可兼得。因为想要当好学生会干部，你就要付出比其他同学更多的时间和精力。我亲身体验过这种感觉，很累，但却很充实。这就存在着一个关键，那就是你如何去看待工作和学习之间的关系。因为这完全是一个心理态度的问题。要记住，问题本身并没有什么，最重要的是你看待它的态度。如果你认为你能够合理安排好时间，可以平衡好两者的关系，你就去试一试。无论你做得好或不好，这段经历都会成为你的财富，都值得你永远珍藏。"孩子点头微笑，转身离开。我看着她的背影，突然想到了著名教育学家雅思贝尔斯说过的一句话："教育的本质是心灵的教育，是一棵树摇动另一棵树，一朵云推动另一朵云，一个灵魂唤醒另一个灵魂。"能够走进孩子的心灵世界，为他们排忧解惑，这便是我当初选择学习心理学的初衷。

　　李老师总是能设身处地地为我着想，总是能用真诚的语言鼓励我。每一次与李老师的促膝长谈，都变成了一次与心灵的对话，让我受益匪浅。还记得那一次抉择，在我不知道如何是好的情况下，是李老师的悉心开导，给了我明确的方向，从而让我能够有足够的勇气去面对。感谢李老师，这段回忆我将永远珍藏。

——2015级7班谭茜

　　作为老师，你或许初登三尺讲台，正感受职业迷茫；你或许事业成功却遭遇"瓶颈"；你或许职业倦怠，提不起劲头。同时，还会伴随着各种压力、焦虑、情绪失控、身心俱疲，找不到价值感和幸福感。心理学课为我找到了出路。我学会了如何开解自己，学会了如何转换看问题的视角，学会了如何释放不良情绪。为压抑的心释放一些空间，再用积极的态度去填充，我收获到了一个不一样的自己。原来，学以致用不仅可以助人，还可以"自助"。

　　都说心理咨询师是人心灵的美容师，可我觉得，它更像是一位"健身教练"。科学锻炼"心理肌肉"，去除"美丽死角"，提升精神世界的抵抗力。

它会让我们更加努力地去生活，去品味幸福的味道。因为只有这样，当幸福来敲门的时候，我们才能用健康的心灵去感知，去感知那生命的丰盈。

三、三尺讲台，道而弗牵，强而弗抑，开而弗达——打造骨干梯队，优化师资结构

托起她的手去点亮那盏灯

公开课是一种探索未知、研究创新、获得更多价值的教育活动。它给教师们提供了相互学习、交流、探讨的平台，提供了相互取长补短的场所，是学校教学科研工作最直观、最有效的一种方式，也是实践教育新理念、促进教师专业成长必不可少的有效形式和途径。

时间真是一个奇妙的东西。

从 2007 年到 2019 年，12 年的时间转瞬即逝。在这看似普通的一纪轮回之中，育才这片热土上的许多人和事都发生了天翻地覆的变化，而始终不变的是黑板上粘贴的"深究而悉讨，慎思而明辨"的红色刻字，是广场旁那镌刻着"大爱无言，润物无声"的沧桑巨石，是每个为师者内心谨承的"传道、授业、解惑"的珠玑箴言。回忆 12 年前的自己，印象模糊，只记得第一次登上讲台前的紧张和不安；审视 12 年后此时的自己，平凡普通，勉强算得上是一名能让家长安心、让学校放心、让学生舒心的合格教师。虽然外表上看来已经无限接近中年的"油腻"，但内心还饱有着对教育事业那份最初的挚爱，对自己在专业发展上的不懈追求。

作为一名教师，"课"是安身立命之本，课的好坏直接决定了一个老师的成败。现在还清晰地记得曾经共事过的老大哥刘军老师的一句玩笑话——"我的每堂课都是一节近乎完美的公开课"，看似调侃，实则体现了他对自己专业能力的高度要求。环顾身边的优秀教师，哪一个不是经过一次次百花

课、示范课的磨练和洗礼，一次次的不断反思和提升、一次次的规划自我和更新自我。是啊，每一次公开课，都是对自身能力的一次超越，都是对学生心灯的一次点亮。

特级教师窦桂梅曾对公开课有过精妙的比喻，"十几年过去了，现在，我越来越深刻地认识到，上公开课，就像家里来客必定要打扫庭院、准备盛宴一样，其中有准备的紧张，更有展示的兴奋。这就像过日子，如果没有客人，可能会终年粗茶淡饭，散淡随意。正是那经常光顾的客人，使得我们家政技艺，一日千里。"12年中，从青涩的一、二教龄汇报课，到日渐成熟的"六个一"和"示范课"，再到展现自我风格的"小百花"和"大百花"，个中的情景实在太多……教案的持续修改，甚至七稿八稿；思路的不断探讨，甚至试讲了整层楼的班级；板书的反复推敲，不惜去专门请教美术老师。在数不尽的自我否定和自我重建之后，一堂好课才真正地被"磨"出来。也正是这数不尽的"煎熬"，才实现了一次次的自我超越，完成了一次次的华美蜕变。

公开课《勇气》第一次试讲后的情景，至今仍记忆犹新，师傅张平老师评课时紧锁眉头，"这课肯定不行，听完后完全不知所云，两眼一抹黑。"备课组其他的老师也是把我这个"愣头青"批得体无完肤。现在已经想不起自己是如何鼓起勇气再次站上讲台完成第二次试讲了，只记得下课铃响后的释然和满足，还有卢姐那惊喜的眼神和师傅欣慰的笑容。最后的正式课上，当"Kiss the rain"的伴奏音乐响起时，当幻灯片上一张张战时儿童笑容浮现时，当班级中女孩子眼含热泪，男孩低头深思时，我第一次深深地感受到了课堂的魅力，体验到了为师的幸福，因为那一盏盏深埋心底的向善之灯，由我点亮……

时间流转，随着教学经验的逐年增长和生活阅历的日益丰富，我想让学生在我的语文课上，不仅要有一颗善良而敏感的心灵，更要拥有一双深邃和犀利的眼睛。不止于感动，更要学会审视和思考。

百花课《范进中举》片段

师：我们来共同探究范进中举前后的众生相，请同学们找出典型的语句，对其做出简要的点评，点评语先总后分，要求简洁、准确、深刻。

生1：典型语句是——邻居道："范相公，快些回去！恭喜你中了举人，报喜人挤了一屋里。"范进道是哄他，只装不听见，低着头往前走。……邻居道："你中了举了，叫你家去打发报子哩。"范进道："高邻，你晓得我今日没有米，要卖这鸡去救命，为什么拿这话混我？"

生2：点评：够反常的表现！邻居先后两次告诉他"中了举"，他都不理，只当邻居在哄他捉弄他。为什么会如此反常？因为他对失败的体验深入骨髓了，从20岁考到40岁，不断应试，不断失败，除了周围人的蔑视和嘲弄外，他什么也没得到，所以才不信邻居的真话。

师：非常好！大家还有补充吗？对范进的描写，还有更为出彩的一段。

生3：老师，我想说一说范进"喜极而疯"的那一部分。

师：好，非常期待。

生3：典型语句是——范进不看便罢，看了一遍，又念一遍，自己把两手拍了一下，笑了一声，道："噫！好了！我中了！"说着，往后一跤跌倒，牙关咬紧，不省人事……众人拉他不住，拍着笑着，一直走到集上去了。

点评：更反常的表现！自己日思夜想的愿望终于实现了，怎么会发疯呢？因为太痴想了，太兴奋了，心里一下子承受不住了，于是垮了，于是疯了，本能地要向外面的人宣布喜讯。

生4：典型语句是——（范进被丈人一巴掌打醒后）范进说道："是了。我也记得是中的第七名。"

点评：反常中的正常。人再疯，都能记住中举的名次，对功名的追求异常清醒，好不糊涂，令人唏嘘。

生5：典型语句是——（中举前对丈人说的话）"岳父见教的是"（中举后对丈人说的话）"方才费老爹的人"。

点评：正常中的反常！中举前对丈人的称呼恭敬庄重，中举后对丈人的称呼戏狎随意。

师：通过同学们刚才的分析，谁能够总结一下吴敬梓笔下范进这一人物形象的特点和意义？

生6：范进是一个醉心于功名、怯懦麻木的读书人形象，吴敬梓借这一人物形象来抨击讽刺科举制度对读书人的毒害。

师：范进中举，喜极而疯，是悲剧还是喜剧？说说你的理解。

在上述教学片段中，学生们各抒己见，教师适时引导，看似是对文本的析读品读，实则已经完成了对小说主题的理解。这一过程，让学生在充分表达个人见解的同时，更提升了学生在文学作品中走近时代人物、理解社会之音的能力。

示范课《湖心亭看雪》结语：

同学们，《湖心亭看雪》是张岱《陶庵梦忆》中的一篇小品文，而《陶庵梦忆》是张岱晚年国破家亡、无所归止、披发入山、俱成一梦后写就的。通过本节课的学习，我们欣赏到了他笔下那凝静清绝的雪后之景和超凡脱俗的高雅之趣，感受到了他挥之不去的故国之思和渺茫苍凉的人生之感，他用极繁华的文字写下了极悲凉的人生，就像他在《自为墓志铭》中说的那样"回首二十年前，真如隔世"。希望通过今天的学习，大家能够走进他不凡的一生……

学生当周的周记

本周让我印象最深的一堂课就是《湖心亭看雪》，张岱其人令人钦佩，又令人同情，我上网查到了李宗泽的《一个世界的热闹，一个人的梦》，书里说"张岱毕生足迹，难不过绍兴，北至兖州。学书不成，学剑不成，学文章不成，学仙学佛，学农学圃，俱不成"。张岱早些年尝过世间大多数美好，独爱西湖，后又经历过人世中大多数苦难，梦忆西湖。但再热闹的戏还是会落幕，再辉煌的时代还是会终结，再绚烂的人生也终归于平庸……

张岱是一个有意思的普通人，留下的也是不那么磅礴的踽踽独行的遗憾。

一节好的公开课应该是一首隽永的诗，一幅意境悠远的画，一首余音绕梁的歌，它不仅仅能在课堂上激发学生思考的火花，更能为学生课下的自主学习开启智慧之门。课堂上孩子们看似只是在解读课文，实际上他们已然走进了另一种人生，获得了另一种生命体验。

正所谓不成魔不成活，公开课让我从自我封闭的教学走向开放的教学，让我深切地感受到教育生涯的多姿多彩，感受到今天的我不同于昨天的我，而明天的我会比今天更加出色，让我在冰清玉洁的教学情境中陶冶自己的一腔真性情，在与学生的真情交流中，点亮心灯，化实景为虚境，化有限为无限，化瞬间为永恒……

开拓者——钢铁是怎样炼成的

公开课，作为一种教研形式，具有存在和发展的重要价值。从学校角度，这是一个发现优秀教师、推广优秀教师的活动，是学校的常规活动之一；从教师个人角度看，这是一个展示自己教学水平，同时也是锻炼个人教学能力的机会；从听课教师角度看，这是一个观摩学习、学习优秀教师的教学方法的重要机会。

一教龄汇报课是面向新入职教师执教新课程的能力和水平，加快其专业成长步伐的教学竞赛。教育部组织"一师一优课，一课一名师"的活动旨在充分挖掘所有教师的教学潜能，聚合教师的教学智慧，进一步推进信息化教

开拓者——钢铁是怎样炼成的

育，最大限度地促进课堂教学效率的教学竞赛。

如果说人生是一杯水，有着"白茶清欢无别事，眉目成书"的平淡，那么我想我的教师人生则是一注铁水，淋漓浇下，凝成灼热炽红的一块钢铁。初时的这块钢曲折脆弱，可时间的铁锤"嘟铛铛"地声声落下，相随的是蓝的红的些许永不泯灭的火焰，把热铁灼烧得坚韧刚毅。屹立于此，岿然不动。

"既然选择了远方，便只顾风雨兼程。"忘了哪天看到了这句话，便从此成了我心中的目标，我开始利用一切时间精力及教学资源，迅速地提高自己的专业能力。多少次的晚归与早起都是为了心中的那一份期许，就好像茫茫大海上的小船朝着灯塔的方向全力以赴。

从教十几载，有笑声回响在耳边，也有泪水滑过脸颊；有迷茫地环顾四周低下头来，有振作着站起大步向前……一件件往事记忆犹新，一幕幕场景历历在目。这包含着我自身成长和对教育事业无尽感恩的每一帧回忆，在眼前遍遍回放，不自觉地微笑早已荡漾。

是啊，这么多年，成长的花骨朵悄无声息地绽开了。我初为人师时也有过青涩迷茫，而如今任教多年的沉稳成熟，离不开各种形式公开课的磨炼。记得我刚走进教室，看见教室后排坐着比学生还多的老师们时，我刚刚平定下来的心情瞬间起了皱纹，我直奔讲台走去。站在那里看到孩子们一张张求知的面庞，一声平凡而整齐的"老师好！"让我的心为之一颤，却镇定了下来。深绿的黑板衬着刚劲雪白的粉笔字，让我觉得无比心安。我知道，我已经成功一大半了。按照事先准备的逐步进行着，竟越讲越自信，越讲越顺畅。这堂课是我初到育才的第一堂公开课，现在看来依旧青涩，但却是它为我以后的教学生涯开拓了道路，激励着我不断向着前方奔跑。这小小的讲台是我蜕变的见证，墨绿黑板上的字迹是我奋斗的痕迹。

"时光在流逝，从不停歇；万物在更新，而我们在成长。每个人都会在时光飞逝时经历人生中最重要的过渡。"一次次学习，一回回锻炼，一份份收获，每一次的公开课我都会尝试着向好的方向改变、进步。又是一次公开课——《一元二次方程的解法》，怎样才能有创新，让我不免感到些许未知。时间在我忙碌的身影中穿梭，转瞬即逝，公开课如期而至，一切也都水到渠成地进行着……可往常的讨论环节，我会站在讲台上安静地掐着时间，但这次我走下讲台，与各组同学一起讨论着，解答他们的疑惑，纠正他们的错误，在完全被调动的氛围下将课堂推向高潮。听着学生们如潮水般的掌声，我的内心充满了幸福感。这节公开课仍让我记忆犹新，它让我在实践中学会了进步，学会了成长……

过了很久，我已经经历了无数次淬炼，紧张的情绪也逐渐化为平淡。可当我觉得自信满满的时候竟接到了一次教育部"一师一优课"录课的艰巨任务！反复的试讲、打磨，我的心中仍惴惴不安。多亏了王铁红校长和房淑东主任的耐心指导与教诲，让我对这堂公开课的理解与掌握更加透彻明了，仿佛打开了一扇窗，眼前顿时豁然开朗。当乘上了那辆驶往浑南的校车，想到自己由多年前刚刚工作时面对一次次校内评课的拘谨、慌张，到现在可以自主准备一堂公开课，无不是以三尺讲台上的身体力行与寒窗灯火下的琢磨钻研铸就。这次录课既是那一次次锤炼的一部分，又何尝不是对锤炼成果的检验呢?

伴着6月聒噪的蝉鸣,我缓缓踏入浑南高中的教室,那筹谋已久的公开课终于开始录制。录课的教室很热,我的额头上早已经沁出了一层细密的小汗珠,后背早已变得湿漉漉的了。可向座下一看,我的学生们依旧坐得笔直,像一棵棵坚韧不屈的白桦树般,那一个个稚嫩的脸庞上流露出的却是与年龄不符的刚毅神情。是啊,我的这些风华正茂的学生们都如此坚持,我又有什么理由觉得累呢?

平时调皮的一个男生早已闷热难扛,汗珠从他额头上滚落下来,砸在身上虽听不到声音,可我心中却骤然响起"啪嗒"一声。我的手在学生们看不到也是摄像机录不到的地方悄然握紧,已经完美的嘴角依旧向上扬着。

对环境的逐渐适应与同学们恰到好处的配合使我逐渐进入了状态。但就在一切仿佛"轻舟已过万重山"之时,一片风浪猝不及防地打来。就在例题讲解的最后一道题目,两名同学已回答得十分完美,一个我没有准备的新解法忽然被提了出来。这异样又略带刺耳的声音令我顿时冒出冷汗,那一秒钟我的脑海中如划过一道闪电,轰地炸开。"要重新录课吗?"在图书馆里翻阅书籍的哗哗声,深夜抱着电脑查资料时键盘的噼啪声,声声入耳。我暗暗做了一个深呼吸,大脑在飞速地想着这个新方法。座下许多不安的眼睛注视着我,而此时此刻,我心中的那个声音也逐渐变得清晰:"这位同学说得很好,这种方法虽不常用,但却能更快地解决这个问题。掌声送给她。"此时我心底的一份不安随着同学们的掌声慢慢融化,但完整地录一次课可远远不止这么简单。

"下面小组合作,共同完成这道应用题,开始!"

讨论中的教室没有想象中的吵,我竟觉得很静,或许是我的心静罢了,把我那些紧张的、躁动的、迷茫的、不安的情绪缓缓沉淀。五分钟的讨论时间不长,但也不短,已经足够让我把接下来该说的再次回想一遍。再重新踏上讲台，轻松且自信了不少。带大家做完了最后五道题，时间刚刚好，一声"下课——同学们再见！"结束的不仅仅是这一堂录课啊！台上40分钟，却是台下的多少付出！在这一切都结束时，所有的努力与付出都未白费，我的《实数复习题课》被评为教育部2018年度"一师一优课，一课一名师"活动"优课"。说不激动是假的，但更深入人心的则是经历录课的深刻成长。

记得一个孩子在周记中这样写道：很开心也很荣幸能有一次和郭老师共同录课的机会。在骄阳似火的6月，老师讲着，我们听着，一节简单的实数复习课盛满了郭老师的一片暖心。短短的40分钟，学会的不仅仅是您传授的知识，更是您那不变的笑脸，让我以后的学习生涯不再迷茫，为我对将来的期许洒下一地日光。谢谢您，郭老师！

——2016级13班　何佳轩

钢铁是怎样炼成的

人生中多少次公开课，有欣喜，相伴的亦有紧张。唯独这次录课的印象极为深刻，手中的教案好似一块惊堂木。在惊堂木骤然拍响时，所有麻木的、迷茫的、愤怒的、苛刻的教学回忆，全都看淡了，看开了，看透了……

我的几百棵桃李所需要的，说多说少只是一颗平常心罢了，一颗将他们视之同仁的平常心，一颗一心授课的平常心。对于真正优秀的老师，公开课就好比是块钢锤，沉沉抬起又砰然落下，火星四射间，教学经验与专业能力变得愈发刚毅坚实，铸就真正的钢铁。这次录课，虽还有很多遗憾，但这也是完美的，它是师生之间心与心的沟通交流。孩子们求知若渴的眼神激励我，鼓励我，让我身不由己地把真实情感融入课堂，为他们也是为了自己开拓了一条豁然大道。

他们的几载寒窗苦读，是我的十几载春夏秋冬。我的孩子们在教室中挑灯夜读，我在堆满卷子的书桌上埋头批注；我的学生们趁着黎明破晓来教室奋笔疾书，我也早已在班车颠簸的路上查看监控。没有抱怨，没有不满。不是多么高尚的对人格的自我赞美，却是实实在在想使我的教学生涯永远不留遗憾，想给我的学生们、我的可爱的孩子们一个美好的未来！累的时候我会想想他们的笑脸、他们的执着。身为老师的过程，不就是在不断历练的过程中充实自己吗？这又何尝不是钢铁铸炼的过程呢？

踏上三尺讲台，我是一名教师；走到课桌之间，我是他们的朋友，更是他们人生的指路者、开拓者。教师生涯，虽非轰轰烈烈，但却细水涓涓。像一注铁水的浇灌，百炼才成钢。

创造一个小小的世界

初中物理是一门与生活联系紧密的课程，该课程具备较强的创新性及实践性，为了显著提高初中物理的教学质量，在实际教学中，教师需要重点培养学生的创新思维能力，初中物理创新思维能力的培养，需要教师积极创新教学方法，激发学生的积极性及主动性，引导学生主动思考及探究，从而提升学生的创新思维能力和物理综合素养。

一、初中物理教学中培养学生创新思维的重要性

随着新课改的不断推进，当前的课程教学更加强调学生创新思维能力的培养，在初中物理教学中，培养学生的创新思维能力可以更好地落实素质教育，从而能够更好地促进学生的发展，提高学生的物理综合素养，同时，物理本身是一门与生活实际联系紧密的课程，学生在物理知识学习中，需要探索自然现象及规律，因此教师应充分培养学生的创新思维能力，进而深化学生对物理知识的理解与应用，促进学生思维能力的提升，同时为学生后期物理学习打下坚实的基础。

此外，在初中物理教学中，培养学生的创新思维能力也适应时代发展的需求，在当今的社会发展中，科学技术作为第一生产力，需要以创新型人才

创造一个小小的世界

为基础，并通过创新型人才的持续性创新，以更好地顺应时代的发展。因此，培养学生的创新思维使其在未来多变的人才竞争中脱颖而出。

二、初中物理教学中培养学生创新思维的策略

1. 创设良好的知识情境，激发学生探索求知兴趣

初中物理与学生的生活联系紧密，学生在学习物理知识的过程中，常常会发现物理课程中的某些知识在自己的日常生活中也会遇到。对于日常生活中的物理知识，学生已在头脑中形成认知，但是学生的认知并非是正确的，因此在实际的教学中，需要教师进行合理设计，将学生以往掌握的物理知识同教学内容及教学目标紧密联系起来，积极创设概念冲突情境让学生更好地观察及分析物理现象，以打破学生传统的思维定式，使其借助于已有的知识获取新的知识内容，培养其创新思维能力。

比如，在教学初中物理"平面镜成像"这一课时，教师就可以创设出同基础概念相冲突的情境，如向学生提问：人离镜子越远，镜子中显示的像就会越大，然而镜子中显示的像真的会发生变化吗？这一概念同平面镜成像的物理规律相矛盾，学生对此感觉非常困惑。针对这一情况，为了帮助学生更好地认知并激发学生思维的积极性，教师可以为学生提供蜡烛及平面镜，组织学生自己设计平面镜成像实验。学生根据教师提出的情境，经测量与实验发现蜡烛同平面镜中的显像大小相一致。在学生获得这一实验结果后，教师可继续向学生提问：太阳为什么看上去那么小？提出这一问题后，学生立刻恍然大悟，发现是视觉错误的原因，通过这一方式可拓展学生的创新思维，也能为其今后的物理学习打下良好的基础。

2. 借助物理实验促进学生探究，引导学生进行思考与想象

在初中物理教学中，实验是教学的重点。在传统初中物理实验教学中，实验常为简单的演示实验，演示实验由教师操作完成，在实验完成后，教师会发现学生对物理知识的学习常常停留在对物理现象表面的理解上，不能深

入地理解到物理现象的本质，这样的教学模式对学生创新思维能力的培养非常不利，因此，为了帮助学生更好地理解物理知识内容，教师可以引导学生动手实验，让学生主动分析及探究物理现象，并让学生在物理实验过程中主动地运用思维探究，为学生创新思维能力的形成提供帮助。

比如在教学人教版初中物理"电阻"这一单元时，在设计测量定值电阻阻值实验的时候，教师可引导学生分小组合作完成测量电流表、电压表定值电阻阻值的实验。在实验完成后，教师可以进一步引导学生探究与讨论，主

创造一个小小的世界

要让学生讨论能否采用其他的方法测量定值电阻的阻值，同时让学生自己设计实验测量定值电阻阻值，并自己选择实验器材，最后进行分组展示。在学生展示完成后，各小组学生及教师点评各小组的实验方案，通过学生自行设计实验的方式，最大限度地激发学生学习物理的积极性，学生在探究过程中不但可以体验到探究的乐趣，同时还获得了成功的体验，增强了学习物理的兴趣，有效培养了自身的创新思维能力。

3. 借助现代化教学工具，营造出良好的课堂创新氛围

随着科学技术的快速发展，当前的教学手段也变得更加多样化。在初中物理教学中，计算机这一教学技术被广泛应用，并显著提高了课堂教学效果。在初中物理教学中，教师可以利用多媒体这一教学工具，以最大限度地激发学生的感官情绪及学习热情。对于实际的教学构成，教师可以在课下搜集下载其他教师实验操作视频，然后在课堂教学中利用多媒体播放视频，使

学生更直观、更形象感受知识，培养学生的创新能力。

比如，在教学人教版初中物理"声现象"这一课时，教师可以应用多媒体为学生播放事先收集到的关于自然中一些声音传播的现象的视频，帮助学生理解，之后教师可引导学生进行思考与探究，有效培养学生的创新思维能力。

4. 应用课堂提问式教学，激发学生探究欲望

在初中物理教学中，教师需巧妙地应用提问，以此来激发学生的探究欲望，引导学生进行猜想与想象，进而培养学生的创新思维能力。在实际教学中，教师需对教材知识进行全面梳理，并结合知识重点合理设计问题，提高问题精准性与简练性，激发学生思维的积极性，进而引导学生全方位地思考问题，设计解决方案。

比如，在教学人教版初中物理"惯性"这一基础知识的时候，教师在课堂教学中可以先为学生展示如下的场景：端着杯子向前跑步，突然停下，水从杯子中溢出。针对这一演示，教师可提问：为什么水会从杯子中溢出来呢？学生根据惯性知识进行回答。之后教师还可以继续向学生提问：用手握住水杯，当将水杯由静止变成向左运动的时候，水会朝哪个方向溢出？通过这种提问式的教学方式，可以集中学生的注意力，点燃学生探究的激情，有效锻炼学生思维，使学生在思考及解决问题的过程中提升自身的思维能力。

总之，培养学生的创新思维能力是物理学科教学的必然需求。因此，在实际教学中，要求教师积极转变自身的教学观念，创新教学方法及教学手段，有效培养学生的创新思维能力，提升学生的综合素养。

催生思想，孕育名家

——共建学术沙龙，守望精神家园

青年教师沙龙是一个青年教师自主管理、互助互动的学术性团体，设立

的目的是为青年教师的专业发展搭建思想交流、教育研究、教学研讨和成果共享的平台，通过教师间的"自我反思""同伴互动"和"骨干引领"的三维合力，不但促进教师的自我完善和超越，同时实现思想间的交融和碰撞，发挥骨干教师的辐射带动作用。

他们朝气蓬勃却又敬业乐学；他们激情四射却又甘于奉献；他们勤奋务实却又充满理想；他们踏实肯干而又胸怀天下。作为"他们"中的一员，作为东北育才双语初中的一位青年教师，我由衷感到荣幸与自豪。

2006年大学毕业，带着新教师的那份紧张和不安，我走进育才，有幸成为双语初中部的一名教师。在这里，前辈教师真诚热情的帮助和指引迅速打消了我的忧虑，与此同时，育才文化中那股向上的、超越的、敢为天下先的精神气质也点燃了我的教育梦想和教育情怀。

建校之初，学校青年教师所占比例很大，为迅速提升青年教师专业素养，学校组织成立教师学术沙龙。青年教师学术沙龙是双语初中教师培养计划的一个组成部分，不但为沙龙学员提升自我创造机会，同时也为青年教师的思考学习和交流展示搭建平台。学术沙龙活动以每周一次的"沙龙式"交流研讨为主体，由青年教师共享彼此成长过程中的理论思考和实践经验。

沐浴着午后温暖的阳光，坐在图书馆，伴着一杯咖啡或是清茶，与大家交流观点、畅谈人生，每周三第8节的沙龙活动总是我们最惬意的时光。这里，每周由一位沙龙成员确定主题，推荐相关文献和书目，大家在充分阅读思考后，在沙龙进行讨论和分享。这样的沙龙活动主题灵活多样，形式开放自由，氛围轻松愉悦，每周一小时沙龙活动总是让人感到意犹未尽。但有时，沙龙上轻松祥和、儒雅温润的氛围也会变得汹涌澎湃、浪花滔滔。而且，沙龙上让大家印象最深、最激烈的一次争论还与我有关！

一次，高中部蔡金华老师做了一节题为"如何加油更省钱"的公开课。是每次加固定钱数更省钱，还是固定升数加油更省钱？结论是每次加固定钱数的油更省钱。

这本是一个简单的数学问题，蔡老师每句话、每个推导过程、每个公式的运用都很完美。

但数学智商欠佳的我却始终想不明白。虽然蔡老师通过代数式的计算得出的结论确定无疑，但我的问题是从日常感性经验的角度，这两种加油方式应该一样啊？为什么会有差别？

后来，较真的我找到蔡老师问个究竟。然而蔡老师的解答却触发了我更多的思考和疑虑。

我把小蔡老师"请"到了沙龙！对蔡老师进行了"审问"。

"为什么两种方式加油会有不同？我想不明白。"

"你看，你得用这个公式……"

"公式我明白，但从感性直观的角度想不明白啊，能不能换一种方式给我解释一下？""用简单点的语言？"

小蔡没多想，"这个公式是这样的……"

"为什么你要用这样的算式？"

"为什么公式的计算结果和生活经验有差别？"

这个问题迅速引起大家的兴趣，大家三五成群地研究起来。在场沙龙成员不乏初中数学大神陈双、宋坤，北师大数学系高才生雷哥，后来大家又请来数学大咖王校长、房主任。短时间内还真没有人能做出完美的解答。

醉翁之意不在酒。

接下来才是我真正想在沙龙探讨的问题。

蔡老师的解答没问题，但在我一再追问用生活化、简单的语言还原这个问题时，在我要求避开公式，从问题本身的产生—发展—解决的基本原理过程解答时，小蔡的回答却依然是"公式""这个公式是这样的"。

问题也许不重要，我想这也可能是场独立型和场依存型两种思维方式的差异。但从小到大数学始终磕磕绊绊的我，却隐约感到是否我们当前的数学课堂、数学教育工作很多时候太过于急切而忽视了像我一样另一种思维方式的学生。

接下来的问题让大家陷入了良久的沉思！

我们的数学教育是不是忽略了太多基本原理的思考过程？

我们的数学教育是否忽略了独立思考"为什么"（why），只崇尚"怎样做"（how）？

我们的数学是否授人以鱼而非"渔"？

这里有"大问题"的探讨。

教师的学术沙龙会定期组织面向全校的沙龙活动，邀请校外专家、骨干教师和优秀班主任针对教学实践、教育科研和班级管理等问题与全校教师进行分享交流。

2015年10月21日下午，沙龙邀请到沈河区教师进修学校科研部卢骏主任的题为"教师成为研究者"的专题讲座，这是一场既精彩又实用的报告，极具指导性。

一个半小时的讲座在严谨、愉悦的氛围中度过，卢主任主要从教师做什么样的课题、课题的发现与确立、教师做课题的方法与路径及研究资料的积累与成果表述四个方面阐述了自己对教师如何做教育科研的深入研究。他的睿智、灵动、随和以及对教育科研的深入思考，给全体教师留下了深刻的印象。

2017年11月30日，沙龙邀请到国培专家黄宝国教授与老师们分享他的教育新理念。他气质儒雅，谦和友善，学识渊博，口才出众；他旁征博引，妙趣横生，神采飞扬，激情四溢。聆听他的讲座，不仅仅是一种知识的汲取和理念的提升，更是精神的享受和心灵的愉悦。他就是"差点教育"创始人、教育部国培专家黄宝国教授。

黄宝国教授以"读懂学生：成为一名好老师的必修课"为题，为全校教师带来一场精彩的报告。黄教授热情洋溢地分享了自己的教育智慧，带领大家一同探寻教育之源和为师之道。他详细地介绍了自己首创的"差点教育"理念，提倡尊重差异——有教无类，研究差点——因材施教，缩小差距——终身学习，共享差别——人人成才。主张发现人之长，让优长成为亮点，用亮点点亮人生。差点教育的核心价值观中体现着对生命个体有差异的尊重，以发展人的个性为本的教育追求。

2018年11月，何顾老师作为育才集团代表队的主要成员以"精讲·深剖·慎思"为题参加沈阳市数学教师"说题"比赛并荣获特等奖。沙龙邀请何顾老师以"'说'有所悟"为主题进行了充分的沟通探讨，分享了参加本次说题比赛的所为、所思、所感、所悟。说题团队创造性确定了"精讲题目解法、细剖题目内涵、慎思题目外延"的总体思路，并把重点放在了以学生的视角探寻解题策略上。他将说题分为三个层次——"站在学生的角度——明晰其解法、究透其策略；站在教师的角度——深剖其内涵、得教学之侧重；站在命题者的角度——理性审视设提议、大胆延展练创新。"他富于感染力且极具可借鉴性的发言，赢得了校领导以及全体教师的高度赞誉。

这里还有弘扬主流价值、心系天下的"媒体"担当。

为了更广泛地向大家推广教师学术沙龙的优秀教育研究成果，吸引更多教师参与到沙龙的研讨活动，2009年在学校的支持下我开始创办校刊《教育文摘》。每个月我们集中筛选出沙龙成员推荐的教育教学方面的好文章、好书节选，每篇文章后还附有沙龙成员的观点、感悟，甚至是争论的过程，汇编成每月一期的《教育文摘》。白纸黑字印成册，发给全校每位老师，让我感到责任和压力都很大。每期从筛选稿件、审核、校稿、排版到印刷，确实占用了大部分的休息时间，有时也会感到疲倦甚至是厌烦。但偶尔路过每个办公室，或在环路上、食堂的饭桌上听到老师们聊起《教育文摘》的某篇文章，讨论着某个话题时，那种价值感和自豪感便始终成为我继续努力的动力。

2017年随着自媒体时代的到来，为了更好地利用新媒体平台，不断扩大教师学术沙龙的受众群体，我创办了微信公众号"芝原"。将学术沙龙中教育学、心理学方面的经典文章、观点讨论，以网络媒体为平台，向全校师生、家长和社会各界人士进行推广，在更大范围、更广阔的空间开展交流；同时，为了向学生和家长提供更好的帮助，我们还提供有关教育和心理方面在线咨询服务。截止到目前"芝原"累计推送300余篇原创或精选的文章，关注量近千人，有多篇文章被广泛转载。

这里，大家可以高谈阔论，可以仔细聆听，这里有思考、交流和辩论，也有探索、创造和升华！如今，我们的教师学术沙龙已经成为青年教师心灵成长的港湾，成为教育教学新理念、新模式、新经验传播的主阵地！

四、四时充美，如切如磋，如琢如磨——多措并举，提升专业素养

每朵花都有绽放的理由

作为教师，别人常把我们比作园丁，把学生比作花朵，可是在美丽的育才"园圃"里，每一位教师又何尝不是花朵，有花朵般和蔼的笑容，有花朵般纯洁的心灵，更有花朵般哺育果实的精神。我参加工作的第一年，也是育才双语建校的第一年，来到育才十几年中，有十年多的教研组长经历，我也是在一次次教研活动中感悟与成长。

教研是教育科研的简称，是以教育科学理论为武器，以教育领域中发生的现象为抓手，以探索教育规律为目的的创造性的认识活动。简言之，是用教育理论去研究教育现象，探索新的未知的规律，以解决新问题、新情况。

十几年中，育才双语学校开展了一系列的教研活动，各学科的教研活动

宛如一朵朵鲜花绽放，积累了丰富的教育教学经验。政治教研组是一个团结协作、积极进取的教研组，作为教研组长，我带领全组教师针对学科建设中的问题和挑战，开展一系列的有特色、有成效的教研活动。

2017年，政史学科第一次加入到直升考试中。这对于工作很多年的我来说，是一个令人兴奋的好消息，政治学科终于结束了只参加中考不参加分流的尴尬局面，作为政治教师和教研组长，感受到了前所未有的学科认同感和尊严感。政治组全组教师运筹帷幄，努力打好直升考试政治学科的第一战，针对开卷考试，做好科学有效的备考工作。

一、雨前初见花间蕊——关于分流考试的公开教研

公开教研是学校教育教学中存在的富有共性的又难于解决的问题，教研组面向全体教师通过有目的教学活动来解决问题，以促进自我提高和发展的一种教研方式。

所以针对如何进行有效的科学备考，如何打赢第一次开卷考试的攻坚

每朵花都有绽放的理由

战，如何带领双语的学生队伍在第一次直升政治考试中取得佳绩，双语政治教研组开展了第一次公开教研。

开卷考试怎么考？开卷考试只允许携带教材进入考场，教材中不能夹带、粘贴任何资料。但因为带着教材进考场，有的同学就认为知识点不用背，其实不然。开卷考试对学生的综合能力要求更高，要求学生必须走出"开卷考试""能力立意""从书中找题"等理念带来的误区。"能力立意"不等于回避对基础知识和原理的考查，特别是基本概念、基本观点等仍是考查的重要内容。由于开卷考试时间有限，学生不可能对所有题目都翻书，再加上开卷考试题型灵活，有的题书上根本没有现成答案，但是"题在书外，理在书中"，因此，必须对基础知识进行闭卷要求，对基础知识进行分类、比较、归纳、综合，做到准确记忆，一字不差。

政治考试，带进考场的有五本教材，为了能多角度、多层次地分析问题、回答问题，必须对知识点有深刻理解，并将知识系统化、网络化，尤其是跨年级教材之间的知识点联系和区别，构建整个初中政治教材的知识体系。

教师应如何备考？我们在备考中不能忽略知识源于生活，也要回归生活、服务生活。多关注时事，关心国家的方针路线政策，观察生活，关注身边事，这些都有可能成为中考的背景材料或试题载体。同时更要懂得灵活地运用所学知识去思考问题、分析问题、解决问题，培养学生的核心素养。

通过科学有效的备课方案，双语学生在第一年的直升考试中取得了较高的政治成绩，作为教研组长，我也感觉长舒了一口气。学生好比士兵，老师好比将领，俗话说"兵熊熊一个，将熊熊一窝"，学生能取得佳绩，作为老师，真的感觉到付出有了回报，努力有了收获。为了让双语的孩子政治成绩更好，我们还在继续努力着……

二、育才桃花始盛开——新教材改革第一年

2017年9月，政治学科使用新教材《道德与法治》。当拿到新教材时，全

教研活动

教研组的教师既好奇欣喜又倍感压力，年轻一点的教师感叹着，"这新教材我们怎么讲？"作为教研组长的我，新教材意味着要刷新自己的知识体系，过去多年教学经验已经翻篇了，一切要重新开始。从初一到初三，未来的三年六本教材，我要带领着全组教师重新备课，重新思考，重新总结，努力在新的起点，提高育才双语教师的教育教学能力。接下来我带领政治教研组搜集资料，聆听讲座，参加市区教研，组内研讨交流，对于新教材，我们有了统一的认识。

新教材具有浓厚的思想性和人文性，优秀文化渗透于教材每一框节中，真正培养有中华文化基因和中华民族血脉的自信中国人。新教材注重学生已有经验，注重活动设计，注重拓展延伸，注重情景再现，注重学生情感体验，提倡内容活动化，活动内容化，注重课堂上学生的合作探究式学习，突出情感体验、道德实践在德育课程中的特殊价值。

人教版《道德与法治》教材彻底改变了传统道德与法治教材作为学生应付考试的工具的现状，更加注重整合不同领域的知识，为初中生的思想道德发展服务。道德与法治教师必须要围绕新课程标准开展教学，加强师生之间的互动活动，积极组织学生自主探究性学习，将我国的法治更加鲜活地表述出来，帮助学生解决学习和生活中遇到的问题，引领初中生养成健全的人格。

三、映日荷花别样红——特色教研组活动

特色教研组活动是双语学校教研的一个亮点，是结合学科的教研主题在学生中开展的特色的教研活动。每个学期，各教研组都在尝试开展创新的有特色的教研组活动。育才园圃里百花齐放，作为教研组长，我带领政治教研组开展了"青春向宪法致敬"的特色教研组活动。

2018年夏天，在各种宣传媒体中，我频繁听到"宪法"这个词，而初二年级下学期的《道德与法治》教材是宪法知识专册，当看到整本书的知识就是按照宪法内容作为编排框架时，我在想这样高理论难度的知识怎样让十几岁的学生理解和应用，并内化为学生的行动，这是我下一步教学的重中之重。适逢在本年度的上半年和下半年都有关于宪法方面的重要时政新闻，尤其是第十三届全国人民代表大会表决通过了《中华人民共和国宪法修正案》的时政背景下，结合时政新闻背景，把握良好的教育契机，对学生进行宪法主题实践探究活动，将听起来似乎陌生又很遥远的宪法拉近到学生身边，通过实践活动，让学生把捧在手上的宪法读本变成丰富深刻的对宪法的体会和感受，这对提高学生宪法意识，弘扬宪法精神和维护宪法尊严，对于推动学

学生学习宪法

生争做宪法的忠实崇尚者、自觉遵守者和坚定的捍卫者，有着重要的意义。

系列活动一：宪法诵读

诵读经典是发展的起点，诵读经典是睿智的源泉。2018年3月到7月，在初二年级开展宪法诵读活动，学习宪法有助于我们遵守和维护宪法，宪法序言中也特别强调每个公民都应该遵守宪法，维护宪法的尊严。因此，作为社会主义法治国家接班人，学宪法、读宪法、讲宪法是21世纪青少年的必修课，青少年以实际行动向宪法致敬。

系列活动二：宪法知识大赛

为进一步加深学生对宪法、宪法修正案的学习，普及宪法知识，弘扬宪法精神，维护宪法权威，初中政治教研组于2018年6月6日举办了"青春向宪法致敬"系列主题活动之宪法知识竞赛活动，参赛对象为全体初二年级学生。本次知识竞赛为闭卷形式考查，以现场答卷的方式进行，竞赛试题分为判断题和选择题两种题型，涵盖宪法的内容、地位和新时代修宪的重要意义

宪法知识竞赛活动

等方面内容，最终年级评选出50名宪法知识竞赛小达人，颁发优秀证书。

颁发证书时，我能感受到学生们成功的喜悦和兴奋的心情。获得证书后，初三七班卞雲童同学来到我办公室激动地说："韩老师，下次宪法知识竞赛，初三学生让参加不？我还想再参加一次，现在我的宪法知识相当丰富了。"从她的话中可以听出，孩子们的自信心明显增强了，法律素养也明显提高了。那个周末的家长反馈单中，初三六班方浩同的爸爸写下了真诚的话语："这周孩子回来说参加宪法知识竞赛，还获得了一个宪法小达人的证书。真的非常感谢双语学校开展的多项活动，让孩子不仅学习语数外，更注重孩子的全面发展，孩子在育才，真幸运，感谢学校，感谢老师！"学生成功的喜悦和家长认可的话语，让政治组的全体老师们也更有信心，更有动力。

学无止境，教无止境，研无止境。成绩是昨天的句号，进取是永恒的主题。当我们面对学生，面对成长中如花的生命时，我们需要做的，正是"以心传心"，从一个世界，抵达另外一片生长的世界。十几年工作生涯中，我努力将自己"花心"中的博大、丰厚、智慧、灵性、情感和精神，投射到学生的生命成长中，一朵花影响另一朵花，洋溢在课堂这个开满鲜花的世界里。

你认为它无趣，只因为你站在花园的外面

公开教研是以促进学生全面发展和教师专业进步为目的，以学校课程实施过程和教育教学过程中教师所面对的各种具体的教育教学问题为研究对象，以教师为研究主体，以专业研究人员为合作伙伴的公开的、开放性的实践研究活动。公开教研的主要目的是切实提高全体教师的专业素质，增强教师的课程实践能力。

读书报告会就是组织阅读者在读完书之后进行心得报告的交流会。首先由阅读者系统地收集、统整、研读与主题相关的各种材料，经分析、归纳、提炼等思维活动，形成个人见解和观点的文字作品，然后在交流会上宣读或

集中讨论，有利于全体与会者增加新知、提升研究能力及达成共识。

打小就生活在有两个老师的家庭，每天看到他们做的都是一件件小事，打交道的也是一件件的小事。真心觉得教师这个职业太过平凡，与神圣、伟大等形容词太不搭边。然而，不可思议的是多年以后自己也成为一名人民教师。感觉初次站上三尺讲台那一幕仿佛还在昨天，不经意间已然在教师岗位上走过了13年。

从一株枝叶稀疏的小苗，成长为一棵葱葱郁郁的大树，圈圈年轮记载着我的足迹，片片绿叶讲述着我经历的过去。13年的青春，于历史长河而言如同一朵转瞬即逝的浪花，于我的人生而言却是一段无比珍贵的黄金时期。回首这一程，行走着，反思着，收获着，快乐着。13载的工作经历，让我内心对教师这一职业充满了特殊的感情。这其中包括教育思想，也内含思想里的工作态度、工作方法、工作热情和种种与工作相关的记忆。这些印记来自于13年来教学工作的每分每秒，也来自于领导的关心、同事的互助、交流与自我的艰辛努力，更来自于每次或欣喜或失望或振奋或彷徨的难忘经历，这些让我深刻地体会到了做教师的艰辛和快乐。回顾自我走过的教学之路，有几个成长感悟与大家分享：

一、"采得百花方成蜜"

韩愈的《师说》中说："师者，所以传道授业解惑也。"从教以来，我深知要想让学生有一杯水，老师要有一桶水的简单道理。探究自己，探究知识、探究学生是教师要时时牢记和实践的要领。用昨天的"土炮弹"去掀翻今天的航空母舰，用昨天的思维和一眼望穿的"瓶底水"来教跨时代的学生，早已不可能了。小到每节课中的每个知识点落实、每个历史人物，历史事件理解、把握……大到学生学习方法的激励和挖掘，历史核心素养的养成等，都等待着老师的探索。而这探索必要植根于教研之中。要像蜜蜂采蜜一样，采得百花方可酿成蜜。在不断的教研中提高自身的素质，才能游刃有余地在三尺讲台上任意挥洒，激扬文字，指点教学的江山。正所谓"一汪浅水只能浮草芥，大海则可以托起万吨巨轮"。集众人之力，博采众长，方能使壮志有道，雄心有胆。

领导抬爱，工作三年以后我便有幸成为校初中部的历史教研组长。任组长以来，我深知教研工作对于教师成长及教育教学工作的重要性。只有能够满足教师专业成长需要、解决教师工作中困惑问题的学习和培训，才能激发出教师内在的主动学习、研究和实践的动机和欲望，才能让教师感受和体验到获得专业成长、实现自身价值的乐趣。所以多年以来，我一直把引领组内教师积极开展或参与各级各类的教研活动作为我工作的一项重要内容。我们不担坚持每周一次的组内教研、备课活动，还组织过校内公开教研两次，与高中部全体教师的跨学部联合大教研一次，参与组织跨校区的集团大教研两次。

2012年，初中部史地政生四大教研组联合进行了一次跨学科教研活动。活动中徐永香老师所做的《做研究型教师》的报告教会了我：教育是需要信仰的事业，教师应成为有教育信仰的人。真正具有教育信仰的人，不仅有理想、有追求，而且能在理想与现实之间找到实现理想的最佳路径。

2016年是沈阳市历史中考改革的第一年，也是育才教育集团将历史学科纳入直升考试的第一年。如何在备考时间短、任务紧、内容多的情况下，合理地利用有限时间，全面地有重点地复习，初中部历史教研组与政治教研组进行了一次联合公开教研，两组教师通力合作，不断研讨。在研究中，不仅每位教师做到了自己心中有数，扎实研究开卷考试的备考策略，而且形成了一套全面提高复习效率、培养学生以不变应万变、从容面对中考和直升考试的复习策略。后来的事实证明，那一年，我们一炮双响，中考、直升双丰收。

按教育部的要求，从2016年秋季开始，全国各地义务教育初中历史将全部统一使用部编版初中历史新教材，扑面而来的历史新教材，将又一个新的课题摆在了所有历史教师的面前。2018年，首批使用部编新教材的学生们迎来了他们的直升考试。为了有效地研讨新教材和全面备考，东北育才教育集团初中部四大校区联合进行了一次公开教研。在此次教研中，我们不仅研究了新教材中的知识点、教学中遇到的问题及应对策略，还进一步讨论了做好历史教师的三种情怀和一个意识。三种情怀：对历史的敬畏之心，对历史教学的热爱之心，对专业成长的进取之心。一种意识：问题意识。即所谓的学源于思，思源于疑，小疑则小进，大疑则大进。

就是在这一次又一次的教研活动中，同事们的智慧让我感叹向往，更感到了自身的不足。不知不觉间，我告诉自己必须奔跑起来。我想要吸收更多的养分，我想要捡拾尽可能多的麦穗。13年来，基于教研之源泉的滋润和浇灌，现在的我可以说在工作上克服困难、解决问题的思路层出不穷。在文本面前、在学生面前是得心应手的。是教研，伴我一路向前！

二、书香奠定多元色

说起来真有些惭愧，其实早些年的我并不是一个太爱看书的人。记得几年前的一个寒假，接到房主任布置的任务：准备一篇读书报告开学后做交流。说实在的，当时的我看的最多的书要数有了宝宝之后的育儿书籍了。接到任务后，我就一直在想这份读书报告我要怎样去写以及写些什么。做了母亲之后，在培养自己孩子的过程中，渐渐发现那些育儿方面的书籍很多时候也适用于教育学生。我的这篇读书报告更多的是在表达自己在培养孩子、教书育人中的一些感悟。

刚参加工作时，我满怀正义地坚信：一切都是为了孩子着想，所以当我看到课上有学生不认真听讲时，自习课上有学生效率低下时，我会对他们厉声斥责，甚至大发雷霆，并且不时地抱怨：都是为了他们好，他们怎么就不理解呢？直到我的儿子降生到这个世界上，我的身份中又增加了一个角色——母亲。在养育自己孩子的过程中，我渐渐发现：当家长和当老师的角色完全不同。每个孩子都是家长心目中完美的天使。当我成为母亲后，我才发觉：为人师的我，以前所有的"为孩子好"的念头，有时只是一厢情愿。我游走于两种不同的角色之间，一边做自己孩子的母亲，一边做所教学生的老师。在两种角色的不断转换和交叉中，我慢慢感悟到："爱"是教育的灵魂。无论是对自己的孩子，还是对所教的学生，只要你表达出你对他的爱，对他的期望，他是会感受到那份爱与期望的。他会把它们当作是一种鼓励，在他日后的生活和学习中做出积极的回应。正如育儿书中所说的："把爱的种子种到孩子的心底，用爱呵护它，让它生根、发芽、茁壮成长 ……用爱的火把照亮前方，指引他们梦想和探索……在孩子的心灵上撒下爱的种子，让孩子快乐成长，让爱成为孩子的翅膀，不惧困难任意飞翔。"

我和普天下所有的母亲一样，深爱着自己的孩子，而且我还无时无刻不通过我的神情、语言、动作来表达我对他的爱。正如育儿书中说的那样：每个孩子天生都有爱的能力。你只有让他感受到你对他的爱，他才会做出积极的回应，向你的期望值发展。有了宝宝之后，我的角色变了，我生活的重心变了，而且在我的工作中也在发生着潜移默化的变化。我看学生的眼神变了，我课堂上的氛围变了，我对学生不那么严苛了，学生们的有些过错我也变得能理解了。过去，我也是爱我的学生的，但那是老师对学生的秉承公德的爱。做了母亲之后，我对学生的爱渐渐渗透了母亲对孩子宽容、温情的爱。晚自习上，同学们都在安静上自习，却有一个调皮的男生捅捅这边儿，望望那边儿。以前的我一定会大声斥责一番，而现在的我会走过去，摸一下他的头，或轻捏一下他的后脖子，皱着眉却又笑眯眯地瞅着他。他马上不好意思地连连点头，回到学习状态。后来在课间闲聊时，他向我信誓旦旦地保证说："邓老师，你放心，就咱俩这关系，我以后一定不捣乱了。"这话虽说听起来有点江湖气，但它却是孩子对我爱的教育所做出的真实回应。

有一届五班的好些孩子喜欢称我为"二姑"。"二姑"的称呼是有渊源的。学校将科任教师配进每个班里为副班主任，每当班主任有事或请假时，需要副班主任顶班。所以我们办公室私下里戏称班主任为学生的亲妈，副班则为学生的"二姨"。而当时五班的班主任是男老师，所以我称自己为他们的"二姑"。当班主任有事时，我就会进到教室里跟孩子们说："今天×老师不在，有什么事来找二姑我，知道了吗?""知道了!"教室里哄笑起来。有时帮感冒发烧的孩子量体温，找药吃;有时找心情不好的同学谈话;有时和叽叽喳喳的小丫头们唠嗑……久而久之，好些孩子们就习惯用"二姑"来称呼我了。而我也很乐得他们这样称呼我。在寄宿制的学校里，孩子们一周见不到父母，如果我这个"二姑"能让他们感受到一些亲人般的温情，对于孩子们的成长来说，不也是一件很有意义的事吗?

这样的一番经历，使我渐渐爱上了读书。是呀，真正的教师一定是读书的爱好者。对一个教师而言，读书就是最好的自我充电。当阅读丰富了，你的视野、你的生活定会多姿多彩;当书籍点亮了你的眼睛，教育的曙光就在不远处。

正所谓一路成长一路感悟。13载的思考与感悟，更坚定了我的选择。选择我的爱，爱我的选择，我深深地爱着我的工作，爱着我所从事的教育事业。

五、五车学富，为学而不厌之师，育学而不厌之生——科研兴校，促进内涵发展

难忘窗台上那被风呼啦呼啦吹起的购书单
——走在成为研究型班主任的道路上

研究型教师培养活动，旨在发现、培养一批教育教学思想先进、探究意识强烈、具有较强攻关克难能力、专业技能丰富、教育教学成绩突出、示范

引领能力强的一线研究型教师，促进教师在实际工作中的专业成长，提升教师自我价值实现意识，从而形成广大教师探索现实问题的意识，促进我校教育教学以质量为核心的内涵式发展。

孩子对于每个家庭来说都是这个家庭的一切。自从喜获提升，我这个"主任"也承担起了为每个孩子点亮美好未来的艰巨而又光荣的任务。眨眼间，成为班主任已11年有余，虽说积累了一些经验，但我深知距离成长为一名优秀的班主任还有很大的差距。恰逢我们双语初中部组织研究型教师培养活动，这对教师的发展起到极大的促进作用，于是我购买了一系列书籍，走在成为一名研究型教师的路上。

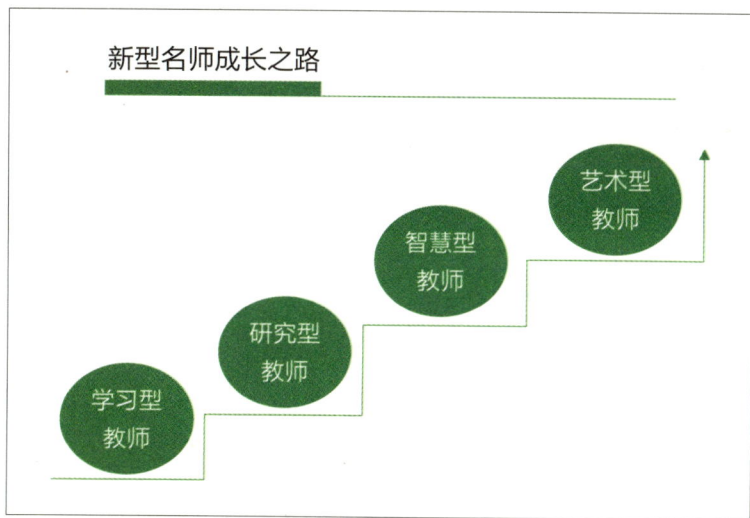

新型名师成长之路

在李镇西老师的《我这样做班主任》一书中曾经说到过为师者的态度，我们也可以思考一下应该以什么样的态度从事这被称为太阳底下最光辉的职业。李老师认为应该有四种态度：第一种是"应付"的态度；第二种是"饭碗"的态度；第三种是"事业"的态度；第四种是"宗教"的态度，其中这第四种来自于内心的召唤，基于自己的良知的教育态度自然是我们所向往的，但是我认为我们更应该追求的是将教育当作自己的事业而无怨无悔去追

树人先立德之主题德育活动课

　　寻，将职业变成事业是一种幸福，我们都要在这条道路上不断追寻，不断探索。

　　每个孩子都是天上折翼的天使，成为一名让孩子们喜欢、让家长们信赖的班主任对于孩子来说如沐春风，对于家庭来说如获至宝，优秀的班主任对于中国义务教育阶段的发展起到了至关重要的作用。我个人深谙此理，所以自从当了班主任之后，我追寻个人发展的脚步从未停歇，新课改中也提出了要求，我也会继续追寻课改要求的标准，去努力成为一名学者型、研究型、专家型的新型教师，并为此不懈奋斗。

　　德育工作是班主任工作之中的重头戏，我每年都会潜心研究一部关于德育教育的书籍，同时学校也为我们提供了更多更好的发展平台。走在了德育教育的最前沿的东北育才双语学校从2018年开始开展了主题德育活动课，并在不断的改进之中取得了良好的成绩。在《班主任心育活动设计36例》中也提到了主题班会力量的延续，其实班会也不仅仅是一种固定的形式，一个较好的集中渲染的平台，而是要将班会的精神延续下去，使其不断加强。我们学校开展的主题德育活动课便是班会形式的一种发展，教师的主导作用明显，学生的主体作用体现得更明显，灵活多变的主题活动课形式得到了学生们的一致认可，同时班主任的主导作用在后续精神浸染之中也起到了重要作用，主题活动课不再仅仅是一节形式上的班会，而是同学们探寻心灵归宿的花园，思想观、价值观的形成也较之前更为顺利，创新一直在脚下踏实进行着，我也会继续朝着这个方向不懈努力着。

抓好领头羊之班级干部制度建设

漫画大师丰子恺曾经挥毫画了幅《买羊图》：一个农人牵着两只羊，到羊肉馆卖给老板。一位农民看了却连连摇头，笑着说："多画了一条绳子。"丰子恺仔细看着自己的画：两条绳子牵着两只羊，哪里多了绳子？这时，那个农民告诉他："牵羊只需牵头羊，不管多少只，只要一条绳子就够了！"其实管理班级也是这个道理，但是如何去做着实是个难题，让很多班主任抓狂。李镇西老师曾经也说过班主任是一个筐，什么东西都得往里装。我也曾经神情憔悴，形如枯槁，像一个随时待命的消防队员一样，哪里起火了，就往哪里狂奔，不管三七二十一，操起水枪或者灭火器就是一阵扫射。很多时候，不仅没有成功灭火，反而引火烧身，被学生气到了，被领导批评了。当我看到了《班主任，可以做得这么有滋味》一书时也有点儿疑惑，但后来我渐渐找到了成为一名班主任的幸福感，要不断寻找方法，比如班级干部管理制度，如果牵好了领头羊，那么整个管理也会更加容易，老师们的精神面貌也会焕然一新。根据郑老师的经验我尝试了在班级里设置班代会，非班委阵营集中设置相应岗位，每人认领一个岗位，最后班主任统筹安排，既民主又集中，做到事事有人干，人人有事干，让每一个同学都有存在感，都有班级主人翁的意识，这个方法在我的班级管理中也很有成效，特别是一些原来责任心较弱的孩子也得到了锻炼，自信心明显增强。另外，领头羊不能只凭借自己的能力变得更优秀，班主任老师的助推在这里也功不可没，必须要适时帮助班委树立威信，提高班级干部的威信力，从而大幅度提高班级各方面效率。

语言的智慧之收获感悟

刚刚走上班主任岗位的时候，对于语言这门艺术还真没有过多的研究和锤炼，无论是与班级中的孩子们，还是与我相差10～20岁左右的家长们进行沟通，我都秉承着自己一贯的豪爽与真性情，可是就因为这真性情也让我在起初的岁月里吃了一些亏，受了一些委屈，渐渐我明白了语言也是门艺术，与人沟通更需要将语言进行雕琢，时而我也会翻看一些著名班主任的沟通艺术，借鉴过来提升自己的沟通水平。

记得有一次和一个极其缺乏自信心的学生沟通，我拿出了郑老师的经典例子作为自己的有效论据，我上来就说"是金子总会发光"，然而这个孩子也不出所料，他说："老师，在老师眼里、家长眼里、同学眼里我根本不是金子，可能连烂泥都不如。"孩子话音刚落，我内心就犹如被尖锐的匕首刺了一下，很疼很疼，如果这个孩子就是我自己的儿子，当妈妈的会有多么的心疼和无助。我半开玩笑地说："烂泥又如何，莲花也得从烂泥中成长为最美的姿态。"孩子愣住了，我又说："你知道刘春霖是谁吗？"他摇摇头，我说："是清朝的金榜状元。那你知道杜甫吗？"他点点头，我接着说："他是在考试中落第的人。"我隐约看到了孩子有些兴奋的眼神，不以成绩论英雄，不到最后时分，谁也不知道到底谁才是王者。之后的日子里，我发现这个孩子渐渐地踏实了，学习上更加主动，虽然没有突飞猛进的成绩，但是那一笔一画的字迹让我看到了对自己的认可和对学习的向往。这时我真的感觉到做老师真的可以很有滋味。

在今天做老师，不再是简单地孤独地教学，与学生更加有效地交流显得尤为重要。只有用心的交流才能潜移默化地影响学生，让他们看见学习中、生活中的美好，才会愿意用激情好奇去探索。

通过阅读，我收获了很多，也成长得很快。初2016级14班刘泉沅这样评价我："陶老师一直是我们班的班主任。这些年来，您努力工作，不辞辛劳，即使生病也跟我们一起跑操，您像母亲一般体贴关怀着我们，有急事时也不会延误我们的学习。生活中您也热情对待、帮助每一名同学，提高了我们的综合能力，让我们更加成熟、稳重、乐观、健康、热爱生活。您是那样的无私，小小的身躯撑起了全班的脊梁。您为人师表，在为人处事的各个方面为我们树立了榜样，同学们以您为标杆！您高尚的品格浸润着我们的心灵，滋养着我们，令我们茁壮成长。大爱无言，润物无声，桃李不言，下自成蹊！您也是一位杰出的英语老师，是您的辛苦付出，让同学们的英语成绩总能在年组名列前茅。您工作时充满热情，上课时幽默风趣，直击重点，与我们互动，让我们从认为英语枯燥的学生变成热爱英语、将英语应用于生活的学生。课下，您关注每一名学生，耐心辅导，循循善诱。您培育着祖国的栋梁，可您也正是祖国的栋梁！您无私奉献不求回报，只求能闻得满园桃李芬芳！"

虽说我只是一个小小的班主任，但是我深知这个职务牵涉着多少家庭的喜怒哀乐，成为一名理想中的优秀班主任一直是我的追求，也是我的毕生追求。为了成为一个有方法、有理论支撑的研究型班主任，我"急功近利"地看了一些专业书籍，但正是这"急功近利"让我渐渐在书中遇到了更好的自己，从师之道艰难，然我会心向往之，我的购书单也会越来越丰富，这些图书将会陪着我一起坚定不移地走下去，陪我蜕变，让我高飞！

人生两大乐事：读书，教书——主题式学习

主题式学习（Theme Based Learning）是指学生围绕一个或多个经过结构化的主题（Theme）进行学习的一种学习方式。在这种学习方式中，"主

题"成为学习的核心，而围绕该主题的结构化内容成了学习的主要对象。主题式学习的前身可追溯自20世纪60年代的医学院教育，但其理念则可追溯至杜威的进步主义学派，强调"做中学"的学习方式，并以活动、专题及解决问题等方式作为学习的主轴。

年过而立，从教十载，俨然一位年轻的老教师，实则一位老年轻的教师而已。从读书中来，到教书中去。从博览群书到术业专攻，知识的广度和深度源于读书，少时不知读书味，书到用时方恨少。一本书在不同年龄读，会读出不同的知识和哲理，一本书在不同的地方读，会读出不同的意境和感悟。

幼时，学校的走廊文化中即读到高尔基的"书籍是人类进步的阶梯"；少年时，懵懵懂懂背了宋真宗赵恒的《励学篇》，"富家不用买良田，书中自有千钟粟。安居不用架高楼，书中自有黄金屋。娶妻莫恨无良媒，书中自有颜如玉。出门莫恨无人随，书中车马多如簇。男儿欲遂平生志，五经勤向窗前读。"遂了解古代读书考取功名是当时人生的一条绝佳出路，考取功名后，才能得到财富和美女。然而在我生活的那个玩乐大于学习的乡村时代，我也有了些许美好的期许和愿望。青年后，书成为我的好朋友，通过它可以"看"到广阔的世界，"看"到银河里的星星，"看"到中华瑰丽的五千年，"看"到风土人情和世间万象……写读书心得体会，不仅可以明白书中或文中的内容和主旨，还可以培养明晰的头脑，敏锐的眼光，并且使日后无论遇什么人，做什么事，有自己独特的主张或见解，不会人云亦云，盲目附和，亦可以"见人说人话，见鬼说鬼话"，圆滑处世。

"一辈子做个读书人"是于永正发自内心的誓言。阅读是他一生的必修课，即便古稀之年依然手不释卷。他痴心语文，博览群书，读书让他的心与课变得无比细腻与柔软。他常言，读书就是读自己；读教结合，他的专业成长之路始终与书香为伴。从上学到教学，从教学到退休，这位风趣自信的老先生从没有离开过书。他曾说过："读书是教师最大的修炼。""读书就是读自己。"

吴正宪作为全国人大代表、数学特级教师，仍将读书教书视为人生两大乐事。她16岁登上讲台，先教语文再教数学，做了多年班主任，绰号"小老师"的她爱读哲学和儿童心理学书籍，她的数学课充满智慧和笑声，流淌着浓浓的人文情怀。她是孩子们喜爱和追捧的老师，老师们尊敬信赖的教研员，更是勤奋踏实的教育教学规律研究者。她曾说："现在的教师仅凭读师范时的那几本书是不够的。教师要做到系统贯通，整体把握，深入浅出，俗话说'手中有粮，心中不慌'。"

程红兵自谦为"我原本就是一介书生"，生活中的他少言寡语，内敛而低调，讲台上的他，慷慨激昂，像个斗士，不间断的阅读写作，让他常常以一种批判的眼光，揭开种种教育现象背后的症结所在。喜欢看书，尤爱教书，满脸书卷气，面对众多头衔和荣誉，他说"我就是一介书生"。

他们都是读书和教书的楷模，总结下来，为人师者的生命应该是一个爱读书、思考、教学、读书的无限循环。孟子曰："君子有三乐。父母俱在，兄弟无故，一乐也；仰不愧于天，俯不怍于人，二乐也；得天下英才而教育之，三乐也。"于是在此有些骄傲地分享我的人生第三乐——教师，被称作太阳底下最光辉的事业。

感怀乐教、爱教、愿教的职业情感，是我们每一位老师遵循并不断追求的准则，也是我们内心的追求，是我们不断完善和提升的动力。时刻对自己充满信心，能够坚定不移地做自己心中认定的事情，那么即使我的才能平平，也可以取得不凡的成就。这就是乐教。语言充满智慧和幽默感，和同事之间关系友好亲密。一个人无论多么优秀，如果离开了别人的配合，就无法把自己的事情做好，也无法在社会中立足。每个人都有自己的优点，都不可取代，只有相互合作，才能共同取得成功。这就要求我们爱教。工作中我们要勇挑重担，不怕辛苦。人活在世上，难免要承担各种责任，对家庭、亲友、国家、社会等各方面的责任。工作是我们的责任、我们的义务，同时也是我们成长的重要动力。辛劳地工作，反而会让我们变得勇敢和坚强。这就是愿教。

我们既然选择了自己的专业，肯定就有它不同于其他专业的优势。我们老师最起码还有传授知识的技能。不是人人都会教地理，而我却可以。我可能改变的不是一个学生的命运，是一群学生的命运，这样我们所教专业的优越感油然而生。这种优越感给我们老师同时带来了道德上的自尊，激发我们的创造力，使我们在教学上更有前进的动力。在教学上会不断创新，接轨新时代，学习新东西，运用到我们的教学中，指导到他们的生活中。

和学生相处时，让学生觉得和我们在一起很舒心、安心，愿意和我们亲近、交流，他们向我们倾诉、描述他们的学习及生活，征询一些建议，把我们当成朋友、亲人等。一旦这种氛围形成，我们和学生在教学中都感到愉悦，同时有利于学生的学和我们的教。但中国有句古话"严师出高徒"，在今天这个信息更替迅速的社会，我们教师既要活泼也要严谨，这就要求我们要不断地进行自我提升。

古往今来，书无定书，教无定法，讲究因材施教，教学相长，教学从传统走到现代，主题式学习在创新、批判、实践中成长开来。

主题式学习既可以是单学科的主题式学习：围绕单一学科主题进行学习和探究，围绕主题所组织的不仅有学问的既定内容，还有和主题密切相关的拓展内容。中学地理"主题式学习"，即围绕一个或几个经过结构化的地理事物、地理现象、地理规律和地理问题等地理主题进行的综合性学习。这是一种创新型综合性学习教学模式，用创新的方式将丰富的、结构化的主题核心内容传授给学生，使学生可以学习并且使用所学内容，在具体问题情境中提出问题、分析问题和解决问题，给予公正和客观的价值判断。比如教师给定地理主题为"河流"，学生可以借助课外阅读《水经注》，网络搜集汇总河流最新演变信息，参照教材、地图册等从古至今，从低纬到高纬，从沿海到内陆，从河流的水文特征、水系特征，河流的综合开发利用（防洪、发电、航运、灌溉、养殖、旅游）等方向畅所欲言。

主题式学习也可以是多学科的主题式学习：打破学科界限，围绕某一主题，将涉及不同学科的内容、问题和活动，需要综合应用多学科知识。它打破学科之间的割裂状态，实现了学习内容的综合化，使得学生在不同的学习内容之间建立有意义的连接。强化学习者对学习内容的理解，有助于学习者获得整体、全面的知识。一如说到"雨"，语文老师会说"渲染了一种悲凉的意境，为主人公的出场作出铺垫"，物理老师会说"水蒸气遇冷凝结的小水滴，液化"，地理老师会说"降水需要上升气流，降温条件，哪种类型的降水"，化学老师会考虑"溶剂？酸雨？"体育老师会说"体育课室外改室内"，班主任会说"体活课停"，数学老师会说"求一下心里阴影面积"。

又如：与时俱进的主题"丝绸之路"，可以从地理、政治、历史跨学科的角度去理解分析。

地理解释：丝绸之路是西汉时张骞出使西域开辟的以长安（今陕西西安）起点，经关中平原、河西走廊、塔里木盆地，到锡尔河与乌浒河之间的中亚河中地区、大伊朗，并连接地中海各国的陆上通道。从亚欧大陆东岸到西岸，从沿海到内陆，丝绸之路经济带地域辽阔，有丰富的自然资源、矿产资源、能源资源、土地资源和宝贵的旅游资源，被称为21世纪的战略能源和资源基地，但该区域交通不够便利，自然环境较差，经济发展水平却与两端的经济圈存在巨大落差，整个区域存在"两边高，中间低"的现象。

历史解释：陆上丝绸之路是西汉时张骞出使西域开辟，海上丝路萌芽于商周，发展于春秋战国，形成于秦汉，兴于唐宋，转变于明清，是已知最为古老的海上航线。从公元前114年至公元127年间，中国与中亚、中国与印度间以丝绸贸易为媒介的这条西域交通道路被命名为"丝绸之路"。2014年6月22日，中、哈、吉三国联合申报的陆上丝绸之路的东段"丝绸之路：长安—天山廊道的路网"成功申报为世界文化遗产，成为首例跨国合作而成功申遗的项目。

政治解释：经济带的建立与周边大国息息相关，周边外交环境要为民族的伟大复兴奠定有力的基础，"丝绸之路经济带"在内外兼顾、统筹发展的基础上提出，有利于应对地区大国之间的关系，有利于中俄新型大国关系的重铸。对于构建大合作大发展的全球经济新格局具有重大意义。国家间经济紧密度的增强，区域经济合作组织的数量不断增多，合作范围不断扩大。相

关区域经济合作的国家通过签订相关协议消除贸易壁垒，从而扩大了进出口规模，优化区域间的资源配置，增强了区域组织的国际竞争力。

"一带一路"（The Belt and Road，缩写B&R）是"丝绸之路经济带"和"21世纪海上丝绸之路"的简称，2013年9月和10月由中国国家主席习近平分别提出建设"新丝绸之路经济带"和"21世纪海上丝绸之路"的合作倡议。它将充分依靠中国与有关国家既有的双多边机制，借助既有的、行之有效的区域合作平台，一带一路旨在借用古代丝绸之路的历史符号，高举和平发展的旗帜，积极发展与沿线国家的经济合作伙伴关系，共同打造政治互信、经济融合、文化包容的利益共同体、命运共同体和责任共同体。

主题式学习可以调动学习者的学习兴趣和参与学习的积极性。能够培养学习者的问题意识和问题解决能力，学生批判思维能力、创新思维能力、反思能力等高级思维能力，学习者的自主探究的能力，学习者的团队意识，提高学习者的协作学习能力。教师是主题内容的组织者，学生是主题的主动学习者，以自主探究学习和协作探究学习为主，是一种过程性的学习。一个优秀的主题可以帮助我们理清课程的组织结构，能够帮助我们聚焦和定义一个学习单元，通过自主探究和协作探究让学生相关学习概念和学习内容之间建立联系，帮助强化学习者这对学习主题的理解。需要注意的是，主题式学习并不是普遍适用于所有的学习内容，它只是众多教学、学习方法中的一种，并不是组织课程教学的唯一方法。

读出来的勇气
——小课题研究之路

上下未形，何由考之

作为教育活动"当事人""实践者"的教师，应自觉针对自身教育教学实践中的某些问题、话题，进行持久关注，不断反思追问，积极进行改进实践的研究性教育。通俗地说，小课题研究是以教师在自己的教育、教学实践中遇到的问题为课题，运用教育科研方法，由教师个人或不多的几个人合作，在不长的时间内共同研究，取得结果，其研究结果直接被应用于参与研究教师的教育、教学实践工作中去，并取得实效的教育科学研究。它具有开口小、周期短、易实施、见效快的特点。有专家认为这类课题无须审批立项，是教师自发进行、自我负责的"常态化"研究行为。它提倡一种"教学即研究，教师即研究者，成果即成长"的理念。确实，"小课题"从本质来说是一种个人研究行为，由教师个人承担，研究主体同时也是责任主体，也是利益主体。

接触小课题研究，其实是一个比较偶然的机会。当时正是沈阳市评选研究型教师，在一次教研组长会上，校领导极力推荐我试一试。当时我有些措手不及，不太了解什么是小课题，不知道怎么研究。会后，带着疑惑，查阅小课题的相关资料。小课题研究，是以学校教师自身教育教学过程中，需要解决的问题为研究对象，以问题解决、经验总结为研究目标，吸收和运用有利于问题解决的经验、模式和方法，改革育人思路和方法，提高教育教学水平和质量，同时促进教师自身专业发展，全面推进素质教育的研究。看到这些，不由心中一动，当时的我，正处在一个迷茫期。

教学年限越多，怎么越来越不会上课了呢？什么是课堂？怎样有效地教研呢？相信这些问题在执教一段时间后大都会有，只是程度上有差异而已。怎样突破这个"瓶颈"期，我困惑过，迷茫过，百思不得其解。就此问题，也曾经向一些老教师请教，但也是不得要领。这种迷茫让我困惑良久，在此期间，可以说上的每一节课都让我自己不满意，总感觉自己的想法没有表达出来，真的是愧为人师。这种情况直到我偶然间买了一本书《高效课堂的101招》才有所好转。在《高效课堂的101招》开篇第一章中就提到"课堂是什么？"书中把课堂比作一个有机的生命体，各个部位协调发展，才能促进整体的提升。

读到这些，心头一阵清凉，我有了解决困惑问题的方法。我完全可以借鉴作者的做法，把自己的一些教学经验提炼出来，也可以对自己遇到的困惑进行深入的研究，做一些总结和提升，行笔成文与大家共同探讨。我也抱着试试看的态度，申请了《如何利用微课构建课堂新模式》的课题，此课题与我在前期所做的微课实践息息相关，何不二者合一？

思虑再三，觉得对课题的界定和研究方向还需认真把握。于是，翻开《物理课程标准》，从头至尾进行认真的阅读，其中对课程内容进行了重点研读，在物理课程中，应当注重发展学生的概念习得、符号意识、物理思维、数据分析、运算能力、推理能力和模型思想。短短的两行字里涵盖的内容需要我们在多年的实践教学中慢慢去认识和体会。

在教学实践中开展小课题的研究工作，对于物理学科我感到既熟悉又陌生，熟悉的是毕竟从事了多年的物理教学工作，轻车熟路，很明确地知道自己要做的工作，陌生的是课题研究毕竟不同于教学，要做什么，如何去做，心里到底还是没着落，摸着石头过河，走一步看一步吧！

正在我迷茫之际，我有幸参加了集团教育指导部安主任的小课题指导工作。会中给出了小课题研究如何命题、如何研究等一系列需要注意的重点，可以说获益匪浅。我的课题研究活动似乎有了眉目，但还是欠缺点火候，于是在网上大量收集资料，却也是所获甚少。无奈之下，也只有先搁置一旁。

也许是天道酬勤吧，在一次阅读《课程·教材·教法》期刊中提及"研究真问题，真研究问题"这一说法时，我眼前一亮，明确了课题研究的主旨和方向，抓住了"真"就可以放手施为了，这个"真"有三点，分别是真问题、真研究、真解决。

真问题　是小课题研究的关键所在。它是我们在教学过程中遇到的问题、困惑等，凭借教师原有的知识和经验不能解决，这就需要我们去思考、去研究、去探讨，进而找到解决方法。所以它不能是华而不实、不切实际的，要有真正的研究和应用价值。

真研究　是指对所选的课题进行实在的研究。要做到求真务实，杜绝那种浅尝辄止、弄虚作假。小课题是解决教师自身发展中的困惑，不是流于表面的华丽文字。我们只有通过对客观实际的真调查、真研究，进行去粗取精、去伪存真、由此及彼、由表及里的分析，才能理清"乱花渐欲迷人眼"的现象困扰，才能真正了解制约教学的真瓶颈。我们才能抓住教学困惑的命脉，这样的内容才有价值，值得推广。

真解决　是指对研究的课题提出切实的解决方案或者处理问题的方向。 解决方案是整个课题的灵魂所在，是最具应用和推广价值的所在。在小课题遴选的过程中发现，有的课题方向和研究切实有效，但唯独在解决问题的环节上含糊不清，甚至于搁置一旁没有具体的解决方案，可以说是功亏一篑。这种情况来源于在研究过程中问题的不深入以及自我总结和自我反思不到所致。

一切变得清晰起来，条理也梳理清晰了，剩下的就是逐步实施了。

于是我开始收集研究内容，细读教材教参。对于教材中的内容，我深入思考，挖掘教材中的内涵，仔细研读《教师教学用书》中的教学建议，根据自己的教学实际采纳其中可操作的教学活动。对于课题研究的教学内容，我思考的时间更多一些，由于我的课题是"如何利用微课构建课堂新模式"，而微课自身的特点是知识容量小、知识点碎片化，无法有效地整合到课堂中来，如何构建一个完整的微课体系与课堂进行有效的结合，又是一个新的难点。

俗话说：兼听则明。我利用网络时代的多种信息，查询专家及教学一线教师对于微课的研究经验，有选择性地吸收。同时，参照中国大学MOOC国家精品课程在线学习平台，模仿其模式构建微课，并在学生中实施。可能是学生年龄小的缘故吧，这种在大学适合的模式在初中实施效果甚微。

突破来源于一次听评化学课，这在《互联现意，家校延伸》一文中有所体现，主要是甲烷的正四面体结构让我突发灵感。于是，我把课堂这一中心部分作为碳原子，而微课则设置为预习型微课、难点破冰、复习巩固、心得交流，它们充当四个氢原子，紧紧围绕课堂构成正四面体结构，从而形成一个有机整体。每一部分的作用仔细推敲，落于实践，觉有不妥之处，便进行改正，经过了一次又一次的实践、反思。

预习型微课兼顾趣味性和概括性，主要以激发学生兴趣、对知识点有个初步的认知为主；难点破冰上一般以单刀直入的板演方式解决学生在课堂上容易迷惑的问题，也可以采用各种平台来调节学生的差异性；复习巩固主要以习题为主，这个环节主要以智学网为平台，在智学网上选出典型问题，学生利用自己的账号随时自行进入，并且智学网上能够反馈出学生的答题情况，反馈特别及时。心得交流体会主要以微信群为依托，教师建立班级微信群，学生在其中讨论自己的难点，通过讨论，学生可以自行解决问题，教师也可以参与进来，解答学生讨论还没有处理的问题，这种多平台，多形式的微课系统使得课堂得以延续，而且很具有时效性。

四个组成部分看，紧紧围绕课堂，构成正四面体的稳定结构。这种模式逐步趋于成熟，在教学实践中引起了学生良好的反响。清晰地记得，正好第九节课下课，学生去吃饭。教室里有几个学生打开了黑板，翻看我所做的习题微课。他们一边看，一边说："这下可省事多了，要不然，老师下班后，想问题找不到老师，还得等到明天。"在门外的我，在心里默默地说：孩子，我今天有晚自习，一晚上都在陪伴着你们。

微课体系的构建成功让我欣喜，信心满满。这时已经是课题阶段了。历经一年的小课题研究工作接近尾声，我真真切切地见证了它的存在，从刚开始的雏形，到开题报告的成形，再到中期报告前的过程性资料整理，心中从茫然若失到泰然自若，研究过程中确有"山重水复疑无路，柳暗花明又一村"之感，逐渐感觉到小课题的雏形依稀可见。而今，又到了小课题的结题阶段，看看自己的小课题过程性资料，真有一种"蓦然回首，那人却在灯火阑珊处"的感觉。小课题的研究工作可以看得见，摸得着，那是我在研究中一步一步地用心做出来的精品。

《礼记·学记》中谈到"学然后知不足，教然后知困。知不足，然后能自反也；知困，然后能自强也。故曰：教学相长也。"小课题的研究工作，是我教育教学的一个新起点，我会以此为契机，不断学习，历练成长，开展全新的教学工作。研究小课题的过程，是我静心读书、潜心教学、思索探究、丰富自己的过程，在做中学，学中思，我进步，我快乐！

六、六出奇计，工欲善其事，必先利其器——推动人工智能，智慧学习环境

在"教育3.0时代"一天到晚游泳的鱼

当前，随着大数据、云计算、人工智能等为代表的新一代信息技术迅猛发展，互联网+行动、大数据行动、新一代人工智能等一系列国家重大计划和行动的深入实施，我国开始全面迈向信息技术的新时代，新一代信息技术成为带动社会进步和发展的重要引擎。社会的发展对于教育的影响也是非常深远和巨大的。在当今信息爆炸的时代，传统的教育模式也发生了翻天覆地的变化，新的教育学习方式被划分为1.0、2.0、3.0时代。

1.0时代指的是传统的面对面学习，其特征是以课、课程为基本教学形式，强调学科知识体系，主张建立宽基础的金字塔式的知识结构。

2.0时代的学习是指将传统的课和课程搬到网上，通过网络课程进行教学。如现在流行的微课、慕课、网络公开课等，也就是在线教育。其基本逻

辑还是参照传统的课程体系的，但也强调学习者主体地位，主张帮助学习者进行意义建构。

3.0时代的学习指的是个性化在线学习阶段。这一阶段学习的特征是以个人的兴趣、需要为中心，通过搜索、联通、选择、零存整取等学习策略，进行个性化的自主学习，其目的并非建立以课程和学科为基础的金字塔式的知识结构，而是建立以"我"为中心的个性化的、蛛网式的知识结构，这种知识结构更有利于创新。

经常听到有家长说："我的孩子英语不好，简单的对话都不会。"或者说："学了这么多年的英语，还是什么都不会说。"更有人说："我的孩子对学校英语课本教学不感兴趣，就是喜欢听英文歌曲，看英文电影，这有什么用？"

随着社会的发展，家长们对于孩子教育方面更加的关注，而英语学习就成为家长们关注点中最重要的一个方面。家长们既关注孩子们的英语分数，也关注他们的英语口语表达能力。确实，作为一门工具性的学科，英语主要的功能应该是桥梁，在学科和国际先进知识之间架起一座桥梁。不过，传统意义上的英语教学更加关注的语法、词汇和课文的教学，对于口语的要求并不具体也不高。教师们进行英语教学的手段和方式也比较传统，但是，随着3.0时代的到来，各种智能辅助教学的设备和软件进入到课堂，打开了英语口语表达能力和听力能力学习的新的大门。这其中，BoxFish——一个非常好的APP进入到了我们日常教学之中。

它是用手机和Pad作为终端来使用，随时随地灵活便利。APP内既有课堂知识也有课外拓展，语言地道，材料新鲜，图片时尚。BoxFish可以直接使用，也可以通过一个交换盒子，实现手机和Pad与多媒体的转换。教师在授课时不受屏幕的限制，在教室里可以随意走动，随时控制切换屏幕；学生们用手机和Pad在家里进行学习，也不受场地限制。就像她的名字一样，我们带着学生们变成一条条不停游泳的鱼，开始我们3.0时代的英语口语、听力的探索与学习，期待着鱼跃龙门的一天。

还记得那是2014年，BoxFish开始作为一种智能辅助教学的手段进入双语初中部课堂。我依然记得第一次使用BoxFish的情形，她的Q萌的外观界面、精美的图片瞬间吸引了孩子们的注意力。学生们目不转睛地盯着屏幕，专注地听着对话和文章，连平时容易溜号的几个学生也难得地聚精会神地听讲。第一节课不过是粗略接触了BoxFish，学生就爱上了这个APP，由于我们是寄宿制学校，需要他们在周末完成这个APP的下载和注册。结果出乎我的预料，两个班级各自用了不到30分钟，就完成了下载注册以及建立班级的全部任务。另外，在BoxFish上发布的作业也是完成率百分之百，看到这样的结果我也是哭笑不得，想起无数次追在一些孩子们的身后，催促着他们的作业，再看看现在百分之百的作业完成率，瞬间感觉教学的春天要来了呢。记得某位教育家说过兴趣是孩子们学习的第一动力，事实确实如此，小小的失落之后，心里满满的是找到新的英语教学方法之后的释然。我想，青春期的孩子们他们不喜欢一成不变的模式，不喜欢陈旧的方法，也受够了填鸭式的教学，渴望感受周围的世界，并把他们认为重要的、特别的、惊喜的等发现与别人分享，他们的朋友和同学都是分享的对象。所以我也相信，除非有特殊的障碍，否则感受与表达、倾听与分享应该是每个孩子与生俱来的能力。无感或者说不会表达，并不是因为他们不会，而是这种能力由于种种原因，在他们体内沉睡了太久，需要一个外界的刺激来激发。BoxFish就像是童话中的英俊王子唤醒了沉睡的公主那样，它唤醒了孩子们对于英语学习的热情，用英语倾听和表达自己的愿望。

就这样，时光飞逝，BoxFish陪伴着我送走了一批又一批的学生。难以忘记那些精彩的瞬间，课堂上大家用BoxFish来进行PK，模拟原音录音比赛，根据视频短片进行配音和戏剧创作表演。从最开始的羞于开口到后来的流利表达，从最开始的被动输入到后来的主动学习。看着他们自信地站在人前，用英语表达自己的观点，分享自己的体会，那种判若两人的感觉，我真心觉得骄傲，看着精心栽培的树苗结出丰硕的果实，这种喜悦的心情无法言表。还记得曾经有一位家长，在暑假的时候微信给我发来她儿子的照片，看着这张照片我忍不住笑出了声：早晨在酒店刚刚醒来的他，顶着一头乱蓬蓬的卷发，惺忪的睡眼，专注地看着手里的Pad做着BoxFish的作业。这位妈妈感慨："盒子鱼的魔力真大，儿子一觉醒来第一件事就是完成今天的目标作业，并进行拓展复习。"是啦，这就是兴趣驱动下的自主学习，爱学好学并学有所成。

我和我的学生们都受益匪浅，我依然记得毕业的时候，我所教授的英语特长一班的Kevin在英语改错本上写的一段话：

曾经的我被戏称为"英语聋哑患者"，与遇到盒子鱼之后的我进行对比，原因我总结为课堂互动性不足，缺少练习的情境，导致词汇记不住，语法理解难，听不懂，说不了，见到英语就畏难，遇到考试更蒙圈，形成厌学甚至弃学的恶性循环。然而就在我陷入迷途的时候，盒子鱼出现了。作为一款英语学习软件，突破传统中式英语教学的藩篱，从激发兴趣、增强互动性、精心设置新颖的课程、指导学法等方面，它帮助我解决了英语学习的诸多困惑，带我走出学习困境和误区，让英语学习从此大不相同。另外学习历史、成绩、上课记录等都可以在"我"这个板块查询，快捷方便，一目了然。可以说是盒子鱼成就了我对英语的兴趣与学习欲望，真的很感谢这位成长路上的引路人，希望未来依旧有盒子鱼英语的陪伴，越来越好！

总之，时代在进步，英语学习也需要与时俱进，希望我们用更多更好更有效的方法教学，为孩子们的智慧人生奠基。

深化信息技术 助推教育教学改革

教学平台的应用，助推教学改革，助推教师发展

现代化的教学，对新技术提出了新的需求。东北育才双语学校一直紧跟技术潮流，锐意进取。这里，我从信息技术教师的角度，谈一谈信息技术教研组一直在探索和应用的Moodle平台。这个平台，是我校初中部信息技术常规课程和程序设计、短视频制作等选修课程所依托的教学平台。平台的建立与发展，促进了教学效果的提升，带动了教师的职业发展。

需求——对平台的渴望和探索

从班级多媒体的硬件建设方面来看，学校从建校初期就配备了标准的投影机、台式电脑和实物视频展台等设备。近几年，顺应时代发展，班级多媒体设备全面更新为以触摸屏为核心的现代化智慧黑板平台，极大激发了教师的教学热情。从软件建设方面，老师们积极探索新兴的应用软件，助推教育教学改革。

我在信息技术的日常教学中，曾经尝试自己制作简单的网站，但只能简单地发布学习资源、管理学生签到和管理学生作业，功能有限，界面也不完善。在这种情况下，需要一个完整的课程管理平台，解决教学过程中遇到的上述问题。

在探寻现有平台的过程中，我发现了Moodle平台。这个平台是一个用于制作网络课程或网站的软件包。它的特色是以建构教学法为设计基础，它的教学内容采用可自由组合的动态模块化设计。它包括网站管理、课程管理、学习管理三大功能。还有很重要的一点，平台的源码是开源免费的。居然可以不用掌握复杂的编程代码便可根据教学需要轻松地构建出一个强大的课程教学平台，这正是我想要的。

应用——从零开始的跋涉

我校的Moodle平台由国宁老师搭建在双语学校自己的服务器之中。这一

步骤创建完成之后，就相当于房子的基建工作完成了。剩余的工作好比装修和摆放家具等，也就是对学生、课程的添加和对具体课节的完善。

在Moodle平台中，学生账户信息存放在电子表格中，上传至平台，即可完成学生账户的批量导入。

根据实际需求，在平台中，当前设置有《初中信息技术基础》《初中统计分析数据》《初中网络基础知识》《初中设计演示文稿》《C++程序设计入门》《初中设计制作动画》等课程。为了便于学生按班级为单位学习课程、上交作业和参与评价，要把学生按班级分成若干小组，小组名称以入学年份和班级确定。

接下来的主要任务是明确每一节课的任务和要求，提供必要的资源和组织相应的活动。在这个平台中，根据信息技术课时特点，把每节课设置为一个主题，在主题中添加内容。我开始按照这个平台的技术框架，逐步添加相应内容。适应这个平台的最初阶段也是费了一番心血的。

在主题中可添加的内容有两大类：活动和资源。在平台中，活动是课程中一组特性的总称。通常，活动是需要一个学生与其他学生或者教师互动来完成的。活动有教程、测验、作业等类型。例如，在我校的具体的应用中，部分课节使用了分步教程；在Excel的初始课节使用了拖拽练习，强化学生对软件界面各部分名称（单元格、编辑框、工作表标签等）的认知；在Windows基础操作课节添加了匹配练习，强化学生对常见文件类型和相应操作软件之间的对应关系。资源是一种教师可以用来支持学习的条目，例如一个文件或链接。在我校的具体应用中，教师上传资源到平台，提供给学生相关的阅读参考资料。

在构建平台内容的过程中，我的心中始终考虑到，新课程理念要求体现"学生主体，教师主导"的角色定位。在实际教学中，尽量做到精讲少讲，给予学生更多的鼓励和引导。学生遇到问题通过在平台自主阅读、相互讨论、请教教师等方式自主解决，从而提升自主学习能力。在部分主题中使用教程这种活动内容，学生按照固定顺序或自选顺序学习课程。也可以在课程中添加当堂测评的小任务。这样的测评可以帮助学生加深、巩固所学内容。教师可以在学生完成后，立即通过平台分析测验数据，以便了解学生的学习效果，并根据反馈情况，在课堂小结时及时对学生易错的知识点进行讲解、强化。对基础性知识的教学采取自主阅读加小测试的形式，既充分调动了学生学习的主观能动性，节省了宝贵的课堂时间，还能保证学习效果。在大多数主题中，都使用了作业这种活动形式，在这种形式下，学生综合利用当前课节所学的知识，根据作业要求，完成并提交作业。提交作业一般是以上交文件的方式完成。教师在课后浏览学生上交的作业文件，结合作业标准，给出每位同学这个作业的评价等级或分数。

请通过网络搜索，整理出从沈阳市市府广场到秦皇岛祖山的几种交通方式的交通花费，包括火车、出租车、自驾车等。并附上线路描述文字或者线路图。
把以上内容保存在word文件中，提交作业。注意文字大小一致，内容排布简洁合理，不杂乱。

随着课程的进展，每个学生的整个学习过程的评价反馈（包括分数）完整地保留在平台中。这个时候，平台的强大功能便显现出来了。通过平台，可以查看并统计每位学生的阶段成绩，了解学生的学习进度和整体学习水平，调整自己的授课进度和难度。

快评——信息技术教师的梦

在实际教学中，有一部分作业是给学生提供Office文档，让学生按照一些标准化的、统一的要求完成任务，并提交文件。这种方式也顺应初三信息技术毕业考查的形式。这种具有标准化特征的客观标准很明确的作业，就应该让计算机程序自动评分，这样才能大大提升工作效率。我在查阅了大量的VBA编程资料的基础上，结合具体课程中的作业，已经顺利编制出具有针对性的宏代码，在Excel、Word甚至PowerPoint中均使用宏来给学生的作业批量评分，结合离线评分表格的使用，大大提高了评价的效率。

互评——慕课时代的利器

在评价环节，我尝试了"互动评价"这样一种新的活动方式。我是通过自己在线学习和培训，感受到了"互动评价"这个慕课时代的利器。这个活动分为评价准备、上交作业、相互评价、汇总结果等几个阶段。在相互评价阶段，每名同学都参与到评价他人作品的过程中去，这位同学自己的作品也会被其他同学评价，给出评价成绩和评语。这样的评价活动，大大激发了学生参与学习的热情，也可以在这个过程中取长补短，相互学习，对学生学习的思考和反思有很大的促进作用。

成长——学生和老师的共同发展

经过几年的探索，现在初中信息技术教研组四名教师全部依托Moodle平台授课，已经实现所有课程内容的覆盖，积累了大量的教学资源。

学生们觉得，使用平台学习信息技术课，实际上是紧跟时代的信息交流方式。在信息时代，在线交流已经成为人们生活不可或缺的方式。学生在登陆平台后，有很强的时代归属感，他们感觉进入了一片自己的天地，在这片天地中完成学习和交流，例如回顾所学内容，预习后续内容，完善自己的作业。这种学习方式本身就提升了学生综合的信息素养。

　　对于教师，有了平台，备课时需要更加精心地准备，自觉提升品质意识，对自己和学生负责。另一方面，在平台中，教师把课程作为一个系统看待，思考规划要具有很大的前瞻性，不再局限于一节课，而至少是一个学期，甚至整个初中阶段，教师思考的时间跨度增大。教师对平台的设置、内容的添加、使用的完善这个过程本身，就是一种自主学习。以我为例，在整个过程中就阅读了大量的中英文参考资料。例如，对于Scorm课件的制作，我自学了Storyline软件，了解和完成了这款软件的成品文件与平台的对接，拓宽了学术视野。再如前面提到的对Office文档作业的批量自动评分，巩固和加强了教师自身的编程水平和利用程序解决实际问题的能力。以上这一切都促进了教师的自我学习和提升，使自己自然成长为一名"研究型"教师。

　　展望未来，力争把这个平台推广到其他学科，助推学生和教师共同成长。

我也是个不停奔跑的孩子

（一）

互联网已经深入人心，一直追逐更新更好教育理念的我们也不曾停止创新的步伐。东北育才双语学校在教学过程中也逐渐与互联网接轨，用电容一体黑板代替了传统的手写黑板，用智学网网络评卷代替了传统的纸笔面判，英语的听说读写也不仅局限于课堂上的40分钟，而扩展到盒子鱼boxfish、口语100等英语视听APP。可以说，"奔跑"是我们的创新之根，"奔跑"是我们的动力之源。

我们在互联网+下"奔跑"

育才双语使用新软件大事记——目标篇

2015年9月，在叶晶波主任的带领下，2015级14个班级使用口语100作为对课内口语作业的实时软件补充。除课内外，假期还开展趣配音等动画配音比赛、模拟对抗等活动。

2016年9月，东北育才集团"课堂与新技术融合公开课"在育才双语内主办，来自育才双语小学、初中部、北校区、抚顺实验、悲鸿学校、国际部等8个校区的数学、语文、英语老师进行了各自对新技术、对教育革命的理解的展示课，并对互联网如何对传统课堂的改变做了深刻的探讨。

2016年9月，叶晶波主任在2016级14个班级使用boxfish盒子鱼，并由两位老师进行展示。

虽然作为第一个把APP应用到传统课堂的吃螃蟹的人，我们也遇到过只有互联网会遇到的困难，但是目标是坚定的！

奔跑的方向在那里，摔倒了，既然有春雨，就毅然地张开双臂迎接！

一、期冀篇：有风仲夏而来，温暖一场花开——智慧黑板的全方位覆盖。

——记贾志强校长2017年假期过后为全校班级安装上电容一体黑板

2017年假期一过，当我们返回熟悉的银杏满园，在外面黄叶掩映下，教室正前方一个新鲜的"主人"，令所有人眼前一亮。他是灵畅电容一体黑板。看着墙头霸占了整个沈阳20余年的投影仪口空荡荡的身影，再看看这个新人光滑晶亮的玻璃屏幕以及专用水溶性笔和无尘黑板，每个教师的眼是明的，心是暖的，情是惊喜的。

当贾志强校长的前瞻眼光与时代互联网的雨露一相遇，便化作了课间我们育才"鬼精灵"们用各种字体、颜色调出自己语录的欢声笑语，也化作了每节课前，各科课代表们用小手轻轻在黑板上课前准备的点触，更化作了老师们奇妙、轻松如变戏法般的教学过程。

数理化课老师们，不再带着三角板、圆规等大型教具，而是点开"三角板""圆规"，用手轻轻一划，一个完美的圆的出现，引发了讲台下那些小眼睛的闪烁和惊叹"哇！"语文英语等文科老师，不再手忙脚乱，一边调着幻灯，一边跨着大步在黑板旁飞舞着。只需轻轻一点，制作精良的PPT瞬间切换到绿色或白色或其他适合颜色的黑板上进行板书的总结。这一点、一触、

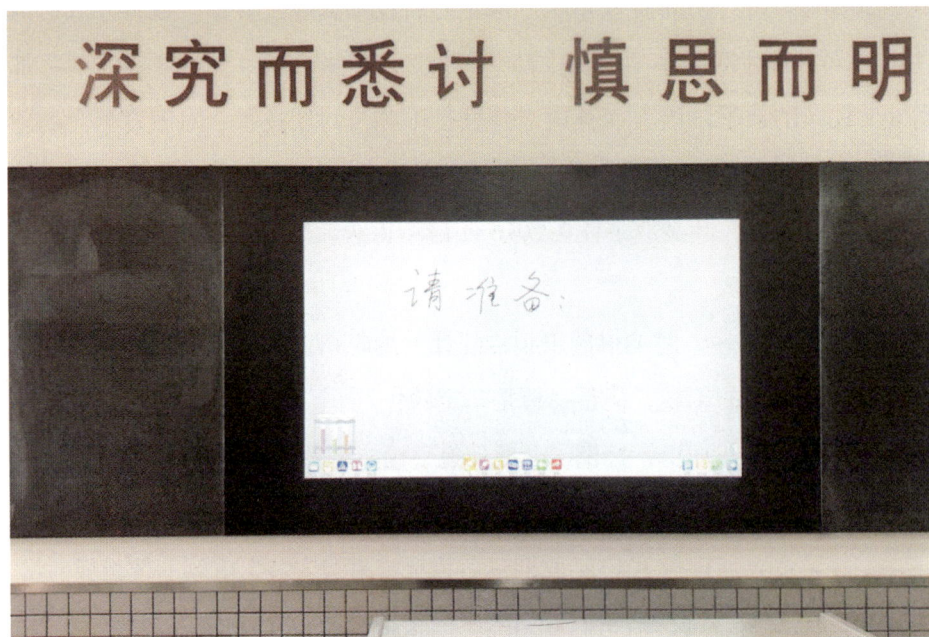

一写、一演将文科的分析与阐述以及精炼的总结配合得相映成趣、如鱼得水。

第一颗全覆盖的星是耀眼而温暖人心的。

二、探寻篇：英语组使用口语实时互动软件上公开课

2016年，是用"口语100"进入实践公开课的推广展示阶段，具体往哪里跑，怎么跑，没有大人能够告诉这个孩子，只有他自己摸索。10月，经过1年零1个月的使用我们积攒了以下的"跑步"经验：

由于是寄宿制学校的条件的限制，每个周末一次或两次的APP"口语100"口语作业，我们7位老师都会积攒每一个学生一个学期以来的个人成绩数据和提升曲线。具体到连读、爆破等中考口语考查项目、学生对每一篇课文的可读性、可听性以及模仿相似程度的打分。并且在怎样把经验用到位，怎样把在室内模拟跑步机的步伐（课下家校APP使用）衍化成可以在国际田联马拉松赛上给世界观众展现的跑姿（育才集团互联网+背景下常规课堂与新科技手段融合公开课）方面，我们都进行了尝试：

利用机房，在我们优秀的电教老师国宁、彭志刚老师的帮助下，我们首次建立了有耳机耳麦（完全符合中考英语听说要求），全部联网，终端控制的英语口语听力电教教室，并且可以进行"口语100"APP的各种应用，如输入读的课文，进行对垒比赛、人机对话和人人对话。

整个过程花了一番功夫，从无到有，每次上课前老师们对设备的调整，上课老师对机房课、计算机的模拟操作比一般试讲需要的时间更多。还有很多意料不到的情况，比如可能老师已经喊了"上课"，一些同学的耳机试音等出现了问题或联网的问题，会相当影响课程的进度和APP的进行。不过学生、老师、机房三者通过3～5次课的适应和调整，亦能正常进行。并且在叶主任的推进下，2016一整学年、初二年组14个班级每周四都会去机房上一次听说课，真正把听说落实到课堂，把互联网+下的教育普及给双语的学生。

公开课

在公开课的准备上，老师们精心选取了几个APP，既适合现在学生听说水平，又能让学生得到提升，抓住学生们的听说兴趣，如电影《美女与野兽》趣配音，机器随机选取两人比赛配音对话，最后上场进行模拟电影表演。

英语听说探寻的星虽然难摘，但成功取得！

三、坚毅篇：智学网使用——智慧评卷与讲卷使用

当沈阳市其他学校还在手批卷子的时候，2017年的期中考试，在学校大力推动下，初中三个年组从命题、制作答题卡、扫描、评卷、出成绩、分析等系列工作全部在一个叫"智学网"的APP上完成，并且试后，家长也可以在这个平台上查看分数、每题错误率和与优秀卷和经典错例的对照，并且可以看到学生的成长曲线。

从2016*****的传统读卡机到30*****的智学网专用卡，学生适应性高、改变小，但是作用和影响是变革性的。从全纸张到全互联网的考评一体、家校联合、精准分析、随时查阅的变革，只在一个双语考评系统上即可完成。

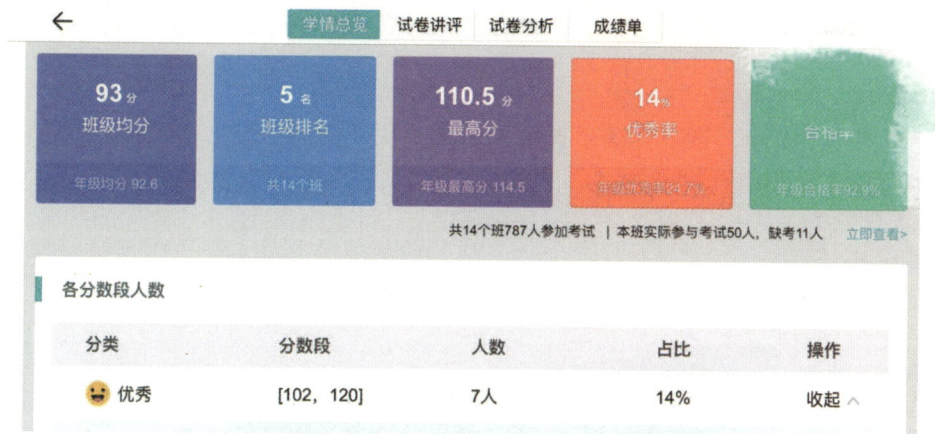

大数据分析

这第三颗星摘得顺手、得力、高妙！

双语带着我们这群"80后"孩子在互联网+教育中奔跑着。跑着跑着，孩子已成长为少年；跑着跑着，这个孩子志在以更强健的体格继续迎接灿烂的阳光！正如我旁边来自双语小学的小朋友所说：因为育才很优秀，我们要在育才的起跑线上努力奔跑！坚信自己的方向是正确的！双语的学生们坚定着信念，我们更是坚信着阳光！虽然遇到许多挫折，但是在互联网的雨露下，我们这些"大孩子"会跑得更好，跑出更高的轨迹。

春风吹去又吹来，嫩芽一丛又一簇。阳光下坚守，风雨里坚韧，未来里坚信，每一样新的软件与技术都仿佛是一步步台阶，在黑天鹅绒般的黑色布景下让伸手摘下那璀璨的一颗颗明星的人更坚定。阳光下奔跑，风雨里坚守，我们还是那群不停奔跑的孩子！

（二）

看着老师在讲台上循循善诱，生动形象，侃侃而谈地传授所教内容，用粉笔在黑板上写下一行行赏心悦目的板书，是一种享受。因而也产生一种羡慕，真想有一天能成为他们中的一员。这是我儿时的梦想。后来我真的成为他们中的一员，这也是最幸运的事了。但真正成为老师后才发现，面临的问题还很多，变化很大，需要做的事很多，需要学习的也很多，需要终身学习。

工作十余年，亲身体验了教育的变化，从理论到实践都感触颇深，下面总结一下工作以来感受到的科技对教育的影响。

一、传统

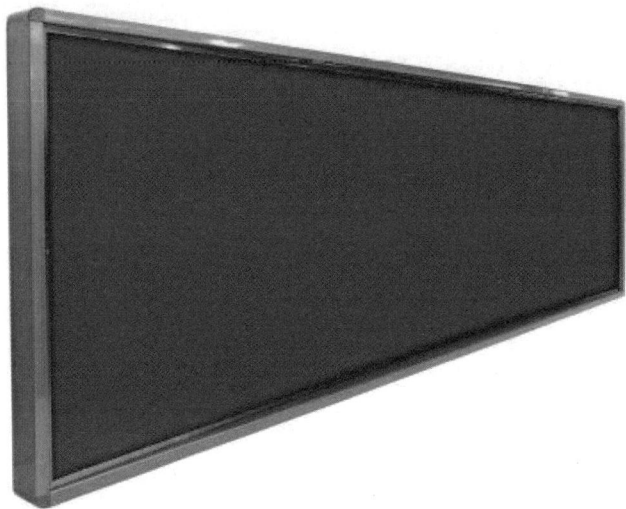

依稀记得刚工作时，看着老教师在上课时自由书写着板书，我只能独自一人在班级里练习教师基本功，反复练尺规作图，徒手画圆，规范字体，板书布置，等等。一次次练，一次次擦，把每节课的内容在上课前反复练上多次，为的就是在上课时能节约这些可以更好利用的时间。可以说在备课、备学生之余更多的精力全都放在了苦练基本功上。可这些依旧不能满足我和学生们的要求，数学课内容多，难度大，题量足，黑板永远不够用，还反光，总会有学生说"老师，等会，我还没记完笔记呢""老师能不能把窗帘拉上，反光"，"老师，能不能把东西写这边，那边看不到"。可以说，传统的教学工具——一个讲台，一盒粉笔，一个讲座，一套尺子，已经限制了课堂的高效性。

经过一年多时间，终于掌握了数学教学的基本功，可以徒手画图，能轻松地画出各种标准的三角形、四边形，甚至是圆。经常会在课堂上听到学生的赞叹声："老师，您画的圆可真圆，还能想画多大，就画多大，您是怎么做到的？"曾经羡慕着我的老师，现在也有了自己的粉丝，自信心爆棚，也希望他们之中也会有将来的我。

二、进步

（1）我也是个不停奔跑的孩子

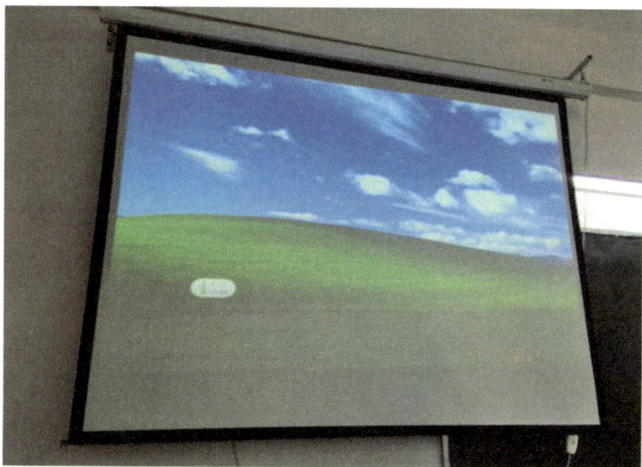

投影仪

科技进步带来的变化是巨大的。教学工具的变化也是日新月异，班级配备了投影仪、电脑机箱。教学方式也发生了巨大的变化，一系列教学软件也应运而生。我们可以通过教学软件，标准、快捷、规范地做出想用的图形，老一套的直尺、三角板、圆规可以退役了，这给课堂带来了翻天覆地的变化，我苦练的基本功可以靠边站了。如今学生们羡慕的不再是我徒手作图，而是熟练地掌握各种教学软件。比如几何画板的应用，还清晰地记得在宿舍我和几位教师研究几何画板的运用：如何让图形动起来，如何画立体图形，如何画函数的图像，如何将一个几何图形填充上颜色等。几位老师常常研究到通宵，为的只是第二天给同学们展示一堂精彩的数学课。

同学们看到我熟练地掌握各种软件，惊讶不已。只需要我动动手指，点几下鼠标或键盘，一个让他们感到抽象的图形便映入眼帘，大大地激发了学生对学习数学的兴趣。很多同学还会在下课时走到我面前咨询上课时用的是什么软件，如何应用，也想学习一下。多种软件的运用，激活的不仅仅是课堂，更多的是学生对新科技的向往。现在还记得所教班级的一名叫祝明帅的同学，对教学软件和计算机产生了浓厚的兴趣，后来他把课余时间都放在了学习有关软件上。他对这些软件的掌握比我还要好，而且他研究得更加深入，不仅仅是如何使用，而是如何改进软件应用。最后，这个孩子大学的专业也与这些教学软件有关。真心地祝福这个孩子，找到了自己喜欢并投入地去做的事，将来也会从事这方面的工作，这是人生的幸运和幸福。教学软件改变了教学方式，改变了我，也改变了孩子。

数字化教学

三、超越

工作已经十年有余，科技进步的速度越来越快。刚毕业时用的是彩色屏手机，现在已经发展到全屏智能手机。科技改变着我们的生活，同时也改变着我的教学手段。

2018年初，学校投入大量人力、物力、财力更新了教学设施。以前单一的黑板已经成为历史，它们只能陈列在地下室成为古董。全新的智能黑板，让我感受到这已经不是一块黑板，俨然是一个超大屏的智能手机。曾经想象过将传统教学工具改进为辅助工具，但没想到改进得这么快，这么彻底。一块可以写粉笔字且没有灰尘的黑板，还可以成为一个显示屏，简直是酷毙了。面对着这块新型黑板高兴得像是自己新买了一款最好的智能机，对于我这个科技产品迷来说简直是一个大大的福利。

我迫不及待地打开智能黑板，复习着培训老师教授的基本操作，同时也乐此不疲地探索着它更多的应用，太强大了，太酷了。兴奋不已的不仅仅是我一个人，还清晰地记得学生看到它的第一天惊讶的表情。我在秀我已有应用方法的同时，也跟他们一起交流这个新媒体更多的应用方法。我惊奇地发现孩子们通过观察和学习，掌握了我不知道的东西，在他们面前我成了他们的学生。

新媒体解决了很多让我头疼的问题，比如，我曾经刻苦练字，可还是写得不怎么好看。这家伙一个小小的应用就解决了我的苦恼，它可以将我写的字变成仿宋体，简直不敢相信。我再也不用担心写的字学生不认识了。以前学生和我都有一个问题没法很好解决，就是数学课内容量大，老师讲解的多。很多孩子，尤其是女同学，如果只顾着记笔记，就没时间系统地听老师的讲解。如果认真听老师的讲解，就没办法记录课上的例题和习题，因为写满一黑板后还有一黑板，甚至会有第三板。这也是产生后进生的一个因素。通过学习我发现，新媒体还有一个新用法，我可以将板书原封不动地保留下来。学生们不用担心黑板被擦，只需要认真听课就好，因为老师的课堂内容可以形成一个文件保留下来。这就是他们的笔记，什么时候想用什么时候打开就可以了，省时，省力，高效，还省笔和纸。对于数学中的作图这个智能黑板更不在话下，不用输入烦琐的公式，完全触摸就可以完成。它还有很多应用等待着我和学生们共同探索和发现。

四、总结

在教育过程中教师也是一个奔跑的孩子，要不断更新理念，不断学习新的教学手段。时代在飞速发展，作为传播知识的教育工作者，不能落后，只有在不断的奔跑式学习中才能不辜负学生们的期待，不辜负家长的嘱托，不辜负学校对我们的信任。

七、七贤毕集，动人以行者，其应必速也——创新管理模式，激发团队潜能

不让你的梦想只是梦想而已

东北育才双语学校为了激励教师发展，注重教师发展的主观能动性，根据教师的特点和潜力，建立了一套科学系统的激励性评价机制。全方位打造促进教师发展的激励"工程"，有帮助青年教师成长的"青蓝工程"，有促进教师阶段性发展的"名师工程"，还有以培养特色教师为目标的"优师工程"。同时建立激励性评价，鼓励教师大胆创新、勇于实践，引导教师主动发展、特色发展。每年都开展"师德标兵""师德模范""优秀班主任""研究型教师"等评比活动，从各个角度去发现教师的亮点，奖励教师的奋进，激发教师的活力。

著名教育家苏霍姆林斯基曾经说道：爱是教育的真谛。爱是一切教育最本质、最重要的主题。教师的工作就是把这种至纯至真的爱全身心地倾注到

教育事业中，如同清晨的暖阳，毫不保留地将光和热挥洒在学生身上。教育之爱，集中体现为教师的细心工作和无私奉献。

东北育才双语学校建立的这一套激励制度，能够充分发现教师的闪光点，让每位教师成为独具一格的研究型教育者。这不是用金钱和其他物质激励能够达到效果的。

闪光灯下的奖杯

国际报告厅灯光璀璨，东北育才双语学校小初高三个学部数百位教师齐聚一堂。这是一场别开生面的盛会。这是"东北育才双语学校十大优秀青年教师"的颁奖现场。获奖教师们用质朴而又饱含深情的语言讲述着一个又一个真实而又感人的经历，现场的全体同事无不为之动容，为之喝彩。

获奖教师杨拓老师说了这样一句话："我只是双语学校无数忙碌的身影中的一个！我的经历是双语学校所有教师都曾经历过的！"

杨拓，这位毕业于东北师范大学的教师，为了学校的需要，毅然投身到后勤的工作中去。他，远赴外省去买树苗，假期还要加班绿化校园。大学毕业时那个白白胖胖的城市学子，如今又黑又结实。炎热的暑假，草帽一戴，沙滩裤一穿，杨老师又和工人们投入到校园的建设中去了。耀眼的灯光没能改变杨老师的黝黑的肤色，却让这位稳重、踏实的老师更加坚定了奋斗方向。

老闫，究竟什么时候变老的，确实无法考证了。他叫闫占喜，大学毕业到双语学校不久，因为工作积极、突出，被学校任命为班主任。一旦遇到困难，他总是沉默几秒钟，然后缓缓地说："啥也不说了，就是干吧！"现在想来，这不就是"撸起袖子加油干"的精神吗？三年，班主任，优秀。又三年，班主任兼任学年组长，优秀。再三年，担任育才双语学校初中部德育副主任……聚光灯下的舞台是开放的，每一位育才教师都可以凭借努力走上这个教育人生的大舞台。

东北育才双语学校校长贾志强在颁奖会上指出，育才双语学校会给每个踏实苦干的教师长袖献舞的机会，会给每个积极上进的教师搭建最好的发展平台。获奖教师接过金光闪闪的奖杯，牢牢握在手中，仿佛从领导手中接过育才双语学校发展的大旗，他们积极努力，走在前方，为双语学校这艘教育航船挥旗呐喊！

双语学校大门前的宣传栏前，家长和同学们凝视着一位位优秀青年教师的照片和简历，不时地发出啧啧的赞叹声。一位退休干部打扮的老先生禁不住竖起了大拇指，赞叹道："有这样的学校，这样的老师，何愁培养不出优秀的人才啊！"

社会上，也有人认为，在经济时代，奖杯奖状似乎是最廉价的激励。但是，对于每个双语人来说，那种荣誉是人生中永远值得诉说、值得回忆的！那是来自学校领导的认可，那是来自同事的肯定，那是镌刻在育才双语发展史上的永恒荣耀！在育才双语这个大家庭，大家携手奋发，相互认同，这才是我们最可宝贵的。在这种力量的推动下，我们丰富了"育才双语学校老师"的内涵。育才双语学校老师这个专有名词，在辽沈大地就代表了这一批最有活力、最有奉献精神的教师们。

育才双语学校的领导集体总能够独具慧眼地发现教师才能，也会大胆放心地把舞台让给老师们。这种高级别的激励方式，培养造就了一批一批优秀的双语教师。

育才双语学校的激励方式就是这样不拘一格。重在体验，重在发展，让每个老师在不同的场合展现自己。育才双语要培养"具有领袖素养"的学生，也同时在教师内培养"教育领袖"。

我想更懂你

随着教育事业的发展，教学分科的逐渐细化，教师数量也逐步增多。历史的经验教训告诉我们，没有考核搞大锅饭的学校是要被社会、教师、家长和学生淘汰的，因此各式各样的教学管理制度应运而生。育才双语学校经过多年的发展，不断细化和改进，逐步形成了现如今包含多个方面的教师工作量化考核的评价方法。在实行过程中，得到了广大教师、家长和学生的一致好评，教师在其中亦是受益匪浅。

教学质量是一所学校的立身之本，是所有工作的重中之重。为了不断提升广大教职工的教学积极性，提高教学质量，考核办法从师德师风、劳动纪律、工作态度等四个方面对学校职工进行量化考核。

"评价"这一词指对一件事或人物进行判断、分析后的结论。出自宋王栐《燕翼诒谋录》、徐朔方《前言》《宋史·隐逸传上·戚同文》。评价、考核与管理往往让人联想到冰冷的考核绩效数据、罗列的一条一条的规则和标准，但是值得高兴和庆幸的是育才双语的评价是有温度的、让人感觉温暖的，使得学校在评价考核方面出现了"一团和气，积极向上"的可喜局面。学校人性化的管理让评价回归教育本质，让教师充满幸福感。

人性化的管理——领导的倾听

每个教师的内心深处，都有被别人尊重的愿望。作为学校的领导，要想对教师进行有效管理，就必须尊重教师，倾听教师的心声，知道教师们喜欢什么，忧虑什么，工作上的困惑是什么，等等。了解了这些，学校的管理就能有的放矢，事半功倍。为了更多地倾听教师的心声，我们学校每年都会定期地举行教师代表大会。有一部分教师可能对于学校的管理是有自己的想法的，但是对于直接在领导面前提意见还是有所顾虑的，面对这样的情况，这部分老师可以把自己的意见反映给教师代表，教师代表就会在教师代表大会上与领导进行沟通，通过这种方式，领导就可以倾听到教师真正的心声。

众所周知，育才双语学校坐落于风景秀丽的辉山经济开发区，这里环境优美，风景怡人，但是这也意味着双语学校远离市内，交通并不便利。学校的大多数老师家都住在市内，离学校比较远，特别是有第一节课的老师很多都吃不上早饭，饿着肚子去上课。学校领导了解到这一情况，非常重视，进行了多方面的协调和沟通，包括调整班车时间、调整查岗时间、协调食堂方面的工作等，终于教师早饭的问题解决了。每天早上学校食堂都会准备各式各样的主食、汤粥、小菜，让教师们一大早来学校就幸福感爆棚。随着食堂午餐种类的改变，双语食堂已然成为幸福双语的代名词，一条条晒午餐的朋友圈足见大家对于学校食堂的认可。

食堂岗位技能大赛

人性化的管理之——领导的认可与赏识

一味地压制、冰冷地管理往往让教师觉得压抑、死气沉沉，反之，如果学校多一些精神方面的赞赏与认可，就会让教师们拥有成就感、幸福感，继而充分挖掘自身的潜能，努力地工作。

在教科研方面，学校每年都会举行校级百花课、示范课、六个一竞赛、教师基本功大赛等活动。我工作6年有余，去年第二次参加了百花课教学竞赛课的评比活动，这次竞赛课让我非常受鼓舞，对我自身的成长也是起了很大的作用。至今还清楚地记得公开课后领导们评课的话语。房主任暖心的评价：小鲁这次进步很大，声音响亮，语调上也是抑扬顿挫，继续努力。王校长深刻的鼓励评价：课整体设计得不错，上课的时候特别有教师的范儿。特别是王校长还给我提出了一个更高的要求——版图版画的绘制。其实，说到版图版画自己是"心虚"的，王校长的要求让我看到了自己的不足，同时，自己也坚定了信心，一定让自己在版图版画方面有所突破，让这一方面成为自己的闪光点，就这样我翻出了大学时候的笔记，在网上购买了版图版画的相关书籍，先是照着上面的要求练习，之后自己也总结一些小方法，终于在版图绘制方面有了小小的突破，中国、南美洲、非洲、澳大利亚等地区和国家的地图都可以轻松绘制。尽管突破比较小，但是这也让我充满了信心。"一笔一世界，画到自然熟"，对于版图版画，我仍然需要更多的练习，期待自己的进步。在教学上，我也会不断地学习新东西，充实自身，指导教学。

板书设计

人性化的管理之——领导的宽容

哲学中讲矛盾是普遍存在的，学校领导和教师之间也会有各种各样的冲突，如教学工作的安排、教学评价等。不同教师对待冲突的处理方式也不尽相同，例如：自行调节、消极抵制或者直接言语冲突。双语学校的领导具备了广阔的胸襟，宽容地处理了各种情况，对事不对人。教师们从长久的相处中也体会到了学校的宽容与大度。

我在工作中也体会到了领导的宽容对待。在双语学校，我是一名地理教师，同时还有另外一层身份——教学处干事。刚工作半年，教学主任就找我谈话，让我承担兼职干事的工作。刚开始的时候，教学上的压力和兼职干事的工作让我有些力不从心，时常有些兼职工作不能及时完成，或者出现一些小错误，面对这些，刚刚参加工作不久的我，内心压力很大，精神上也非常的紧张，但是叶主任总是能耐心沟通，宽容我的不足。学校领导这种宽容的态度让我非常的感动，自己的心态也慢慢地平和了。现在我在教学处兼职做干事工作已经6年了，不仅兼职工作已经游刃有余，地理教学工作也是渐入佳境。

对于学校的管理，教师们也要不断调整自己的工作心态，积极地面对。很多人在工作中感到疲惫，是因为他们只是把工作当作支付一日三餐的饭票，或者是为了某个更好的职位或更多的薪资而大伤脑筋，在这些无形的追求之中，使原本快乐的工作为功利所累。在生活中感到压抑，是因为把周而复始三点一线的生活，当作必须完成的生活中的全部，为了完成某种自己给自己规定的任务而强迫自己如此生活，没有看到每天的太阳都是新的，没有觉察到身边的人或事是美好的，在一天一个变化。其实，当你把工作看作是一种快乐、一种享受，把生活当作一种幸福、一种惬意时，即使工作与生活是非常不顺利、非常凌乱的，你也会去微笑地面对。所以，不管学校怎么样的管理制度，你只要把这些工作、这些生活当作是快乐的源泉、幸福的起点，以平和的心态去面对，去解决问题，不断地修炼自己的内心，生活一直是非常美好的，也会朝着你向往的方向不断地前行。"梅雪争春未肯降，骚人阁笔费评章。梅须逊雪三分白，雪却输梅一段香。"换个角度，多方面地去看待问题，生活可能就会豁然开朗，雪白梅香，这何尝不是一种人生态度？

教师都是有感情、有思想的，要提高教师们的积极性，就要培养其情感，提高其思想，实施人性化的管理模式，就能够培养教师的归属感、凝聚力、荣誉感和创造力，充分激发教师的潜能，促进学校更好地发展。时代在不断发展，教师的管理必须与时俱进，育才双语一定紧跟潮流，不断创新，进一步丰富教师考核制度，迎接更加美好的明天！

八、八方呼应，莫问收获果，但闻耕耘事——优化评价机制，营造正向教育生态

走到背后去读你

谢尔福德（Shelford）曾指出："生命体对其赖以生存的生态因子的耐受度和承受力是有限的，超过或达不到应有的度，都会产生不良的效果。"对教师而言，评价机制就是其赖以生存的生态因子。教师的评价是促进教师专业、学术、人格发展为目的的生态过程。教师与自然、社会、规范以及生理、心理相互交叉渗透形成的复合生态环境构成了一个有机的生态系统。当评价机制超过教师对其评价环境的耐受范围时，就会导致教师对评价环境的适应性障碍，影响教师的可持续发展，有可能导致教育生态的失衡和整体功能的失调。

育才双语学校经过多年的发展，优化对教师的发展性评价，实现评价主体互动化，使教师不仅是被评者，更是自评和评价他人的主体；实现评价内

容多元化，建立与基础教育改革相匹配的教师专业发展评价体系，增设凸显学部特色的个性化指标，鼓励教师的差异、特色发展，激发教师实现自我价值的渴望；实现评价过程动态化，科学记录教师专业发展过程；实现评价方式多样化，形成分层考评、点面结合、形成性评价与终结性评价相结合的教师发展性评价体系，营造了正向的教育生态。

1. 阶段性评价机制

2005年参加工作以来，我由一个新教师成长为骨干教师，经历了不同的发展阶段。还记得刚步入工作岗位时，怀揣着梦想、满腔热血但不知如何工作，如何开展教学。正在我彷徨思索、焦虑不安时，我的师傅张丽艳老师给了我极大的精神支持和专业性的指导，让我逐渐在教育的路上一步一个脚印地成长起来。这些年来，学校为我们设计了教师专业发展序列，开展了新教师汇报课、新教师转正课、二教龄汇报课、三教龄"六个一"竞赛课等阶段性评价，这使我从一个懵懂的新教师逐渐发展为教学能手，成长为骨干教师，如今我也是三个徒弟的师傅，担任美术学科教研组长。可以说每一节公开课都代表着我不同成长阶段的最高水平，每次公开课结束的专家领导点评、同事点评都会使我脑洞大开、醍醐灌顶。所有的成长与进步得益于学校"老带新"的新教师培养模式，更得益于学校良性的阶段性教学评价机制。

学校在教学过程中建立了教学反思制度，引导我们在校本课程开发过程中做好资料的积累，从中提取经验，定期做阶段性反思，关注我们对本学科教学的改善，关注学生在校本课程实施过程中的变化。每次我都把课堂教学的成功之处、失败之处、教学精彩之处、学生问题之处、学习心得等记录下来。长期的教学反思，让我不断地在发现和总结中提升专业能力和认识境界，不断完善和提高我的教学水平，促进了我的专业化成长。

2. 多元互动评价机制

近年来，学校逐步形成了教师多元互动评价体系，即教师自我评价，教研组内评价，学生、家长及领导评价等全方位系统化的评价体系。重视教育教学过程评价，辅之以终结性评价。我们美术组教师的自我评价和教研组内评价主要落实在日常的教研备课活动中。在教研活动中围绕教育教学内容与过程开展自我评价和组内互评的活动，让组内每位教师以此作为自我能力、水平、业绩提升的平台，张扬个性，反思提高，不断促进自我的专业化成长。通过几轮组内互评活动，大大提高了教师的学科钻研积极性，业务素质和教学水平也稳步提升，每个人都在其中享受着成长与蜕变的乐趣。

教研组还为每个教师建立了个人专业化成长记录袋。其中的一些资料，足以见证每位老师的专业化成长，如"我的成长计划""最优秀的一份公开课教案""最优秀的一篇教学论文""最满意的一篇学生作业"等。除此，美术组还以问卷或座谈的形式听取学生及家长的声音。我们每次都认真剖析学生的反馈意见，制订整改计划，研究适合学生发展需要的教学方案。经过学生的评价和反馈我也清醒地认识到自身教学上存在的不足。刚步入岗位的头一年，有个学生的问卷反馈让我茅塞顿开，"美术课上老师讲的内容太多，我们画画的时间太少，有的画没画完就下课了，再上课又是一个新的课题，一学期下来学生没有一张完整的作品。"确实，我很努力地想把按照教材和课标的要求所有的知识传递给学生，但美术课是有它独特的一面，我只注重讲授却忽略美术课需要多给学生想象和创作的空间以培养学生的动手实践能力和艺术创造能力。从那时起我开始尝试主题式教学，每2～4节课设置一个主题，用充足的时间把每个主题的深度和难度都挖掘透彻，把知识点有计划有步骤地渗透到每一个学习主题中，通过这样的学习，学生不但获得了丰富的学科知识，同时动手能力得到锻炼，绘画水平显著提高。并且每个学期学生会有4～5幅完整的绘画或手工作品。期末挑选、整理出优秀的学生作品进行展览。通过作品展，让学生体会学有所成的乐趣，同时又激发学生对美术课的热爱和积极参与学习的热情，从而形成一个良性的动态循环。

版画作品展

剪纸作品展

"当局者迷，旁观者清"。我们要从多个角度听取有发展性的评价意见，不断改革创新，提升学科的教育教学能力。在评价工作中，我们互相鼓励，学校也充分发挥评价机制的激励功能，开展了一系列教学设计大赛、百花奖竞赛课并表彰活动中优秀楷模等活动。在这些评价机制的激励下，大家的工作积极性、创造性很高，都将自己最大的热情投身课程改革与教学研究活动中，使学校的整体办学质量大幅度提高。

3. 个性标准评价机制

学校不仅在教学中提倡要因材施教，在教师评价机制中也要建立个性标准评价机制，张扬个性，鼓励创新。美术教研组的几位教师，所钻研的方向也各有不同，在参照教育行政部门制定的教师评价标准指导纲要和学校内部制定的教师岗位职责等文件的基础上，学校充分理解和尊重我们教学中的差异性，体现了教育教学规律和教师专业发展的要求，依据不同的教学任务、教师发展阶段与课程目标，听取了每位老师对自己工作职责范围的陈述和对制定评价标准的意见，有区别地评价教师，保证量身定制的评价标准切合实际，科学可行。我们组的庄泽文老师学识广博、酷爱篆刻，所开发的校本课程《金石篆刻》深受学生喜爱，在2018年获沈阳市校本课程评比一等奖和

"沈阳市优秀校本课程"荣誉称号。郝婷老师擅长设计，她的《文化衫设计》一课获学校教学设计大赛一等奖。王秋庐老师热爱插画和茶艺，并开展了《插花与茶艺》校本选修课，深受学生喜爱。本人擅长国画，开展《水墨丹青》国画校本课程，成果显著。张扬个性、鼓励创新以及个性化的评价机制，促进了教师的专业发展，全面推进了素质教育，满足了社会多样化的教育需要。

多年来，在发展性、多元化评价机制激励下，作为育才人的我们一直保持高昂的工作"士气"和张扬的个性，同时也深深地感染和影响了一代代育才学子。记得育才校友、国际老年病医学专家刘冬杰在回忆母校时光时曾说："最难忘的就是老师和同学们，我还记得当年语文课上，王老师提问'路是什么？'大家都答马路、道路，我灵机一动，答'路是前人脚下的足迹'。老师大大表扬了我。王老师总是鼓励我要关注文学、培养灵感，因为一个人不管从事什么职业，语言文字都是最重要的工具，也是文化的承载体，这影响了我一生……"正是由于发展性、多元化评价机制的存在，充分挖掘了我们的潜能，发挥了我们的特长，更好地促进了我们的成长，营造了良好的教育生态。

你我相爱同行

听课、评课既是我们一线教师经常参加的一项教学活动，也是一种行之有效的研究课堂教学的重要方法和手段。在倡导开展校本教学研究的今天，大力开展听课评课活动、研究并改进教学中存在的问题尤其显得重要。作为生物组教研组长，要经常组织本组教师进行教研活动，而听课评课是活动的一个主要内容。因此，听什么，评什么，是我们教研组长应该掌握的一个重要方面。

听课——为进步而来

可能每个教师都有同感，每天忙着备课，忙着讲课，好不容易有点空闲了，真想休息一下。但是身为教研组长又有听课任务，不得不去，所以并没有多大的积极性，只是以去完成一项义务的心态看待听课。然而，几次的听课之后，我却由被动地利用自己没课的时间去听课，转为主动跟其他老师调课去听课。不同老师的讲课风格和特色深深地吸引了我，从他们身上，我真正学到了许多新的教学方法和教学理念，使我大开眼界，丰硕了我的教学经验和教学方式，真正理解了我们老师要一起课改、共同成长、共同进步。例如，在组内研讨课中，齐明老师讲课大开大阖，如同开山巨人，挥斧劈开一道道问题；李茜茹老师讲起课来娓娓道来，优美的声线、精彩的内容，让学生沉湎其中；石姗姗老师的精明干练，讲解问题的干净利落，让人佩服之至；钟程老师虽然刚刚来到初中部，但课堂节奏紧凑，逻辑条理清晰，一丝不苟。

印象最深刻的还是当年唐重阳老师的课，那个时候刚刚毕业的我，每每听师傅唐老师的课都觉得受益匪浅。那面带微笑的面容，让学生不由自主地想去亲近他；自信利落的语气，让学生心悦诚服地信服他；诙谐的语气，让每个学生都能主动参加而不落伍。这样激发了学生的学习兴致，学生在愉悦的气氛中不知不觉地接收了新知，让学生在快乐中学习，在轻松中强化了知识内涵，同时也使学生感触到生物学贴近我们的生活，领会到了生物学精髓的乐趣。总之，老师们在课堂上都展示了自己精彩的一面。

听课是一项涉及课堂全方位的、内涵较丰富的活动，通过相互观察、切磋有助于提高教学水平。听课者对课堂中的教师和学生进行细致的观察，留下详细、具体的听课记录，课后，再与授课教师及时进行交流、分析，推动教学策略的改进，这在无形中会促进教师教学反思能力的提升。所以，作为教师应多听课，多学习，纳百家所长汇聚自身，使自己在原有的基础上更上一层楼。

评课——为优秀而来

教学是一门遗憾的艺术，没有人可以做到完美。追求完美的课堂毫无意义，但我们可以努力做到更好。在实际教学中，作为教研组长，经常要去听课评课，所以对于如何评课也有了一些自己的想法。

课是为学生而上的。在听课时，教师应该把视线聚焦在学生身上，如学生对知识的掌握程度、学生能力的形成程度、学生思维的发展程度等。教学是否注意联系学生生活的实际，从而使学习变成学生的内在需求，是否坚持因材施教，让每一个学生得到其原有基础上的最好发展，是否关注学生的可持续发展等诸多要点。

所以组织评课前，一定要认真倾听上课教师的发言。听听他的设计思路、课堂感观、目标达成、问题困惑等，即教学心路历程。组织者和听课者也可提出如下问题，"上完课后，你感到最满意的或最不满意的是什么？其原因是什么？""你认为哪些目标达成得好、哪些目标达成得差？其原因是什么？""课前你最担心的是什么？想过什么样的解决办法吗？""这节课，最困惑的问题是什么？""如果让你再上一次，你会做哪些调整或改进？"等等，让上课教师回答。 大家再结合在课堂上的所见所闻，多角度思考，再给予评价。

以我听过的《植物光合作用的实质》一课为例，上课教师最满意的地方有两点。首先是讨论环节，师生间进行多次讨论、比较，进而设计出实验步骤，教师又对每一步提出相应的问题，如：为什么进行暗处理？遮光时选择同一盆天竺葵的同一片叶子进行上下遮光，还是选择不同盆的天竺葵进行遮光？遮光后为什么要重新进行光照？叶子为什么要脱色？脱色时为什么用酒精隔水加热？……学生进行了激烈的讨论，积极回答问题，高效地融入课堂，尽量以学生为主体开展课堂活动。

其次本节课学生操作的实验结果非常明显，滴加碘液后，叶片遮光部分不变蓝，未遮光部分变蓝。正是因为实验结果明显才能用来得出实验结论，验证光合作用的实质。当然精准的实验结果是在很多次尝试之后总结出来的，如，植物天竺葵提前的暗处理，光照时间的长短，酒精脱色时还需要提前准备热水等。细节决定成败，在实验关键处老师的引导，才能提高学生的课堂参与度，最终取得较好的教学效果。

学生实验观察

不足之处也有两点：首先结尾收得有点匆忙。究其原因，在于前面时间没能加以控制，学生讨论时间过长，如果稍加控制，可能结尾会收得更好。另外，对于学生提出的几点问题，分析不是很透彻，如，为什么要用酒精脱色，因为学生化学知识还没有学，理解起来有一定难度。教师可以在课前就此问题制作相应微课来稍微拓展一些，课上效果会更好一些。

听完上课教师的分析，再综合了其他教师的意见，我们认为，最满意的地方除了她自己所分析的两点之外，教师还很注重引导学生去发现问题，通过"提出问题（发现问题）→实验探究→得出结论"这一系列活动来认识物质的变化规律，分析现象后得出结论，激发学生积极主动地去探究、去学习，培养了学生科学的学习态度，使其真切地体验到探究学习的乐趣，从而收到了良好的教学效果。教师结合科学发展的现实向学生说明随着科学研究的不断深入，对物质的了解也会更加细致，从而激发学生对科学的向往，激发学生自觉学习的动力。

　　教研组同事最受启发的一点在于教学过程中始终以学生为主体，教学能面向全体学生。教师始终关注到全体学生的学习，特别注意到了盲点学生的学习，如最后一排学生、边上角落的学生。

教研活动

　　教研活动上的畅所欲言，已经体现了我们听课评课的真正内涵，起到了真正的教研作用。听课评课不再是一种形式，而是给我们老师搭建了一个互相学习、自在交流、共同商讨，群体研究跟探讨的一个平台。在评课中，老师们都能争先恐后地发表自己的看法和独到之处，对一些优质课进行恰到好处的确定，对课堂中存在的一些问题，也敢于直抒己见，对一些不置可否的问题能进行集体探究、共同研讨。我感到这才是真正起到了教研活动的作用，从而促使老师们扬长避短，在争议中成长，在反思中进步，在交换中发展，反"败"为"胜"，汲取教训，总结经验，在一次次的听课评课活动中找出本人的不足，施展自己的专长和才干，使我们所有教师共同发展。

九、九州四海，有朋自远方来，不亦乐乎——深化对外交流与合作

岗位大练兵心路历程

2014年对于我这个工作近五年的青年教师来说是忙碌、充实且又收获颇丰的一年，我有幸参加了今年市岗位大练兵活动。大练兵活动是我市最大规模的教师业务能力竞赛活动，历时几个年头，每年比赛内容不同，有教学设计大赛、说题说课大赛、板书设计大赛、实验改进设计大赛、公开课大赛等项目，我参加的是原创教学设计大赛和学科骨干远程培训两项内容。

从4月初到6月末，我经历了一次职业生涯中的涅槃，参加市大练兵的经历让我这个青年教师像一块海绵一样吸收着大赛和培训带给我的丰富养料，在整个过程中迅速成长起来。回顾整个参赛和培训经历，每一个时间点都见证着我的些许成绩和点滴成长。现将个人在参赛过程中的收获和感悟与广大教育同仁一同分享。

【活动一】原创教学设计市级展示

4月初接到学校电话得知我被择优选派参加市里的教学设计市级展示大赛，内心既忐忑又有种跃跃欲试的冲动，之所以有这样的感觉是因为作为一个年轻教师能参加市级重要的比赛对我来说是一件大事，而作为研究生就是化学与课程教学论专业的毕业生来说这是一次难得的锻炼和展示自己的机会，我对自己说："努力，一定要倾尽所学做好这次展示，给自己和学校一份满意的答卷。"

准备过程的前期，我上网查阅了不少资料，教学设计对于自己来说并不陌生，规范的课时教学设计我也做过不少，也有在全国赛中获奖的教学设计，但是对于章教学设计还是头一次尝试，正当我一筹莫展不知该如何展开工作的时候，我们这些参赛选手接到了参加市里培训的通知。在辽宁省实验

集体培训

学校的多媒体教室里，教研员薛峰老师利用市级集体备课的机会将我们召集起来进行了一次章教学设计的集体培训。

在这次培训中，辽宁省实验学校的申艳秋老师深入浅出地给我们进行了教学设计相关的培训，薛老师也从大赛层面给出了具体的章教学设计的体例要求，辽宁省基础教育研究所的张楠教授也给我们做了题为"关于初中化学课堂教学的新思考"的报告，这让我一下子有了努力的方向。

会后抽签的时候我抽到了第八章《食品中的有机化合物》这一章，由于之前校级的公开课中曾经做过这一章的第二节的节教学设计和说课，内心已

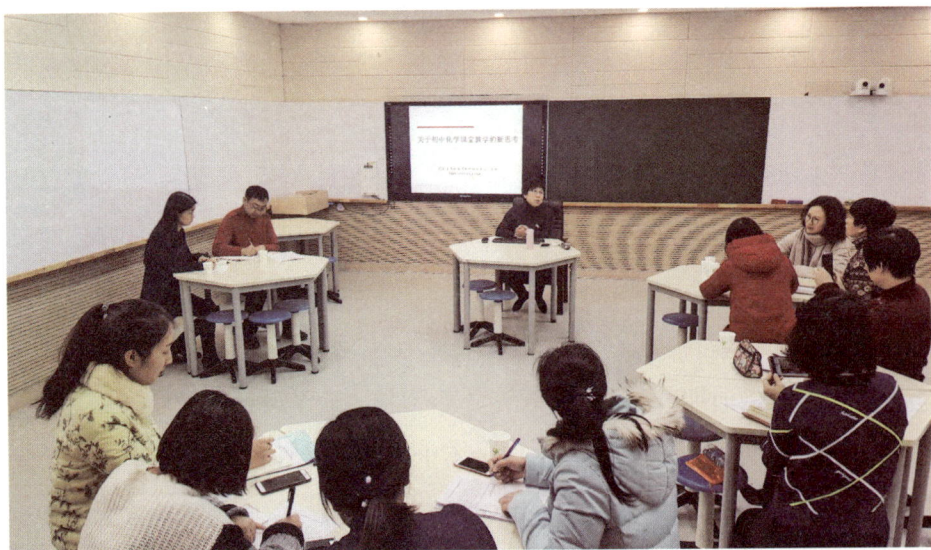

教学设计培训

然对这一章有了总体的架构，所以成文过程十分顺利。曾经对自己的教学设计进行半个月的反复打磨，也让我对章教学设计有了更深入的理解：

1. 设计中要注重章节在课程标准和初高中教材内容中的地位与作用

开始着手进行本章的教学设计之初，我并没有急于逐个进行每节的具体教学设计，而是静下心来，细细地翻阅了初高中的课程标准和所有教材，将这一章放到整个初高中课程体系下来梳理其上上下下的承接关系。花了大量时间做了两个表，一个表梳理了义务教学段、高中必修段和高中选修段对于"食品中的有机物"的一级主题和二级主题分布，另一个表则从课程内容角度阐释了不同学段对于有机物相关知识的具体内容和掌握程度要求。这让我对初中"食品中的有机化合物"在整个初高中课程内容中的地位和作用有了宏观的把握。

2. 在设计中要将章知识内容形成网络

在章教学设计的过程中我非常重视知识的内在联系的梳理。在教学设计中如果不清楚知识间的内在联系，或者没有帮助学生养成联系的发散的思维习惯，不但影响学生对知识的长久记忆，也必将影响学生对知识的运用能力，在教学实施过程中也很容易削弱学生的学习兴趣。所以在进行章知识点网络设计的过程中我更注重从整体去把握教材，用教材中的隐性线索将零碎的知识点串联起来，结成网络，这样更利于知识的巩固。

3. 章教学评价应尽量多样化而不仅仅拘泥于纸笔测验

在进行教学评价设计时，我选择了设计"化学学习档案袋评价"。我首先明确了档案袋评价的目的，即反映学生的进步、展示学生的成就和评估学生的状况，进而我又结合自己的教学活动和学生的学习活动设计了档案袋评价内容。力求能对学生的学习过程和结果进行一种客观的综合的评价。

【活动二】学科骨干教师远程培训

在今年的六月初，我又有幸被学校选派参加了沈阳市学科骨干岗位大练兵的远程网络培训，在十几天的学习过程中，我每天除了上课基本上就挂在网上浏览平台上丰富的教育教学资源。对于我来说，这并不是"必须完成的任务"而是"主动获取养分的途径"。在学习的过程中，专家的精彩讲述、名师的课堂教学案例深深地触动了我，他们的教学方法、教学资源的利用、教学的实施、教学的评价对我有很大启发，这些都对我今后教学工作的改进和完善起到了很好的推动作用，也使我增强了提升课堂教学水平的信心和勇气。这次研修结束，我也有一些自己的心得和体会：

1. 远程培训为我开辟了一个广阔的新的教研天地

网络研修让我可以根据自己的时间和不足有的放矢地进行网上选课、听教学案例、提交自己的教学反思、分享教学故事、撰写研修日志、自主安排学习进度和学习方式，还可以在论坛上和同仁们畅所欲言地交流。等于把学习课堂"搬到"自己身边，坐在自己家里或者办公室里就可以完成专业的提升，这也体现了"以教师为本，随时学习、及时反馈"的宗旨。并且因为有了网络平台的存在，全国各地的一流专家、业内的权威人士都好像来到了我身边，在学习的过程中我进一步提高了自己的学科和专业素养。而且这次网络远程研修资源庞大，通过观看专家讲座和优秀一线教师的讲课视频，阅读优秀案例和相关文章，与其他教师交流讨论，做到了学习后的及时反馈，还有各位指导老师的辛勤工作给我们的教学反思进行等级划分，让我的自我反思的能力也得到了进一步的提高。

2. 远程培训为我提供了一个学习先进教学方法的平台

在这段培训的日子里，我观看了若干专家讲座的视频，网上学习过程中的一个个生动的教学课例，让我更加贴近了课改的课堂，让我更加体会到教学也是一种艺术，它需要根据学生的不同来及时调整自己的教学方法，学生才能最大限度地内化所学知识。徜徉远程培训中，我吮吸着丰富的营养，在这里我收获了一个个的灵感，这都能使我的课堂充满机智，充满活力。

3. 远程培训是引领我自身专业成长的有效途径

作为一个年轻教师，仅凭大学里学的东西，仅凭吃透教材已经远不适应现今教学的发展需要了，所以我深知在教学的同时必须努力地"汲取"，变"教"为"学"，变阶段性"充电"为全程学习、终身学习。这不仅是教育发展的要求，也是自我提升的需要。善于在任何时间向任何人学习，包括在教学过程中和学生分享知识，善于和同事交流，扩大视野，促进自身专业成长。要促进自身专业化成长，我就必须具备终身学习的理念，拥有自主学习能力，而网络远程培训以足不出户的方式帮助我实现了这一学习目的。随着新课改的推进，资源意识逐渐重要，市教育研究院为我们提供了广大的资源平台。当今知识的更新换代速度之快，让我们的学生有机会接触更多的新生事物，广阔的课内课外学习资源为他们知识的积累提供了更多的途径，所以我深知在学校学习的那点知识，已经远远不够传授了。作为一名青年教师更应该利用好这次契机，增加知识储备，引领自己的专业成长。

短短三个月的岗位大练兵竞赛和培训活动接近尾声，教学设计的市级展示、同行的交流让我开拓了眼界，提升了能力，我也获得了沈阳市"基础教育教学能手的称号"。这次活动也让我感受到优秀的同行就在身边，在感到不足的同时，我觉得有一种前进的力量在鼓舞着我。通过参加远程培训，我也感觉到了自己知识的匮乏与欠缺，但我仍在前行的路上，因为路上有同行的帮助，有领导的支持，有人人不甘落后的学习氛围。在今后的教育教学中，我会不断提高自身素质，在不久的将来做一个名师而不仅仅做个教书匠。

万水千山走遍

教育的核心价值在于育人，学生的发展是教育最重要的目标，教育国际化发展要指向学生，让学生同享教育国际化的福祉。作为一线教师，提升国际视野和国际交往能力，影响学生、发展学生尤为重要。有幸的是我于2017

赴美交流

赴美交流集体照

年寒假带领我校30名学生一同赴美国学习交流，此次美国之行我将它定义为"万水千山走遍"。

"万"种变化的授课形式

带学生在美国盐水高中和德克斯特高中交流学习的一周里，感受到他们的授课形式真的是有万种变化。有正式授课、讨论课、辅导课、实践课、游戏、活动……这些授课形式的设置主要是鼓励学生发表个人观点，而不是给出"标准答案"，倡导学生自由发挥，鼓励学生展现个性，认为拥有自己的想法和创意是学生最可贵的。

学生在实践中既掌握了理论的应用，又能够顺从自己的意愿培养兴趣了。学生们的答案多种多样，丰富多彩，他们的创新能力得到了最大限度的开发。

"水"般浸润的教育理念

在实际教学工作中发现许多学生不明白做什么或者为什么要这样做，所以他们作业和成绩比较差。美国的教师花更多的时间向学生解释为什么我们要这样做，以及教学主题和教学活动的重要和价值，在这个过程中，教师的热情和热心会转化给学生，使学生很可能对所有学科变得感兴趣。

"千"金难得的教师品质

从美国老师身上我学到了什么是教师的职责，什么是职业道德。他们在课堂上总是精神饱满、亲和力极强，很好地带动了学生的积极性，不会让学生在课堂上感到疲乏和无趣。课下融入到学生的生活中，耐心、热心、爱心、关心俱全。他们认为只要教师热爱自己的本职工作，就会把教学变成一种兴趣，而不是一份工作。

"山"（三）维立体的教学方法

在美国的课堂上，学生是学习的主体，这大幅度地提升学生的参与感。站在学生面前灌输知识是一种相对来说比较薄弱的教学方法。教学中师生平等，合作互动成为主体，学生帮助教师，共同协作，找课程资料，甚至布置作业等。

学生参与体验

满足学生权利和需求，允许学生从两三样事物中选择做一或两件事，许多学生都喜欢以积极的方式寻找乐趣，使学生学会主动学习、合作学习、探究学习的方法。

学生实验分享

中美学生交流

中美学生交流

走进美国课堂

"走"强的激励方式

美国的教师对学生以鼓励为主，只要你积极参与课堂活动，不管结果如何，他们都会说令人鼓舞的话，学生永远不会觉得胆怯。

他们不会批评不好的表现或者答案，而是奖励奖赏正确的。人们喜欢成就感和认可感，会继续和重复被奖赏的行为。

"遍"地开花的教学成果

国内教育里唯成绩论、唯升学论比较严重，违反了育人的本质。美国的学校和教师秉承着要为学生终生发展奠定基础的理念，在课堂中关注学生的表达能力、思考能力和外交礼仪等基本素质。在课堂外注重学生身心发展的和谐，提早让学生制定自己的职业规划，认同学生需要全面的素质，以规划为牵引，使学生更有目标地去学习。这两所高中里还开设了厨师班等各方面的专业学习，这才是多样化的教育果实。

随着全球化发展，世界各国的联系越来越密切，各国人民的交往也越来越频繁，作为国家未来的建设者，学生是否具备国际交往能力，是否懂得国际通行的规则，决定着他们未来在国际舞台上的竞争力。今天课堂中的青少年，很快就会成为国际交流与交往的主体，需要我们教师必须具有国际视野。

此次交流活动开阔了我的眼界，学习了地道而先进的美国教学方法，促进了我的教育观念更新，提升了实践能力。这些已经应用在我的教学工作当中，并且根据我们现有的实际情况，学生们的实际反馈，总结出了一套适用且实用的本土化、"育双"化的方式方法。

万水千山走遍，带着一个为师者的思考；万水千山走遍，带回一个教育工作者的感悟；万水千山走遍，求真经，取他山石，只为擎起祖国明天的希望。

十、让我说给你听——教师自身发展规划及成果展示

在路上

2008年11月13日，一个平凡的下午，开始了我与东北育才双语学校的不解之缘。没想到在那个下午我迈进了育才的大门，选择了一条自己坚持至今无怨无悔的师者之路。毕业后参加了新教师入职培训，我正式成为一名育才人，那时心中的自豪与激动至今难以忘怀。暑假里陪伴2009级初一同学们圆满地走过了难忘的军训，军训里第一次被稚气未脱的孩子们尊敬地问好；初次站上2009级11班讲台，上了从教以来的第一

堂课……这一幕幕场景仿佛就在昨天，意气风发却又略带紧张，激情澎湃而又稍显羞涩……经历了这一切的我，不经意间已然在教师岗位上走过了10年。

新教师拜师

从一株枝叶稀疏的小苗，成长为一棵葱葱郁郁的大树，圈圈年轮记载着我的足迹，片片绿叶讲述着我经历的过去。10年的青春，于历史长河而言如同一朵转瞬即逝的浪花，于我的人生而言却是一段无比珍贵的黄金时期。回首这一程，行走着，反思着，总结着，收获着，快乐着，阳光与风雨同行，成功与挫折并存，不敢说自己在教育岗位上取得了多少成绩，但是每一步我都踏下了自己坚实的脚印。回首十载为师之路，想说的有太多太多。

作为一名年轻教师，我们有的是激情，有的是知识，有的是精力，有的是时间，但是如果想要高效地传道、授业、解惑，仅靠自己的努力与用心还是显得有些许无力。东北育才教育集团业务指导部和育才双语初中部就像无私博爱的母亲，指引我们青年教师尽快成长。岗前培训让我渐渐熟悉课堂教学常规，开始融入这个优秀的教师队伍。我校一直秉承的以师带徒的青年教师培养模式更是给了我无微不至的关怀。师徒结对确立了一对一的师徒帮教对子。每周听师傅至少两节好课为自己引路。师傅也基本每周都会听我一节课，从教学目标的达成、教学环节的设计、学习方法的定位、辅助手段的运用、课后习题的确定等方面做了认真的指导。公开课前，集合全教研组的集体智慧，及时听课和评课，为我的成长保驾护航。一教龄、二教龄汇报课给了我们充分展示和不断提升的机会，"六个一"竞赛、百花课竞赛让我开始走向成熟。更难得的是在我工作的第一年就获得了外出参赛的锻炼机会，代表集团参加了沈阳市历史学科教师基本功大赛，充分展示了我校青年教师的风采。一次次专家的理论指导与研修培训给我送来了不可或缺的教学和管理经验，极大地调动了我们青年教师的工作热情，提高了我们的专业素养和教学水平，使我们进步快，收效大，更健康地向上发展，胜任育才的教学工作。在这些历练与指导之下，直至今天在实际教学中，我依旧能做到课前广思、课中慎思、课后反思，坚持进行快乐教学，让学生的潜力被激活、被发现、被欣赏、被尊重，从而充分调动每个学生的主体意识和创新精神。

对于学生——没有爱，就没有教育。经过了学校一年的观察与培养之后，在工作的第二年，我便被学校安排担任初一起始年级的班主任。我怀揣着无限梦想和无限憧憬开始了自己的班主任生涯！入学报到当天得知很多同学是初次离开父母走入寄宿制初中校园，对于他们来说，身边的一切是那么的好奇和陌生。最初从学生单纯的眼神里，可以看出他们对接下来的初中生活充满向往，还有少许对未知前路的迷茫，怎样才能完成好学校交付的这份艰巨而又光荣的使命呢？怎样当好这些十三四岁孩子的领路人？怎样才能得到家长的信任与认可呢？我开始在实际的班主任工作中寻找这些棘手问题的答案，曾经的我想成为一名严厉的班主任，让学生畏惧，通过这份畏惧来维系对班级的掌控，当好班主任。为此自己也走过不少弯路，也犯下了个别痛心的错误，令自己悔恨和苦恼不已。后来通过自己不断的反思、观摩和跟有经验的班主任进行交流，我终于明白要想让孩子们接受你、喜欢你、爱你，那你就先要喜欢他们，爱他们，融入他们。我开始试着用爱去理解、包容他们，用心去关爱、呵护他们，用诚意去走进、融入他们。在不知不觉中，我会发现孩子们的身体不适、情绪低落、心不在焉。一旦发现这些问题，我会第一时间对他们进行开导和鼓励。渐渐地我会发现他们很在意很珍惜各种校园活动和比赛，因为他们希望在活动中展示自己，在比赛中争得佳绩进而为班级争光。知道这些后，我便和全体家长们尽力去帮助和支持他们，一次次的精彩舞台上、一张张活动留影中、一个个奖状获得后孩子们灿烂的笑脸让我至今难忘。后来，我和绝大多数学生成了难舍难分的好朋友，甚至成了他们口中的"偶像"和"老大"，更是渐渐打消了家长们的疑虑与担忧，取而代之得来了满意与大力的配合。许多位家长在孩子毕业后的每一年都会不定期地给我发来信息，或问候，或致谢，或谈心。他们或坦诚地说出了我们相处这几年里他们对我态度变化的心路历程，或向我分享孩子在毕业后所取得的优异成绩，或感谢孩子在初中阶段所养成的终身受用的好习惯、好品格。这些朴实的话语如同一支支"强心剂"激励着我去做得更好。回想着和这些最可爱的孩子们相处的日子里，无时无刻不让我感受到他们的纯洁和善良，无时无刻不让我感受到他们的爱。爱人者才能被人爱，你有多爱孩子们，孩子们就有多爱你！

随着工作经验的不断积累和年龄的增长，我愈发觉得应该时刻保持一个良好的心态。教师是一份平静的职业，教师的工作是平平常常的，心态决定教师的素质和教育教学工作业绩。我们要以良好的心态勇敢地面对挑战，适应时代发展的需要。工作中有很多事情需要我们主动去做，这样不但会锻炼自己，也提高了自身的素质，同时也为自己争取到更多的机会。首先，作为一名教师要有奉献精神，不去计较个人得失。如果什么事情都需要别人来告诉我们，我们就已经很落伍了。任何人都有自己的缺陷，都有自己相对较弱的地方，要不断学习，去吸收时代的、别人的、科学的、优秀的东西。学会学习，就会成功！

其次，懂得感恩是教师成长的必备素质。要想成为一个优秀老师，得有一颗感恩的心，也就是要具有良好的教育心态。因为感恩，你才有爱心，才会爱生活，爱从事的工作；有了爱心，才能长智慧；有了爱心，你才会努力，才会勤奋，才会反思，才会坚持，才会成长……现在回顾自己的成长历程，我觉得自己所付出的一切都源于感恩，是在感恩中静心学习，尽心工作，用爱心回报社会。

再次，做个有心人，及时地反思教学，不断提高自己的业务水平。美国教育心理学家波斯纳说，没有反思的经验是狭隘的经验，至多只能是肤浅的知识。因此，他提出了教师成长的公式：成长=经验+反思。我认为反思的深度，决定着教学所能达到的高度。活跃在教坛上的大师们，其实也是反思的高手，也是通过一步步的成长，才成为今日的"明星"。作为一名班主任老师，我们除了反思教学，还可以反思自己的带班历程与为人处世，反思一切可以反思的东西。同时，要边反思，边记录，用键盘留下文字，为研究自己的教育教学提供鲜活的案例。学海无涯，艺无止境。自己的教育生活就是一种学术行为，自己的一言一行都应不断反思。这应该成为自己需要时时温习的功课。

最后，有爱心、耐心，认真对待每一个孩子。人的智力是不等的，因此也就造成了学生阶段学习的差异。要想把孩子都达到统一标准是不可能的，也就是说教好所有的孩子是不容易的。用统一的眼光看不同的孩子是不对的。要用不同的尺子来量孩子，发现孩子与众不同的长处。每一个孩子都会给你一个意想不到的灿烂未来！

十年为师路，收获不少，不足更多，正所谓一路成长一路感知，今后我将继续前行，以"俯首甘为孺子牛"的奉献精神，以"蜡炬成灰泪始干"的豪情，真诚奉献自己的爱，与孩子们共同成长，共同享受教育的美丽。

让文言文走下神坛

——我的教学规划和发展一瞥

文言文教学在初中的语文教学中历来是一个难点。但是在国家提倡弘扬传统文化的大背景下，古诗文的比重日渐加大。无论对于学生还是老师，身在其中，都倍感压力。如何将古代文字的魅力展现给学生，同时也逐渐地提升自身的教学能力，自然成为语文人的重要使命。本文就文言文教学中的点滴收获和教师自身的理念变化浅谈一二。

师者
曾经，大着眼睛
望着那个神秘的面孔
——无所不知的神圣
曾经，也悄悄立在讲桌边
感觉似乎高人一等
曾经，好想看看老师的书页
和我的有何不同
曾经，以为老师的话
是那么的掷地有声
那么不容否定
老师，
是那样一群不同的物种

经年的风，吹散了流虹
街头，遇见了你
却无法相信
你是那样普通
——和悦的笑容
——温润的话语

甚至，还唤错了名

我却无法让你写上几十遍——

时光匆匆

你的身材这样单薄吗？

可是，可是我记得

你是那样坚强有力

你的眼神是这样慈爱啊

可是，当年的我

却在你犀利的目光下惶恐

有时，你也有可爱的笨拙

让我帮你一下

我是多么兴奋、骄傲着

我再一次凝视你

亲切，又陌生

原来，师者

就是那个

陪你走过青春的沼泽

却在下一个路口

必然离去的

过客

这是我在三年前写下的诗，当我从学生的视角来看老师的时候，老师是神秘的，也带有权威性，那么知识也附带了一丝神圣感。学生对知识最初的感觉是有距离的。老师不仅仅是传授知识的，更需要将学习的方法教授给学生，并且激发学生的学习兴趣。

才见小荷尖尖角，便学蜻蜓立上头。当初的我，凭着对古文的热爱，向学生们兜售着古文知识。也是和传统的教学一样，总结一些通假字、古今异义字、虚词以及常用的实词，看似很全面。当学生呈现洋洋大观的笔记时，仿佛非常骄傲和自豪——这是成果啊！不过，当涉及陌生的古文时，他们又一筹莫展了。曾经，提起古文，他们就显得异常窘迫，避之唯恐不及。我很不理解，那么简洁的文字，那么深沉的意蕴，那么和谐的音律，为什么他们不喜欢呢？平时的练习和测试卷子上，文言文的题目，甚至不少人颗粒无收。看着学生满满的字迹和大大的零分，仿佛那是一个巨大的讽刺。当然留给学生的必然也是深深的恐惧和哀痛。这会导致什么呢？当然是内心的抗拒。究其根源，他们不喜欢。因为文言文难，又感受不到文言文的美，如何能够热爱呀！

若非群玉山头见，会向瑶台月下逢。要想消除学生的恐惧感，首先得让文言文这个"仙女"下凡才行。虽然说"距离产生美"，但是高高在上，只能让人望而生畏。因此，让文言文走下神坛，才是第一步。先从我国的精粹——古诗开始。诗歌是想象的艺术，如何能够通过传统诗歌的教学，使学生领会诗中的诗意，是让学生接近古文美的先机。在讲授王维的《杂诗》时，学生将诗歌的大意了解清楚后，我提出这样的一个问题：诗的美，在哪里？学生们面面相觑，他们难以回答，我继续追问：为什么要问梅花？如果是你呢？学生七嘴八舌地说着，我便将他们的内容改到诗中，他们哄堂大笑，问笑的原因，他们说：好像大白话，一点也不美啊！接着，我们开始细细地体味，美在哪里——想象画面的清新雅致，美！表达的委婉含蓄，美！语言的精炼丰富，美！最后，我提议，以诗解诗。用现代诗表现传统诗歌的意蕴，并用自己的诗启发学生：

附：杂诗

王维

君自故乡来，应知故乡事。

来日绮窗前，寒梅著花未。

译诗：

看见你

就看见了故乡

倾心问你

可知故乡模样？

不问冬日雪晴

梅边的我，曾扶枝远望

不问庭中轩廊

月下，我曾倚梅吟唱

不问堂前春松

风中，我曾梅下焚香

那一日，雕花窗旁

可曾飘散往日的芬芳？

现代诗，相对他们而言，是比较容易理解的。而这种形式，他们觉得很新鲜，很有趣，自然引起了他们的兴趣。他们也跃跃欲试。在讲授《苏州园林》的时候，学生们沉浸在苏州园林的雅致的艺术美中。于是，趁机让他们去写诗赞美一下，当然包括他们想尝试的古典诗词。

附学生习作：

城池喧喧外，碧水楼台间。烟雨朦胧中，淡色映眼帘。清风微微起，荷香盈怀满。曲岸玲珑石，鱼跃水珠溅。晨露无声下，明卉益嫣然。阶旁书带草，画廊蔷薇轩。此去何时归？夜夜梦魂还。（王梦滢）

闲走园林幽径里，千百柳枝舞如纱。皆说我在城市中，我却如在仙人家。（王竞一）

碧水青天江南画，楼阁淡竹散芳华。敢问九州何处有？总是苏园更禁夸。（岳鹏川）

踱步庭边，不觉入画成仙。蝶影翩翩，欲与共舞花间。化朵红莲，愿许清风为伴。拥云轻眠，只待倚石成岸。（宫秋宇）

"纸上得来终觉浅，绝知此事要躬行。"有道是"拳不离手，曲不离口"，如何使古文和学生的生活联系起来，并且在实际生活中发挥作用，这需要老师的引导。于是，在课堂教学中，我经常将学生中发生的事情，用古文形式展示出来，学生既看到了熟悉的场景，又对古文有了亲切感。同时，在教学中，对于犯错误的学生，我也会布置一种新型的检讨形式——文言文检讨，这种形式既符合语文教学的特点，又有利于学生熟悉文言文的叙事方式，最关键的是，他们很感兴趣。于是，学生展现了各自的风采：有七律形式的检讨，有赋的形式的检讨，有文言散文形式的检讨。学生们熟悉了这种语言形式。甚至，在批阅学生的周练卷子时，发现一名学生因为头痛而无法专心答题而用简短的文言文写了一段道歉信（附图）。

附：

省　赋

时戊戌冬日，逢语文课当值。课上同窗志学，独我纵肆神游。本应肃颜索思，岂可笑而相语？

学堂乃圣地，杂念必摒弃。向学之人，应雅怀天下，胸有大志；如今只见吾神意涣散，放肆笑谈。未曾遍识天下字，无力尽读人间书，怎敢不尊师，岂能不敬人？语文者，言之英，语之华也，未饮其源头活水，无得之生花妙笔。恃何而矜，因何而躁？

愧兮恨兮，省兮悔兮。

痛省己身，得出一言，用此为铭以自省：欲腾九天之上，必经沉渊之痛。求诸己身。值年华似锦，深省所为，实大过深重，今改之，夫志学者，必慎戒。不恭不谦，如有火而无光，似惊雷而无声，念吾辈华年，分流正值，应初心不忘，方得始终。

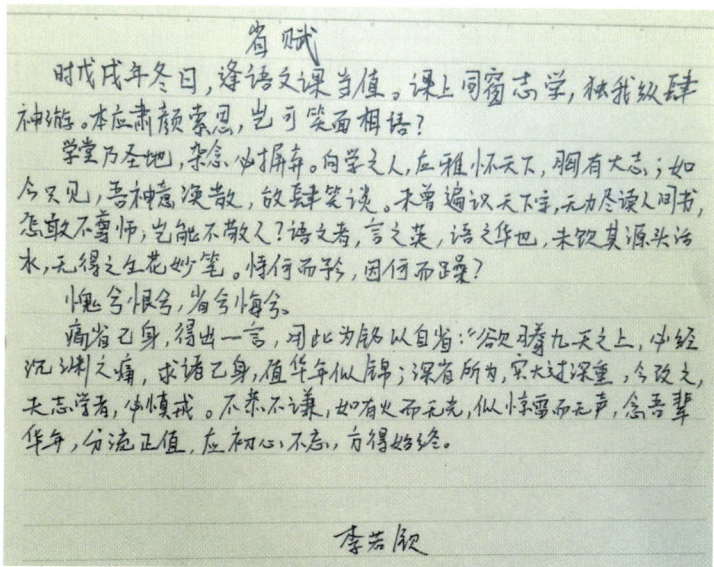

戊戌冬日悔思作业不恭

一朝召入办公室，满页对钩是何为。

横眉藏怒面带嗔，垂首含羞心有愧。

悔思答题若儿戏，痛念批改如痴睡。

由此求学定谨慎，涕谢恩师不加罪。

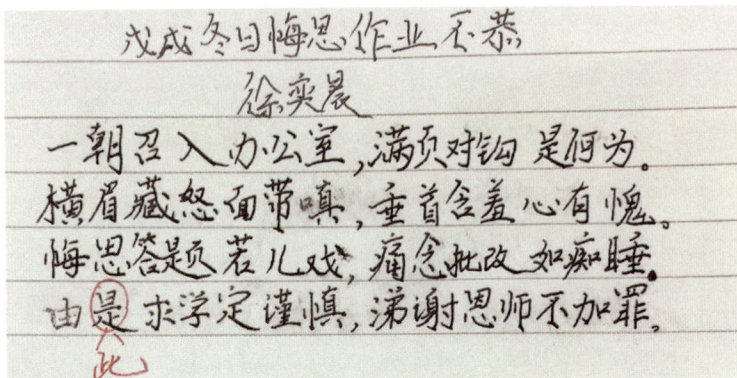

让文言文走下神坛

省吾课上说话之举

今日课上之举，实非吾之过也。吾本严谨听课，倏然，一日光射吾学案之上，甚耀，刺痛吾眼。由是转身谓方某某曰："请汝拉帘，甚晒！"钦以笑面视吾。此举令师以为吾与钦上课嬉笑。吾之举令师怒，学生有歉意，愿师谅吾，则无下次之犯也。

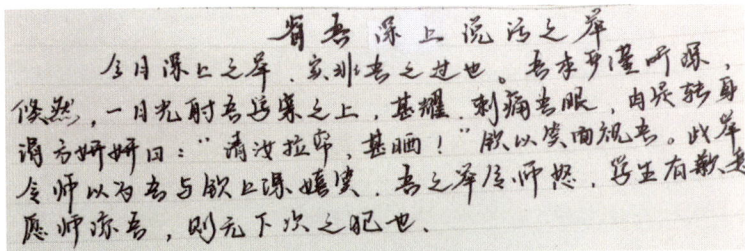

让文言文走下神坛

道歉信

突有疾，头昏脑涨，

字甚乱，望师谅之。

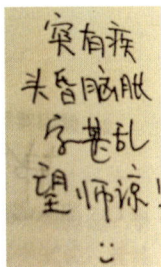

让文言文走下神坛

当然，老师的身先垂范，也会让学生纷纷模仿的。在教学之余，我也进行了诗词创作，包括近体诗、词、现代诗等，现已将部分诗作结集出版，名为《岚之语》。

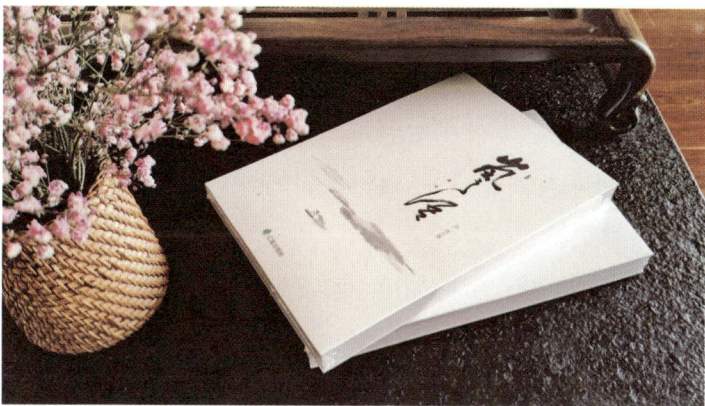

让文言文走下神坛

文言文的教学，从最初的空有满腹豪情，到现在的乐在其中，从当初的不食人间烟火，到现在的喜怒哀乐趣。我慢慢地实现了从"教"到"学"的转变。学生们不再畏惧古文，它成了生活中的乐趣。当印象中的文词雅句变成生活中的点点滴滴，学生们会亲近这样的文言文，更会热爱这样的文言文。当然，他们会重新审视我们古老民族的文化，走进去，进而成为它的继承者和弘扬者。

教师的蜕变

教师自身发展规划，意味着教师要树立终身学习的理念，"活到老，学到老"。只有不断学习，才能担负起培育人才的重任。新时代的教师应该是学习型教师，必须将学习进行到底，不断学习新知识，改进自己的知识结构，拓宽视野，适应高速发展的现代社会。

还记得2006年那个夏天，暑热笼罩着整个沈城。熙熙攘攘的人群，车水马龙的街头，一切的繁荣，对于刚出象牙塔的我而言，都充满着陌生感，又那么有吸引力。徘徊于中山公园的路口，我提着大包小裹，夹杂着满身的汗水和莫名的兴奋，踏进了这座传说中的名校。

8月，同样怀揣梦想的我们，欣赏着辉山沿途的美景，终于来到我即将开始教育事业的地方——东北育才双语学校。看到崭新的教学楼、宽敞的校园，现代化的设备，我从心底默默地骄傲着。

因为，我真的成了一名教师！这是我自小就梦寐以求的职业！而我也会把整个生命奉献给她。

8月下旬，迎来我教育生涯的第一拨儿学生。军训，和孩子们一起，风吹日晒。骄阳似火的夏日，我们都汗流浃背，却又甘之如饴，因为同样年轻的我们心里有着各自奋斗的目标。孩子们，要从这里飞到更高的平台；而我，则开始肩负一名教师的神圣使命！我们都在心里告诉自己，这里是新的起点，我们一定做到最好！

全新的环境，全新的身份，全新的教材，两个班的教学任务，对于一名初出茅庐的新教师，这都是挑战。每天大多数时候，我都是备课进行时——翻字典，查资料，用电脑，问同事，做课件，批作业。看似烦琐无趣的生活，我却觉得有滋有味，因为所有的这些貌似微小的准备工作，真的会让我产生巨大的幸福感和成就感。每天的课前问候，师生都元气满满；全英语授课的挑战，让我重拾语言的交际魅力；上课期间，我们的一问一答，让课堂更加鲜活生动。初入中学课堂的孩子们和新入职的我，在一天天的课前课后准备中，都对于未来有了更好的认识和把握，也更加坚定了我们当初的选择。

2006年到2008年的两年间，两学年四学期，作为新教师的我们，都要接受学校对于我们教师生涯成长的考验——新教师公开课。于是就会有接近两个星期的时间里，我会忙于设计课件，准备内容，找教学师傅探讨上课模式，推敲教学重难点，试讲，修改，再试讲，再修改……如此反复。实话

教师的蜕变

讲，每一次的公开课准备，都有一种被扒掉一层皮的感觉。但是，正是这种细致严谨的准备，才让我的课堂一次次地得到完善；正是这种蜕掉一层皮的打磨，才让我的教学经验不断得到积累。

我相信：未来的我一定会感谢现在拼命的自己！

2009年，我进入教学第三年了。然而育才对于新教师的培养并没有停止。我面临着"六个一"的教学竞赛活动。有了前两年的积累，彼时的我已经有了自己的教学心得和自己的教学风格。虽然仍旧少不了之前所有细致的准备，但是我的心里已经不再像初入职时那般无措，那般彷徨，那般焦灼。在公开课上，孩子们和我轻松地进行问答，一切进行得仿若无人一般，我们已经忽略了所有听课老师的在场，就如平时课堂一样。除了公开课的演示，还有一次演讲、一次午检。不谦虚地说，午检的设计真的很棒，我通过情景再现、分析、续写故事、结局反转及诗歌朗诵清晰解释了什么叫作"宽容"。而演讲的内容更是让我记忆犹新。"2002年，我义无反顾地从西南转战到东北，我知道我的生活会比别人多一些艰辛，但是却会很充实；2006年，我义无反顾地留在了东北，以为是赌注，却发现原来自己这么热爱已经选择的职业。我在育才两三年，我想说这不是终点，这只是开始。"

三年了，学校的不断推进，自己的不断琢磨，我感觉自己的确是在教师的路上成长着。当初青涩的我，慢慢在向成熟过渡。当然，不仅仅是面容。

三年一轮回，在接下来的日子里，貌似重复着之前的所有工作，实际上却是每一届学生各有各的不同。比如，马年孩子沉稳，猴年孩子活泼。当然，学生之间本身就有很大的差异。面对着一样的课本，我的研究内容却已经悄然从课本内容转向了学习主题——人。我开始研究学生，开始备学生，开始更加为学生考虑。课堂上，我不仅让举手的孩子回答问题，也会找性格内向不爱发言的孩子；我不再只是学生问什么讲什么，而是课下单独问询，看看有些孩子真实的需求；我不再更多关注优秀的学生，而是转向学习比较困难的孩子……这样的转变让我的课堂更加有效率，也更加的人性化，也帮我赢得了更多的认可。

同时，我也积极让孩子们参加各种比赛，学生们的优异表现也让我欣喜不已，比如"全国中学生读写大赛"金奖、"习思"比赛、"ACT口语比赛"等。然后我逐渐意识到作为一名园丁，作为一名教育工作者，我的任务绝对不只是课上的40分钟。我要做的真是太多了。英语的语言功能、交际功能，我必须全面地让我的学生们表现出来，挖掘出来。听说读写，一样都不能少！有了这样的想法，课堂上可以展示的就更多了，当然需要提前备课的地方也更多了。虽然在一定程度上增加了工作量，却也给我的课堂平添了语言的魅力。

这时的我却有了不一样的想法：国外的课堂是什么样的？

机会总是随之而来。在教了3个初三毕业班后，学校公费派我到纽约东切斯特中学去进行为期一个半月的交流学习，观察他们的历史课堂，同时给

中美学生交流

他们讲授中国文化。美国孩子对于我的到来很好奇,问了各种稀奇古怪的问题。课间3分钟,学生流动串教室上课,他们的课堂明快但不随意,学生的学习轻松但也有重点。除了观察他们的课堂,我也给他们介绍了中国文化,包括汉字、数字、中国政治与经济以及中国脸谱,孩子们兴奋异常。

这次的交流学习经历对我的职业生涯是一个显著的提升,它不仅仅让我体验到了中美文化的差异,更让我意识到在以后我的英语教学之中应该对学生有文化的展示,毕竟不同文化下造就的国民想法也是不一样的。

很多人都认为作为一名教师,如果没有当过班主任就不算是完整的经历。我对此也深有认同,虽然天生具有亲和力的我并不认为自己具有这样的潜能,但是阴差阳错,领导给了我这样的任务。不得不说半道接班是一种莫大的挑战,每天的种种烦琐确实会牵扯很多的精力,但是同时也让我更近距离地接触学生，了解学生的心声，这无疑让我的教学经验更加丰富。当过班主任的我对于学生的处理更加游刃有余，也让我更加体验到了教育的魅力。

现在我仍然留有一个学生给我的便条："作为黄老师的学生，我感受到了幸福。老师上课特别有亲和力，课上娓娓道来，对任何学生从没有任何歧视，不以成绩看人。所以虽然我的成绩很一般，但是每次看到黄老师，迎面的都是笑脸，这让我的心里特别踏实。生活上，黄老师对我们就像妈妈一样，关怀备至。记得有一次我不舒服，需要喝热水。教室里热水器坏了，我忐忑地走到黄老师办公室。可能因为我苍白的脸色，老师一下子就看出我身体有恙。我说明来意后，黄老师特意给我烧了一壶热水，送我一袋红糖，又给我一个暖贴让我贴上。那种温暖的感觉，我现在仍然记忆犹新。黄老师，谢谢您！"

所以很多的时候我们对于自己职业发展是要有规划的，但是往往有很多意想不到的机会也会从天而降，想要这样的机会能够成就自己，当然平时得有更多的准备。积极积累教学经验的我也在课余不断提升自己的教研及业务水平，也积极地发表论文，取得了不错的成绩。

光阴荏苒，我的教学生涯已然经过13年。这是不断磨砺、不断自省、不断提升的13年。从刚开始的青涩大学生，到现在能独立教学的一线教师，我一步步对自己提出要求，又逐渐地达到。但是教学教育的路上永远没有终点，仍需不断努力！

用爱心带来温暖，用智慧传递希望

牙牙学语时，父母会问：你长大了想做什么？步入学堂，老师会问：你的梦想是什么？那时的回答，有些遥远，也有些虚无，记得说得最多的就是我长大了要当科学家，可是当时的我根本不知道什么是科学家。再大一些，有了作文课，当时写作概率最高的题目，除了《最难忘的一件事》就是《我的梦想》。没错，为了这篇作文，我的梦想变成了当一名老师，似乎当老师的这个梦想就是为了作文课而生的，因为这个题目可写的东西真的很多，身边又有许许多多的老师在伴随我成长。可写着写着，我的梦想真的变成了当一名老师。在人生路上左顾右盼磕磕绊绊的，我长大了，考入辽宁师范大学化学化工学院，毕业后实现了儿时的梦想——来到东北育才双语学校成为一名化学教师，我才发现最初的梦想才是最真实的，也是最可靠的。

我爱我的职业，我为我的职业感到骄傲。如果要把它当成谋生手段，那我就要对得起所有人对我的信任。如果要把它视为公益事业，那我就得在教室内播撒正能量的春风。如果教师是一个角色，那我就需做一位疼爱弟妹的大姐姐。所以，在入职后，我就对我未来的教师生涯进行了规划——先学习，再成长，到成熟。

学习阶段——吃进新知、逐渐提高

入职时我计划用前三年来努力学习，不断充实和提升自己。在我人生的26年里，没有哪个人生阶段比此时更乐于学习。在这三年，我通过网络、书籍等形式丰富自己的知识储备，向经验丰富的老教师学习，多听多想多做，每节课力求上得生动有趣，重难点突出，保证课堂教学效果，并积极丰富自己的多媒体运用能力，能根据授课内容快速做出高质量的多媒体课堂辅助手段。有压力才有动力，从前那个凡事都拖拖沓沓的自己改变了，我要做好我的工作，要在这个校园扎根，要和每个同事做朋友，要使孩子们心中都开花。在这三年里，我参加了很多组织活动，上了旨在展示新教师成长之路的一教龄、二教龄及"六个一"公开课，这些都受到同事和学生的一致好评，并初步形成了自己的教学风格。

"爱出者爱返，福往者福来。"三年中，我一路播撒着心血和汗水，一路收获着感动和幸福。在教学中，我无数次地收获知识和智慧，是领导和同事们，引领我在专业成长的道路上找到自我，认清方向，不断前行，在教室的舞台上大显身手；是学生，帮助我从稚嫩走向成熟。我们不是吃青春饭的职业，不怕时间的拖拽。俗话说得好，"教师和医生是越老越值钱的职业"。我骄傲我拥有一份不惧怕时间的职业。

成长阶段——不断充实、完善自我

在工作的第四至六年，我计划为我的成长提升阶段，要逐步形成自己的教学风格，成为孩子们喜爱的老师。按照新课标的理念积极进行课堂教学模式的改革，优化课堂教学过程，还要对每节课进行认真反思，及时总结，积累经验，进一步提高教学质量，重视对学生能力的培养，不断提高学生的综合素质。在教科研方面多积累经验，写出高质量的教育教学文章，多参加化学学科的教科研活动，争取取得一定的成绩。

在这三年里，我也取得了一定的成绩，参加2016年度教育部"一师一优课、一课一名师"活动，设计的《什么是有机化合物》一课，教学脉络清晰，课堂生动有趣，注重对学生化学学科素养的培养，展现了较高的教学水平，被评为国家部级优课、辽宁省一等奖、沈阳市一等奖。2016年12月，参加第二届沈阳市初中化学科实验教学能力大赛，撰写论文《浅谈化学实验在教学中的有效性提升》获评市级优秀论文，并公开展示，获得一致好评。2017年5月，在第二届"十三五国家教育规划与教育理论"全国教师优秀论文评选活动中，撰写的论文荣获一等奖，并在教育理论网上收录并展示。

我一直在思考如何激发孩子们学习化学的兴趣，我想让他们快乐地学习化学，在学习中与我交流互动。我想听孩子们大声的回应，我想见他们焦急的举手抢答，我尤其想看到孩子们在课堂上因答对一个问题而露出的纯真笑脸。为了这个目标，我一直在努力着。孩子们的世界是单纯而直接的，我爱他们，我拥有他们，我感到骄傲。记得每次我因咽炎而说话吃力时孩子们送来的含片和水，每次身体不适时学生的一句句关心与问候，就是这些细微琐事让我感受到了作为一名教师的幸福，我为拥有一份能以真心换真心的职业感到骄傲。

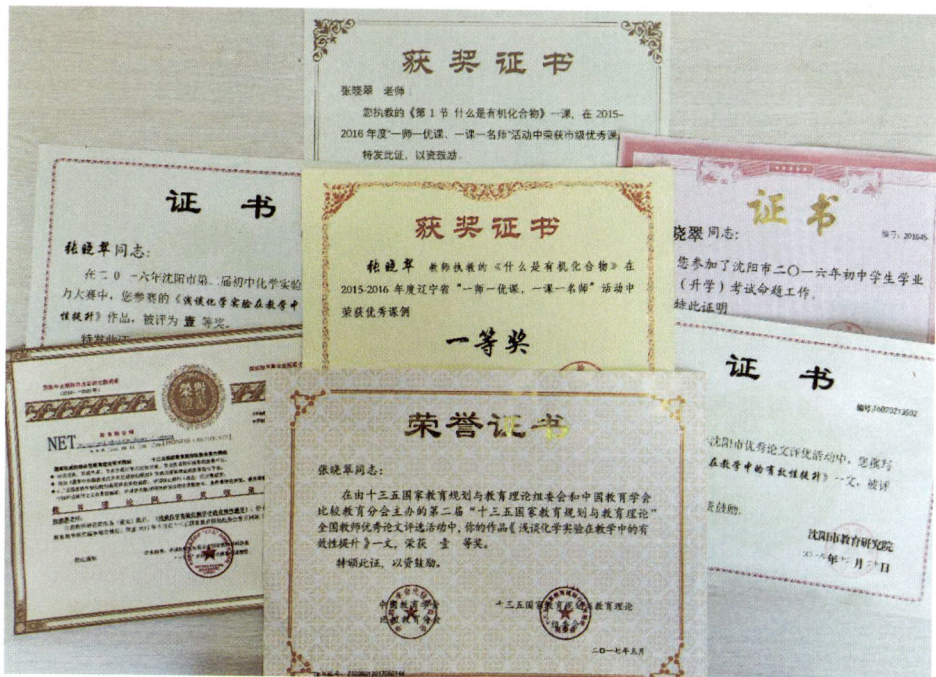

逐渐成长，成果丰硕

我曾经收到初三毕业的学生写给我的一段话："在开始学习化学前，曾听到周围很多人告诉我化学不好学，化学很难。受到这种心理的影响，我在一开始学习化学的时候，就怀着这样一种消极情绪。

"但是我错了。张老师的第一堂课，就深深地吸引了我。她诙谐幽默的上课风格，将我本认为枯燥无味的知识讲得生动有趣。我深深地喜欢上了老师，喜欢上了化学。每一次向老师提出我不懂的问题，老师都会仔细给我解答，还会给我鼓励。

"谢谢您，因为您的到来，给了我不一样的化学学习的体验，也让我，爱上了化学。"

成熟阶段——收放自如、风格展现

工作第七年之后，我计划要从青涩走向成熟，逐步形成自己的教学风格。在整个的教学过程中，切实做到以学生为主体，灵活把控课堂，需要继续提高自身素质和教育教学水平，将自己锤炼成一名优秀的教育工作者，还要继续积极参加各项教育教学活动，逐步走向成熟。

现在是我在双语工作的第七年，青涩退去的我一直用最初的计划鞭策着自己。今年我担任了初三年级的教学工作，学期结束后，我收到了一位家长写给我的留言，让我觉得自己的一切努力和付出都是值得的。

家长说："时光荏苒，初中三年转瞬即逝。大双语给孩子们的青春留下了一串串美好的回忆，更难忘的是一位位既和蔼可亲又严谨细致的双语老师。印象最深的便是教化学的张晓翠老师。

"因为化学是初二下学期新开的课程，孩子以前从未接触过，所以一开始学起来的时候，孩子感觉很吃力，摸不着头脑。几个星期下来，成绩被同学们远远地落在了后面，孩子很沮丧。张晓翠老师及时发现了孩子情绪的变化，经常找孩子谈心，帮助她梳理知识点，分析错题原因。张老师丰富的知识和幽默的教学风格，使孩子慢慢地找到了学习规律，成绩逐渐地提了上来，在一模考试的时候，化学考了62分，大大地增强了孩子的自信心。

"孩子常说，张晓翠老师不仅仅是化学老师，更是她的知心大姐姐。无论是在学习上，还是在生活中遇到什么问题，她都愿意找张老师帮她出主意。因为张老师并不是一味地说教，而是站在孩子的角度上，帮她分析问题，让她找到最适合自己的办法。最让孩子难忘的是分流前的最后一堂化学课，张老师高烧了一宿，第二天忍着病痛仍然坚持给孩子们上了最后一课。孩子回来说，张老师都虚脱了，可是为了我们分流能取得好成绩，依旧坚持上完最后一课。我一定要考出好成绩，才不会辜负老师的一片苦心。

"大双语正是有像张晓翠老师这样一批辛勤的园丁，才使得孩子们在学业上和品格上茁壮成长。

"真心感谢大双语每一位老师的辛勤付出！"

百花课堂

百花课堂，风格展现

作为教师，我个人能改变的不多，但是我一直坚持着自己的教育理想，面对孩子们，从青春的陪伴，到母性的呵护，然后是精神的托举。陶行知老先生说过："在教师手里操着幼年人的命运，便操着民族和人类的命运。"或许老师天生就是一个发光体，不断倾泻的阳光，不懈敲击着纯真的心扉，哪怕只有一线阳光被心灵捕捉，就会放大、膨胀、满世界地扩张……顿觉，春如潮，爱若雨，花似海。原来，这花儿开在自己心中，也铺在学生们成长的路上。"苏联教育家说过："教师是太阳底下最光辉的职业。"现在，我是一名教师，我的梦想就是：穷尽我所有的努力和智慧，帮助孩子们健康快乐地成长。我们用同样的方式，努力地实现着同一个梦想，用爱心带来温暖，用智慧传递希望，并竭尽全力，培育花朵。在这里，我的事业已经起航！

第四部分

育才摇篮　春华秋实

——学生成长

一、"志当存高远"——为中华之崛起而读书

成长，是小时候蹒跚学步、牙牙学语的惊喜，是长大后囊萤映雪、徜徉书海的求真，是青年时阳光炽烈、探索未知的勇气。

在家长们的眼中，成长正如台湾作家杨子写给自己孩子的话：

我有一份"孩子长大了"的欣慰，也有一份似水流年的迷惘。似乎，抱着初生的你到医生处诊治你的"脱肠"，半夜喊破喉咙把医生从睡梦中叫起，那种焦急忧虑，还像是昨天的事；似乎，你刚能坐起，我在院子里为你拍照，假日带你坐在脚踏车前头藤椅上到处炫耀，那种激动喜悦，也还是昨天的事。怎么，昨天和今天，竟是18年的光阴了！诗人说："在东方似是晨曦初露，乍回身，已是大地明亮。"这正可引来描述我突然想起你已是18岁的心情。你也许会笑我，我就是那么时常把你看作缠绕身边的孩子呢！

18岁有许许多多令人沉湎眷恋的回忆。我不知道我对你的爱，18年来是否夹杂有一些不经心的、任性的以及成人对孩子不够了解的责备，而曾使你难过。我读过一个父亲因对孩子无端发脾气，伤了孩子的心，而事后深表懊悔的文章。一位日本作家也说："当孩子在你身边的时候，多宠爱他们吧。不要等到你不能宠爱他们时再来后悔。"东东，假如人生能够重来一次，我真会情愿溺爱你的！

孩子长大了，许多父母都会感到一些无法再把握孩子童年的惆怅。因为，孩子长大了，便不再整天黏着你了，他有了自己的思想、朋友和活动天地；他不再那么依顺，他甚至开始反叛了。但是，对于我，反倒高兴有了一个可以谈话的朋友了。有什么事情可以比自己的孩子长大得能够兼为挚友更令人满意开怀的啊！

在社会的眼中，成长可能更是对孩子的期许：

让孩子感知社会，养成道德，敢担责任，勇于实践，推动社会发展进步。

让孩子学会珍惜人文的精神，珍惜自己的选择，珍惜自己的错误。人文让你高远，选择让你果断，错误让你警醒。

让孩子珍惜成长，学会生活。成长不是放纵散漫，不是偏激任性，培养自己的健康生活意识、时间管理意识。因为这些才是未来成功最坚实的保障。

让孩子珍惜成长，肩负责任。两耳不闻天下事的书生终归酸腐鄙陋。人的伟大，始于理想的伟大，而理想的伟大，始于责任的伟大。正如梁启超的"全在我少年。少年智则国智，少年富则国富，少年强则国强，少年独立则国独立，少年自由则国自由，少年进步则国进步，少年胜于欧洲，则国胜于欧洲，少年雄于地球，则国雄于地球"，顾炎武的"天下兴亡，匹夫有责"，正如毛主席的"男儿立志出乡关，学不成名誓不还；埋骨何须桑梓地，人间处处是青山"，周总理的"为中华之崛起而读书"。

而在学校的眼中，成长既有家长的爱，又有社会的期待，既要守护孩子的成长，又要锻炼孩子的成长，还要让孩子积淀人文，学会审美，学会理性，勇于探究，自主发展，认识自己，发展自己，管理自己，应对复杂多变的环境。

为此，我们带着孩子在晨光熹微中诵读经典，荡漾诗韵；在午后暖阳中挥毫泼墨，写就华章；在异彩纷呈的多样课堂中发扬个性，格物致知；在特殊的节日里，我们带着孩子一起通过仪式教育心怀天下，心系家国，丹心向党，天下为公；在校园中，我们通过独具特色的值周实践学会责任担当；在课堂之外，我们带着孩子心有天地，畅游山水；在田径场拥抱阳光，奔向终点；在英语文化节快乐英语，快乐生活；在才艺活动中，余音绕梁，游龙惊鸿；在华灯初上时，我们陪着孩子在自习课上自主探究，养成习惯；我们带孩子走出去，看看外面多彩的世界，请进来，打开星空灿烂的窗子。最终，成为我们期望成为的样子：

无论学识侧重于哪个方面，他都能有温润如玉的气质，手持妙笔，口出华章；无论成功还是失败，他的脸上都有灿烂的阳光，乐观的态度；无论身居闹市还是殿堂，他都能有良好的习惯，自律的能力；无论远在海外还是回归故乡，他都知道心系家国，在红旗飘扬的地方热血激荡，举目致敬；无论成为专家还是面对专家，他都能不卑不亢，援疑质理；无论现在还是将来，他都有坚定的目标，严谨的计划，让自己的人生之路一步一步坚实地走过。

引　子

2000多年前，一位老先生经常盘坐在席地上，席边有一张古琴，茶几上摆着些许书卷，此时他正缓缓向众人说着什么。在两旁席坐的弟子们有的拱手作礼，有的注目聆听，有的垂眼思维，有的互相议论，有的核对古籍……此后，从这里走出了好学不倦的颜回、勇敢无畏的子路、多才多艺的冉求、节操高尚的曾参等人。

1000多年前，暖和的阳光、欢快的小鸟、随风摇摆的花草使一个少年感叹不已，"这么好的天气，如果整天在屋里读书多没意思！"一位白发苍苍的老婆婆说出了至理名言"只要功夫深，铁杵磨成针"。此后，少年每天的学习特别用功，终于成了名垂千古的诗仙。

100多年前，一位12岁的少年离开家乡，来到了沈阳。一天修身课上，魏校长向同学们提出一个问题："请问诸生为什么而读书？"同学们踊跃回答。有的说："为明理而读书。"有的说："为做官而读书。"也有的说："为挣钱而读书。""为吃饭而读书"……少年一直静静地坐在那里，没有抢着发言。魏校长注意到了，打手势让大家静下来，点名让他回答。少年站了起来，清晰而坚定地回答道："为中华之崛起而读书！"

子曰："吾十有五而志于学，三十而立，四十而不惑，五十而知天命，六十而耳顺，七十而从心所欲，不逾矩。"学习的意义正在于此，学生在细微之处，从点滴之间，立身立学，未来可期。

"心怀天下"

——仪式教育、社会活动

北宋张载提出"为天地立心，为生民立命，为往圣继绝学，为万世开太平"的人生理想，彰显了儒家的广阔胸怀，即为世界确立文化价值、为人民确保生活幸福、传承文明创造的成果、开辟永久和平的社会愿景。他讲的立心，实际上就是立志，即登高望远，心怀天下！

初二年级成长礼宣誓现场

　　"志存高远，追求卓越"向来是我校学生在庄严的国旗下立下的铮铮誓言。这种仪式教育活动只有经过学生的体验，才能为他们所认可，为他们接受，并内化他们的人格。因此，我们的仪式教育活动，从学生生活的各个方面开展，让仪式的氛围成为学生终身值得回味的记忆。

　　2018年10月，2017届学生主题为"逐梦青春，不负韶华"的"迈好青春第一步"成长礼活动如约而至。14岁的青春韶华，我们用照片和诗歌来回忆！走过年少，迈向青春的美好，我们用脚步来证明！老师们会为青春激昂的你们保驾护航！成长礼，长大了，意味着懂得在感恩中努力拼搏，老师们和家长们在陪伴着你们走向成熟！整个德育教育仪式，分为成长足迹、感恩师长、感谢成长、祝福期望等几个环节，温馨的成长第一次照片墙，师生、母子深情的话语，暖心的生日蛋糕，都让学生们在这样亲切感人的氛围中，感受到了成长带给自己的责任与担当。特别是照片墙环节，当很多同学在大

参观沈阳市公安局大东分局洮昌派出所

屏幕中看到自己儿时第一次成长经历的照片时，不禁热泪盈眶，那是一种说不出的领悟。最后在学生会主席的领誓下，全体同学以青春的名义庄严宣誓：

"面对困难，我们勇于向前；面对挑战，我们毫不畏惧；面对挫折，我们永不言弃；面对自己，我们不断超越；生命如虹，青春不悔！"

当全体同学放下右手时，我们能够感受到他们内心澎湃的激情和坚定的期望！仪式结束后，有位同学在日记中这样写道："敬爱的爸爸妈妈，老师同学，来到育才园之后，我才真正体会到了父母的恩情似海深，老师的用心之良苦！青春的岁月是美好的，也是艰辛的，我会用自己日渐成熟的肩膀扛起昨日的誓言，用自己永恒的坚守留下辉煌的足迹！青春只有一次，我必不负韶华，我是育才双语的学子，我应该勇于担当，追求卓越！"

成长礼仪式教育，就是应该让孩子们明白自己身上的责任，他们将要为自己的行为负责，这更是一种承诺。正所谓，"风声雨声读书声，声声入耳；家事国事天下事，事事关心。"我中华有志少年，应努力践行之。每次仪式教育活动或者是社会活动，我们都会邀请家长来共同参与，在家长们的陪伴和鼓励下，孩子们更加体悟到了，在成长的路上他们的身后有这么多爱他的人，一路风雨，风雨兼程！

当我们的学生有机会欣喜地走出校园，走入广阔的社会，参加社会活动时，他们同时也了解到了：在成长的路上，有那么多人为他们负重前行，他们才能感受到岁月静好！警帽上的国徽，身上的警服，庄严的敬礼以及面对危险时英勇无畏的牺牲精神，这一切都让孩子们天生对人民警察有一种崇敬感，更对人民警察有一种想要了解的期待感。为了满足孩子们的情感及认识的需求，增强孩子们的法律意识和为人民服务的精神认识，2018年11月，2017级12班全体师生来到了沈阳市公安局大东分局洮昌派出所，"零距离"体验公安民警的"神秘工作"。

到达目的地后，派出所所长和民警同志威武地在大厅迎接同学们，同学们也像战士一样，迅速列队，整齐划一，展现了良好的纪律性。民警同志首先带着同学们参观了党员文化墙，并讲解了中国共产党的历史，领着同学们念了入党誓词，近距离感受信仰的力量。在民警同志讲到派出所的民警不畏艰险，为了保地方平安，身受重伤时，同学们不约而同地鼓掌，感动于民警为社会平安的英勇付出。接着，警察同志带领同学们体验了无人机等现代高科技办案技术，鼓励同学们创新思考，将来有机会创造更大的社会价值，为我们的现代化建设提供有力保障。同学们亲身体验，大开眼界。他们还为同学们宣传了青少年在遇到危险时如何自救和他救，预防青少年暴力欺凌等。最后，同学们和警察同志们举行了亲切而轻松的座谈会，同学们纷纷表态要严于律己，做一名积极进取且心怀天下的中学生，遵纪守法且热爱祖国的好公民，勿以恶小而为之，勿以善小而不为！

此次社会活动结束了，但入警誓词却让我们久久难以忘怀："我宣誓：志愿成为中华人民共和国人民警察，献身于崇高的人民公安事业，坚决做到对党忠诚，服务人民，执法公正，纪律严明，矢志不渝做中国特色社会主义事业的建设者、捍卫者，为维护社会大局稳定，促进社会公平公正，保障人民安居乐业而努力奋斗！"

他们的誓言铿锵有力，坚定不移；他们的胸怀包容天地，心怀天下！追忆历史人物，杜甫一生辗转飘零，仍忧国忧民；陆游一生壮志未酬，仍位卑忧国。而今我中国少年，若想拥有心怀天下的大志，必须做到从小立志向善、向上！教育不是简单的说教，而是沁人心脾的熏染，让学生在仪式教育与活动体验中感悟成长，陶冶性情，助力梦想，实现高远的人生追求。

我们育才园里的莘莘学子，总有一天会真正展翅翱翔于广阔的天地间。

当我们天高地远、任尔东西之时，眼前总会浮现出昔日校园里的点点滴滴，那是记忆，更是财富。育才园给予你的不仅仅是浩瀚广博的知识，更给予了你温润丰盈的心灵，那将使你受益终生！

我们的仪式活动教育，是全体的，也是个性的，是严肃的，也是生活的。我们满怀期望，期望我们的中国少年脚下有坚石，心中有天下！我们深知：任重而道远，我们愿意砥砺前行！

"家国情怀"
——重大节日主题活动、国防教育

1. 国防教育训练

进入双语学校的第一课，就是国防教育训练。为了增强学生的爱国情怀和纪律意识，也为了让初一新生更好地适应校园生活，学校每年8月都会对初一新生进行为期6天的国防训练。所有班主任老师都会24小时和孩子们在一起，关注生活以及适应情况。

国防训练之前，班主任会召开家长会，详细落实训练的意义以及训练的具体内容，同时也会耐心地向家长讲解训练中孩子衣、食、住、用、行，告诉家长孩子应该穿什么才能保持舒适，及时将孩子们的就餐、就寝、训练等实况直播到家长群。而对于班主任老师来说，虽辛苦却又兴奋，已深深地爱上了这些孩子。看着一个个孩子从不认识蚊帐到能把床铺整理好，获得内务标兵；看到一个个孩子从在阳光下站1分钟就晕倒到可以军姿站立15分纹丝不动；从齐步走顺拐到踢出刚毅笔挺的正步，从想家哭着睡不着觉到和室友相依相伴……6天的国防训练，孩子们深深地爱上了育才，爱这里的一草一木，爱这里的一颦一笑。

训练不仅可以强健体魄，改变习惯，还能坚定信念，勇于挑战，进而培养出大局观和集体主义荣誉感。在训练过程中，同学们晒黑了皮肤，练肿了双腿，磨出了水泡，湿透了衣服。但即使这样，也没有人退缩，个个精神抖擞，不畏艰难，无惧风雨。有水了，蹚过去；劳累了，坚持住；受伤了，不退后。在训练的间隙，学校还精心组织安排了军歌大赛、内务训练等活动，进一步丰富了训练内容，引导学生养成良好的生活习惯和有条理、讲效率的生活作风，营造整洁严谨的生活环境。国防教育过程中，孩子们和教官结下了深厚的友谊。休息时候，孩子们静静地聆听教官讲述他们的军旅生活，充满了敬畏和向往。看着教官们的队列和军体拳展示，孩子们惊叹于军人作风的严谨和高效。赶上阴雨天，孩子们就来到提前安排好的楼内训练区域，不耽误训练，换个场地，也增加了对训练的新鲜感。

班主任黄莹莹老师更是在训练的第三天，也是孩子们最疲惫的时候，利用晚训后，让教官和孩子们一起开了主题班会"想家"。班会上，孩子们热泪盈眶，激情倾诉着自己的想家情绪，同时真挚地表达了对教官的感谢。年轻的教官更是讲述了自己对国家深沉无私的爱，对纪律的理解和对执行的坚守。班会上，老师学生教官从哭到笑，找到了前进的方向，读懂了彼此的心情。

看似冰冷的国防教育，在学校各部门的积极准备下，变得充满温暖，洋溢芬芳。孩子们在训练中，锻炼着身体，强大着内心，看着校园，爱着国家，想着家里的舒适，感恩着父母的倾情陪伴和无私付出。6天的国防训练活动，家长们充满期待。最后一天闭营式，孩子们都哭了，一部分是因为看台上有自己的家长，自己6天来日日夜夜思念的爸爸妈妈真的来了；一部分是因为感到老师和教官为我们付出太多了，还有一部分是因为要和教官分离而不舍，更有一部分是因为要和流过汗水和泪水的训练场说再见而满眼留恋。

2. 传统节日

每年的元旦，初一初二年级都会召开以爱国爱校为主题的班会活动。2019年元旦，各班级召开了"庆祝改革开放40载，喜迎育才校庆70年"的主题迎新活动。各班贴对联、挂灯笼、贴窗花、粘福字、挂彩灯等，将教室布置得喜庆祥和又不失庄重典雅。师生一起在节日的喜庆中观看视频，体会改革开放40年中国的伟大巨变。一起观看育才70年的视频记录，体会育才的发展和壮大。多才多艺的孩子们更是借助大鼓、琵琶、长笛等乐器歌颂祖国，献歌育才。还有孩子们原创的诗朗诵、校园剧、相声、小品等语言类节目，让老师和同学都沉浸在一阵阵的欢笑声中，而笑过之后，更多是对国家、对学校的热爱以及对身边如此优秀的同伴的珍惜。不同的节目，在用不一样的方式传承着伟大的家国情怀。"为中华之崛起而读书"的誓言在新年的氛围中，在改革开放40年的伟大壮举下，显得掷地有声。

每一个春意盎然的4月，融融的暖意缓缓升起。那是一个烟雨微蒙的4月，淡淡的惆怅印在心上。清明节是二十四节气中唯一一个既是节气又是节日的，可见清明节在中国人心中占有重要地位。

每到清明节我们都要祭奠先人、追思故者，除此之外这个节日也寓意着感恩。学校为培养学生感恩念亲的情怀、尊师重道的意识，特此开展了特色活动——"清心明志，怀恩养德"。

活动在清明组诗朗诵中拉开序幕，每一位朗诵者都饱含深情地为大家诵读着关于清明的诗歌。时而惆怅，时而忧伤，每每读到动情处都会牵动着在场每一位同学的心绪。初一语文组李雪老师为大家讲解了清明文化。在李老师的讲解中，同学们对清明节也有了更深入的了解。感念父母之恩、常怀报答之情也在不知不觉之中爬上了我们的心头。此外，已经毕业的学生也为自己最喜爱的老师写下了曾经没有机会说出的话。黄鹤老师代表教师向孩子们发出清明节感恩活动的倡议。活动在家长们分享与儿女间最感动的故事中走向高潮，在场的观众无不被孩子们的用心所感动，活动在《天之大》的歌声中达到升华。

清明主题活动不仅仅是形式上的演绎，更是精神上的共鸣！学生们在本次活动中受益匪浅。师恩难忘深似海，父母恩情永记怀。不仅仅是在特殊的节日，在生活中的每一天都常怀感恩之心。清心明志，怀恩养德，筑梦青春！

民谚说："清明插柳，端午插艾。"在端午节，人们把插艾和菖蒲作为重要内容之一。作为生活在东北的孩子无法参与到赛龙舟的运动中体会端午的含义，但班主任们发挥自己的聪明才智，带领孩子们开展了文化色彩更加浓厚的端午活动。有的班主任结合当地的实际情况，引导学生通过调查询问、上网浏览等方法收集有关端午节的由来及一些有趣的风俗习惯，如：了解人们为什么要过端午？端午节为什么要吃粽子？人们为什么要给小孩子挂香包、戴手链和五彩线等有关情况，让学生感受到过节的快乐。通过这样的活动让学生再畅想一下"我想怎样过端午节？"有的班主任组织学生开展了端午节赛诗会活动，让学生了解屈原的故事，培养他们爱国进取的精神。有的班主任开展了"我的端午节最快乐"或"吃粽子、话屈原"主题班会活动，让学生在活动中充分展示自己，同时让学生爱护他人、珍惜生命。张平老师作为一名优秀的班主任老师，更是请到了文化保护方面专家来给孩子们讲解端午的由来，并带领孩子们到校园中寻找艾蒿，在体验中感悟生命的宝贵和文化的传承。利用午检时间，班主任们组织学生观看了网上的赛龙舟视频，间接地体验着进取的快乐。

重阳节，对于住宿在校的孩子有几分特别的含义。黄莹莹老师带领学生进行特色的感恩教育活动。利用午检统一观看视频，聆听《我是演说家》中王帆带来的精彩演讲《你养我长大，我陪你变老》。孩子们哭着听完了演讲，回家主动拥抱了爸爸妈妈。当演讲到"有一天，我妈给我打电话说，早上你爸坐在床边，在那掉眼泪，说想女儿了。你知道我当时第一反应是什么吗？他摆弄着窗台上的花儿说了一句：'爸爸没有妈妈了。'爸爸没有妈妈了，大家觉得这句话在表达什么？悲伤？软弱？求呵护？我只记得我小时候如果梦到我妈妈不要我了，我就会哭醒，我特别难过，但我从来都没有想过：爸爸没有妈妈了是一种什么样的感觉呢？我发现这个在我印象当中坚不可摧高大威猛的男人，突然间老了。爸爸没有妈妈了，表达的不是悲伤，也不是软弱，而是依赖。父母其实是我们每个人最大的依赖，而当我们的父母失去了他们的父母，他们还能依赖谁呢？……有一次我正给我妈吹头发，旁边一位阿姨说：'你女儿真孝顺。'我妈说：'大家都说女儿是小棉袄，我女儿是羽绒服！'幸亏没说军大衣。那阿姨说：'我儿子也特孝顺，在美国，每年都回来带我们去旅游。'说着阿姨还把手机掏出来了，给我妈看照片，说你看我儿子多帅，一米八五大个，年薪也好几十万。我当时有点觉得话锋不对，为什么呢？当一位阿姨向你的妈妈展示他儿子的照片，并且报上了身高体重年薪的时候（笑的都是相过亲的，你懂的）。就在这个时候，阿姨说了一句让我们全场人都傻了的话，她说，可惜不在了，不在了。原来就在去年，阿姨唯一的儿子在拉着他们老两口在旅行的高速公路上，车祸身亡。在那一刻，我真的不知道说什么去安慰那位阿姨，我就想伸出手去抱抱她。可当我伸出手的那一刻，阿姨的眼泪就开始哗哗地往下流。我抱着她，我能感受到她那种身体的颤抖，我也能够感受到她是多么希望有个孩子能抱一抱她。也就是从那一刻我特别地害怕，我不是害怕父母离开我，我怕我会离开他们。"

中华民族传统节日是民族文化的宝贵财富，每一个传统节日都蕴涵着我们民族独特深层的精神价值观，她是我们中华民族文化的根。在弘扬民族精神、培育家国情怀的教育活动中，我校以国防教育为起点，传统节日教育为切入口，将其纳入学校教育教学活动之中。通过开展国防教育和传统节日教育，培养家国情怀，提高了学生对民族文化的认同感和自豪感。

"责任担当"

——值周实践活动

每一名东北育才双语学校的学生都会在初二的时候经历值周实践活动的洗礼，完成初中阶段"责任与担当"的成长和蜕变。

2016年11月14日—18日，班级的孩子们迎来了第一次值周。像第一次军训时一样，每天都是边学边做，每天都在收获成长。

值周前班长化身值周长，布置安排班级同学的值周岗位，他们为了不漏岗，使岗位更加精细、更加科学合理，甚至提前一周在别的班值周时就开始了"预热"，留心每一个岗位职责和总体岗位安排。眨眼间，一年前还分不清校园东南西北的娃娃们，不知不觉长大了，甚至于还没来得及发现他们是什么时候成长的，是怎样成长起来的。此时我眼中的值周长形象高大，责任心和做事认真的专注力都让我欣赏。我想这份成长应该就是在双语校园给予学生的锻炼和展示自我的机会中完成的。

如果说值周前忙碌的人是值周长，那么值周期间，就是全班同学齐上阵，真正到了心往一处想、劲往一处使的时候了。当值周动员大会上，班长的一句"这一周，我们班将荣辱与共"凝聚了全班同学的力量，学生们责任心的培养在双语校园里看似平常的工作中发挥着润物无声的作用。

在值周中，真正实现了学生和老师的角色对换，学生成为主体，而我则扮演着辅助他们的角色。在值周工作要接近尾声的时候，我开始思考怎样才能抓住教育契机，将这次值周的意义放大，达到规范行为习惯、树立责任意识、升华班风班魂的教育目的。翻阅班主任工作笔记，开学之初佟主任在班主任会上的一句话给了我灵感——"用量化强化责任和担当"，于是我决定抓住"值周总结班会"这个教育契机，将其划定为"后值周时代"的开端，使学生在潜移默化中加深对"爱校责任，为集体的建设承担"等教育任务的理解，来强化我班孩子们的责任和担当。

结束为期一周的值周活动后，按学校惯例都要开一次总结班会。在值周总结班会上，班级的孩子们带来了这样的分享：

第一，你好，值周。

我特意安排两位值周长带来相机，在查岗巡视的时候随手拍下温馨、感人的画面。利用课余时间我将这些照片精选，配上文字、音乐，制作成了电子相册。在电子相册中，我精心选出了每个孩子的身影，让43个孩子都出现在大屏幕上，让同学们感受到老师的关心和关注，他们认真值周的样子、努力进步的样子，身后的老师都看在了眼里。值周班会的第一个环节就是播放电子相册，孩子们看到大屏幕上的自己和同学，或不好意思地微笑，或惊讶，或感动，视频播放完毕，全班同学都情不自禁地鼓掌。

第二，感谢兄弟班级的帮助和支持。

本次值周活动得到了兄弟班级的大力帮助和支持。在安排值周岗位的时候，上一个值周班的值周长牺牲了一节体活课的时间对我班值周长进行岗前培训和交流，使得我班在安排值周岗位的时候少走了许多弯路，还学会了很多值周中化解扣分矛盾的小妙招。所以在值周班会上我特意设计了这样一个环节——感恩兄弟班级。

伴着优美的音乐，同学们摘下了胸前的笑脸标识，将值周用的本夹子整齐地放在纸箱中，由值周长交还给了上一周值周班的值周长，孩子们紧紧地拥抱在一起，说着祝福的话，情景非常温馨。正好10班的值周长肖楚严、刘骅驰和我班男生是混寝，在诉说"值周中最想感谢的人"这个环节的时候，我班任智阳还说值周中最想感谢的人是11班的两位值周长。这一周，为了让639寝室的同学每天吃好早饭，两位同学包揽了寝室一周的值日工作，这是非常感人的一幕，说着任智阳走到两位值周长面前，紧紧地拥抱着他的好室友，教室里再一次响起了热烈的掌声。我相信通过这个环节，两个班级的同学一定更加团结友爱。

第三，传递帮助和责任给兄弟班级。

我班从12班手中接过的是叠得整整齐齐的绶带和充满电的手台，省去了很多准备环节。所以在班会上我设计了传递帮助和责任给10班的环节。优美的音乐再一次响起。孩子们依依不舍地摘下了绶带，叠放整齐，各岗位负责人也将标示摘下，放到铁盒里，将充满电的手台收齐，由值周长一并交给10班值周长，并送上祝福。看得出，孩子们并没有因为摘下绶带而感到轻松，更多的是不舍。10班值周长也感到非常感动，班级内又响起了祝福的掌声。

第四，颁奖表彰时刻。

在值周中，我看到很多平时在班级里默默无闻的孩子在自己的岗位上做着平凡而感人的事。为了鼓励这些孩子，我和五个岗位负责人一起商量，设计了两个奖项——"尽职尽责值周生"和"微笑服务值周生"，选出20名同学进行表彰。在网上买来了漂亮的荣誉证书，我亲自设计版面打印，盖上了我的"玉玺"，专为值周定制的证书诞生了。

像《感动中国》栏目一样，由我给同学们颁奖，班长代表班委会大声念出授予"尽职尽责值周生"的颁奖词："在值周过程中，总有一些默默付出的身影，他们在外卖岗挺拔如松的站姿，在楼内岗一个个细心的举动，在食堂岗一次次善意的提醒，在室外岗一回回捡起纸屑……他们的精神可赞，他们的执着可嘉，他们的付出值得嘉奖和表彰！他们是尽职尽责的值周生！"授予"微笑服务值周生"的颁奖词："他们也许没有过人的才艺，也许羞于登上璀璨的舞台，但在值周工作中，他们以善意的微笑，打动着每一名同学，感动着每一名同学，也感动着每一位老师。他们默默地做好自己的工作，用实际行动为班级贡献了力量！他们是微笑服务值周生！"

受表彰的20个孩子中，有12个孩子是从来没有获得过荣誉证书的。他们平时在班级里各个方面表现都不突出，但他们有一个共同的特点，就是听老师话，做事情认真。这次值周表彰也是对他们的一种特殊鼓励，变相地践行着我经常在班级里说的一句话："老师从来不按学习成绩论英雄，对第一名不骄纵，对最后一名也不放弃。"

在家长写给我的反馈单中，也看到了满满的感谢。一位家长说："孩子回家就向我炫耀着红彤彤的证书，这是孩子上育才以来获得的第一个证书，孩子高兴得合不拢嘴，说要继续努力，不辜负老师的期望。"

第五，关于值周，我想说……

看了视频，摘了绶带，也颁了奖，孩子们感到轻松了许多。关于值周有很多话想说，我设计了四个话题：最感动的事、最遗憾的事、最想感谢的人、我的值周小妙招。

话题一给出，同学们争先恐后地发言。说得最多的还是最感动的事和最想感谢的人。很多我和值周长不曾看到、不曾发现的感人的事被同学们一件一件讲出，我也为孩子们的团结、友爱而欣慰。

第六，值周之后，我要做这样的育才人。

班会结束后，我走上讲台做总结，再一次为孩子们的成长鼓掌。值周不仅仅是让孩子们参与到校园秩序的维护之中，更重要的是，让孩子们在值周中收获成长。我给孩子们留了这样的周记题目——《值周之后，我要做这样的育才人》，让"后值周时代"的影响无限期延长。

周一返校，我认真阅读了每一本周记，并写下评语，真的感受到了孩子们在值周之后成长了不少，比如：有的同学这样写，"值周后，要做一个守信用、负责任的育才人"；有人这样写，"值周后，要做一个自律的育才人"；有人这样写，"值周后，要做一个认真的育才人……"在以后的学习和生活中，如果他们出现畏难情绪了或者犯错误了，我还会把这一期的周记拿出来，作为教育的素材，让孩子们再读一遍。

总结班会只是"后值周时代"的开端，值周结束后的周一中午，我还专门针对"值周后遗症"做了专题午检，提醒同学们在值周后有可能出现的不好的现象，比如值周那周科任老师们心疼同学，没有检查作业，有的同学就趁机不完成作业；楼内岗的同学要在下课前提前3分钟上岗，不值周了也下意识地提前3分钟就给自己下课了，听不进去了；外卖岗的同学站的时间比较长，自习课会打瞌睡，不值周了自习状态也没有以前好了……

都说学生展现的是学校的风貌和精神，从值周前各岗位负责人的细致分工、精准安排，到值周中全班同学的通力合作、不辞辛苦，再到工作结束后的完美交接，有始有终。我想学生们是在学着平时老师们的工作方式来开展工作，是在用育才双语传递给他们的理念来履行自己的职责，无时无刻他们都在展现着育才的精神和育才常态化的优秀习惯。

与我的孩子们谈"情"说"爱"

——2015级10班的一节主题德育活动课

电影《孔子》中有这样一段情节，鲁国君上问政于孔子："鲁国要想强大可否效法齐国呢？"孔子欲用周礼治国，劝谏鲁君道："齐国的老百姓不犯法是因为他们害怕刑罚，如果人们不犯法是因为他们讲礼仪、知廉耻、有品格，那不是更好吗？"

这正是《礼运大同篇》中所描述的孔子的理想世界：人人唯恐自己没有为社会出力，各司其职、各尽其力，都不是自私为己，这就是天下大同啊！我认为班级的管理也可以效仿孔子用周礼治理鲁国的方式，如果孩子们不是因为害怕班主任的责罚而守纪律，而是把老师、同学当成亲人，发自内心地去爱这个集体，愿意为集体付出、为同学服务，孩子们乐观开朗、阳光向上，这不就是我们理想的班级吗？

然而理想很丰满，现实却很骨感。随着物质社会的飞速发展，家长们越来越溺爱孩子了，也越来越看重孩子的成绩、分数，导致孩子们越来越冷漠、自私、缺乏温情。我希望我的孩子们不仅有出色的学习成绩，更重要的是他们要懂得感恩、阳光开朗、充满正能量。为此，我也一直在进行不断的努力与探索，寻找一种有温情有温度的管理教育方式，做一名有温情有温度的班主任。

1. 一次含泪午检

重阳节，学校安排的午检内容是观看视频《你养我长大，我陪你变老》，虽然早已在朋友圈中看到过这个视频，但这一次和孩子们一起观看的时候还是特别的感动。在观看视频的过程中我看到几个孩子眼中有泪光闪动，我坐在教室靠窗的角落里，也在悄悄擦拭着我的眼。

视频播放完毕后，教室里抽泣的声音显得愈发明显，我扶了扶眼镜对孩子们说道："杨老师看完这个视频后特别有感触，因为杨老师也和这个演讲者一样，是一个奋斗中的'80后'。大学四年，我也是异地求学，很少回家。即便现在回到沈阳工作，也只能是周末才能回家探望父母，在家的时间也是少得可怜。杨老师非常佩服班级里的每一个同学，你们年纪这么小，就有勇气离开家、离开父母，到这么远的地方求学，实现你们心中的梦想！老师知道，你们一定很想念爸妈，看完这个视频后是不是有很多话想对爸妈说呢？给大家留一个小任务，把你想对爸妈说的话以书信形式写下来，放在信封中封好。"说完我拿出了事先准备好的信纸和信封发给学生。孩子们静静地想着、写着，不时还擦擦眼泪，听着笔尖在信纸上舞出的沙沙声响，我知道孩子们写下的不仅是对父母的爱，更是一份成长。

之所以有让孩子们给家长写信的想法，源于开学之初的一通电话。我们班有一个男孩给我的印象非常好，温文尔雅，知书达礼，甚至有调皮的孩子捉弄他，他都不会生气，而是报以微笑，一看就是有着良好家教的翩翩佳公子。他父亲给我打的一通电话让我彻底糊涂了，他爸爸怯生生地对我说，他在家里特别怕儿子，儿子根本不与他说话，问儿子学校的情况，永远就是四个字"还行、挺好"，他在家里甚至不敢说话，怕惹儿子生气，周五放学到学校来接儿子，前一秒钟还和同学有说有笑的他，在看到爸爸的一刹那脸就拉得老长。回家的一路也只是插着耳机听着歌，躲在车里不与父亲交谈，好像把自己封闭在一个小世界里不肯让父母走进，自己也不愿走出来。后来又陆续接到了几个家长的电话，都是反映孩子在家总与父母争吵，对父母颐指气使，认为父母为孩子付出的一切都是理所应当的。这些电话有的是哭泣的母亲打来的，有的是无奈的父亲打来的。我看着班级中孩子们一张张可爱的笑脸，真的无法想象，他们回家后真的就是家长口中惹不起的"小祖宗"吗？

孩子们有的已经进入了青春期，逆反心理很重，如果不把和父母的关系处理好，这种不良情绪将带到班级，孩子们连最亲的父母都不尊敬，何谈尊敬老师呢？连最爱的父母都不关心，何谈关心同学呢？他们将来会不会成为冷漠的学习机器呢？于是我想到了这次午检是很好的教育契机，先从一封家书开始，慢慢打开孩子们的心灵世界。

2. 一封深情家书

孩子们的家书写完之后就一直锁在我的铁柜里，期中家长会上它们终于派上了用场。科任老师们将期中之前孩子们的学习情况总结完毕之后，我走进了教室，点开了电脑上我精心制作的电子相册，电子相册中收录了孩子们从军训到期中考试前学习、生活的点点滴滴，有整齐的步伐，有刻苦的训练，有开怀的笑脸，有流下的汗水，有整洁的床铺，有喷香的饭菜，有奔跑的英姿，有收获的奖状，有展示的才艺，有美丽的校园……看完视频后教室里响起了持久而热烈的掌声，我知道这掌声里有家长对我的感谢和支持。掌声过后，我开始说话了："家长朋友们，看到孩子们的笑脸，你们悬着两个月的心终于可以放下了吧。入校以来，宝贝们的身和心每天都在成长。但我知道，在家里，他会发脾气，他不再像小时候一样亲近你，他好像不能理解父母对他的爱。那也是因为他们长大了，他们进入青春期了，回想你们的青春时光，是否也有过一段与父母为敌的日子呢？他们真的不是不爱你们，他们把对你们的爱都写进了信里，看看书桌里的信吧！"

家长们都沉默了，仔细地看着孩子写的信，生怕漏掉一个字，几个妈妈抽泣起来，还有几个爸爸在悄悄擦眼睛。我又对家长说了这样的话："家长对孩子成长的认识，决定了孩子的高度。你在向孩子提要求的时候，自己是否也能做到周末陪孩子一起写作业，一起攻克难题，一起散步，还是出去应酬，玩手机，玩电脑呢？孩子的成长需要你的陪伴。看了孩子写的信之后，你是不是也有很多话想对孩子说呢？给孩子写一封回信吧！我每周都让孩子们写周记，这周也给家长留个作业，给孩子写一封信，就夹在孩子的周记本里，周日返校交上来。"说着，把事先准备好的信纸和信封发给了家长。

我还应该做些什么，能够再深入孩子的内心中，触碰到那个最柔软的地方呢？

3. 一节特殊主题德育活动课

期中考试后，学校的常规德育工作恢复了正常，隔周一次的主题德育活动课是《做文化交流的使者》（国际理解教育），身为历史老师的我看着这个标题，脑海中闪过：张骞出使西域、玄奘西行、遣唐使、鉴真东渡、马可·波罗来华、新航路开辟等一系列历史事件。这个班会要怎么开才能既生动又有意义呢？我陷入了久久的沉思。"理解"两个字一直在我脑海中闪烁，不如就以"理解"为题，主持召开主题德育活动课吧！再给之前的"感恩父母"的教育追上一剂猛药！

我将整个主题德育活动课设计为三个板块：

第一，请理解你的同学。在这个板块，我设计了三个活动，首先，写下你与同学交往中的一个矛盾，不记名，叠好放在纸箱中。孩子们听到主持人宣布这个活动的时候都笑了，有的迅速拿出纸和笔，唰唰几下就写好了，把纸叠得很小，迅速放到纸箱里，生怕被人看到。看来这个矛盾一定在这个孩子心中已久未解决。有的半天没写出来一个字，咬着笔，挠着头，不知道写什么。看来这个孩子一定是大大咧咧的，都忘记和同学有什么矛盾了。三分钟过后，主持人手中的纸箱里已经积攒了满满的"矛盾"。接着，主持人开始进行第二个活动，现场抽取三个矛盾，全班同学一起帮着解决矛盾。当听到这个活动的时候，有的孩子捂住了嘴，有的孩子捂住了眼睛，生怕自己的矛盾被抽中。经过一番讨论，三个矛盾都被同学们化解了，大家一致认为，能在一起成为同学就是一种缘分，凡事多站在对方立场上考虑，多宽容别人就不能产生矛盾了。接下来是第三个活动，刚才被抽中的同学，你的矛盾解决了吗？你愿意和你的同学握手言和吗？教室里是一片沉默，没有人站起来。接着主持人点开了电脑上的视频，是我在家长会上播放的电子相册，教室里瞬间被笑声充满，并响起了持久而热烈的掌声，这掌声与家长会上的掌声一样激动人心，看着自己和同学的照片，孩子们应该已经懂得了老师的用意。视频播放完毕后，主持人再次发问，刚才被抽中的同学，现在你愿意和你的同学握手言和吗？又是一段沉默，一个、两个、三个，我看到有三个孩子站了起来，走到另外三个同学身边，那三个孩子也站了起来，孩子们握手言和，还拥抱了对方。这个时候教室里是满满的温馨。

　　第二，请理解你的老师。在这个板块我同样设计了三个活动。活动一：你了解老师一天的工作吗？你家里有亲人是老师吗？班级里几位教师子女首先发言，道出了老师妈妈、老师爸爸的辛苦。活动二：接着大屏幕上出现了这样一组数据：目前中国人的平均寿命是72岁，但教师的平均寿命却只有59.3岁，某市教育局对全体教师进行体检，结果是：35岁以上的教师仅有8%的教师身体各项指标正常！颈椎病、肠胃病、头痛病、眼病、心脑血管病、心理疾病成为教师的多发职业病。并且50%的教师有心理障碍，教师的亚健康超出常人的3倍多！我看到孩子们露出了惊讶的表情，孩子们的目光也纷纷投向坐在角落里的我。刚才发言的几个教师子女皱起了眉头，满眼的担忧。活动三：接着大屏幕上又出现了这样的文字：爱自己的孩子是人，爱别人的孩子是神。选择做一名老师，其实是在选择把班上所有的孩子当成自己的孩子来爱的工作！老师教育你，不是你不优秀，而是希望你更优秀。严管你，不是老师要求高，而是这个社会对你的要求越来越高。批评你，不是你的错误不可原谅，而是提醒大家都要注意。不理你，才是真正的放弃你！所以，请理解我们的老师吧！在主持人的渲染下，教室里再一次响起持久而热烈的掌声。孩子们把这持久而热烈的掌声送给我，并报以温情的眼神。

　　第三，请理解你的父母。这个板块也是三个活动。活动一：家里常有人对你唠叨吗？他（她）向你唠叨时，你有什么感受？这个问题一抛出，气氛马上再次活跃起来。孩子们踊跃举手发言，纷纷"指责"自己的父母爱唠叨，特别心烦。仿佛这场班会马上就要变成对父母的"批斗大会"了。好几个孩子在说父母缺点的时候情绪非常激动，还有的孩子不举手，直接站起来就说。主持人好不容易才将几乎失控的局面控制住。活动二：家里谁最劳累？谁干活最多？这个问题一抛出，刚才还叽叽喳喳的教室瞬间安静了下来。刚才情绪激动的几个孩子又站了起来，支支吾吾地说道，"虽然我妈特别爱唠叨，但是我家里最辛苦的就是我妈了"……有一个孩子还默默地低下了头，好像对自己刚才对父母的指责感到后悔。这个时候主持人点开了我准备的第二个视频——《遇见20年后的父母》。同样，这也是我在微信朋友圈里看到的一个视频，讲的是一个有趣的实验，先把子女的眼睛蒙上，再通过化妆技术，让爸爸妈妈"老"去20岁，当孩子们把眼罩摘下来的那一刻，先是笑了，在和父母对视了10秒钟之后就哭了。学生们在刚看到视频的时候，也是笑了，接着教室再一次陷入沉寂。视频中的子女说着语无伦次的话："不要老……我刚才又不小心对你发脾气了……我这到底什么时候能改啊……我已经没有爸爸了，如果有一天我妈老了，我妈没了，我不知道我该怎么活下去……"这个时候教室里出现了小声的抽泣，接着是大面积的哭泣，视频中出现了背景音乐《当你老了》，孩子们纷纷拥抱"老"去的父母。我想这一幕已经深深打动了孩子们的内心，无需太多语言。这个时候主持人将父母写给孩子的回信发了下去，没有一个孩子不是流着泪看完回信的，虽然他们的父母都还很年轻，但我相信此时的孩子们已经能够深切理解父母那颗爱他们的心了。

而此时的我，躲在班级的角落里也在悄悄地擦眼泪。班会结束后，我被主持人邀请上讲台进行总结，看着孩子们哭红的眼睛、哭花的小脸，我勉强挤出了一个大大的笑容送给孩子们，强忍着眼泪说道："孩子们，我相信今天的班会你们一定会终生难忘！它教会你们要理解你的同学、老师和父母。特别是你的父母，你最亲最爱的父母。杨老师每次带班车都特别有感触，看着你们的爸爸开着车，送你们到班车点坐班车返回学校，班车缓缓开动，你们依依不舍地与父母挥手告别。五年前的一个夏日清晨，我的爸爸也开着他那辆破旧的夏利车送我到老师的班车点，而我却嫌弃那辆破车，没有对着窗外的他挥手告别，甚至都没看他一眼。后来他就再也不能开车了，甚至连轮椅都驾驶不好，只能由我推着他在院里晒太阳。所以，孩子们，孝顺不能等，孝顺要及时。多理解多体谅你的父母吧！和父母产生矛盾的时候，要做到两个'S'：smile and say sorry。老师想给你们布置三个任务：第一个，出校门之后拥抱爸妈，说声我爱你！第二个，回家认真观察爸爸的白头发、妈妈的皱纹。第三个，为父母做一件力所能及的事情。"我的话说完之后，教室里再一次响起了持久而热烈的掌声。这次主题德育活动课比预计的还要成功。

4. 爱的教育之后

主题教育活动课结束后就放学了，孩子们红着眼眶，安静地收拾东西，我站在讲台上，感受着教室内的温馨与和谐。回家的班车上，我接到这样一通电话："杨老师，我是小刘的妈妈，孩子在学校是不是犯什么错误了？一出校门就把我抱住了，也不说话，还不让我拿箱子，自己拿到车上的。"来电话的是我班一个比较"淘气"的女同学的妈妈，她妈妈以前跟我说过，她家里有三个孩子，这个女孩是老大，下面还有一个妹妹和一个弟弟，从来都不知道让着弟弟妹妹，总是觉得因为弟弟妹妹的出生，夺走了爸爸妈妈对她的爱。"回家里还辅导妹妹写作业呢！不知道犯啥错误了，需不需要我到学校去啊？"她妈妈接着说道。我笑了，向孩子妈妈讲述了主题德育活动课的经过，孩子妈妈恍然大悟，连声说道："谢谢杨老师啊！这样的活动真应该多搞一些！"

很多家长都在反馈单里写到孩子回家之后的变化，自己洗袜子，帮妈妈刷碗，去爷爷奶奶家陪伴老人……我想这就是学校安排主题教育活动课的根本目的吧。一所优质的学校，给予学生的不仅仅是优秀的师资队伍、现代化的教学设备和理念，更应该赋予学生情感上的共鸣和成长。特别是在家长"宠爱"和"呵护"下长大的新一代，在孩子成长的过程中，很多家长只关注了成绩，而忽视了与孩子情感上的沟通，导致孩子认为所有人的付出都是理所应该的，不懂得感恩，更不懂得付出。学校适时组织主题教育活动课、感恩活动、14岁成人礼等活动，就是在情感上教育学生，让学生成为一个懂得感恩的、有温度的优秀育才学子！作为学校活动的实践者，我也在这条路上不断尝试、不断努力着，希望我们的孩子都能向上、向善、向太阳！

红心向党、天下为公

——我们的特色共青团

"我劝你往下看，多看，多接触人，我们部队到处都是放光的红心。"这是巴金的《军长心》，这颗红心是忠于无产阶级革命的心，是忠于无产阶级革命的意志。中国共产主义青年团作为中国共产党领导的先进青年的群众组织，是广大青年学习中国特色社会主义事业和共产主义的学校。根据上级团委的工作布置与要求，立足于校园特色，旨在做好学生思想教育，丰富的校园文化随即展开：

1. 团课培训、理论初识

团课是团组织对团员进行思想政治教育和团的基本知识教育的主要形式，指的是通过上课来教育团员，是提高团员思想理论水平和政治素质的有效途径之一。我校团委组织团员学习"中国共产主义青年团的简介""团的光荣历史""团的基本任务""团队生活"等方面的团课内容。

通过团课培训，学生深刻了解了共青团的历史意义，成为组织和开展的教育活动的有力助手，同时又是实施自我教育的组织者和领导者。理论、概念的输入，形成学生正确价值观念、事物认知的输出，进而加强学风的建设。团课培训进一步陶冶了学生的性情和道德情操，通过组织开展第二课堂活动，使学生实现自我教育，提高自身综合素养。

参与其中，使我深刻感受到团员对团组织的尊敬、对团生活的向往、他们内心中的责任感与使命感。团课培训促进他们的成长，由稚嫩到成熟，学会独立思考团课内容，加入自身理解。一直记得2016级李峰同学，那天的团课如期开课，康老师声情并茂地给学生们介绍了团的光荣历史，课后他迟迟没有离开教室，依旧盯着屏幕上的图片，眼睛里闪烁着光芒。我走上前去拍了拍他的肩膀，还没等我说话，他激动地跟我说："老师，我特别想加入共青团，我一定会努力的。"还没等我回复，他接着说："谢谢老师，老师再见。"一个90度的鞠躬，我只来得及对他微笑，但我明白他从中感受到艰苦不易，奋勇拼搏，也将之转化为动力、责任和担当。不仅是他，参加过团课培训的其他同学们或多或少都比往日更加稳重，做事多了一些思考，想问题更加全面。往日不愿说话、不常参与班级活动的同学自愿分享团课经历，参与甚至组织班级活动。班级里的张岚同学是大家公认的认真仔细的好榜样，他负责清洁的过道总是最干净的，同学们都推选他当值日组长，我找到他并说明意图之后他犹豫了，我感受得到他是想要拒绝我的，只是碍于师生关系不好开口。我并没有不高兴，而是这样告诉他："没关系的，张岚同学，你怎么想的就怎么说，李老师单独找你就是想先征求一下你的意愿。""老师，我可以把我的区域打扫干净，打扫干净之后我就还是想回到座位，我不想耽误学习。"团课结束后，他主动向我请求担任值日组长，还给了我一封"秘密书信"，此后他积极策划各种方案高效地完成联检任务，坚持到检查结束，这种思想和行动上的蜕变让我惊讶且欣慰。

2. 14岁迈好青春第一步

青春，它就如一轮初升的太阳，朝气蓬勃，活力无限；青，是绿色，是生命的颜色；春，是季节，是成长的季节。青春就是出生在成长季节的那片生命的绿色，是阳光下那片灿烂的笑容 。青春，简单的两个字，却多么的让人念念不忘，流连忘返，让经历过的我们还想再来一次！14岁的青春，当感恩于心——感恩过去所受的困难与鼓励，当专注拼搏——专注过程，拼搏于眼前，当昂首远望——怀抱憧憬，展望未来。14岁，是感恩过去，于当下拼搏、为未来奠基的青春，是无悔、奋斗的代言。

在国歌奏响后，在鲜艳的队旗里，同学们最后一次行少先队礼，最后一次唱起少先队队歌，"我们是共产主义接班人……"老师正式宣布2016级少先队退队的那一刻，同学们将胸前那飘扬的红领巾郑重摘下，放进成长档案中，以此跟少先队郑重告别。

退队仪式见证孩子们翻开人生的新篇，拥抱明天的美好。14岁，当学生摘下红领巾，成为一名中学生，便告别孩童时代，开始走向风华正茂的青春时代。从那刻开始，学生应学会遵从内心，试着来选择和规划自己的人生，确立属于自己的远大理想，更会了解到自己的天赋优势所在，发现并全力以赴地实现真正的自己。

我作为老师，见证孩子们迈过青春的起点，迎来更好的自己。初一刚见到他们时，他们稚气未脱，一脸天真，不会吃饭叠被，不懂标准和要求，更不清楚目标和理想。 不知不觉，孩子们被褥不再凌乱了，自习也不再迷茫了，变得更加活泼、开朗、理性、坚强。他们，长大了。退队仪式结束后，班级里一片沉寂，荼荻同学说他感受到成长的压力，自己将面临更多的选择，不能再依赖长辈，很多事要靠自己解决，因此有些无力。的确，成长意味变得成熟，同时面临成长后所需的独立，自主选择，需要形成自身的观念，对事物的认知。我身为老师，是14岁少年们的摆渡人，给予他们鼓励、支持、引导，但成长之旅中更多的经验、道理需要他们在不断的打击、磨砺中领悟。

3. 注入新鲜血液的"双代会"

双语学校的双代会全称为"团员、学生代表大会"，是由团员及学生作为代表选举。团员学生代表大会是为了顺利完成团委会以及学生会的学生干部换届选举工作。团员学生代表大会的选举，发挥团委、学生会的桥梁和纽带作用，将老师与学生之间紧紧地联系在一起。

2018年12月13日下午，双语初中部在会议室召开东北育才双语学校初中部第五次团员代表大会暨第五次学生代表大会。校领导以及团员代表和学生代表出席了本次大会。

东北育才教育集团团委发来贺信表示祝贺，希望双语初中2018级团学干部深刻理解社会主义核心价值观的内涵，通过自己的工作向同学传递社会主义核心价值观的正能量。

会上，王铁红校长代表学校致辞，希望大家能履行代表职责，为初中团学工作提出好的意见和建议，同时也对团学干部提出要求，要求团学干部严于律己、以身作则、团结合作，为初中团学发展做出贡献。

大会听取并审议了《东北育才双语学校初中部第五次团员代表大会暨第五次学生代表大会提案工作报告》，宣读了《东北育才双语学校初中部第五次团员代表大会暨第五次学生代表大会倡议书》。佟玲主任在大会现场公布了2018级团委学生会成员名单，在新一届学生会干部柳书轩的带领下，全体成员进行了就职宣誓，并以他们独特的方式展示了作为团学干部的风采。飞叠杯、魔方展示，表演者手速之快让观众眼花缭乱，连连发出赞叹声；诗朗诵、书法、小提琴演奏获得了台下师生的热烈掌声。37名新团员在初一学年团总支宋佳霖的带领下，面对团旗团徽，庄严地进行了入团宣誓。

最后大会在充满励志气息的校歌声中圆满结束。

此次大会的召开，代表着我们初中学生从稚嫩向成熟的蜕变，它展示着我们初中团学组织厚积而薄发的活力。在今后的工作中，我们会以饱满的热情、高度负责的主人翁精神和严肃认真的态度做好各项团学工作，为全校师生服务！

4. 光荣入团

新团员入团时，要举行入团仪式，并必须在团旗下进行入团宣誓。流程：全体立正—唱团歌—宣布新团员名单—授予团员标志，佩戴团徽—宣誓（由仪式主持人领誓，读誓词时举右手）—新团员代表讲话—支部、总支或团委领导讲话—仪式结束。

佩戴团徽时，我看见每名团员的脸上都洋溢着激动、喜悦的神色，较于唱团歌、宣布名单时的严肃，此时此刻是他们内心最强烈、最真实的感受——光荣。

宣誓时，团员们的誓言之声铿锵有力，雄浑激昂，14岁的他们比同龄人肩负着更多的责任，使命。"从来没有如此激动，我拥有了特殊的身份，但比别人多了一份责任，我必须在它与学习生活中找到平衡。"我认为无论是学生时代还是成人世界，都要在矛盾中找到平衡。在之后的校园生活中，团员同学们利用课余时间，加强班风、学风建设，帮助学习上困难的同学并以此巩固知识，提高自身能力。团员身份提高了学生的时间规划、利用能力，增强了他们的责任感，培养了他们无私奉献、勇于担当的品质。

5. 充实丰富的假期生活

社会是另一个重要的学校和课堂，生活是另一种重要的课程和教材，实践是另一种重要的学习方式和途径。社会生活和社会实践就是无字之书，对于学生的成长和发育具有同等重要的意义。

我校团委组织学生以班级的形式参与有意义的社会实践，如拜访敬老院，低碳减排，关爱留守儿童、孤儿、残疾儿童，环境保护，无偿献血知识的宣传，助力贫困山区儿童学业……并且要求班级完成活动纪实，择其意义深刻、精心策划者展出。

16级刘然同学于2018年12月到某贫困山区探望留守儿童，为他们带去了冬季所需的衣物。此外，刘然同学教女孩子们水彩画，为她们带去了画板、彩笔、画纸；教男孩子们打篮球，踢足球，打乒乓球。他在活动纪实中写道："较于资金上的捐助，我更想帮助他们度过寒冬，体验生活的乐趣，拥有强健的体魄。"

用行动扮靓沈阳，让家乡因我更美好

——"学习雷锋，擦亮沈阳，三城联创"双语学子活动纪实

为大力弘扬奉献、友爱、互助、进步的志愿服务精神，结合"三城联创"工作，全面掀起学习雷锋精神，助力沈阳振兴的热潮，双语初中部团委特别倡议全校师生参与到服务家乡沈阳的志愿活动中。

双语师生及家长利用假期、课余时间积极地走进社会公共区域开展了志愿服务、帮助空巢老人、清洁公共设施、在医院急诊部做导诊志愿者……他们的志愿服务为寒冷的冬季带来了温暖，展现出了双语学子积极承担社会责任的意识和决心。

更多志愿服务活动还在逐步开展中，相信每个人的一点点付出，汇聚起

来就会为我们生活的这个城市带来巨大的变化。这座城市，我们身在其中，是服务者更是受益者。让我们用行动扮靓沈阳，让家乡因我更美好。

社会实践活动促进学生全面发展，促进学生社会化。课外活动由于强调学生自主参与、自愿组合，充分发挥了学生的个性。在活动过程中，学生的主体作用得到了充分发挥，才能得到了施展，学生的独立性、责任心、参与意识等也进一步发展。校内外活动为学生提供了一个理想的环境，学生渐渐习得一些成人社会的行为，同时，有助于学生从童年向成人转化，促使学生在社会化过程中个性化。课外活动给学习生活增添了乐趣，也能帮助学生学会利用闲暇，培养健康的兴趣爱好，丰富其精神生活，使学生在社会实践中能找到发展自己特长的领域。

二、"立身以立学为先"——全面发展，综合提升

习惯养成，受益终生
——学习习惯养成记

2015年8月，又一个新学期即将开始，作为新初一年级特长班的班主任，我怀着赤诚之心立志带领好我的班级，让每个学生在这个集体中都有所收获。我在班主任工作计划中写下这样一段话：在规则允许的范围内，给予充分的机会让孩子们的核心素养得到全面提升，树立端正的生活态度，养成良好生活和学习习惯。

都说"好习惯，益终生"。可是怎么养成好的学习习惯呢？

很早之前，在《教师博览》上看过一篇文章，说一个年轻教师对学生尽心尽力，学生也很感激这位年轻教师，但是这个班学习成绩却没有起色，反而下滑。学校决定让一个老教师管理这个班级，一段时间之后，这个班级蒸蒸日上，这其中的根本原因是什么？一个学生道出个中原委，说年轻教师每

天教导我们要努力学习、努力学习，但是该怎样努力学习呢？同学们不知该如何具体去做。

这个故事深深地触动了我，使我明白，良好的学习习惯不是说养成就能养成的，是一个由简单到复杂的逐步构成的过程。要根据学生的年龄特点、根据教学的具体状况，结合潜力增长的需要，循序渐进，逐步提出具体的切实可行的要求，才能使他们良好的学习习惯由小到大，持续稳定地得到发展。

俗话说：智者不打无把握之仗。要勤于计划，多做反思。新学期我将我的工作思路做成一张表格，以时间为轴，每个月每一周的任务细化，并告知学生具体实施办法。如：

9月主题：好习惯养成月

目标：做三好孩子——吃好饭，睡好觉，交好友

第一周：明确要求，抓好常规教育，进行常规训练，做好每个第一次。（如一日作息时间的明确；食堂就餐的规则和策略；寝室、教室的纪律、卫生、学习的要求；专业课的要求等）

第二周：巩固校规校纪，主抓细节，从细节入手。（如：预铃响回座准备，进教室就安静，寝室预铃响熄灯，熄灯后保持安静，上晚自习做到零抬头等）

第三周：培养自主学习能力，继续巩固细节。（如反馈自习课学生表现及预铃响回座情况；推荐3名学习方法、学习效果好的学生午检时分享他们的零散时间的利用；指导如何科学安排自习时间，如何听课才能达到事半功倍的效果等）

在9月我们收获良多……

培养了一个观念：铃声就是命令

树立了一个意识：自习最大。

确定了一个目标：向课堂要效率

短短的一个月，班级更加有序，教室越发清静明朗，孩子们切身感受到班级的变化，他们爱上了这间教室，命其名为"清远书斋"。

习惯仿佛一根缆绳，我们每一天给它缠上一股新索，要不了多久，它就会变得牢不可破。随着学习进程的推进，一方面特长班很多同学没能找到适合自己的学习方法，还不会主动学习；一方面由于学习高手众多，很多孩子感觉学习压力大，心理压力大。基于此，10月份我们着力及时了解学生的学习动态，使学生尽快找到适合自己的学习方法，能够学会主动学习，从而更好地适应紧张有序的初中生活。

10月主题：好学生养成月

目标：做四好学生——吃好饭，睡好觉，交好友，学好习

第一周：做好假后收心工作。经过9月的适应期，学生本月要进入稳定的求知进取阶段了，通过班级干部的评选，班级树立了榜样，这些正能量典型引领班级的健康发展。努力营造学风浓郁的班级软环境。

第二周：学习上寝室内部结对子，（师徒携手同行）开展第一次寝室学习挑战赛。

第三周：常规管理之——向课堂要效率，开展"我会上自习"宣讲活动，树典型、找榜样。加强学法指导，引导学生学会学习。

孩子们在自身习惯养成的过程中是受到伙伴的影响的，10月份的寝室结对子活动让班级许多同学的学习好习惯得到巩固。班级的一个小男孩最大的特点就是特别爱说，每天的精力都很旺盛。记得寻找师傅时他说：我知道自己话多所以我有一个心愿。我想找一个能督促我回寝室背英语和语文的师傅，希望师傅能和我一起养成睡前背10个单词的好习惯。另一个同寝室的男孩立刻站起来说：我们一起努力吧！后来的后来，这两个孩子从一起背单词到一起背课文到一起研究问题，一路过关斩将冲到育才高中。自从我们开展

了寝室结对子活动，不但寝室的风气特别正，也促成了很多一起拼搏奋斗的伙伴。

每一个人都希望得到别人的欣赏，"我会上自习"的宣讲活动给了孩子们展示自己机会的同时也让孩子们彼此之间分享很多优秀的学习方法，通过这个活动班级里很多孩子学会了如何分配晚自习时间、如何处理作业中的问题、如何高效使用练习册、如何复习课堂笔记等。班级的自习一天比一天好，孩子们的成绩一天比一天高，他们真正体会到只有分享才能共享，只有共享才能共赢的道理。

好习惯是整体发展、互相促进的。除了学习习惯外，还要养成的良好习惯有很多，如生活习惯、卫生习惯等。它们之间具有很大的关联性。一个人在日常生活中粗心大意，要在学习中养成认真细心的习惯是很难的。培养学生良好的学习习惯，不能单枪匹马，孤军作战，还要与校园、班级的同学联合起来，互相促进。

据研究，因为同伴之间相对地位平等，接触的信息、思维发展的程度都更接近，同时相处的时间多，所以初中阶段，同伴较父母、教师对学生的影响更大，更密切。接班后，我会根据班级最近发生的事情或存在的问题，每周给学生布置写有主题的周记，每位学生针对这一主题写下自己的看法，到班会课时自告奋勇地上来讲。比如，我们定了"总结我们的得与失"主题，学生发言很积极，说班级很团结，但也有一些不良现象，比如有些人课上未经老师同意换座位，有部分学生作业糊弄等不良事件。又比如发现班级里学习气氛不够浓，有个别学生厌学，我定了"说说我为什么要读书，我为谁而读书"的主题；寝室出现聊天话题不主流问题，我会安排主题为"寝室里我们应该做点啥"的周记等。只要是关乎学生成长的话题，都可以拿来互相交流，这种教育的效果比老师的说教要好上千倍。

进入初二，虽然学生的初中生活进入了轨道，但是随着年龄的增长，青春期学生的心理也随之变化，从而也滋生出了许多新的问题。面对这种情况，我及时地调整了管理方法。

1. 引导孩子解决问题

特长班的孩子对比同龄人还是要成熟一些的，他们在理解力、自控力和荣誉感方面都要高一个等级。其实这时候所有的问题归根结底都是学习问题的演化，都是因为学生觉得学不好了才干些"不务正业"的事。如果能让孩子们觉得自己很有希望，谁还会不务正业呢？

了解到物理力学会很困难，我们就在班级利用午检研究怎样学习物理才高效，大家想了很多方案，如结对子、每日一题、小组竞争，更有孩子总结题型分享给大家等。同学们的焦点就被引导到怎么学物理才能学好，而不是一味地去抱怨物理怎么这么难！这种积极的思维习惯成为班级的主流。

初二学习任务繁重，压力大，孩子们比较焦躁，有条理地处理问题的习惯就显得十分重要。全班各科课代表联合起来，帮助同学们梳理各科要学的内容，然后归类哪些问题必须要解决，哪些是第二批要解决的，哪些可以滞后解决的。同学们逐渐养成了科学归纳、勤于反思的好习惯。

初二下各科学业难度增加，还要面临地理和生物的"小中考"。学生的思想压力很大，怎样引导他们面对困难，脚踏实地备考就是重中之重。认真作业的习惯是一切好成绩的基础。在作业的问题上，我从来都是理解同学的难处，他们写不完作业不是简单地批评和处罚，而是和他们研究哪些需要当天写完，哪些可以后来再补！这样在班级里就形成一种风气：准时写完作业是优秀；没准时写完但在来得及的时间里补全了不可耻。

2. 通过小活动劝诫孩子的不正当行为

每个学期我都会做很多次德育小活动，但我想最有效果的记忆最深刻的就是"你是怎样的一张纸"和"我想这样去奔跑"。

"你是怎样的一张纸"源于在期中考试前有的孩子有了自暴自弃的打

算，作业不写，晚自习不学习。看到这种情况，在一次周五的班会上，孩子们都坐好等着开班会呢，我就走进教室没说话先拿一张手纸擦了一下讲桌然后扔到了垃圾桶，大家没什么感觉，然后我又拿出一张100元把几个粉笔头包里也扔进了垃圾桶。大家都呆了（当时他们是觉得我有病）。我还是沉默不语，有的孩子沉不住气了说老师你把钱扔了。我说"是吗？"由此引开了对这个行为的讨论。有的孩子说老师我们每天在这不好好学习，不就是把家长的钞票扔垃圾桶嘛！有的说老师我觉得你是想告诉我们要做一张有价值的纸，100元即使脏了被扔了还有人捡起来，因为它的价值没贬值，一张脏了的卫生纸是垃圾不值得再捡了。所以后来如果出现自暴自弃的，他们都会说别做一张卫生纸啊！要做一个有价值的100元，也会说你今天把100元扔垃圾桶没？呵呵，目的达到啦！

"我想这样去奔跑"活动，是因为初三了，有些孩子学习掉队，有些孩子生活上我行我素，出现了几次集体和个人利益冲突时的不当做法。我没有批评他们，因为这个时候谁都有道理，这个时代也是以人为本的时代，不能说谁就是错，谁就是对，一味地说教是不明智的。

我就带他们去操场开展了一次团队奔跑活动，根据规则只要有一个不听从组内统一的安排，想要自己做自己的，这个小组的整个队伍除了摔倒、除了被超过没有第二种结果。他们很欢乐也很有触动，真正认识到自己的自私和特立会影响组内所有的人。有了体验他们对在集体中的个人行为也能有意识地自我约束了，小组合作情况也好了很多。

初三如约而至，养成敢于质疑的习惯和认真听讲的习惯起到了决定性的作用。学生敢于质疑，学生会提问，一方面说明学生对于学习的资料有着清楚的认识，另一方面，也能把疑难问题放在课堂中解决，不会日积月累，越积越多。

课堂中，我们肯定会要求学生认真听讲，可有的学生课堂中就是不认真听讲，对于这样的学生，我经常采用下课后进教室让学生复述的形式，让孩子说说刚才听到的发言，也能够复述教师的语言，这样能够沟通同学之间的信息，督促其好好听课。

育才园里有这样一句话：眼里看着成绩，心里念着管理。班主任们都明白，学习与管理是车之双轮、鸟之双翼，缺一不可。只注重学习而忽视管理，学习就会成为空中楼阁；只注重管理而把学习搁置一旁，管理的结果必是舍本逐末。

学习的好习惯只能在学习中形成，教师积极地进行教育探索，选取最能发挥学生主动性的教学方法来组织学生的学习生活。培养学生主动学习的习惯，帮助学生树立快乐学习的心态，为学生创造安静学习的环境，引领学生发现幸福学习的乐趣，是我一生奋斗的目标！

习惯养成，受益终生
——学习习惯养成记

人生，是无数习惯的总和。真正改变你人生的不是道理，而是习惯。查尔斯杜希格就在《习惯的力量》中写道："人每天的活动中，有超过40%是习惯的产物，而不是自己主动的决定。虽然每个习惯的影响相对来说比较小，但是随着时间的推移，这些习惯综合起来却对我们的人生有着巨大的影响。"换句话说，一个人习惯的优劣，决定了我们将会成为怎样的人。奥斯特洛夫斯基在《钢铁是怎样炼成的》里写道："人应该支配习惯，而决不能让习惯支配人。"事实上，每一个优秀的人背后都是由一系列优秀习惯所支撑的。也就是说，想要成为一个优秀的人，首先得努力培养自身优秀的习惯。没有什么比习惯的力量更强大。习惯是一个思想与行为的真正领导者。习惯让我们减少思考的时间，简化了行动的步骤，让我们更有效率，也会让我们封闭、保守、自以为是、墨守成规。

孔子说:"少年若天性,习惯成自然。"如果一个人能够在少年时期养成良好的学习习惯,那么他便会将追求知识、努力学习当成生活中重要的一件事情来对待,而不需要父母或者他人再三催促。习惯的力量是惊人的,它通过每天的点滴积累影响着一个人一生的发展。

道理我们都知道,然而在我们的学生身上,好习惯与坏习惯并存,当我们清楚地知道获得成功的可能性就取决于好习惯的多少的同时,如何在学校帮助孩子们形成完善习惯,是肩负在我们身上的任务和责任。打造出优秀的育才人,是孩子们踏入校园第一步起,就奏响的第一个音符。

2018年,依依不舍地送走了用心浇灌了3年的2015级3班,又迎来了2018级09班的一群可爱的孩子。管理着一个50个孩子的班级,不仅肩负着传递给学生知识的责任,更肩负着培养好习惯的责任。

为此我制订了详细的计划来培养孩子们的习惯。

习惯养成计划表

月份	主题	月重点	周训练重点	方法措施
9月	金秋九月泼墨染画	健康习惯	仪容仪表	每月第一周周二午检,班级自检。
			胸卡校服	校服不可敞怀。不可涂抹桌布。
			三餐按时	严抓不吃早饭、因第三拨儿时间晚不去吃饭的现象。
			保证睡眠	寝室讲话现象严格杜绝。惩罚措施:班级处罚单(完成任务后方可撤销)。
10月	十月丹霞万重红锦	听课习惯	调整坐姿	头正、身直、肩平、臂开、足安。黑板提示词;班主任提示。
			积极发言	提有建设性、积极、正面的问题。

续表

月份	主题	月重点	周训练重点	方法措施
			笔记质量	课代表抽查笔记，明确A、B、C、D等级，进反馈单。
			卷子粘贴	每周五离校前王思齐、吴云皓检查班级卷子粘贴情况，并反馈。
11月	十一金菊秀色夺冠	文明习惯	右侧通行	违反校规未右侧通行者，在前门单设岗一周，提醒监督班级遵守。
			礼貌问候	见到老师主动问好，尊重课堂尊重自己，有疑问下课问。
			团结友爱	学会调节自我情绪，遇到不同意见时，平等公平理性对待。
			语言文明	班主任不定期询问私底下讲脏话的人，有则改之。
12月	十二腊梅迎风傲雪	卫生习惯	桌面整洁	人走桌面干净。
			箱子有序	整理箱摆放合理且无水果等物品长期存放。卫生委员每周抽查。
			做好值日	重新规划值日表，每组四人。漏扫措施。
			按时消毒	每周负责人。
1月	元月迎春喜鹊登枝	学习习惯	重视课堂	在40分钟内学到最踏实的知识，不浮躁、不盲目补课，跟课堂要效率。
			作业质量	课代表严查作业，明确A、B、C、D等级，每周进反馈单。
			梳理错题	形成各科错题集，专人（四科）检查时间与周练时间同步，月反馈。
			高效自习	每节自习有计划（班级或自己），高效完成。

　　说起来会比做起来容易得多。对这群刚踏入校园的孩子们来说，站排打饭是"很远"的路，我班有几个学生，开学前两周总是慢悠悠地去吃饭，看到站排的人很多，就放弃了打饭的想法，几个人研究一下买一些面包就算吃饭了。有天中午借着午检的机会，讲了一下按时吃正餐的好处，让大家提意见，谁不去吃饭，咱们怎么帮帮他们。孩子们的想法五花八门，整个班级气氛也很好，这几个孩子的名字也被善意地点出来了。接下来，我约他们几个一起走去食堂，看看步行到食堂到底要几分钟，今天吃了什么，花了多少钱，回来报一下给我。习惯是养成的，第一天他们觉得别扭，觉得吃个饭老师还管；第二天他们知道早点去能吃到想买的菜；第三天已经开始回来主动报菜名了；到了第四天，我有时忘记问他们了，几个孩子站到一排说，老师我们今天吃的牛肉面可好吃了。有时，习惯在于往前推一小下，前方有了牛肉面，有了卷饼，他们去食堂的动力更足了。短短一周是不够的，接下来我建群跟家长沟通，及时监控孩子饭卡的花销情况，如果出现哪天没有支出的情况，请及时跟我联系。反反复复大约三周，他们已经形成习惯去食堂打饭了。

　　比生活习惯更难培养的是学习习惯。学习习惯是在学习过程中经过反复练习形成并发展的，成为一种个体需要的自动化学习的行为方式。而养成良好的学习习惯，有利于激发学生学习的积极性和主动性，有利于学生形成学习策略，提高学习效率，有利于学生培养自主学习能力，有利于培养学生的创新精神和创造能力，使学生终身受益。

　　对晚自习的规划和利用就是晚上自己的学习习惯。学习习惯包含很多方面，预习习惯、听课习惯、复习习惯、独立做作业的习惯。刚上初一的孩子，不懂什么叫晚自习。刚发下来新书的时候，翻翻看看，这个晚自习没有明显的学习目的，小 D 就是这样的一个阳光的男生，他没有影响别人，翻翻这个，看看那个，整个晚自习就过去了。上课时也能做到认真听讲，举手积极回答问题，他的热情持续了一周，直到第一周的周练成绩出来——倒数第九。很显然这个数字是他自己和父母很难接受的，想知道为什么？于是我找了个时间，联系父母一起坐下来聊一聊。很多同学只重视课堂上认真听讲，课后完成作业，而忽视课前预习，有的同学根本没有预习，其中最主要的原因不是因为没有时间，而是因为没有认识到预习的重要性。课前预习可以扫除课堂学习的知识障碍，提高听课效率，还能够复习、巩固已学的知识，最重要的是能发展学生的自学能力，减少对老师的依赖，增强独立性；预习可以加强记课堂笔记的针对性，改变学习的被动局面。听完我的话，孩子的妈妈跟孩子进行了长谈，问他写完作业做什么，他说没什么事，大多数时间在发呆。我们一下子找到了症结，对症下药，指导小 D 进行晚自习规划，果真，下一周周练成绩有了很大的好转，脸上又扬起了自信的微笑。

上课时如果心不在焉，必定"视而不见、听而不闻、食而不知其味"。如果课前没有一个"力求当堂掌握"的决心，会直接影响到听讲的效果，如果在每节课前，大家都能自觉要求自己"力求当堂掌握"，那么上课的效率一定会大大提高。实际上，有相当多的学生认为，上课听不懂没有关系，反正有书，课下可以看书。抱有这种想法的学生，听课时往往不求甚解，或者稍遇听课障碍，就不想听了，结果浪费了上课的宝贵时间，增加了课下的学习负担。这大概正是一部分学生学习负担重的重要原因。集中注意力听课是非常重要的，上课听讲一定要理清思路。要把老师在讲课时运用的思维形式、思维规律和思维方法理解清楚。目的是向老师学习如何科学地思考问题，以便使自己思维能力的发展建立在科学的基础上，使知识的领会进入更高级的境界。

好习惯不是口头说说，一朝一夕就能养成的。据说21天以上的重复会成为习惯，90天的重复会形成稳定的习惯。这就需要我们具有一种锲而不舍的精神。只有这样，我们才会成功，才会成为强者。

再好的习惯也需要坚持。习惯的培养是一个持之以恒的过程。良好学习习惯的培养不是一蹴而就的，必须有足够的耐心和毅力，反复抓，抓反复，一丝不苟，持之以恒，稍有懈怠，便会走样，经常中断，就会前功尽弃。培养习惯是个长期的过程，一个好习惯的养成，往往需要漫长的时间。

当初一的第一个学期过完之后，我希望我的学生收获是满满的，知道该做什么的时候做什么，我常跟他们说你有多自律，就有多自由，你有多努力，就有多公平。每天做一点，每天坚持一点，形成习惯，成就自己。

人们常说：播种一种行为，便会收获一种习惯；播种一种习惯，便会收获一种性格；播种一种性格，便会收获一种命运。好习惯，益终生！

"多样课堂，格物致知"
——量身定做的别样课堂

好的课堂应该是学生成长的乐园，学生在这里收获的不仅仅是知识，更重要的是学习方法、与人合作的能力以及敢于展示自己的勇气。《国家中长期教育改革和发展规划纲要》中提出了素质教育的三个关键方面：着力培养学生的社会责任感、创新精神和实践能力，好课堂的价值取向也就显而易见。美国的布鲁巴克认为"最精湛的教学艺术，遵循的最高准则就是让学生自己提出问题，自觉学习"，可见让学生在课堂中成长，学会学习十分重要。学生是学习的主人，教学实践中，以学生为主体，师生共同配合，才能教学相长。

东北育才双语学校的课程种类丰富，形式多样，但不流于形式，每一门课程都是学生体验学习和施展才华的天地，让学生在其中体会着成长的快乐和幸福。"我参与，我快乐，我自信，我成长"根植于每个学生心中，付之于每个学生行动中。学生的每一点一滴进步与收获都是自己努力得来的，而收获的方法与过程则是以我做主，在这个过程中，学生各方面的能力、情感等都得到了全方位的锻炼与提高。长此以往，学生身上体现出来的成果不单单是扎实丰富的知识底蕴，更突出的是他们的思考、观察、探究、尝试、合作等能力，耐心、执着、认真、刻苦、民主等意志品质，爱心、尊重、互助等品德情操将是他们一生都受之不尽的财富。

1. 教师角色转变

"师者，所以传道、授业、解惑也"，千百年来，教师不变的是在传道，但传道的方式却发生了很大的变化，所以传道授业新的课堂教学，教师不再是知识的传授者，而是课堂活动的组织者，是学生学习的引导者。走在双语学校的教学楼里，可以看到班级里同学们轻松愉快，有的班级学生围坐在一起，有的班级同学在黑板前侃侃而谈，老师们在学生的旁边微笑着，指点着，他们不像传统意义上的老师，更像孩子们的朋友、家人。教师不再一味地去讲授知识，而是帮助学生通过一系列的引导，让学生主动地获取知识，学生成为学习的主人，是课堂上主动求知、主动探索的主体，教师充分相信学生，并尊重学生的学习活动和结果，耐心聆听每一位同学的意见，适时给予鼓励和点拨，真正把课堂还给学生，让每一位学生在和谐、宽松的内部环境中去获得新知，变被动为主动，转客体为主体，切实构建"以学生为中心"主体观。

2. 深度备课，整合教材

每个周四的下午是集体备课的时间，一节课的备课往往都不够用，甚至有的备课组要进行两节备课，因为每次备课老师们都在反复研究，反复思考，甚至会激烈地争论，从教学目标到具体的落实方法，从重难点的把握到突破，牢牢紧扣教材内容进行教学活动，不但完成了基本的教学目的，更重要的一点是对教材进行了整合和再创造，丰富了课堂内容，而且注重了思维能力的培养。在深层次的备课过程中，一些困难点往往很容易就被突破了。

双语人把每一堂课都作为公开课去落实，去实现，提高每堂课的质量，把每堂课都变成好课堂。高效的课堂学生学习的效果非常好，因为总结全面，思路清晰，课件精良。备课体现教师理论联系实际的能力，深挖教材的内涵和外延，从一个更高的角度进行备课，往往起到事半功倍的效果，让学生的学习更有效。

3. 百花齐放的课堂形式

"自主、动态"是深入双语课堂教学的整体感受。"我认为""我知道"是学生们在自主探究课堂上的常用语；在小组合作探究课上，当小组讲解时，学生们纷纷聚拢来，七嘴八舌地探讨完之后，又蜂拥般拥向另一边；翻转课堂上，我们的孩子化身为一个个小老师，有些孩子专业的讲解甚至不输给他的老师；周末回到家，老师们的微课还可以帮助他们答疑解惑……无论形式如何，结果是孩子们都在用心思考，积极参与，唯恐落他人之后而不及。更重要的是他们对于课堂的主宰，对于问题勇于质疑，并能大胆地提出自己的看法，真正实现了课堂形式的多样化和教学方法的灵活性原则。生活因充实而欢乐，课堂因展示而精彩，也许能够精彩展示是学生体会学习幸福感的最好方式。

4. 让常态教学专业化

（1）让日常教学扎根于知识体系和思想方法

一切的教学活动都是理论联系实际的过程，从理论中来，到实践中去，再回归到理论。如果教师在教学中只关注具体的题目，不利于提升学生的学科学习素养。"无教案不上课，无反思不教案"是双语的老师们对自己日常上课的要求，教师们都明白应在日常的备课中多备一备知识体系和思想方法，因为扎根于知识体系和思想方法的日常教学才更有深度。

（2）规范生动教学语言

教师应规范教师的语言，避免上课时把一些生活化的语言带进课堂。如果是学生听到自己老师在进行授课时夹杂一些烦琐、不规范的语言，听起来会很别扭，也会觉得老师不专业，而且也会影响到学生对知识本身的消化和理解。教师的语言除了要专业、精炼，还要生动且富有感染力。有人说教师是演员，有时候何尝不是，而这个演员在表演时，什么道具都没有，就是要用语言把观众的心紧紧抓住，这就是语言的魅力，教师生动的语言可以最大限度激发学生的学习热情和兴趣。把简单的事情做好就是不简单，把平凡的事情做好就是不平凡，精炼生动教学语言的道理就在于此。

（3）提升专业技术水平，丰富教学手段

多样化的教学手段可以改变学生对教师的依附，为学生提供多样化的外部刺激和丰富的学习资源，也为学生提供了多种参与机会，提高了学生的注意力和学习兴趣，更提高了学习的效果。"工欲善其事必先利其器"，教师的器就是专业技术，只有专业技术过硬，教师才能打造更加立体化的课堂。

5. 注重理论联系实际

在新课标下，更加注重知识和生活之间的联系，尤其是理科，怎样解决生活中的数学问题，培养学生的数学能力是数学教学的根本目的。所以，在课堂教学中如何体现新课改理念，就是要把课本知识和生活经验紧密结合起来，在课堂中学习知识，然后把学到的知识运用到生活当中，真正实现了实践性学习的原则，使枯燥的知识转化为日常生活经验，有利于学生思维的发展。

任何一种教学模式、教学方法都有它的不足，但我们的目的是能让学生收获更多。在自主学习模式下我看到了一滴水如何折射太阳，看到了铁杵如何磨成了细针，看到了雨滴如何凿穿了坚石，看到了眼前的学生如何在成长。他们不再是被老师喂养的鸭子，他们是知识的主人，只要给他们提供一块天地，他们永远都是自由的驰骋者，想象的天使……

自主探究，广阔天地
——高效自习课

书卷多情似故人，晨昏忧乐每相亲。

活水源流随处满，东风花柳逐时新。

这是明代诗人于谦的《观书》，一幅少年识书图跃然纸上，莘莘学子求学的美景映入眼帘。奋力站在了初中这个新的起点，班里的每一个孩子都潜力无限。怀揣着梦想和信仰，希冀通过两年半的学习，成为跃出龙门的那条飞龙。而寄宿制的双语学校，无限多的自主利用时间为未来的你，提供了无限的可能。

"诗和远方，就在自习课的时间管理中。"

《圣经·马太福音》中的一则寓言。在《圣经·新约》的第二十五章中这么说道："凡有的，还要加给他叫他多余；没有的，连他所有的也要夺过来。"这就是所谓的马太效应（Matthew Effect），是指强者越强、弱者越弱的社会现象。

同样在学习中，也存在着类似于"马太效应"的现象。那些学习有优势的学生，看书做题很轻松，时间剩下很多，从而会取得更大的进步；而那些学习苦恼的人，因为效率低下，每天都是疲于应付。学习成绩的"贫富差距"越拉越大。

要解决这个问题，单纯靠挤时间是没用的——我们必须记住世界上有比时间更重要的东西——效率。眼睛只看着时间，是无法逃脱"马太效应"的陷阱的。在管理时间的时候，我们必须要记住：每个人一天都只有24个小时，但是时间利用的效率是可以成倍提高的，提升的空间很大。那么，高效的自习课，学生们首要解决的，就是时间管理。

1. 时间管理法则之一——学会舍弃

2010级4级的学霸王润涵，现就读于复旦大学数学系，初入学时的他是一个坐班车都迟到的胖男孩儿，对于时间管理的概念很是模糊，自习课上时间的利用更是小小混乱。理科思维强大的他，常常被一道语文题困扰良久，便生放弃的念头。针对这方面的状况，我和他进行了反复的探讨，让他体会，当有很多事情面临选择的时候，当有些任务实在无法完成的时候，我们该怎么办。这个问题的答案其实就是：做当下对自己来说最重要的事情。经过两年半的积累与沉淀，王润涵以高分被浑南高中部录取，经过三年的努力与钻研，考入了复旦大学数学系，钻研并探索他最擅长也是最喜欢的数学学科。所以，真正懂得如何利用时间的高手，一定是懂得如何舍弃的人。就好比，你面前有一堆书，而你每次只能拿起一本书，认真阅读，而不是同时拿起十几本书随意浏览。那么，该选择哪一本呢？答案很简单：最重要的那本。当你把最重要的那本看完之后，第二重要的，也就变成了最重要的了。

2. 时间管理法则之二——做自己力所能及的事

在有限的时间内寻找最重要的事情来做，要放弃的东西，不仅是那些看起来不太有价值的东西。更重要的是，要学会放弃那些看起来很有价值，但是超过自己能力范围的事。

2010级4级阎思含，是一个"腹有诗书气自华"的孩子，班级里的信息板、家长会的题目、运动会的口号，都是由他来完成。可是随着初二和初三的到来，学科数目的增加和难度的增大，在学习中明显有些力不从心，心态不是特别的好，气势上也大不如前。在初二下学期的几次主题午检中，我努力使他体会"做自己力所能及的事"，不必过分地去抠难题，专心于自己同等水平的练习题，保持并发扬自己的文学功底和底蕴，在数理化的学习中采取"跳一跳，摘桃子"的学习策略，这个阳光大男孩收获很多，心理上的格局也有很大变化，最后以很好的成绩升入双语高中，并在高中部一直担任学生会主席的职务。初中阶段的经历也对其以后的成长和发展起到了延续性的助力作用，再回首感慨良多。弱水三千，只取一瓢饮，与其纠结，不如把时间留给自己，做自己力所能及的事。

3. 时间管理法则之三——根据不同内容的学习特点来安排时间

2017级2班的孩子们，在我迄今为止的班主任生涯中，是兼具灵气与朴素学习品质的一群娃儿。无论是学习品质还是学习习惯，都是同龄人中的佼佼者。只是初入育才园的他们，在自主学习上，尤其是自习课上，不懂得根据不同内容的学习特点来安排时间，尤其是班级里有一个特别聪明的男孩儿，经常是一节自习课一直看语文教材的同一页。鉴于此情况，作为班主任，在整个初一上学期的午检和班会中，就这方面进行了专项的教育，"没有人能两次踏进同一条河流"——这是古希腊哲学家德谟克利特的名言。那么，我们也可以说："没有人能两次度过同一个小时。"每一个小时都是很独特的，在每一个小时里面，我们周围的环境，我们自己的生理心理状态，都会发生变化。上课的时间和在家自习的时间，显然是各不相同的。我们不能简单地把24个小时划分成一个一个的小格子，然后往里填充内容，然后就管这叫"时间计划"。我们必须学会让不同的学习内容和不同的时间相契合，经过我的引导及教育，孩子们都有很大的转变，尤其班级里几个偏科的男孩儿转变最大，他们酷爱挑战理化难题，却总是对简单的文史默写缺乏耐心，导致了大考吃亏，经过对不同内容以及学习特点来安排时间的学习，不仅使得自己的学科之间平衡很多，而且也对班级总成绩的格局有很大的转变。

"你认真了一节课，他认真了一辈子"

1. 策略一：学会执行：把良好的计划变成现实

就像学习需要预习和复习一样，自习课的计划既需要每天执行之前牢记在心，也应该在每天执行之后进行检查，只有如此才能不停地督促自己，持之以恒，要知道，梦想并不是一件让人舒舒服服就拿到结果的事，而是让人白天痛苦地想，晚上实时反思，一边痛苦地抱怨，一边咧着嘴去执行，这就是梦想本来的样子。

2010级4班的学霸徐逸楠，现就读于复旦大学国际金融系。初入育才双语时的她，思维敏捷，是科任老师眼中的"小爱因斯坦"。但是因为以前没有住过校，完全不善于把良好的计划变成现实，十分苦恼。作为班主任老师，我积极地把我往届考入浑南高中的学霸请回来，给同学们做了专题的讲座，主要详谈行动力，孩子们获益匪浅。回想起在育才双语的学习生活，她有这样的心得体会："听懂了"和"记住了"完全不能画等号，"记住了"和"会用了"也很不一样。有计划性地使完成各项任务成为现实，并且在发现自己的问题之后，根据现实情况有针对性地解决，根据适合自己的节奏进行各科的学习，又或者给自己的弱势学科来制订较长期的学习计划，每天执行。如果觉得自己没办法清晰定位或是不晓得具体怎样操作，完全可以向老师求助。

2. 策略二：每天监督自己

2013级3班的学霸刘晋帆，是一个文静内敛的男孩，学习习惯和品质都很好，只是在行动力上偶有小偷懒放松。了解到他这样的特点，我为他播放了当时自媒体上流行的"死亡爬行"的视频，并且在午检中组织学生们进行讨论，让他们互相评价，看看别人眼中的自己。之后，我就发现刘晋帆的桌膛里面多了一个自我提醒的小本本，上面清晰地记载了每天要完成的任务，并且完成一项就画一个小钩钩，在育才双语的两年半时间里，写满了五个小本本，用刘晋帆自己的话来说，"把每一节自习课都当作一次机会，一次未来考试的演习，日积月累，学会成长，提点自省才有意义。"其实考试只是一两个小时的冲刺，而自主学习却是遥遥马拉松，平日里的每天对自己的监督，才是改进考试成绩的根基。

一位诗人曾这样写道："金黄色的树林分出两条路，可惜我不能同时去涉足，我选择了人迹罕至的一条，这从此决定了我的一生。"越是通往成功的路，其实越不拥挤，越是实现梦想的路，越不拥堵。老师想说：看似清苦静寂的自习课，却沉淀了你的成长。或许很多人不愿意再努力，因为觉得短时间看不到回报，可你是否知道，你的每一次成长，都可能在未来的某个节点，让你成为更耀眼夺目的自己。命运从不会辜负每一个用力奔跑的人，所有的光芒，最终，都会被遇见！

异彩纷呈　发扬个性
——丰富多彩选修课

今时今日，我国教育改革逐步走向深入，我们时常看着眼前的学生们出神，想着在这改革的进程中，身为第一线基层教育事业建构者，还能为他们做些什么。所幸，风雨春秋过了几载，经过长时间的策划和准备，我校为"促进学生全面发展，追求学生的特色培养"，专门开设了多种多样的选修课课程，其中深受学生们喜爱的艺术课、活动课、实验课多种多样，令人目不暇接，广泛地考虑到了不同孩子们的喜爱和需求。在近几年的教育教学过程中，也愈发地感觉到，喊了多年的"素质教育"终于不再是一句口号，教育者也正逐渐重视解放孩子的天性，以自然引导的角度开发青少年的潜能，保护专属于学生时代的纯真世界。尤其在初中阶段的学生，他们的世界观、审美观、价值观和人生观都在逐步形成，强化全面发展教育，提升审美能力，锻炼动手水平都对他们后续的发展十分重要，而这多姿多彩的选修课程，也正是为这一目的所设定的。

1. 促进全面发展：多彩课程即时起航

每个学生都是独立的个体，他们在群体上有一定的共性，但是更多的是身为社会成员的独特性。因此孔老夫子在几千年前就提出"因材施教"的观点，在教育中没有要绝对怎么样的说法，只有各式各样的教育主体及教育方法。在必修课的课程设置上，我们要求孩子们对人文地理、生命科学广泛学习、全盘知晓，是为了让他们不至于缺乏基础社会知识，但这单一的教育模式往往会忽略了学生的特长和个性。

因此，我校决定为学生开展选修课伊始就设置了共计20种不同的选修课供其自由选择。其中有关于学科知识的、帮助学生强化学习兴趣的"国学大讲堂""魔法英语""数学思维训练""生物探究实验"，有关注社会、充满生活智慧的"拍案说法""品评历史人物""身边的心理学""茶艺插花"，有锻炼体能、强化团队协作意识的"足球课""篮球课""跆拳道""乒乓球课"，更有充满文艺气息的"舞蹈课""声乐训练""水墨丹青"等多种不同类别的选修课程。"纸上得来终觉浅，绝知此事要躬行"，学生们在书面课堂上时间久了，必然会产生乏味的学习情绪，而生动有趣的选修课程既可以调节这一枯燥情绪，又能对相关课程知识进行渗透，并且强化了学生的个性发展与全面发展，沟通师生之间的互动感情，一举多得，对于教育者及被教育者都是一种福音。

2. 选修课程特色培养，助推学生健康成长

在当代教育模式中，最受人诟病的就是"填鸭式"教育。填鸭式教育忽略了学生在教育过程中的主体性，学生只被当作一个受教育的目标，接受千篇一律的强迫式填鸭教育，虽提高了书面成绩，但也泯灭了个性，破坏了孩子的创造力。德、智、体、美、劳全面发展的要求虽在原始课程中都有体现，但是取得的效果也只是杯水车薪，这归咎于教育方虽然喊出了"素质教育"的口号，沿用的仍是"应试教育"的思路和意识，因此要从本质上认识到学生全面发展的重要性，才能设计出真正适合学生发展阶段的教学模式。

（1）培养个性，展现特性

在选修课课程种类设置上，我们参考了大学社团的分类方法，以兴趣为导向而不是以技能为导向。这种兴趣分类真正以参与者的角度去考虑，而非

用成人的世界去考量青少年的喜好。学校的选修课不是社会上的兴趣班，不讲求技能的训练，而是讲求过程的参与感。引用一句本来特指文学的名言，"一千个读者心中有一千个哈姆雷特"，我认为在选修课的参与中也是这样，技能是相同的，而思考的结果是不同的，就像课程之一"拍案说法"目的也并非是让孩子们熟记相关法律条文，做一个"法学小能手"，只要课上的内容引起了学生们对问题、对社会现象的思考，我想开设的目的也就达到了。

养成独立思考的能力，形成鲜明的个性特征，拥有自己心向往之的爱好特长，进一步形成自己的世界观、人生观、价值观体系，这样的孩子不仅拥有社会核心价值观的共性，还保有属于自己的思想、行为体系，希望每个学生都能卓尔不群。

（2）鼓励探索，解放创造力

创新是人类最宝贵的财富，是一个国家、民族兴旺发达的动力。不管是哪一个团体或个体，如果没有创新思维，都难以适应社会的发展。这就是社会发展的铁律。我们人类之所以能存活至今，就是缘于生活之中的不断探索、创新，从石器工具、保存火种，到创造语言、建立社会体系。人类的文明发展一丝一毫都离不开发明与创造。而对于智力、心理正亟待开发的初中生来说，及时的探索创新能力的启蒙更显得格外重要。

"生物探究实验"带学生们探究生命的奥秘，促进学生对生命的认识以激发他们对生命的尊重和敬畏；"是故运墨而五色具"，"水墨丹青"带他们去领略单一墨色创造的色彩艺术，认识中华古老艺术的形成，了解水墨的制作与使用工艺，从而感受古代画家在创作时缥缈而复杂的心绪；而天真烂漫的创造力则更容易在"茶艺插花"这种生活的艺术中，感受滋养与成长……每一门选修课的背后，都有培养学生们益智益美发展的目的。作为园丁，作为教育者，作为见证他们成长的人，无不希望学生拥有无限的创造力，用自己的双手去开创自己美好的未来。

（3）提高审美能力，感受生活美感

美学家蒋勋说过一句话：一个人审美水平的高低，决定了他的竞争力水平，因为审美不仅代表了整体思维，也代表着细节思维。审美是一种历史积淀，便显得是一个国家历史、文化的连续性；对个人而言，审美是一种品质和修养，换句话说，美能够唤醒我们对生活的尊重。但是在很长一段时间里，没什么实用性的"审美能力"一直被忽略，学校顶多开一门排课稀疏的美术课程来调节一下学生们紧张的课业安排。对于正处于成长阶段的学生来说，这不仅仅是上不上一节美学课那么简单，更影响到他们对美的感受能力、对生活的体验能力。

德智体美劳中"美"的教育一直以来相对薄弱，大众对艺术作品的鉴赏能力跟不上艺术的发展水平，导致当代艺术作品价值的错位，更有一些价值上相对有缺陷的艺术作品竟然受市场追捧，甚至影响未成年人的价值观。2018年中宣部、教育部刚刚出台的一项决策"我国力争用3~5年时间，在全国中小学基本普及影视教育"，就是解决影视作品良莠不齐、未成年人审美水平较差、无法分别其艺术价值问题。就像我校开展的"舞蹈课""水墨丹青"等选修课，其目的在于培养学生对"美"的感知力与欣赏水平，我们关注学生的全面发展，也关心他们的未来，培养"学会关心，学会创造，全面发展，初露才华"的学生就是我们的目标。

在社会高速发展的今天，不管是成年人还是未成年人之间的竞争都十分激烈，在这种情况下，双语学校在保证国家规定课程的授课时间和内容的前提下，特在初一年级开设了这样丰富多彩的选修课程来培养学生自己的"软实力"，在"足球课""篮球课"上他们学着互相配合，形成团队意识；在"生物探究实验""数学思维训练"课上，他们学会用客观理性的角度观察科学的世界，形成唯物主义的价值观和生态意识；而在充满哲理与生活智慧的"国学大讲堂""拍案说法""身边的心理学"等课上又能教给学生们为人处世、处理问题的方法，在提高学生智商的同时注重情商的发展，双商并进。

学无止境，方能智周万物而道济天下。身为教育工作者，我们最愿意看到的是学生们不忘初心，怀着自己最初的理想坚定不移地走下去，能有"贫贱不能移，富贵不能淫，威武不能屈"的气节。他们或许不能人人都成为社会眼中的成功人士，但他们一定有自己明确的目的，过着理想的生活，或潇洒淡泊，或名利双收，不论何种生活，都充满着社会责任感，乐于奉献，经世济民。在选修课中，我们希望他们能享受自己的成长过程，乐于分享自己的劳动成果，我想经过这一阶段的学习，同学们定会不负众望，成为更加出色的自己！

精湛的教学水平助力学生成长

育才园的优秀学子比比皆是，育才园的优秀教师更不乏教育界精英骨干。在优秀队伍的行列中我砥砺奋进，在学生的人格培养、成长蜕变、获取知识中不断探索前行，有付出的辛苦，更有看到孩子们在成长的道路上取得成绩后的喜悦。

1."立身以立学为先"，注重人格培养。

学习就如灯塔，指引人们立身做人，学习是文明传承之道，是人生成长之梯，更是国家兴盛之要。在教学过程中我注重人格培养，为学生全面发展、综合提升注入精神力量。

（1）观念引领。培养集体观念以应对未来踏入社会的挑战，做一名全面发展的人才。我教育孩子们要愉快地学习生活，帮助他们开启心智，获得探寻、理性争辩和专心学习的能力，同时保持充满活力、青春向上的精神面貌。作为班主任，我带领大家在学校组织的各项集体活动中积极响应，我们全力以赴来提升我们的综合能力。通过我们的努力，获得多项殊荣：1. 历经一个月的努力付出，获得了合唱第一的好成绩。2. 历经一个多月的分分秒秒的努力，经历自检、复检、抽检的过程，获得全校卫生免检班的称号。3. 迷你马拉松"一二·九"长跑获得第五名。这其中有家长的全程化妆、视频、拍照，有家长委员会幕后的默默付出，这就是我们班的精神——团结友爱、开拓进取！

（2）量化考核。班级围绕日常纪律、诚实守信、劳动卫生等方面开展综合素质量化考核工作。好的学习成绩出自于好的纪律，每个人的综合素质的提升来自于点点滴滴的日常言行。"要求成习惯，习惯成自然"，量化考核激励着学生们用高标准要求自己，由开学初的大多数同学扣分现转变为大多数同学加分。他们在良好的氛围下比、学、赶、超，不知不觉中向优秀行列看齐，一学期的量化考核记录着孩子们优秀成长的过程。

（3）关照内心。我深深知道爱学生是教师的天职和美德，同时也是一种强大的教育力量，师生之间的平等对话能提高教育教学的效果，促进学生的成长。在引导启发下，我鼓励学生勇于发表自己的见解。同时，耐心倾听学生提出的各种问题，哪怕其思考有一点点闪光的地方，也要给予充分肯定。让每一位学生参与教学，使他们真正成为学习的主人，营造民主氛围，以人为本，关爱学生。

在这一学期里，学生们成长了。从开学初各种日常琐事不断、不会安排时间而未能按时完成作业、在寝室熄灯后说话等各种问题屡屡出现到如今事事井然有序，能够严格要求自己不再因为个人的纪律而扣分，学生们变得越来越优秀。经过我们全体师生的共同努力，孩子们在道德品质、文化成绩、身心健康等方面得到了全方位的发展与综合提升。

2. 高效的教学质量为学生成长提供有力支撑。

教学方法是教学过程的一个重要组成部分，在教学过程中发挥着重要的作用，是使学生迅速有效地掌握所学知识、形成熟练的技能技巧、促进智力和能力发展的保证，关系到教学目标的实现。我认为教学是一门艺术，需要熟练掌握各种教学的技能和技巧，但又不能仅仅停留于此，还应有意识地去了解和吸收各种有价值的新的教学方法，只有这样，才能够做到开阔视野，不断提高自己的教学水平。

（1）充分激发学生学习的热情与兴趣。

教学需要教与学的相互推进、相互配合、相互影响。否则的话，教师教得再好，没有学生的积极配合也没有施展的机会和舞台。而学生的积极性是需要教师的激发的，我作为数学教师，认为激发诀窍主要有以下几点：第一，教师要展示自己有趣的教学一面。有趣的事情无疑是最吸引初中学生注意的，因为乐趣意味着幸福和满足好奇心。当然，数学知识本身是比较枯燥的，因为逻辑思维很强，但教师在组织课堂模式时，可以添加有趣的解释。教学事实也证明，趣味性教学不仅能吸引学生，而且能激发学生学习的长期积极性。第二，教师应从多方面激发学生的学习积极性。只有激发学生的积极性，一切努力才会发挥作用，体现价值。第三，在调动学生积极性的过程中，教师可以参考学生相互影响的策略。激发学生的积极性是不容易的，我们面对一群学生是很困难的。每个学生都有自己的兴趣点，所以很难保证每一次刺激都能成功地照顾到所有的学生。在这个时候，不应该气馁，因为有些学生能够首先刺激。然后让这一部分的学生带动更多学生的练习。积极性和热情能够互相影响。尤其是当全班学生都很有上进心时，少数学生会受到这种良好学风的影响和感染，自然激发出他们学习的积极性。

我们班有良好的数学学习氛围，这一方面取决于对学生们的兴趣激发，我常常结合科学常识、日常生活对教学相关内容添加有趣的解释，另一方面要求学生相互带动、相互学习。学生们在学习成绩上有了新突破。

（2）创建教学情境，深化学生对知识的理解。

根据新课标的要求，创设多元化教学情境，结合信息技术开展创新型教学。对于一些思维能力一般的学生，难以想象到数学模型或知识，利用多媒体等设备展示PPT，以PPT的形式举出生活中存在的数学模型，加深学生对数学知识的理解，例如可以用多媒体演示三棱锥（正四面体）被一个平面所截有可能截出正方形，演示线段上动点运动轨迹等学生不易理解的情形。采用直观教学，能够加深学生的印象，也提高了学生的自主探究精神。

良好的教学情境，能够起到"引人入胜"的作用。学生有大部分时间都是在教室中度过的，在教室中运用多媒体技术，无疑是为初中数学教学开启了一扇明亮的窗户，使初中学生对数学知识的学习能够从抽象化转为具象化，以实现初中学生对数学知识的有效掌握。我借助多媒体，为学生创设良好的教学情境，使学生能够充分融入到创设的情境之中，以激发学生对数学学习的兴趣，调动学生在数学课堂中的积极性，从而使初中数学课堂的教学效率获得提升。

（3）发挥主观能动性引领数学素养。

开展初中数学教学，不仅要做到课程设计的精确，也应当准确把握每位学生的学习态度，以及近阶段的学习情况，根据学生的学习层次制订不同的教学计划，开展因材施教类教学。由于学生是存在差异的个体，开展数学教学必须有针对性，有差异性，不能够以同一标准要求全班学生进行学习。对于学习能力较强、喜欢钻研难题的学生，可以抛出具有深度的数学问题，给出研究方向，引领这类学生进行深度思考，学生能够在研究问题的过程中提高数学素养，发挥主观能动性。使学生养成学习自信心，能够感受到学习数学的乐趣所在。学生学习的主动性和积极性与学习效果有极大的关系。在教学过程中，不仅重视教师的主导作用，而且要强调学生的主体地位。

教师既是教学者又是组织者和管理者。我要教会学生运用新知识，查找、计算、推理各种信息，更为重要的是让他们感悟数学的真谛，养成探索精神。

（4）构建和谐的师生关系。

我秉持正确的教学理念，以平等和谐互助的教学方式进行教学，与学生保持真挚的友谊。能够在教学过程中与学生积极交流与互动，了解学生的学习需求，并根据学生近阶段的学习状况以及遇到的学习难题，进行引领和帮助，提高学生的问题解决能力以及问题思考能力。牢固树立"学为主体"的思想，还思维于学生，还时间于学生，积极实施启发式、讨论式的教学模式。与学生进行交流与沟通，获得学生的信任，能够使教学效果事半功倍，学生能够得到学习发展，教师也能够提高教学水平。

3. 累累硕果伴随成长。

我在教学过程中既要注意传授反映现代科技水平的基本知识和拓展理论，又要着重开发学生的智力和能力，培养学生的学习本领。别出心裁的教学方法、激情四射的教学手段让孩子们渐渐地成长为优秀的初中生，通过兴趣的激发以及数学素养的引领和对他们的辛勤培养，他们爱上了数学，在教学时我不断地激发学生学习数学的内驱力，让学生始终都有高昂的学习热情，保持注意力的高度集中，全身心投入到学习中来。过去几年中，我所带学生中无一人厌倦数学，无一人放弃数学，皆因我而喜欢数学。学习数学的劲头促使学习成绩的大大提高，在分流考试中数学成绩更是达到顶峰，多人次在"希望杯"数学竞赛、奥林匹克数学竞赛中获得名次和殊荣。

春华秋实，累累硕果伴随着孩子们成长，我也必将用自己的视野、自己的思考、自己的智慧去创新教学理念和方式，引领学生们创造更多的学习成果，将育才的优秀基因融入到你们的血液中，培养你们做一个有温度、有情趣、会思考的育才学子。

三、"开眼看世界"——博众家之长，广自己之学

外面的世界很精彩

——记双语初中"走出去"社会实践活动

"行是知之始，知是行之成。"著名教育家陶行知先生如是说。我们双语一直坚持开展的"走出去"活动，正是继承其精神内涵，践行其"知行合一"理念。"走出去"活动让孩子们冲破校园的藩篱，走向社会的广阔空间，在崭新的天地中认知世界，重塑自我，不断丰富成长自己的精神内核。

又是一年秋意浓，双语学子携手相约，踏着满地金黄，迎着徐徐秋风，纷纷走出校园，去感知外面世界的精彩！

1. 追寻历史足迹，根植家国情怀

9月18日又一次迈着沉重的步伐临近了，沈阳城的上空将再次响起悲愤的空袭警报声。"九一八"是对历史的深沉回望，更是对现实与未来的冷静思考，为了让孩子们永远铭记那段屈辱的历史，让历史照亮他们未来前行的路，"为中华之崛起而读书"，为实现中华民族的伟大复兴而奋勇拼搏，我们双语的老师带领孩子们走进了"九·一八"历史博物馆。

"牢记历史、勿忘国耻"的大钟，用花岗岩筑成的"残历碑"……让孩子们深刻铭记"一个忘记英雄的民族，永远只是一个堕落之邦"。馆内一尊尊蜡像、一桩桩血案，无声地向我们讲述着上世纪那段屈辱的历史，演绎着我们中华民族曾经的悲苦！面对着那泛着岁月沧桑战时留下的宝贵资料，孩子们仿佛走进了那个战火纷飞的年代，曾经的苦难令他们心中悲愤，先烈的不屈令他们热血沸腾，纷纷发出如下由衷的感叹：

"落后，就要挨打，贫穷就要受欺辱。"

"要做有骨气、有气魄的中国人！用聪明的智慧、勤劳的双手去建设、去创造一个有气魄、有尊严，真正巍峨挺立的国家。"

"历史的车轮不能倒退，国耻更加激励我们努力学习、奋发图强、报效祖国，完成那些壮烈牺牲的烈士们未能完成的愿望，把我们的国家建设得更加强大，更加巍峨！"

孩子们的感言穿越历史，稚嫩的双眸中闪耀着赤子对于家国兴亡的洞察之光。史路迢迢，多有一鉴："兢兢以强，迤迤乃亡"；"盛世不怠，奋发图强"。唯有人人不怠，才有举国不怠；唯有举国不怠，才有民族长盛不衰！

2. 感受现代科技，成长责任担当

科技是第一生产力，当今的世界，互联网、人工智能等每一天都在改变我们的生活，为了让孩子们形成科学思想、弘扬科学精神、学习科技知识、感受科技魅力、提高科学素养、触摸科学知识大门，我们双语老师又带领孩子们来到了科学梦工厂——沈阳科学宫。

在这里，我们看到了基础科学、信息技术、机器人技术、航空航天、虚拟运动等部分，200余种展品，以参与性、趣味性的展示方式，鼓励孩子们直接参与、亲自体验、探究学习、动手尝试、探究其科学形成的原理，了解我国日新月异的科学成果。科普影院的球幕电影、动感电影让孩子们直接感受高技术魅力的同时，让孩子们在有趣的实验体验中经历了一次科学的头脑风暴，实现教育、娱乐的统一，感受着科学的伟大！

"这次参观，让我学到了课本上从没学到过的知识，亲眼看到了充满创新智慧的科技作品。在今后的日子里，我也要向他们学习，用心体验生活、观察生活，在生活中探索科学奥妙，用自己的智慧和双手去创造、去领先。"

"这次参观不但让我度过了愉快的一天，而且让我开阔了眼界，增长了知识，懂得了我们身边存在着各种科学奥秘，我们都应从小爱科学、学科学、用科学。我要更加专心致志地读书、多读多问，为未来打下坚实的基础。"

"科学在生活中无处不在，在如今科技突飞猛进的年代，我们应该科学地读书，科学地生活，努力学习，掌握知识的钥匙，去开启明天科技的大门。"

习近平说过"民族需要英雄，改革需要先锋"，那么科技的发展无疑就是我国发展的基石！孩子们在参观过程中，提升了知识，开阔了眼界，感受到了科技发展的使命感和责任感，真正做到了学有所思，行有所获！

3. 走进航空工业，追逐蓝天梦想

当前，新一轮科技革命和产业变革与我国加快转变经济发展形势形成历史性交汇，我国适时提出了"中国制造2015"实施制造强国战略，为实现中华民族的伟大复兴梦打下坚实基础。航空工业是一个国家综合制造能力的综合体现，新中国成立以来，我国的航空工业从无到有，目前已经成为世界的航空强国。为了让孩子们感受到这些巨变，见证中国航空工业的发展，我们师生一起来到了沈飞航空博览园。

沈飞，中国歼击机的摇篮，沈飞的发展历程，就是中国航空工业发展的缩影。博览园由序厅、志在冲天、碧空雄风、驰骋疆场、走向世界、世纪展望等7个馆组成，通过图片、实物、电视、投影等设备，全方位立体化展现着航空事业的无穷魅力，新时期国防科技的尖端技术，详述着我国航空事业的发展。孩子们在模拟舱中感受着飞行的奇妙，在亲自动手动脑实践活动中，体验着在课堂上无法体验的学习乐趣，在实践中品味着成功，体验着创新！孩子们一面聚精会神地听着解说员的讲解，一面暗自赞叹我国航空事业发展的神速！当他们得知沈飞创造了新中国航空事业的十个第一后，他们又不由得感到万分骄傲，为中国的腾飞骄傲，为东北老工业基地的成就骄傲！

"参观沈飞航空博览园让我受益匪浅，不仅对沈飞有了更进一步的深刻了解，也对航空航天事业的发展有了很好的认识，为我的学习注入了新的动力！"

"我今后一定要勤奋学习，掌握更多的本领，为祖国的科技发展贡献一份力量。"

航空梦，中国梦！中国航空工业"航空报国、强军富民"的宗旨和"敬业诚信、创新超越"的理念一定深深地扎根在了孩子们的心中！乘风破浪的新时代，呼唤更多"今日长缨在手"的豪情，相信双语学子定会用非凡的勇气、智慧和担当，坚定地走在实现航空强国的路上！愿航空百年，助成蓝天之梦！

4. 汲取精神力量，培养文化自信

"向雷锋同志学习"是我们伟大领袖毛主席的号召。雷锋精神是中华民族的精神瑰宝，是中华五千年高尚品德的历史沉淀。为了让孩子们亲身感受到雷锋精神的内涵，我们来到了雷锋纪念馆，追寻着雷锋的足迹，接受着心灵的洗礼。

雷锋纪念馆内，那些年代久远的黑白照片分明在向孩子们倾吐着它们彩色的灵魂，那些雷锋同志生前使用过的物品仿佛在向孩子们讲述着一个个感人肺腑的故事。 虽然没有惊天动地的英雄伟绩，但雷锋同志把他自己生命的每一分热、每一分光都无私地奉献给人民，谱写出了一段壮丽而辉煌的人生乐章。

"一个人做点好事并不难，难的是一辈子做好事。全心全意为人民服务，是贯穿在雷锋一生中最突出、最动人、最完美的主旋律！尽管平凡，但透露出他的伟大与无私。"

"雷锋精神永不过时！身为教师的我们也要向他学习，发扬雷锋精神，要像他那样，干一行爱一行钻一行，用甘当革命螺丝钉的实干精神来对待自己的工作，在教师平凡的岗位上默默地为我国的教育事业奉献自己的一份力量。"

习近平总书记强调雷锋精神的核心是信念的能量、大爱的胸怀、忘我的精神、进取的锐气，这也正是我们民族精神的最好写照，是我们民族的脊梁！这次出行无疑让孩子们深刻体会到了雷锋精神的伟大与永恒！让爱与善良的种子在孩子们心中悄然播下……

5. 领略考古神奇，拓展求知视野

习近平总书记说过"绿水青山就是金山银山"，为了让我们的孩子更加深入地理解这句话的含义，了解地球发展历程，亲身感受古生物演化的进程，懂得"人与自然和谐共生"的理念，我们来到了沈阳师范大学，参观我国目前规模最大，集科研、科普、展陈、教学和收藏于一体，功能丰富的古生物博物馆。

馆里的8个展厅16个展区，主要包括了地球与早期生命、30亿年来辽宁的十大古生物群、热河生物群、国际古生物化石、珍品化石、辽宁大型恐龙等主题。

在讲解员指引下，孩子们不仅亲眼看到了各类古生物的化石，了解了生物演化的足迹，还通过模拟动画真切地了解了恐龙的生存环境与灭绝过程。

其中恐龙王国让孩子们耳目一新，仿佛来到恐龙生活的时代；古鸟世界向大家介绍了各种稀有鸟类，让孩子们大开眼界；花的摇篮讲述了古老的"前四朵花"，拓宽了孩子们的视野。在地球历史时间表中，孩子们头一回真切地感受到人类的渺小和生命的短暂。

"这次参观活动，不仅丰富了我们的课外知识含量，也浓厚了我们了解自然、探索科学的兴趣。"

"活动中，老师对我们进行了参观礼仪教育，保证了参观过程的井然有序，确保了活动顺利圆满地完成，为今后的参观活动打下良好的基础。感谢学校老师给了我们这样好的机会，让我们受益匪浅。"

这次对"地球的历史"的体验活动，无疑开阔了孩子们的求知视野，拓展了他们的科学思维，燃起了他们对古生物研究、对地球探索、对环境保护的热情！

陶行知先生说："教育的根本意义是生活之变化，生活无时不变，即生活无时不含教育的意义。""教育即生活。"生活的各个领域都蕴藏着丰富而鲜活的教育资源。我校"走出去"活动，正是充分利用生活资源，让学生在历史寻找中根植家国情怀；在科技发展中成长责任担当，在精神寻根中培养文化自信，在考古探究中拓展求知视野……立足校园，双语的孩子在教师的引领和关爱下于知识的海洋里奋力遨游，成长出为人之形；涉足校外，双语的孩子在具体的思考和行动中于现实的沙盘里快乐推演，丰富了为人之神。形神兼备的教育，正引领着双语的孩子健康、全面而优质地成长！

里面的世界很丰富，外面的世界很精彩！

打开通往星空的窗

——请进来活动

博众家之长，广自己之学。近年来，随着教育改革不断深入，很多学生家长已经不再单纯地只盯着学生的学业分数，而更看重孩子的综合能力的培养。初中是一个孩子三观形成的关键时期，这个时期的孩子兴趣爱好广泛，对万物充满好奇，课本上的知识已经满足不了他们的需要，他们更想要的是来自生活、来自前辈的知识技能和生活经验。因此，把家长请进来，邀请不同职业的家长来到班上讲座当之无愧地成为育才双语学校开展家校共建的又一项新举措。来自各行各业的家长们通过讲述他们自己的亲身经历，充分发挥自身的职业优势和兴趣特长，走进校园，走进课堂，走进学生，丰富了学生的课外知识，拉近了家庭和学校的距离，为学生的成长起到了积极的推动作用，真正取得了"学生受益，家长满意"的教育成果。

1. 培养学生的家国情怀

当本课主讲人——空军高级工程师苑利军家长走上讲台时，那一身笔挺的军装顿时把所有学生的目光都吸引了过去。我能清晰地看到学生眼里的羡慕。每当打开PPT之后看到的军人们叠军被的图片，家长变戏法似的掏出来的一件又一件武器模型，都让这些对军人生活充满了好奇的孩子们发出一阵又一阵的赞叹。

14岁的孩子，说到底也是好学的，尤其是有了电子媒体的帮助，苑利军家长的这堂课讲得更加透彻，通过PPT上的一张又一张照片、一段又一段视频，让同学们直接触碰到军人们真实的生活。当家长给他们讲到在军营里的生活，紧张严酷的训练，站军姿，叠军被，走正步……讲台下的脑袋不时地点头，经历过了军训，似乎是深有同感的样子。当家长又给他们讲到雷达在国防中的应用，那些高科技武器，讲到"科技强国，知识强国"时，不少学生的眼睛里都迸发出了惊奇的亮光。这令我感到无比的欣慰，也令我感受到了我这一堂课的重大价值。我很高兴通过这节特殊的课，让孩子们学到一些关于军事、科技、国防等方面的知识，更加了解军人的生活和我国高端的军事科技。当有着不同的职业、不同生活经历的家长们走上讲台去给学生们讲那些他们的故事的时候，学生学到的东西或许比课本上的还要多很多。

　　这一堂课下来，苑利军家长讲得是慷慨激昂，学生们听得是津津有味。最令我感到惊喜的是，在下课之后有学生主动跑过去找苑利军家长，主动地去找他"亲爱的苑叔叔"一起聊天，聊他将来的理想——当一名军事科学家。听完了苑利军家长的这堂课，他明白了"只有学习足够的知识才能保卫国家"这个道理。我们班有不少学生也是"小军迷"，在这一次的请进来活动中，有幸见到了一位真正的军人，还了解到了祖国在军事领域的高科技知识，感觉非常的震撼。"感觉我们中国真强，我们中国军人真强！"孩子们在课下兴奋地交流。听到这些，我知道学生们已经理解了这一堂课的教育主旨，不仅学到了军事知识，还激发了无限的民族自豪感和家国情怀。

　　2. 提升学生亲师信道的信念

　　常说父母是孩子们的第一任老师，学校教育离不开社会、家庭的配合。这一次请进来活动，我邀请了侯锦炜同学的家长，和众多家长一起讨论、分享她教育孩子的心得。家长之间深入、细致的讨论，各位家长精彩绝伦的发言和侯锦炜妈妈最后深入人心的总结，都让我由衷地感慨起我的学生们都拥有着多么美好的家庭。其间，不少学生家长感慨"育儿如育德"，"孩子是一本书，封面是父母给的，内容要自己书写，精彩要自己创造"，"孩子对我们来说是幸福，别互相折磨成痛苦"等等具有教育意义而发人深省的话语。侯锦炜妈妈就"调整心态，正确面对"、"给孩子信心，告诉孩子，你不差，你一定行"、"认真对待每周的反馈，你一定会有不同的收获"这三个方面给了学生家长们许多优秀的建议，同时也提出了家长在家里应给予学生一个文明、和谐、健康、向上的生活环境的建设性提议。

她的很多话不仅深刻地教育了在场的家长们，也影响了我的内心，让我对这个班级的未来产生了更大的自信，对学生们的未来产生了更大的期待。这一次的请进来活动，使教师、学生、家长三者之间的联系更加紧密，促进了家校沟通、亲子沟通，让家校教育同步，助力孩子成长！

3. 培养学生的良好体魄

现代社会是一个飞速发展的时代，家长不仅要满足孩子的物质需求，更要时刻关注孩子的身体健康。2018年3月30日，沈阳市口腔医院综合门诊的冯医师来到了育才双语学校，为同学们讲授"牙的那些事"。活泼可爱富有感染力的PPT再加上一个巨大的牙齿模型，这个在普通课堂上从来没有见过的模型，几乎是在一瞬间成为全场瞩目的焦点。

这样一堂生动有趣而又别开生面的课程，不仅丰富了学生的口腔知识，而且还拓宽了学生们的知识体系。从口腔的结构与功能讲到牙齿的结构与特点再到专业的Bass刷牙法，再结合牙齿模型和冯医生的幽默讲解，充分吸引了学生的注意力，引起了学生学习口腔知识的兴趣。与学生的互动，充分调动起了学生们的积极性，整堂课氛围愉悦，学生和老师都享受其中。

我很高兴地看到学生们在了解了许多口腔知识之后，积极记笔记，提问题，充分表现出了他们对冯老师的喜爱与尊重。在课上认真听讲，不仅学到了许多有关口腔的知识，还懂得了微笑的含义和重要性。还有一些学生在下课之后，到卫生间镜子面前主动练习如何露出八颗牙齿的礼貌微笑。"我以前从来没有想过，我嘴里的24颗牙齿，居然还包含着这么多的知识。""看来我以后得专心一点儿刷牙了。"学生之间的交流，使这堂课的学习更有意义。

习主席教导青少年说："记住要求、心有榜样、从小做起、接受帮助。"心有榜样，就是要青少年学习英雄人物、先进人物、美好事物，在学习中养成好的思想品德。"请进来"社会实践活动便是双语初中部为初一学生量身打造的一种方法，新颖高效且内容丰富。上呼吸道感染的医学讲座、茶文化揭秘、预防青少年犯罪讲座、毒品的危害、团体训练、军事知识普及、半岛局势分析……那些学生只是听说却没有深入了解过的事物、技术、领域，激发了他们极大的学习乐趣。未来的教育是对学生人格、价值观、思想品质的教育。因而我们的使命，不是培养多少高分的孩子，也不是培养学习的机器，而是让孩子成为最好的自己。在初中阶段，通过家长这一教育媒介，充分给孩子树立榜样，让孩子多接触一些有意义的社会教育活动，通过请家长进校园的活动，让孩子意识到每个人的未来都有无限的发展可能。打开通往星空的窗，让每个孩子都成为天上那颗闪闪发光的星星。"请进来"活动就是为孩子们的综合素质发展做好准备，为每一种可能竖起航标，为每个孩子的未来加油助力！

"心中有天地，畅游山水间"

—— 秋游大溪地，寻找最美育才风景活动

不论是庄子所说"天地有大，美而不言"，还是《兰亭序》里的"散怀山水，萧然忘羁"，都是在演说大自然给人带来的心灵洗礼，而这也是现如今紧张的工作学习生活中所匮乏的亲近自然的教育。2018年9月26日，育才双语初一年级利用下午的时间举行了"秋游大溪地，寻找最美育才风景"活动。这次参与活动的700多名同学以班级为单位，各班火红的班旗与蓝天白云相映，分外鲜明。这是我们育才双语特色"体验式德育"的重要体现。

1. 第一定位于——团结

为了让学生们在紧张的学习生活中得到放松，也为了培养学生们的团队合作精神，同时为了使同学们亲近自然，在舒缓的心情下与老师同学们得到更进一步的熟悉，促进情感交流，增进彼此间的友谊，进而增进班级团队凝聚力与默契度，在满园的色彩和芬芳里，在秋日宁静的丽湖边，我们快乐地进行集体的活动与游戏。每一个看似普通的游戏里面，都经过我用心的设计，每一个游戏都需要团体配合才能夺得最后的胜利。在短短的时间内我们进行了两个游戏：第一个是听数抱团游戏，即我心中想一个数字，同学们根据我的数字进行自由组合，刚开始是比较大的数，让学生们组合起来很容易，就近就可以组合，慢慢地变成了越来越小的数，当最后孩子们一个一个因为数字越来越小不得不被挤掉时，居然有学生因此而沮丧了，埋怨队友将其抛弃，但这一过程中也有学生主动退出成全别人的美好，游戏没有让孩子们生分，反而是更加团结了。第二个游戏是"千手观音我最强"游戏，即孩子们以小组为单位摆出千手观音造型，这要求同学们要根据自己组员的具体身体条件来调节位置和动作，这一过程培养了孩子们的协调能力和配合意识。从这一游戏中我也观察到了部分学生的领导意识和能力，有助于更好地了解学生，因生制宜。孩子们充分体验到了集体活动的乐趣。从这次活动后，孩子们的团结意识更加增强，清楚地知道每个人都是班级的一分子，而这种汇聚会产生莫大的精神力量，有助于接下来的德育教育。

2. 第二定位于——放松

开学不到一个月，孩子们已经体会到双语生活的紧张节奏，也在逐步的适应中。而大部分孩子，毕竟是初涉及到住校独立，特班的孩子性格又是非常要强，难免会时而出现情绪紧绷。看看红叶，闻闻花香，摸摸小草，听听远处小鸟的叫声，沐浴在秋日的夕照下，沉浸在秋天的味道中。慢行在树影婆娑的小道上，旁边秋虫嗍啾，望草木溪流，品空气甘甜。这一刻不需要过多的语言，只亲近着这个大自然就好，这样孩子们会以更加饱满的精神状态投入到学习当中。相信在自然的怀抱里，孩子们的身心得到了很好的放松与休息。孩子们懂得了，学习如古琴演奏，琴弦不能过于紧绷，也不能松弛，只有调到不松不紧，才能有美乐呈现。我们班的学霸们，在这一次活动中，静静调好了琴弦，准备奏一曲经典。

3. 第三定位于——体会

人生的大美境界，往往都是散怀于山水，才能活得洒脱，胸怀才能宽阔。因为，只有领悟到山水虫草这种自然生命的精神后，才会彻悟到生命的本源。如同孩子们现在的作文，往往言之无物，就是因为缺乏实践观察与认真体会。"秋日晨，至园中，见草上，有露点，如珍珠。浮云散，落日红。霞光满天，凉风徐来，蝉鸣树间。明月将出，虫声四起，时高时低，时近时远，其声不一。枝高叶大。霜降后，叶渐黄。西风吹来，落叶满阶。秋风起，天气凉。秋雨淡淡雁成行。棉田白，稻田香，家家农人去来忙。红叶村，芦花港，处处听得秋虫响。"古人对于秋日的这些描写，无一处不是生活中的体验，自然中可以启迪智慧，让人不断成长。在实践中成长，在过程中感悟。一次秋游，表面上看仿佛没有什么，而因为有从心上的体会，就显珍贵。它亦成为孩子们后期作文里真实的素材，很多同学在周记里都记下了这次难忘的经历，成为青春路上不灭的记忆。

4. 第四定位于——磨炼

徒步行走往返大溪地，对于出门即上车的孩子们来说是一种简单的磨炼。虽说路程并不长，也是一次对吃苦耐劳精神的考验。我教育他们以纪律规范，多欣赏，少抱怨。而一步步走进了大自然，让孩子们感受颇多，收获很大。孩子们跟我分享说，他们感受了沿途风景，放飞了自己的心灵，锻炼了身体，释放了心理压力，孩子们在这样的活动中，历练了意志品质，增强了体质，强化了集体意识、纪律观念，也为孩子们的健康成长、全面发展打下了坚实的基础。孩子们回到学校后，虽然身体有小小的疲惫，但同时也体味到了我对他们的关心、关怀。我跟孩子们分享了一段话："其实一个人的一生就像是一次徒步，有开心，也有痛苦，有坚持，也有犹豫。就像一路的风景，迎面而来再与你擦身而过，如果你学会用心感悟，那停留在心底的就是你一生的收获。徒步与人生其实没什么不同，都需要用心，都需要毅力，都有起点和终点。"

5. 第五定位于——连接

当今社会，"低头"已经成为一种生活方式。公交车、地铁上、超市里、马路边……低头一族无处不在，都在各自忙着刷朋友圈、聊微信、看视频、读新闻……几乎所有人的目光都机械型地被吸引到了那块方寸之间。在大人的影响之下，孩子们也深受其害。周末时光，除了补课以及完成作业之外，稍有空闲，就会想到上网，用手机或iPad等一类的电子产品作为放松娱乐的方式，而视力自然而然会受到损害。因而走近自然，给孩子更好的休息方式、更广阔的心灵空间、更多的沟通交流，才会使孩子拥有更健康的生活方式、更健全的人格。

6. 第六定位于——感悟

秋游活动后，同学们纷纷在周记里叙述了自己的所感所思，让小活动大德育的理念得到事实验证。

小A说：第一次参加育才秋游很特别。以前小学秋游都是为了吃点喝点，这一次不一样。我们14个班级一起出发，声势浩大，在过马路时，老师们指挥着交通，保障着我们的安全，因为我是排头，老师特意嘱咐我要根据红绿灯和班级排尾情况适时地选择过马路，不能因为自己是排头就赶上绿灯就过，这样容易造成班级断档，导致严重的事情发生，所以我一直观察着情况带领同学们严谨地跑过马路，同学们也都紧紧跟着我们排头生怕影响班级整体性，我能感觉得到我们班级的团结，看到同学们跟着我一起，我这个排头很欣慰。

小B说：一直以来都以为育才学生每分每秒都在学习，不知道原来育才活动如此丰富多彩，有时候活动多得我都不知道先玩哪个了，嘿嘿！我们同学都觉得新到一个环境很陌生，不知道门朝哪开，路往哪走，但是有老师的带领我们熟悉多了。就拿这次秋游大溪地来说吧，我们按照学校规划的路线走着，一路上鸟语花香，树木多得像森林的大溪地让我们呼吸了新鲜的空气，紧张的心情放松了很多。老师经常说要劳逸结合，这次活动就是最好的体现。这次徒步旅行一小时让我收获了清醒的头脑，呼吸了新鲜的空气，好似尝到了秋雨露珠的味道，涩而鲜，最大的感受还是我那放松的心情，当然这种放松的心情让我充满了力量，放松过后就更要加劲学习了！

小C说：经常听爷爷奶奶提起沈北的好环境，还说最适合养老了。没想到我刚12岁就来了。秋游大溪地让我看到了美景，郁郁葱葱的，好漂亮，突然我想起来老师讲的环保了。真正地贴近了大自然，我还跟几个小伙伴捡了很多形状各异、颜色不同的叶子，回来做了书签夹到了语文书里，每次翻到时都会想起那秋游的欢乐时光。

小D说：我有点胖，带着笨重的身体跟着同学们一起走，我好几次都掉队了走不动了，可是总有几个同学陪在我身边督促我快点，老师也特意让两个男同学看着我点，怕我掉队，我就暗下决心，一定要锻炼身体，争取明年再游玩时跟上队伍甚至走在最前面给大家带队。这次游玩我受到了锻炼也收获了友谊和关心，我特别高兴。

三毛在《塑料儿童》这篇文章中，提到她曾经在台湾邀请几个孩子去看大海，主要是为了使他们领略到自然之美。谁想到他们一路专注于手中的游戏机，到了海边仍然不为所动，并且说："这就是海啊，我们回去吧，六点半动画片要开始了。"

有人说，今天城市里的孩子，正在成为远离大自然的"全自动化孩子"。他们什么都不缺，唯独缺少了与自然的连接。

所以我从这次秋游大溪地活动的所见、所闻、所感中让学生感受大自然的美丽、神奇、有趣，并感知人类与自然的共同存在感，让他们通过走近自然，从而热爱自然，关心自然，同时也强化他们的环保意识。今天的青少年将是未来的建设者、创造者，他们不仅需要丰富的知识和熟练的技能，更需要探索能力。探究性学习对孩子们而言，是主动经历实践，从大自然中去主动观察，尝试探索发现解决，培养青少年的探索精神是素质教育的一个重要内容。

有孩子说："近距离去看秋天，原来跟从窗户往外看的感觉不一样。"这就是"连接"所带来的收获吧！

这次活动同时也收获了初一全体家长们的支持与认可。当班主任们把活动视频和照片发到班级群里时，家长们的喜悦溢于言表，她们在屏幕之外，亦能感受到孩子们真实的快乐。很多家长都专门制作了美篇，里面融合了她们最真挚的语言与情感。

让人欣慰的是，我们的孩子们在那时，虽刚刚入学不久，然举止有范，松紧有度，不失为一方育才人，我告诉孩子们："胸牌是你的名片，你的语言与行为体现着你的素质高贵。"

美好愉快的时光总是转瞬即逝，半天的大溪地秋游活动不仅仅培养了同学们的团队精神、互助意识，增进了相互之间的了解，给紧张的心态以松弛，让身心安静下来去聆听自然的声音，更让孩子们在行走的路上学会坚守，并不忘在泥土上留下脚印，那是最美好的青春。一路欢笑，一路不寂寞。我喜欢那句话：愿每一个生命都成长得恰到好处。

我作为一位师者，与孩子们在一起，日日都有收获，我以能够带给他们快乐为享受。育才学校是个梦工厂，也是巴学园。我愿意以我自然纯粹的心，如同这场秋游，还他们以本然。当家长们的感恩之情溢于言表，我亦感恩与他们相遇，这一段路程将成为我们彼此人生旅途中挥之不去的记忆。成长路上有所有的助力，才会更加生动与精彩。我教给孩子们感恩，感恩相识的每个人，感恩经历的每件事，因为这路过的所有，带给我们明天以成就。

真诚地道声：一路上有你们，苦一点也愿意。

信任是相互的，与家长和孩子们同行，收获的不仅仅是两年半的朝夕相处，更是莫大的一笔精神财富。这里面有岁月走过带来的日渐沉稳厚重，有望向孩子们一天天独立成长的唏嘘感触，更有因为他们的努力后获得的成功而泪目。在行进的路上奋力追逐，边引吭高歌，那永远不变的一句——"唯青春与梦想不可辜负！"

四、"总有一个适合你"——发挥特长，乐在其中

"余音缭绕"
——双语校园合唱节

"育才"，正如她的名字一样，孕育优才，为整个社会做着积极的，默默的奉献。可是，何谓"才"？学生对于知识的掌握运用固然重要，可仅仅如此就够了吗？她的回答掷地有声："我们要培养的是具备领袖素质的，能够积极面对新世纪各种挑战的全面型人才！"

随着我们祖国日益强盛，国际地位逐步增高，社会的发展也愈加迅猛，瞬息万变。在这样的一个复杂的环境中，想要在这个社会站在制高点，体会一览众山小的气势，人们除了要有扎实的自身领域基本功之外，综合素质这个字眼被越来越多的人所重视。正是基于这样的大环境，育才对于学生的培养方式也在向着多元化方向进发，我们希望能够做到：每一名从育才校门走出去的毕业生，除了优异的学业基本功在身外，还具备敢于向陌生领域进发的勇气。本着这样的出发点，在学生们紧张有序的学业生活之外，学校还利用课余时间为同学们准备了色彩丰富、种类繁多的活动，旨在拓宽学生的眼界，延伸知识的触角，让每一个孩子在最适合自己的领域展示出自身价值，并合理发掘。每年一度的东北育才双语学校合唱节，就是在这样的一个大背

景下诞生的！

1. 背景——合唱节的诞生

双语合唱节，也叫红歌节。顾名思义，就是在合唱中选择适合中学年龄段学生演唱的拥护党的领导、赞美伟大祖国类型的歌曲。目的不言而喻，一是众所周知，在我们的校友中，有一位伟人，那就是温润如玉、坚毅如钢的周恩来总理。他的一生为了国家鞠躬尽瘁，少年时就立下"为中华之崛起而读书"的铮铮誓言。总理的奉献精神是育才的一座光辉灯塔。合唱节的诞生，既是为了纪念伟大总理周恩来同志，也是对每一年国庆的积极献礼（合唱节定于每年10月份举行）。第二，我们的合唱节队伍由各个班级组成，但却是由三到四个班级组成一个大的整体，共计130人左右为一支队伍，进行比赛。人数的增加带来的必定是训练的困难。这几个班级要共同抽出统一的时间；班主任老师由于课时的安排可能无法在同一时间同时到位，亲临指挥；100多人的大队伍能否安静并有效率地积极参加训练……问题一个接一个地产生，想要各个击破，始终觉得不是一件容易的事。作为班主任的我们顿时觉得头大无比。比赛前夕，每每看到大家为了取得优异的成绩忙于奔走、积极彩排的场面，就会想起校领导的一句话，"学生在中学阶段的学习工作十分忙碌，待到毕业若干年后回想，难道在这样的一个花一样的年纪，记忆中就只有每天的作业、老师的讲解、考试的成绩吗？让我们为师者做点什么吧，做一些让孩子们能够记一辈子的事情！"正是有这样的信念，我们每一个人才有了战胜困难的勇气，才有了兵来将挡、水来土掩的策略方法。是的，作为师者，我们的工作不仅仅是将书本上的知识传递给学生，我们需要做的更是要教会他们一种正能量，一种积极配合并取得胜利的方法。

2. 训练——胖大海与金嗓子

标题略有夸张，但事实就是如此。从9月末，一直到10月末，近一个月的时间，不是说说就能理解的。每次我们100多位学生来到音乐教室，一练就是一个半小时。在这过程中，我们一直都是"唱"过来的。说到这里，大家就能够理解标题的含义了。嗓子哑、腿发胀是常态，甚至有的学生回到教室后要缓好一阵子才能恢复到常态。

最初，学生们是抱着轻松娱乐的心态来参加训练的。想着只要不上课，能够出来走走就是高兴的。但练着练着，无法避免的劳累与辛苦不断冲击着他们的身心，到最后，甚至有的同学一提到某天要参加大合唱训练，吓得直往卫生间跑。当然，这是一句玩笑话。如何调动学生的情绪，是各位班主任面临的又一大难题。首先从集体的角度出发，班主任们时刻提醒着大家，我们是育才人，作为新世纪的育才学子，我们要会使用合力，要会在集体中发挥自己的力量，使集体的利益最大化。身上穿着育才的校服，胸前别着育才的胸卡，那么使育才精神发扬光大就是我们每一个人的责任。虽然有辛苦，虽然有劳累，但一想到自己代表的这个集体，一想到眼前的荣誉，没有任何一名学生退缩，都在奋力向前。

除了唱功以外，我们的合唱节也在外部条件上做到了最好。首先学校利用假期时间为国际报告厅的大屏幕进行改造，改造后的效果怎一个"靓"字了得。其次，各个代表队都在比赛期间身着最为适合各自特色的服饰参加演出，使舞台效果达到了最大化，让前来参加观看的家长朋友们眼前一亮。从训练到演出，我们的培训是多方面的，力争让学生在以后的学习工作中，也能够做到面面俱到，没有盲点。

3. 感受——来自学生与家长的回复

一年前，在军训过后刚刚步入学习生活的我们，懵懵懂懂地参与了第一次合唱比赛，几周的练习占用了我们大量的体活和自习的时间，长时间的歌唱也使我们干渴不已。那时，对于合唱，我们最初以为这只是个浪费时间的苦差事，只想草草应付了之。当时间悄悄地流逝，眼看距离比赛的时间越来越近，而训练成果却没有多大进展，我们才对它愈发重视起来。听着一遍遍练习的回放，却总是达不到令人满意的效果，老师的脸上也浮现出焦急与担忧。那时第一次下定要努力的决心，也许是怕在全年组的师生面前出丑，怕看到老师们失望的表情，或者仅仅是认为半途而废对不起自己的辛劳。总之，我们坚持到了最后，在四组合唱队中排名第二，我们忐忑的心终于放下了。可是，我们自己知道，大家心里都有一丝挥之不去的不甘。

今年的合唱节，当我们带着自信再次走上舞台时，比起第一次的重视，我们更多了一份珍惜——珍惜这最后一次参加合唱节的机会。这时我才明白，去年那种不甘，其实是集体荣誉感的增强。一个优秀的集体离不开每个成员辛苦的付出，这付出就是我们每个人集体荣誉感的体现。个人的力量是薄弱的，只有当它们汇聚在一起，向着同一个目标努力时，才能让集体绽放美丽的花朵。结果宣布了，当得知自己是冠军时，此起彼伏的掌声响彻整个礼堂，合唱队的每个同学脸上无不洋溢着幸福的笑容。其实，因为初二学期任务的增加，这次排练与上次相比少了差不多三分之一的时间，用作点缀的动作与道具也逊色了不少，为了不影响学习，我们甚至要在练习的闲暇时间去做作业，背笔记。支撑我们的动力一定就是心中对集体的爱和即将分别的不舍吧。

在两次合唱中，除在名次上获得了提升，最重要的是让我们接受了一次心灵的洗礼。我们把个人与集体的关系看得更加清楚——这也许就是合唱节给我带来最难以忘怀的成长吧。

家长感言：

孩子进入育才后，原本踏实的心又开始忐忑了。来自各个学校顶尖的学生，让孩子在学习上开始有了落差，但学校经常会有丰富多彩的课余活动，让孩子在自己的兴趣方面又找回了自信。就如这两个学期的合唱节，赛前的每周末孩子回家都会兴致勃勃地与我们分享她在排练时的辛苦和快乐。从第一学期的亚军回家表现出的惋惜，到第二学期得到冠军时的兴奋，孩子的口中从没有表达出对某个同学或某个事的意见，而是越来越注重集体荣誉：我们如果能更整齐，我们如果表情更激昂，我们如果……一年多育才学习生活，看到孩子的成长，通过和班主任老师的交流，时常沟通孩子在校的情绪反应，老师在学校对孩子的正确引导，让我们家长感悟到只有培养孩子的自信、自尊、自强，才能使孩子身心健康地成长，同时也让我们家长知道，教育孩子更要尊重孩子、信任孩子，更加完善自己，才能言传身教。

学习不能一蹴而就，也不是一劳永逸的事，学习是一辈子的事，家庭教育也是。要培养孩子全面发展，身心健康地成长，就像育才的校歌里唱的：学会关心，学会创造，全面发展……

皇皇杏坛，灼灼其华，桃李芬芳满乾坤。在育才70年的发展历程中，学校始终坚持以学生为中心的教育理念，全体教职员工无私奉献，默默挥洒着勤劳的汗水。当懵懵懂懂的孩子们踏进校园，他们知识疏浅，不谙世事。是育才博大的胸怀，拥抱他们；是育才家庭般的温暖，培养他们；是老师们夜以继日，让他们沐浴知识的灵光；是老师们父母般的关怀，润泽滋爱孩子们，让他们丰富了知识，学就了本领，明白了道理，为他们走向社会、胜任工作、施展才华、报效祖国，打下了坚实的人生基础。

笔底龙蛇走，卷上波澜惊

一年的耕耘虽不长，但在这精心认真的积累下，在备课组全体老师的努力付出之下，我们所期待的花开遍野、花香浓郁的景象终于出现，或是清新淡雅，抑或是坚韧无双，都是孩子们经历沉淀蜕变之后最美的绽放。在这场作文比赛中，我们每一位双语的耕耘者都带着无限的期待，希望孩子们能够在文学写作的道路上百尺竿头，大展身手。

一次活动得以完美呈现是离不开各位老师精心设计与认真筹备的，为了实现最初的目标，为了呈现最佳的效果，语文组每个人都早早地开始紧锣密鼓地筹备。在备课组长王艳艳老师的带领下，我们最终将这次活动分成了五个部分，分别为精选文题、网上阅卷、评选结果、连廊展示以及微信报道。正因为我们合理的设计以及每位老师的用心负责，这一次作文大赛才得以完美呈现。其实在语文组里每个人都是这样尽心尽力着，还记得王艳艳老师为了赶出活动计划而放弃了休息时间，虽说她并没有告诉我们，但是她疲倦的双眼早已泄露了这个秘密；孙岚老师更是高度认真负责，在作文整体展出之前，孙老师为了让版面整体更加美观，不顾自己刚刚动了手术而虚弱的身体，亲手为展面题画。这样的事情已经太多太多，而每个人也都不会记得这样的一桩桩小事，这正是语文组的温暖所在。

其实，作为语文人，大家都知道作文素养的养成不是一朝一夕就能成就的。还记得孩子们第一次拿起手中的笔在作文纸上犹豫不决不敢下笔的场景，那一幕至今都让我感怀着，孩子们无助的眼神，企盼神来之笔能够帮他们渡过这一道道难关。这时，我也想起了我的老师常说的笑话，说学生们一怕文言文，二怕写作文，三怕周树人，虽说是一句玩笑话，也可见对于写作文，孩子们确实有很大的难处。然而语文教学中听、说、读、写都是学生应当掌握的基本技能。作为老师我们也深知语文写作能力对于一个孩子日后的发展来说至关重要，所以经过备课组的研究讨论，争取了更多的时间在语文作文板块，从而帮助孩子们有效提升作文水平。

积跬步方可至千里，从初一开始我们就为孩子们量身打造了一套作文提升方略。

1. 用心陪伴，促新成长

初二上学期伊始，学生们在教材中接触到一种新文体——新闻。虽说我们平时也会在电视、手机、电脑等媒体上看到新闻，但是真正到了书本中，新闻的种类、新闻的特点孩子们却不能一下子体会清楚。贾慧敏老师凭借其多年的工作经验、敏锐的视觉，及时抓住契机，金秋九月正是一年一度的秋季运动会，对于孩子们来说无疑是最盛大的一次活动，如果能够抓住这次机会进行实践写作，无疑是良机。因为学生们经常会感觉到写作困难的原因之一就是生活参与度低而导致无事可写，而这次机会正是孩子们实践参与报道，亲身感受运动会中发生的一切事情的窗口，利用好，便是一次提升。

之后我们收集了孩子们的消息作品，虽然我们并没有进行集体展示，但看着一条条消息，我们仿佛看到了孩子们认真观察生活、精心细致创作的样子，我们一页页翻阅着，看到了手中的文字，也感受到了文字的温度，生活的精彩要靠有温度的文字记述。这时有个孩子悄悄地告诉我说今年她主要报道的是他们班级的4×100米接力，因为他们去年这个项目都没有进入决赛，而今年在最后的跑道上可以看到他们的风采，她一定要记录下来。那些孩子得知她要把他们写在报道中，也拼尽全力去争取，最后取得了第五名的好成绩。我暗自偷笑，用心去做，创新方法，一箭双雕。

2. 假期追踪，助力成长

新闻短评原本是我们布置的假期作业，因为马上就要接触到议论文写作，为了让孩子们尽快掌握这种应用文体，我们通过这项作业让孩子们对议论这种表达方式更熟悉，也正好与新学期新闻文体相承接。在假期中，我们每一位老师都收到了一些孩子的信息，他们有的问老师如何才能更好地发表见解，有的则是孩子气地抱怨自己不会写。我们都是一一耐心回答，没有谁会一开始便什么都可以掌握，只要坚持去做，努力去做就一定会有收获。随后几天，孩子们将自己的短评发到我们的微信里，看着孩子们有板有眼的短评，一丝丝微笑也挂在了我们脸上，因为我们看到了孩子们的努力，孩子们的用心，更看到了孩子们无穷的力量。

这项作业看来已经受到了喜爱，我们备课组便将这项作业坚持下去了，之后的每个周末都做了新闻短评，而我们也会去给孩子们一些建议，一些参考，对于新闻的不同态度、不同角度应该如何切入，我们希望孩子们在这个活动中提升的不仅仅是写作能力，更是孩子立足于现代社会的核心素养。

　　3. 点滴汇聚，全面发展

　　春华秋实，不变的只有一颗无悔的育人心，能够提供精准辅导从而提升写作能力一直是我们所致力追求的，为了最大程度挖掘教学资源，提升教学效率，我们备课组采取了分块教学，形成了人人有特色的作文课堂。我们将方法细化，人人落实，并通过组内研讨课的形式呈现。还记得组内老师曾经为选取角度而广泛征求意见，哪怕只是一个角度，老师们都要考虑再考虑，斟酌再斟酌，一心只希望将最有用最用心的课堂呈现给孩子们。特别难忘的是人物描写之外貌描写的专题课，老师一上来就给孩子们展示了张飞的影视作品形象，同时加入了《三国演义》文学作品中对其的描写，让孩子们寻找作者创作的手法，从而更形象地感知人物描写的手法。一开始孩子们有的冥思苦想，有的抓抓头发，一种赶鸭子上架的感觉。老师一下子看破了玄机，然后找了前排的一位女同学，老师当场要求用一分钟来互相描写对方，在老师的描写中孩子们仿佛抓住了救命稻草，接下来孩子们兴奋地展示着自己的成果，举手的人占了一半，一整堂课都是在孩子们的欢声笑语当中度过的，此时大家好像发现自己对身边的人更加熟悉了，他们通过这样的一堂课也学会了如何将人物外貌的特点突出，而不是千人一面的往事了。

　　每一堂成功的研讨课背后都离不开所有老师的敬业付出。因为那仅仅40分钟的课堂，却需要老师20遍以上的修改教案、五遍以上的试讲，一次次的雕琢打磨，一次次的锤炼提升，最后形成了我们组内统一的课堂标准。孩子们也会在这精品课堂中汲取更多的养分，孩子的成长从来都不是一蹴而就的，都是需要点滴汇聚，一步一个脚印踏实前行，我们带给孩子的成长都是最精确的，我们不希望浪费孩子的有效时间，只为助力成长。

　　语文人的任务是艰巨的，语文的道路也不是一帆风顺的，在这充满荆棘和坎坷的路上，我们都守望着语文人的一颗初心，坚定着语文人的无悔精神。"路漫漫其修远兮，吾将上下而求索。"求索着孩子们的成才之路，求索着孩子们全面发展之路，这条路必然艰辛，但是看到孩子们一张张可爱的笑脸，一张张充满自信的笑脸便无怨无悔，希望每个育才人都可以自信满满踏出校门，因为这里的成长终究会让你受益终生！

词韵锦绣口，诗心天地宽
——记"荡漾诗韵，永耀芳华"经典诵读活动

"独坐幽篁里，弹琴复长啸"是王维的雅韵；"举杯邀明月，对影成三人"是李白的孤独；"无边落木萧萧下，不尽长江滚滚来"是杜甫的萧索；"大江东去浪淘尽，千古风流人物"是苏轼的豪情……古典诗词是中华民族的精神珠玉，文人雅士的情之所钟，更是千百年来人们用以教养子女、陶冶性情的必读之物。

古人云：腹有诗书气自华。当一个人在古诗文的浸润中长大，他的身上就会散发一种书卷气，自然而然地脱离开低俗的品位。这样的人物也是风姿特秀、卓然不群的。培养这种诗书气韵，仅仅靠课堂的讲授还是不够的，需要一种氛围去感染，去滋养。我国古代诗词在唐宋时期达到顶峰，大诗人白居易的诗"老妪能解"，宋时"饮水处，即能歌柳词"，在这种全民诗歌的大环境下，诗词成为人们日常生活的一部分，自然造就了一个鼎盛的时代，一个诗歌王朝。

当下，西方文化的东渐，人们似乎沉浸在现代科技的快动中，商场中浓郁的圣诞气息也使人莫名的喜悦。但是我们民族的文化精髓却没有这般得宠。不仅仅因为是阳春白雪，更是缺少生活气息而被很多人遗忘，甚至认为是毫无生气的过时的事物。近年来，"诗词大会""成语大会"的热播说明，人们对我们的古老文化是热爱的，如何让我们的青少年也钟情于我们的古典文化，成为我们教育工作者，尤其是语文教育工作者的职责所在。

1. 撷一片云，撩动春天的风

孔子和弟子曾点都向往一种生活："莫春者，春服既成，冠者五六人，童子六七人，浴乎沂，风乎舞雩，咏而归。"那么，学生们在一起诵读诗歌，不也是一种雅事吗？最美人间四月天，在那个风与花相约的季节，我们让学生与古诗词进行一次完美的邂逅。于是我们的语文团队开始酝酿。

2. 采几瓣花，绣成春天的明媚

诗中有情，在春暖花开的季节里更能达成青春少年和雅韵诗词的相遇。当然，对于学生们来说，他们开始并不热衷。一直以来，古诗词只是用来默写，用来考试的。甚至有人感叹：那些诗人多无聊，写这么多诗词，我们还要去背诵！显然，几千年的距离，并未产生应有的美感，在一颗无聊无趣的心里，诗词或许只是一种负担和枯燥的文字。

让学生亲近诗词，领略其中的美好，是我们先进行的铺垫。改变以往朗读的模式，变成多样诵读。于是，学生们惊讶于诗歌诵读的形式：不是一成不变的齐诵，不是整齐划一的列队，不是高声大气的朗读……《将进酒》中的高低错落，间以回环，歌曲的穿插，让学生们感到新奇可喜。《蜀道难》的复古韵味使人神思深沉……

3. 落几许雨丝，润泽春的鲜活

美好的事物，总是脱胎于艰难的努力中。排练时，学生们要克服学习时间紧迫、练习时间短的困难，高效地完成，但是诵读质量要求还是很高。《读书铭》是孙岚老师的原创作品，排练中，学生在声音渐高的环节，训练并不理想。有时慢了，有时声音的走势没有达到预期，仅是这一个小变化就排练了整整两个中午的时间。在训练的过程中，学生悟道了，他们说：这是一个压抑的民族逐渐强大的过程。所以，声音原来是低沉的，逐渐明朗，再变为高亢。通过诵读，他们理解了声音也能传达诗词的情思。于是，我告诉学生，我们就要用声音演绎诗词之美了。

附《读书铭》

仓颉作书，汉字流长。殷墟甲骨，华夏文章。

春秋战国，诸子争强。百家成说，千载相抗。

国风雅韵，香草楚唱。文由先秦，赋兴汉邦。

建安风骨，魏晋清扬。隋承遗祚，诗盛大唐。

五代靡弱，词行宋巷。杂剧散曲，元绽其芒。

小说情秘，明清大光。经史子集，蕴蓄精藏。

哲思理趣，万古流芳。

上有古人之忧思，下有先哲之妙想。

浩浩中土，茫茫西方。

有儒释道法融合之机，渐文艺复兴斑斓之象。

梅骨铮铮，成泥犹香。松风凛凛，傲雪凌霜，

自是国人之筋骨；

天行其健，地德厚彰，气吞寰宇，容纳八荒，

亦是炎黄之胸膛。

神州浩荡，江水泱泱。

前有苌弘化碧之忠烈，后有横刀向天之肝肠。

圣贤之文不废，大家新作出祥，

继中华文明，汲四海智囊。

承前启后，是今日之责任，

兴国安邦，定我辈之儿郎！

在整个诵读的训练中，学生们没有一个抱怨累和苦，相反，他们乐在其中。而且，由原来主导的训练形式，变成了学生们共同建议、共同磨炼、共

同感受的过程。训练中，有学生问："老师，我怎么觉得咱们这个诵读像唱歌一样？"我笑着解释："这就对了！原来的诗，都是用唱的形式表达的，所以叫'诗歌'嘛！"当他们或婉转、或悠扬、或低沉、或嘹亮地朗诵时，诗词中的音韵之美，破壁而出：音律协和，铿锵有力，婉转清新……

古典诗词，在这个四月，和春天一起苏醒。

4.饰数缕暖阳，织就春的华彩

诗词的雅致，使人心怡。学生青春年少，正值芳华。他们更喜欢用自由的形式表达内心。于是，现代诗更容易使学生亲近，不仅易懂，更是易读。在他们诵读的篇目中，选取了爱国诗歌如戴望舒的《我用残损的手掌》、郭沫若的《地球，我的母亲》，学生在诵读中穿插了背景描述，沉痛的叙述中，音乐低沉，激发了学生情感。《地球，我的母亲》中学生的朗诵，尤其艰难，相同的句式和内容，不同的感情表达，要求学生通过声音传递出不一样的情感层次：热爱、赞美、伤感、沉痛……一首长诗起伏跌宕，动情的演绎令人动容。

终于，"荡漾诗韵，永耀芳华"的经典诵读活动进行展示了。活动在古典乐器演奏的《苏堤漫步》中拉开了帷幕。学生身着体现各自诗歌特点的服饰上场了。雍容典雅的唐襟束带，古朴庄重的宋袖长裙，简约严整的民国学生风……不一而足。学生们紧张郑重地准备着。7、8班的原创作品《读书铭》铿锵有力，振奋人心。3、4班诵读的戴望舒经典诗歌《我用残损的手掌》深情炙热、群情激昂，5、6班将郭沫若经典诗歌《地球，我的母亲》演绎得真挚感人，11、12班男同学带来的李白著名诗篇《蜀道难》和9、10班同学带来的《将进酒》将本次活动推向高潮，令人难以忘怀，11、12班女同学诵读的《再别康桥》娓娓道来，清新拂面，最后，1、2班的《少年中国说》为本次活动画上了完美的句号。一篇篇经典名篇，经过学生吟诵与演绎，将古典诗词与音乐融为一体，达到了文学与艺术、传承与发展的完美统一。

5. 蕴一片诗心，俯仰春之天地

学生们在训练中逐渐褪去了浮躁和萎靡，变得深沉内敛，褪去了浅薄幼稚，显得更加沉稳端庄。他们在诗句的抑扬顿挫间品味人世沉浮，在回环往复中体味情思浓烈，在音乐与诗词的交融中深思意境的隽美。此后，学生们又参与了《满江红》的诵读活动，更加积极和热情，有时，他们甚至还要在文章中引用曾经诵读的名篇："少年强，则国强；少年雄于地球，则国雄于地球！"那铿锵有力的回响将成为他们一生中难忘的乐章。

附：学生活动后的感受

诵读经典，其实就是对前人思想结晶的再表达，再感悟。在活动中我诵读了李白的《蜀道难》。在我第一次读这一篇古诗时，我就被它所描绘的蜀道的崎岖、峥嵘的磅礴气势，所表达的对雄伟壮丽的祖国山河的热爱深深地感染了。随后的反复诵读，每一次都会让我有新的感受。我从李白的豪放洒脱中学会了乐观阔达。在我看来，学校组织这次活动是十分有意义的，"荡漾诗韵，永耀芳华"这个名字本身就极富有文学色彩，诵读经典，让我修养了德行，提高了文化素养与品位，更让我增强了民族自豪感与传承中华文明、弘扬民族传统文化的责任感与使命感。这会是使我受益终生的宝贵财富。（王略甫）

诵读经典就是不断学习的过程，它让我们学识渊博，亦能陶冶情操。在《读书铭》的诵读活动中，我也学到了很多。在这个过程中我感受到了诵读的魅力，它让我欲罢不能，我或多或少受到了它的影响。每次见到好的文章，都忍不住有感情地多读几遍。这也应该就是它的奇妙之处吧。《读书铭》看似将中华上下五千年的历史穿在一起，实则更像是一种呼吁，让我们记住中国厚重的历史沉淀，更让我们怀着一颗赤子之心去兴国安邦。而我们要做的就是好好学习，争取早日为国家做出贡献。（田雨衡）

《读书铭》让我感受到了中华文化源远流长，博大精深；《将进酒》让我体会到要珍惜时光，乐观面对生活；《地球，我的母亲》让我感悟到我们应该感恩生命，珍惜生命，热爱自然……

"承前启后，是今日之责任，兴国安邦，定我辈之儿郎！"在今后的学习生活中，我会阅读更多的经典，在经典之中感悟人生，提升自身综合素质，为中华之崛起努力读书！（邓梦岑）

有人用"锦心绣口"形容诗书满腹、才华横溢之人，而厚积薄发正是此时的少年应行之事。诗词并不是人们生活中的直接可见的"有用"之物，但是在学习诗词过程中参悟到人文之美，领略到人情之美，体会到智慧之美，才是锻造人内心情思、精神修养的有益的方式。当我们徜徉在古典文化的海洋中，一定会令我们自己也散发着优雅的芬芳。

快乐英语，快乐成长

不知不觉中自己已经毕业大半年多了，在北京上学的我偶尔也会放下让自己无比忙碌的一切，想想过去，想想双语。

想到双语绕不开的便是四叶草。它对于双语人来讲不是简简单单的一个舞台，不是大家表演结束后便皆大欢喜；相反，四叶草更像是一种情怀，它已经深深地融于双语的校园文化中，俨然成为这所学校的一个标志。每年四月，春回大地，新一年的四叶草便在全校再一次生根发芽，带来新一轮的绿色风暴。在我眼中，四叶草更是一种精神所在，是"passion, persistence, youth, dream"这四个单词的浓缩。

——张贺川

毕业于双语初2012级8、高2015级6，现就读于对外经济贸易大学

2009年，双语校园启用之后的第一个春意盎然的学期，正如日渐变暖的天气一样，2008级11班的四名少年萌发创建一个英语文化社团的想法——four-clover leaf Club. 谁也没有想到，正是这个想法，正是这棵四叶草的小苗，在日后的十余年间，一路跌跌撞撞，成长为育才双语的品牌文化，影响了一批又一批双语人。

如今每年6月份，初高中的孩子们都会期待自己的英语文化节，参加英语文化节。总有家长会惊叹，双语孩子怎么会这么专业？总有同事会说，只有英语文化节才能做到每年的高水准演出，总有往届的学生回来观看时，会说我在的时候怎么没有加这个花样？不知道是张阳和我开发了学生的学习潜力和能力，还是他们延续了我们对英语的梦想，总之，一切都恰到好处。

1. 英语文化节给一些孩子埋下了成长的种子

第一届四叶草英语社团的主创人员执着地呵护四叶草这棵小苗的成长。刘子阳，最初画出第一片四叶草的孩子，第一届四叶草社团社长，带着最初的梦想，用自己的方法在育才园里探索寻找自己的路。他设计并手绘第一、二届的T恤衫；坐在行政广场给教学楼素描，然后印制成双语特色的笔记本；一边拿着DV，一边对着口型，追着同学做MV；窝在办公室里拿着最民用基础款的movie maker、绘声绘影做汇演开场视频；拍同学失望的背影、流泪的瞬间、会意的对视……也许正是这份执着和经历，高三时给面试官留下非常好的印象，2018年夏天他已经从上海戏剧学院导演系毕业了。去年刘子阳让我帮忙翻译他的作品中的几句话，看完短片，片尾闪过"导演：刘子阳"这几个字时，我很难想象这就是他，当初把DV放到窗台一天，拍教学楼上方的云朵，拍日出，拍日落，剪辑成7秒的片花，那个无怨无悔的男孩。如今，是熟练使用专业prfcpx和avid的导演系优秀毕业生。

关之琪，四叶草四人组之一，较高的绘画功底，连续三届的组织策划者，手绘文化节五周年帆布手袋，目前就读于哈勒布尔格·吉比森施泰因艺术大学（德国）Burg Giebichenstein Kunsthochschule Halle 学习服装设计。有了这样一批元老级的学生，他们把最初的四叶草文化宣传得就特别到位。通过 logo 设计大赛，增加了学生的参与度和认可度。从关之琪手绘的帆布袋，到杨茜涵手绘的卡贴、吴可评的手绘笔记本、韩笑的主题漫画，每一届英语文化节都留给孩子们一些东西去怀念。杨茜涵的妈妈这样写给我：今天晚上孩子又一次摆弄着她的小卡贴，回味英语文化节带来的有声有色的美好时光。孩子在参与活动的那个阶段，完全是自发的，主动地去听"不一样"的声音，对英文的阅读、口语表达以及舞台剧台词对白的不同"腔调"等都产生了浓厚的兴趣，同时历练了如何用画笔去表达，看到孩子认真思考、揣摩、构思草图，到最后完稿，富有使命感、责任感地去参与活动，作为家长，我们看到了孩子的成长，这种成长的过程太完美了，每一个经历了英语文化节的孩子都会被激励，被鼓舞，积极主动地热爱这种母语以外的另一种语言，大大激发了孩子们对学习英语文化的兴趣，这是孩子和我一起走出国门之后的最真实的感受，感恩育才。

2. 英语文化节是另一些孩子的能力成长的催化剂

除了文化节的周边，英语文化节从构思和活动设计上是费尽苦心的。这点第三届社长冯庭慈深有体会。高一下学期刚开学，他就拿着厚厚的一摞英语文化节实施方案交给了我，我当时就很惊叹，一个十几岁的大男生，竟能像做企业项目一般把一个活动设计得这么细致和完善，可见其用心。他当时没有打印的条件，全文都是手写的，字迹很漂亮，这一点令我印象深刻。策划的内容十分翔实利落，从英语的听、说、读、写几个方面入手，分别设置了一些活动及具体的实施方案，主体上的设计有英语书法大赛、听力比赛、演讲比赛、英文歌曲大赛、戏剧比赛，五大比赛从赛前报名到奖项评决，方案中一应俱全，稍加增补几乎就可以实施了。方案写得再详尽，也写不出具体实施中的琐碎和意外，这一点上冯廷慈也算是提前上了一课——理想和现实之间的落差，叫作执行。殊不知平衡各种师生关系、协调碎片时间、各类教室的使用的调剂，凡此种种事宜都让他处处碰壁，更不用说，作为高二的学生，他还要协调好自己的学习时间。从此在双语各大教学楼之间，就时常能看到一个奔跑着的小胖子，这也难怪，他两个月瘦了15斤，整届活动跑下来他也成熟了许多，也轻快了许多，英语文化节催化着他的成长。如今，他在一家创业公司做文案策划，元旦期间刚刚组织了一场700多人的论坛。我们时常联系，也经常回忆一起在文化节奋斗的日子，我说文化节要感谢他，让这套策划的流程日臻完善；他却说感谢文化节，给他现在的工作打下了坚实的基础，时刻提醒他多想一步、早想一步，多做少说，方能成就。冯庭慈不是唯一靠文化节"减肥成功"的社长，第六届社长周督涵勇创新高瘦22斤。"真累、真好、真成长"，这就是他们心中的文化节。

段建宇，第六、七届英语文化节技术类主要人员，拍照、制作视频、现场调度、灯光、消音，他不但可以把工作完成，还可以高质量完成，比如视频不仅仅是照片的堆砌，加入效果后配合音乐进行画面制作，甚至添加中英文双语字幕；现场灯光指导到位，没有多余的话语，要求即可以做到，不炫耀、很低调的幕后工作者。专业团队的合作和一致性很重要，英语文化节培养的不仅仅是台上的一瞬间，更是能力积累的平台。

3. 英语文化节更是一群孩子展示自我的平台

2010年6月13日第二届英语文化节如同里程碑一样，奠定了英语文化节的基调和品牌形象。节目由原定计划一场增加到四场，每个人都在谈论英语文化节，在说哪个节目他们最喜欢，小演员在校园里被大家认出来，"原来就是他，口语那么好！""那个魔术怎么变的？"……演员筋疲力尽，但内心很欢喜。那一次是我久违地体会到什么叫团队意识和合作精神。从国际报告厅走出来，我看了一下连续熬夜作战的张阳，瞬间就意识到了，文化节以我们措手不及的方式，就这么火了。那个夏天，一抹绿席卷了整个校园。

文化节是学生能力成长的机会，在国际报告厅的舞台上出现了一批又一批双语校园自己的明星。

刘政基，以惊人的语速背课文，引领了14届背课文的潮流，被封为"背课文祖师爷"；张然傲，从2015年到2017年，陪四叶草走过三年，从solo到团体街舞，跳完舞台上一支支舞，收获的是一年年的精彩与感动。四叶草于他们来说意味着什么呢？光芒抑或是回响？我想是它促进并见证着的历届四叶草人的成长。它给每一个人在繁重学业中坚持自己爱好的动力与契机。四叶草已不再是一个单纯的活动和节日，它已成为每一个四叶草人的信仰，为他们在更远的路上不断提供着内生力量。

张贺川参与过2015年与2016年两年文化节的节目展演，Oscar主题的演讲和Zootopia的配音。他说："对我而言，这两次经历可谓十分难忘，四叶草让一个少年不再怯场，让一个少年真正地融入了一个team，让一个少年懂得何为精益求精与不懈的坚持，这是我不断成长与脱胎换骨的一段经历。我现在就读于一所以讲座众多而闻名全国的大学，因为四叶草的舞台经历，我从未视之为压力，反而为一种享受。当我为各种课题而奔走于各种小组讨论中，我想起了当时为了改节目与同伴仔细商讨的时光。这都是四叶草那段经历赐予我的，值得我用心地去珍惜。一想到在那段正青春的岁月里，我和一些志同道合的同样热爱英语的同龄人为了同样的目标乃至梦想努力奋斗过，怎能不让人怀念？四叶草也引导我不去功利地看待英语本身，而是把它当作自己生命中的一部分，自己的一种不懈的追求。我将这种精神贯穿高中三年，以后也不会放弃，而是要更好地坚持下去。我相信，为了梦想去学习英语会给每个人更宽广的平台、更加深邃的思考空间，也会让这项技能与你融为一体，对你更加忠诚。

如今就读于香港大学的李宛泽这样写道：说起中学六年，说长不长说短不短，读书备考虽苦，它在我的心中却永远是桃花源一般的梦境。在每个树木纷繁、蝉鸣清脆的盛夏里，英语文化节则是个中让人最难忘的半晌贪欢。第一年的夏天，我因一位之差遗憾落选声乐比赛，许是念念不忘，初二的我如愿以偿地站在了舞台上，伴唱一阕空灵的阿卡贝拉。演出三天前，我被临时选为《冰雪奇缘》的 Anna 配音演员。其实五年过去了，大多细节都已磨灭，我却仍记得导演老师聆听我试音时，眸中闪出惊艳的火花，点亮了我整个青春。数不清的台词，一遍又一遍的琢磨，反复地核对口型，模仿语调，从《冰雪奇缘》到《超能陆战队》《疯狂动物城》，英语文化节的演出成了我的成长史诗。由那个胆小、成绩不好、不起眼的小同学，到演员、主持人、团委秘书长、学生社团联合会副主席、文科年级状元。直到我站在香港大学的面试考场上，相谈甚欢的外籍考官紧紧握住我的手，我才明白，虽然高考预示我们走多高，但是英语决定我们走多远。天高任鸟飞，此时再回首，难忘双语，难忘每一届文化节。

11 年，涌现出太多的幕后的名字和台前的 star，回忆的阀门总是止不住的，对于四叶草的感情也绝非这么短的篇幅能说尽。

对于我来说，英语文化节从来不是一台拼凑的节目而已，而是一场学生的文化革命，它给不同的孩子提供了展示潜能的机会。而实现孩子们的想法背后需要很多人支持，叶晶波主任、李希宁、张阳、贾扬等教师每年都带着最初的梦想去遇见下一届孩子们，期待撞击出的火花。老师们就像守护者一样，守护这棵小苗的成长，看着一届一届的社长、演员去成长、去拼搏。文化节留给他们的不是一首歌、一支舞、一句配音、一段演讲，留给他们的是最初的梦想、执着的追求、严谨学习生活中的一扇窗、一个爱好或一个一生追求的职业。

探寻的路，还在继续，而我们也在原地等候下一批从英语中得到快乐的孩子们，带着梦想快乐地去感受，去成长。

奔向阳光的终点

有这样一群少年，或许他们学习成绩并不是最优秀的，但是他们求胜向上的意志却不逊色半分。

1. 不试一试，怎么知道自己行不行

小王同学在班级中是最为瘦小的，心性也不太成熟，贪玩得像个小孩子。起初我对他的印象仅仅停留在是个童心未泯、玩性未改的孩子。那是初一上学期的秋季运动会。当体委递给我参赛名单，看到男子1500米的名单中竟然有他，瘦小的他能否坚持完这一大项考验呢？要知道1500米，不仅仅考验的是运动员的身体素质、体能，更重要的是意志力，看他平时对待学习的态度，心中不免担心。直到上场枪响的那一刻，这颗心也在替他悬着，不是担心能不能赢，而是担心他能否坚持下来，一圈，两圈，三圈……最后一圈的时候，显然速度有所减慢，他小小的身体，虽然被体力稍强的选手一点点追赶，但眼中的坚毅并未退去半分。看台上的同学们，也看得紧张万分，激动地站起来为他加油助威，竟忽略了早已喊破的喉咙，而此时的我竟一句也喊不出来，就这样定定地看着他，全然不觉攥紧的拳头，指甲竟在手心留下深深的印迹。最后200米，100米，50米，小小的他拖着越发沉重的步伐，冲到了终点。这一刻，看台上掌声雷动，这一刻的我，向他飞奔而去，他看见我正在跑向他，也向我跑过来，就这样，我们师生二人相拥在一起，他对我激动地说：“高老师，我坚持下来了，但是没有拿到名次，对不起！”“没关系孩子，你能坚持下来就是好样的！”看着他运动过后涨红的小脸，心中被他这种坚持不放弃的精神所感动，当他选择站在1500米起点的那一刻就已经成功了一半。

2. 就是输，也要输在终点线

小郑同学是班上的体育健将，无论是长跑还是短跑，可谓逢赛必得冠军。在他上场之前，全班同学包括我对这场比赛势在必得！一声令下，全场沸腾！我也加入到呐喊中，激动不已。可谁知，赛场上的小郑，全然没有了以往的王者风范，脸上坚毅的表情背后竟多了一分苦涩。尤其是到最后50米，捂着右腿一瘸一拐跑完了全程。后来才得知，在上场比赛中，他的右腿肌肉拉伤，他是强忍着疼痛跑完全程的。是怎样的一种力量让他拖着受伤的右腿坚持到了最后？我想是一种担当，一种责任，是一种坚持……既然发令枪声已响，就是输也要输在终点线上！

赛后，他的妈妈对我说，现在孩子每年都会主动要求，一定要报上名。在赛前的时间里，为了取得更好的成绩他会早起去公园跑步、练习，同时家长也十分支持他。周末回家刚看见家长就跟她分享在比赛中收获的喜悦。孩子参加运动会最大的收获，就是知道了永不放弃的体育精神，现在孩子可以感受到做一件事情，如果坚持去做，时间长了会有很大的成就感。参加运动会还让孩子增强了自信。

3. 赛场上也需要一丝不苟

班上的周同学代表班级参加学校运动会400米接力赛，一幕幕的场景还时常在我脑海里闪现，可谓一波三折，剧情跌宕起伏。遗憾的是，最终以失败告终。赛后她对我说：

当时，我跑第三棒，前面两个同学把对手拉开了十几米距离，只要我能保持这个优势，把接力棒交给第四棒同学，那冠军就属于我们十班了。赛场上，我铆足了劲，双脚蹬地小跑、眼瞄着后方同学……十米、六米，随着与第二棒同学距离不断缩小，我右手已做好了接棒准备，手掌已摸到棒了，好了接棒成功！我腾空跃起向前冲去，这时，我班同学们欢呼雀跃，掌声雷动。然而，不幸却发生了，我被我自己绊倒了，来了个马失前蹄，趴在跑道上，接力棒也飞到一边了。我的大脑一片空白，为什么呢？听见老师和同学们的叫喊声，我赶紧爬起来，找到接力棒，一瘸一拐向前颠跑。可想而知，交到第四棒同学时，对手已经把我们拉开了很大距离。冠军自然失之交臂，仅得了个第四名。遗憾就别提了，其他3位同学跑过来共同安慰我，给我吃宽心丸，都没怪我。事后我才知道，绊倒我，是因为我的鞋带开了。赛前同学们还嘱咐我系好鞋带，可我没当回事，结果出了大问题，好在老师和同学们谅解了我。一想起此事，懊恼悔恨之心无时不在。

但这件事的教训，我始终记忆犹新。自己的马大哈不认真，是这件事情的根源所在。学习和做事情是一样的，也来不得半点马虎，不认真就要吃亏。在之前，有几次考试审题不认真，简单会做的题却也丢了分。吃一堑长一智，尝到了苦头后，我暗下决心，以后一定要改掉这个坏毛病，做一个不管干什么事情，都能够认真仔细对待的好学生。

4. 只要坚持到底，多远都会有终点

今年的纪念"一二·九"长跑改变了模式，由以前的接力赛改成了迷你马拉松，这样每个孩子要跑1000多米。班上的小瑞同学也是个热爱集体的阳光女孩，这次她报名参加了马拉松比赛。在当周的周记中她这样写道：

我参加了学校的"一二·九迷你马拉松"比赛，为了集体荣誉，本不擅长运动的我下定决心，一定拼尽全力。当我站在起跑线上的时候，心中只有一个念头，坚持跑下去。枪响的那一刻，冲出起点，绕跑道奔跑时，看到为我加油助威的同学们，顿时充满力量。

半路上超过了几个同学，但看到其他气喘吁吁的同学，心中又有些动摇。是不是应该停下来休息一下呢？当我看到老师同学们为我们加油助威时，我明白了，此刻的休息苟且，才是比跑最后一名更可悲的失败。

慢慢的，一棵棵树远去了，一栋栋教学楼远去了，校园周围一切景物那么熟悉，那一刻我奔跑在最熟悉最亲切的那条路上，我更加有信心坚持下去。步伐少了几分疲惫，多了几分惬意。

冬日午后的暖阳照在大地上，照在每一个挥洒汗水的身躯上。渐渐地，呐喊声近了，鼓槌敲打鼓面的声音近了，不知不觉，我离终点近了。

重新跑进田径场，已是完全不同的心境，最后的200米，我告诉自己，无论如何，一定要坚持到终点！当我真正达到终点的那一刻，说不出的喜悦，心跳得很快。是坚定的信念和"再坚持一下"的决心让我再次战胜自己。那个过去体测800米都累得满头大汗的我竟然可以绕偌大的校园跑完整整一圈。

当我接到第45名号码牌的时候，输赢早已不重要了，坚持下来就是好样的！我开始慢慢地喜欢长跑这项运动，因为它不仅增强了我们的体魄，更磨练了我们的意志，也许这就是马拉松的真谛吧！

马拉松的意义，不是在于第几名跑过终点，而是从你起跑的一瞬间便已经超越了自己。我会在今后的学习生活中继续跑下去，永不言弃，"跑"出自己的风采，"跑"出精彩的青春，"跑"出绚丽的人生！

看完孩子的周记，我的心久久不能平静，仿佛又回到了那个严寒的午后，虽然天气很冷，无论是看台上的同学们，还是在跑道上的运动员们，都热情高涨，信心满满。运动员小瑜妈妈在反馈单中这样写道：

在此次长跑活动中我感触颇多。一路上，我感受到孩子们在寒冷冬季仍挥汗如雨的畅快，感受了漫漫长路最终被孩子们征服的快乐，明白了"做事情不能半途而废，坚持就是胜利"的人生真谛，此次长跑让我想到孩子学习也是一次长跑。事实证明一个人需要一辈子跑一条线，才能逐渐超越多数，成为跑得远的人。学习的长跑比的是耐久性，谁在这场比赛中能够坚持到底，谁就能实现超越。到达终点线的，大多不是最聪明的，也不是当初跑得快的，聪明的人在过程中要被诱惑，因为聪明未必要跑这条很枯燥的路，他的选择多得多。教育其实所提供给学生的，不是比赛谁跑得快，而是要学生更多对于目标的清晰与追求的执着，更多能够坚持的决心和毅力。

5. 相信自己，胜利也不那么难

为了给更多热爱体育的同学展示自己的舞台，学校举办了首届"快乐双语·阳光体育"体育节活动，得知有这项活动，班上的羽毛球爱好者小宝同学摩拳擦掌，准备大显身手。荣幸的是他最终赢得了冠军。那天颁完奖后他回忆自己的冠军之路这样写道：

终于，期盼已久的羽毛球比赛拉开了帷幕。代表着十班，我心中激动不已。得益于平常对羽毛球的练习，我前两轮轻松地打败了对手。第三轮轮空，这意味着我可以直接进入决赛，但我的目标岂止是这样？

决赛一开场，我就以11比5击败了对手。我的对手也终于认真了起来，第二轮明显胶着了许多。在我又以10比4夺下赛点后，他终于使出浑身解数，连下五球，将比分改写成为10比9。只要他再赢一球，我的赛点优势就荡然无存了。在他越战越勇的状态下，我调整了一下呼吸，心中不断地告诉自己："别紧张，只要抓住机会，再赢一球就成功了。"他把球发了过来，我回了一个高远球，他发力不均，打出一个半截球，我正想扣杀，突然想到前几局因我扣杀未果，连连失分。又想到林丹的一个经典动作，挥出的球拍减小了力度，轻轻点了一下球，球擦网下落。他大吃一惊，想上步去救，但为时已晚。随着终场哨响，我赢得了自己的第一个奖杯。

回想刚才的过程，其实有时候事情并没有想象中那么困难，只要基础扎实、心态放松、学会坚持、相信自己，不轻言放弃，才能做到最好，不是吗？我在学习上也会这样鼓励自己，争取创造佳绩！

6. 体验带来的成长

如果说体育运动是体力和毅力的比拼，那么各种棋类的比赛更是智慧和心理上的较量。漫步书香圣地，捡拾质朴馨香。我校进行了"快乐双语·阳光体育"活动，小杨同学参加了其中的跳棋比赛，收获了真实美好的经验与精力，现在就让小杨同学一一向大家道来。

我是一个比较好强的人，非常希望能为班级争光，取得好的成绩。一回到家，就让爸妈买来了跳棋并练习了几把。

到了比赛那天，我真的非常紧张，但在比赛过程中，我沉住了气，冷静地分析了对手的策略，并以三颗子赢了比赛。这给了我极大的信心。接下来的比赛更加胶着，与我对战的是一位女同学，她非常的细心和冷静，逼得我频频长思，但最后她好像看到了我的紧张与焦虑，提醒了我一下，最终我以两步子赢了她，我其实非常感谢他。我们在最后留了影并握了手，让我感到了比赛第二、友谊第一的真情实感。我给自己打了个气，加油！

进入了半决赛，我给自己加油，一定要赢！可惜天有不测风云，当我马上要跳完时，对手竟以一个三连跳以一子之差赢了我，虽说有些遗憾，但我却收获了真正的比赛精神，体验了一回真正的虽败犹荣——起码还和全校第二交过手。

感谢那场比赛，让我从一个失败了就哭的小孩走向了重在参与和尽力就好的真挚与成熟！在比赛过程中，我不在乎输赢，一定要坚持到底顽强拼搏，不到最后不放弃，也磨练了我的意志。可以说，这场比赛没有输赢，它让我获得了亲身参与实践的积极体验，获得了丰富经验，形成了独立解决问题的态度和能力。

如果有机会我一定要再来一次，见证青春，绽放芳华。阳光体育，快乐体育，我爱双语！

在期盼中，在意料中，是悲是喜，是欢是狂，都未可知，但可知的是，在这样的一场运动盛会中我们不计成本的付出，这都将在与梦想碰撞的季节里得到肯定和兑现，结局并不重要，重要的是当画面定格在每一帧，都可以凝固成永恒的画面，述说不变的追求，演绎勇敢的品质。

泰戈尔在诗中说，天空没有翅膀的影子，但我已经飞过；艾青对朋友说，也许有人到达不了彼岸，但我们共同拥有大海。孩子们，也许你们没有显赫的成绩，但运动场上留下你们的足迹，也许你们没有取得骄人的成绩，但在老师心中留下了你们拼搏的身影。

每一次体育运动中，都会上演各种各样的小故事，这只是这场电影中的一部分，每一个情节都是那样的感人，不禁感叹过，孩子们真的长大了。虽然这只是一场比赛，但是孩子们收获的不仅仅是一场比赛、一次输赢，更多的是心灵上的成长，这可能就是体育运动的最大魅力所在。生命的意义在于奋斗，青春的意义在于拼搏。在这世界上非天空最高远也，非土地最深厚也，非海洋最高远也，而是坚持。唯有坚持，能化风雨为彩虹，化一片白云为整片湛蓝的天空，化一个小小的驻足为一个宁静的港湾。坚持，无形亦为路，无言也为声。愿每一个孩子都能成为自己人生赛场上真正的强者。

7. 寓教于活动，韶华添光彩

多姿多彩的学校活动构成了育才双语的彩色校园生活，在时间有限的情况下，如果我们认为活动只是领导安排的一项工作，是可以"兵来将挡水来土掩"，让学生承受着迫不得已的痛苦，让自己在应付中疲惫不堪。而如果我们选择了认真地对待每一项活动，将每一个学生的成长都当作自己的使命，那么就有了让每一个孩子都了不起的机会。我一直相信，每一个孩子都有开花的时候，只是需要等待。相熟的朋友同事跟我说"我羡慕你的轻松"，我说，"每一段轻松的背后都是辛苦"。教育学上总强调对待学生要像对待花园里精心培育的花草，要有静待花开的心境。

　　其实，开花需要契机，像一场春雨，一阵春风。不是每个孩子都会在学习上带给我们惊喜，虽然老师不强求，但成长的道路上，每个学生都需要证明自己，为班级带来荣誉，为自己带来自信。丰富多彩的活动正好是春风春雨，只要我教育得当，班级内一定会涌现出更多的好学生。某个孩子也许学习上不拔尖，但总有他擅长的东西，还有，我能确信的是他有着一颗跟学习好的孩子一样爱这个班级的美好心灵。有了这样的活动，我就能够让他动起来，只要动起来，他总能够获得一种继续前行的力量。一种可持续的前行的力量就激活了一个灵魂，激活了灵魂，那教育中的被动的学生就会少多了。再往学习上引不就容易多了吗？

　　第一幕：我要听见表扬你们的声音

　　整个初二是班级动荡时期，也是班级风貌变化形成时期，这一年学校活动很多，而所有活动的中心主旨就是激活班级，通过活动凝聚班级，进而培养班级的荣誉感。我们知道，一切行为的动力之源往往在于对荣誉的渴求。一旦一个班级有了尊严，孩子们就会维护尊严，有了维护尊严的动力，我们所渴望的优秀不就是可以得来了吗？于是在一个午检中，我跟学生说了我的想法，"我想跟你们一起参加免检班级的评比，无论是卫生的还是纪律的，我想听见表扬你们的声音，我觉得你们做得到，你们说呢？"参加评比活动，我自己热血沸腾了还不够，我需要全班的认同，集体的认同才能把大家的心紧密地团结起来。当然，怎么说也是一门学问，不要学生有负担，不要让学生觉得我们就是为了争一个荣誉，如此的急功近利。要获得集体认同，要全班明确我们是为了证明自己，展示班级风貌，在别人的眼光中保持优秀，更加优秀。

　　第一次来检查的时候，郑老师在一名男生的桌子腿下面发现了一点小碎末，这个男孩感觉非常内疚，第二天开始，每个中午都会把自己的桌椅挪开清理，一遍一遍地擦。我逗他说，不要擦了，不然就秃噜皮了，孩子才停下来。

这周是申请卫生跑操免检的最后一周，检查果然比原来更加严格，尤其是卫生免检，下课也会有根本不认识的同学到班级来转一圈。我们都很紧张。

我犯了一个大错误，在这里我要跟老师道歉。那天我真的非常认真地把地擦了，说真的，我也推开桌子看了，但是我看的是左手边，郑老师推开了右手边。一想到所有的努力都可能会因为我的疏忽而毁掉，我就觉得很害怕。不仅是怕你说我，还有怕影响整个班级。

以后我一定注意，也会认真值日，不留任何死角。还有，学习上我也会多注意，不会再马虎了，也要考虑得再全面一些，就像上次不仅要看到左面也要看到右面，不仅关注难题也会考虑到基础。

对不起，张老师！

当周的周记中，这个男孩写了这样一篇周记给我。韩松廷是一个非常有个性的男孩，成绩在班级的15名左右，一直坚持不补课，都是自己学。当学习上遇到"瓶颈"，我提出了一些指导性建议，他总是心不在焉，采取非暴力不合作的政策。这次免检活动中出现的小插曲，让他变得谦逊起来。

每个孩子都越来越看重班级的荣誉，也更加重视自己能为班级带来什么荣誉，这就是我要的教育效果。

晚自习，我不在的时候，教育处老师来检查卫生，孩子们不约而同地检查自己脚下的地面，生怕因为自己的疏忽给班级扣分，影响申请免检。老师只好说，大家都学习吧，别看了。第二天班长跟我描述的时候，面带微笑，我的心里却下起了雨。多么好的学生，多么可爱的孩子啊。

自从参与到免检活动中，班级的卫生和跑操我就没有再操过心。每一个人尽力做到最好，每个人都在为了能够营造更好的班集体而努力。最终，班级荣获了卫生跑操双料免检。

第二幕：爱你在心口难开

温情五月，如康乃馨般温馨的母亲节如期而至，青春期的学生们已经不再是可以抱着妈妈脖子撒娇的孩童。虽然稚气未脱，但已经有了一份爱你在心口难开的情愫。学校以母亲节为契机，进行了一系列的活动。很多孩子都深受感动，当然也包括"九哥"，我看见他眼角含泪。

贺津研同学的爸爸在暑假里出了意外，受了重伤，他从一个开朗的运动男孩变得叛逆。母亲节那天是周五，我给孩子们一人发了一张心形卡片，让孩子们把自己对母亲的爱写下来，最后一定要加一句"我爱你！"贺津研没有写，周一回来他跟我说他抽烟被妈妈发现了，问我应该怎么办。

怎么办？14岁的少年，心灵承受了巨大压力的孩子，我也在想应该拿贺津研这样的孩子怎么办？我鼓励他借着母亲节活动，给妈妈写一封信，于是有了下面这样的文字。

妈妈：

母亲节快乐，虽然晚了一天，但我还是想先说这句话。本来周五那天张老师发了一张母亲节贺卡，我想写点什么给你的，装到箱子里了，可是却没有写。不是忘记了，而是不知道究竟写点啥。

抽烟的事，对不起……我承认我抽烟不对，我抽烟也有一阵了。小学毕业的时候，我就会抽了，只是你不知道。过年的时候，出去放鞭炮，叼着烟出去的，放完鞭炮烟也没扔，学着大人抽一下，刚开始就在嘴里过一下就吐出去了，后来有一次吸进了里面，然后又吐出去，我就会了。一开始瘾也不大，偶尔抽一根，跟玩似的。后来，我爸出了事，我就开始抽烟了，说实话，我有点想我爸了。当然我不是给抽烟找借口，但，我抽烟的时候总想到我爸抽烟的样子。

你给我打电话说这件事，我一下子就蒙了。心里乱糟糟的，我早就想过可能会被你发现，但没想到是母亲节这天，真觉得很对不起你。昨晚也没睡好，卷子也答得乱七八糟的，反正也没怎么好过……今天一早张老师一来，我就跟她说这件事了。因为我太闹心了，就想找个人唠唠。我合计她肯定得骂我，但骂完我还是会帮我想办法。

说完了，她没有急眼，还给我讲了很多事儿，都是母子之间的事，还有她邻居家的事。讲完了一堆，她问我，如果有来生，你说你妈妈还会不会愿意你做她的孩子，我想都没想就点头了，说那肯定的！她问我，那你呢，还愿意做你妈妈的儿子吗？我也马上点头。她说，这就是母子之间的爱，让我好好珍惜。她还说，让我给你写封信，我也不会写啊，她说让我想到哪就写哪。

我想到了我爸，跟我爸一起玩航拍，他把机器干坏了，想到了军训那天，我舅过来告诉我说家里出事了，想到了跟你一起去天津看他，想到了病床上他的样子，想到了你跟我说的那些话，还想到了刚上初中时，合计要好好的……

我其实也知道我应该好好的，但我不想当那种只知道学习的傻子，我也不是那种人。我所谓的好好的，和你想要我做到的好好的可能差得有点远。当然，在年组后100、班里后10肯定不是好好的，包括抽烟肯定不是好好的。

学习方面，我就是有点懒，张老师说我是拖延症，我确实不爱学。但我会尽量学，我其实也挺喜欢我姐去的那个大学的。

烟，我不抽了，我戒掉。我跟张老师说，也是为了让她一起监督我。我知道抽烟不好，我改。

张老师说，让我英语文化节上台表演一下球技，班级唱歌时去串场。我带着班里四个班长上去，我还挺期待的，我想穿毒液的紧身衣上去，张老师说我把烟戒了就送我一件，我说行。她要看着我，还说让我把作业都写了，成绩提上来，我说尽量。

我知道我让你难受了，对不起！我会改的，也许不能让你因为我而骄傲，但至少不会再让你因为我伤心了。

我爸会好起来的，我相信他一定会好起来的！妈妈，辛苦你了，谢谢你，我爱你。（后面这句是张老师让我写的，我有点不好意思写）

后来的贺津研没有再抽烟，和妈妈的关系也得到了缓和。虽然成绩还是不尽如人意，但是我和贺妈妈都能看出来他在改变，他在努力。那封信被有心的贺妈妈小心翼翼地收藏了起来，她信誓旦旦地跟我说，五年后，不用太长时间，只需要五年，一定会带着特别有出息的"九哥"回来看我。

我微笑着点头，我相信。那说不出的爱，经由这一次的母亲节活动找到了归属。这就是教育的力量，润物无声。

春冬更替，花开花落几次轮回，中学的时光终将悄然从指尖滑过，在这个改变我、成就你的地方，我们的青春之树在生根发芽，学生一届一届远走高飞，留下的不仅有一圈圈年轮，还有一起用心参与过的那些活动，那时你我之间没有鸿沟，只有敞开心扉，畅所欲言。它拉近了同学之间的距离，使我们在漫长的学习过程中，不孤独，不彷徨，尽情享受学校生活的丰富多彩。活动经历中承载的、积淀的，不仅仅是师长们所给予的知识，更有与大家，与这校园中的一切所度过的回忆。大家都在双语这个大舞台上尽情地演绎着属于自己的剧本。在这个优才的摇篮里，大家用各种平台展示着自己，展示着自己所热爱的一切。